IOT 구현을 위한

마이크로프로세서

AVR ATmega128A

양 오 지음

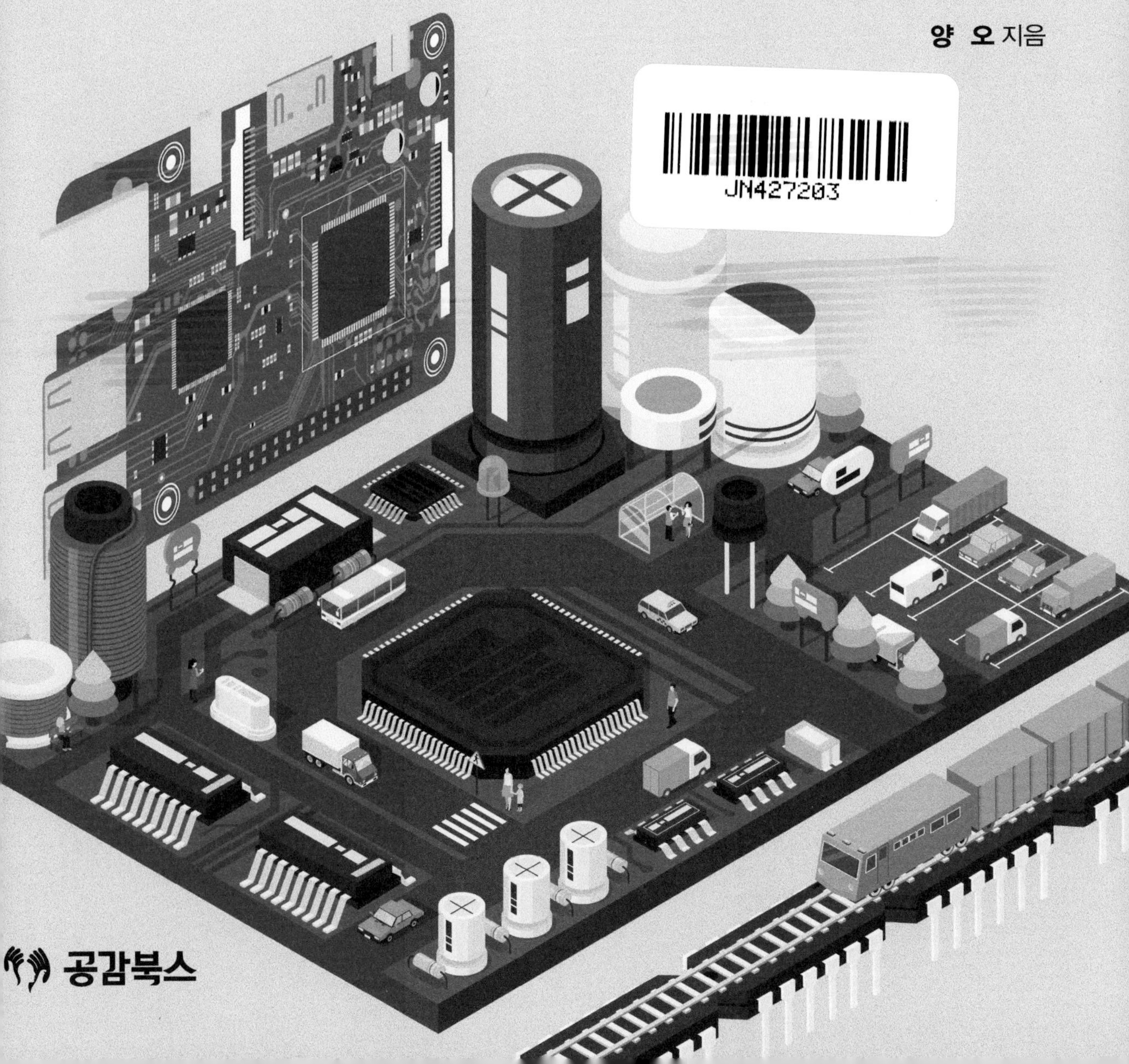

공감북스

IoT 구현을 위한
마이크로프로세서 (AVR ATmega128A)

양 오 저

머 리 말

이제는 정보의 홍수 속에서 4차 산업혁명 시대에 접어들었고 특히 사물 간에 데이터 통신을 하는 시대가 되었다. 이것을 IoT(Internet of Things)라 말하고 있으며 이를 위해서는 마이크로프로세서가 절대적으로 핵심요소가 된다. 즉, IoT는 각종 사물에 센서와 통신 기능을 내장하여 인터넷에 연결하는 기술이며 사물들이 데이터를 주고받아 스스로 분석하고 학습한 정보를 사용자에게 제공하거나 사용자가 이를 원격 조정할 수 있는 인공지능 기술이다. 여기서 사물이란 가전제품, 모바일 장비, 웨어러블 디바이스 등 다양한 내장형 시스템(Embedded system)이 된다. 본 과목은 이러한 시대적 요구에 부응하고자 펌웨어(firmware)를 작성하여 시스템을 설계하는 능력을 키우고자 한다. 특히 컴퓨터 언어중 C언어에 대한 지식이 필요하다. 비약적인 반도체 기술의 발달과 C언어에 최적화된 마이크로프로세서의 출현으로 대부분 펌웨어를 C언어를 사용하고 있는 추세이기도 하다.

산업 현장에서는 펌웨어를 이용한 시스템 설계자의 수요가 꾸준히 증가하고 있으므로 본 교과에서 다루는 ATmega128A을 충분히 숙지한다면 한층 더 IoT를 응용하는데 자신감을 가질 수 있으리라 확신한다.

본 교과목의 주요 구성은 8비트 마이크로프로세서인 ATmega128A의 내부구조를 다루었고 펌웨어를 작성하기 위한 IAR을 사용한 컴파일 환경 구축 방법을 소개하였다.

또한, 작성된 프로그램을 MPU(ATmega128A) 내부에 있는 128K 바이트 용량을 갖는 플래시메모리의 프로그래밍과 변수모니터링과 같은 디버깅을 위해 AMC_EUML의 사용 방법을 다루었다. 아울러 MPU의 입출력 사용 방법과 인터럽트 사용 방법 및 8, 16비트 타이머의 사용과 타이머의 응용 예를 다루었다.

그리고 다양한 응용을 위하여 LED, 10비트 A/D변환기와 이를 응용한 온도계측에 대한 알고리즘을 제시하여 온도제어에 응용할 수 있도록 하였다. 또한, 7-세그먼트, 도트 LED, Key, 부저 등을 다루었으며 LCD의 사용방법과 응용을 추가하여 다양한 표시방법 등을 제시하였다. 아울러 최근 들어 시리얼 통신에 대한 중요성이 대두되고 있으므로 RS232C, RS485, RS422 등을 다루었으며 기본적인 통신프로토콜을 제시하여 다양한 통신에 응용할 수 있도록 하였다.

본 교재에서 다루고 있는 설명과 예제들을 독자들이 하나하나 따라서 공부하다 보면 자신도 모르는 사이에 문제해결 능력이 생길 수 있도록 교재를 구성하였다. 즉, 기본적이면서 쉬운 예제 프로그램에서부터 응용 프로그램까지 단계별로 여러 가지 예제를 제시함으로써 다양한 분야에 응용할 수 있도록 교재를 구성하였다.

끝으로 본 교재가 완성되기까지 수고한 마이크로프로세서 응용제어 연구실(AMC_LAB)의 연구생들과 도서출판 공감북스의 김응수 사장님과 편집부 모든 분께 감사드립니다.

2020년 2월

저자 양 오

목 차

제 1 장 트레이닝키트 설명

1.1 사물인터넷(IoT) 구현을 위한 트레이닝키트의 개요

ATmega128A를 이용한 임베디드 시스템에 대한 전체 구성을 [그림 1.1]에 나타내었다. [그림 1.1]에서 보는 것처럼 임베디드 시스템은 크게 MPU(Micro Processing Unit)인 ATmega128A, MMI(Man Machine Interface), AMC POD, USB 통신으로 4개 부분으로 구성되어있다. 주 처리장치인 MPU에는 온도계측과 조도를 계측하기 위한 Sensor 입력과 또한 외부에서 입력되는 10비트 AD변환의 기능을 수행하게 되며 모터(Motor) 제어를 위한 구동 회로가 있다. 각각의 표시 장치들은 MMI 장치에 연결되어 LED, DOT LED, 7-Segment, LCD 등이 연결된다. PC의 USB 포트를 이용하여 RS232C 통신이 가능하다. ATmega128A를 디버깅(Debugging)하기 위한 USB 포트로 연결되는 AMC_POD가 있으며 AMC_POD에 대한 응용 프로그램이 필요하며 윈도우즈 환경에서 수행되는 프로그램 이름은 AMC_EMUL이다.

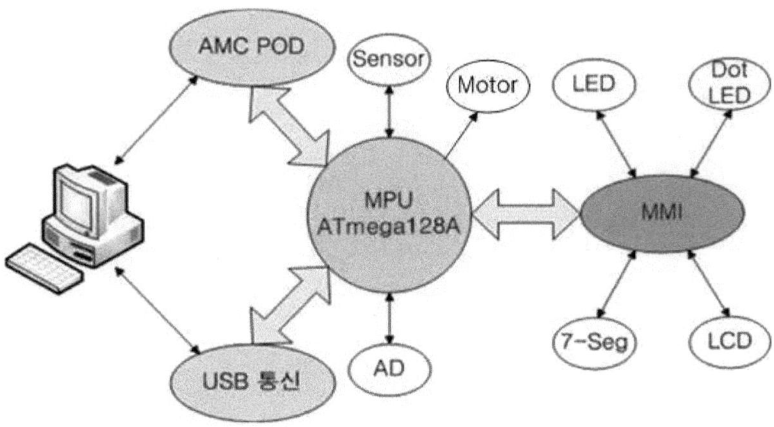

[그림 1.1] 임베디드 시스템의 전체 구성

1.2 ATMega128A를 이용한 트레이닝키트의 구성

1.2.1 전체 시스템 구성

트레이닝키트의 전체적인 구성은 [그림 1.2]와 같이 크게 ATmega128A 메인 CPU를 중심으로 USB를 이용한 비동기통신(RS232C), Key 인터페이스, 데이터변환(Data conversion)과 센서 인터페이스 및 모터 제어부로 구성된 MPU 부분과 LCD, 7-Segment, Dot LED, LED bar들로 이루어진 디스플레이와 DC Buzzer를 제어하는 Logic IC로 구성된 MMI 부분으로 나뉘어 있다.

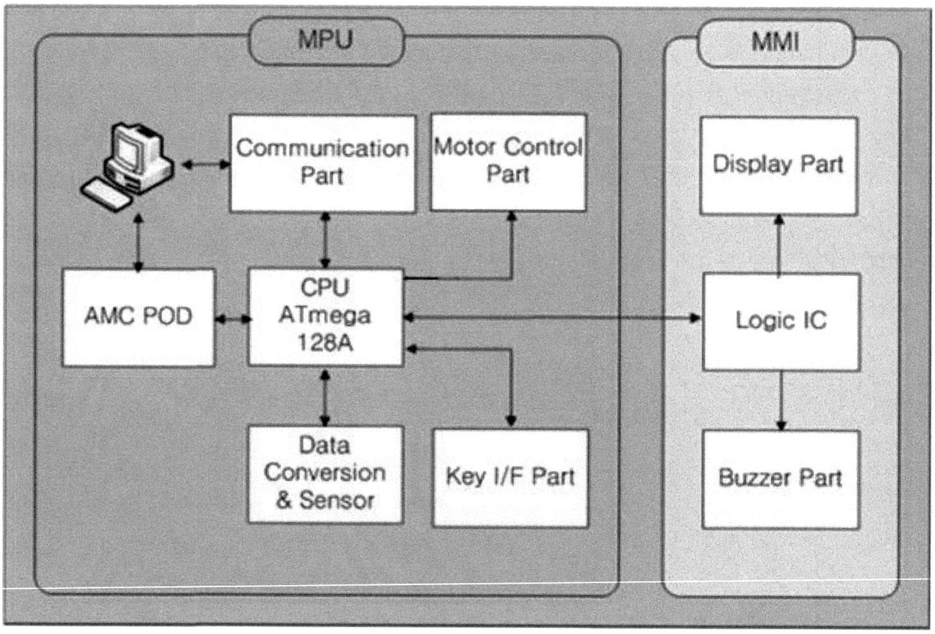

[그림 1.2] ATmega128A를 이용한 트레이닝키트의 구성

1.2.2 Main Part 구성

(1) Main Part

[그림 1.2]에서 보는 것처럼 MPU 부분은 CPU인 ATmega128A와 논리 회로 소자로 이루어져 있다. CPU는 각 Part 내의 각 디바이스들을 제어하고 각 디바이스로부터의 입출력 데이터를 처리한다. 또한 논리 회로 소자는 CPU와 더불어 보조 제어 역할을 할 수 있는 디지털 로직들로 설계되어 있는데, 7-세그먼트의 구동, DOT LED 구동, 펄스폭변조(PWM)를 이용한 모터 속도 제어, 각종 제어 및 드라이브 신호 생성 기능들이 구현되어 있다. CPU에 대한 기능 및 사양은 다음과 같다.

CPU

- ATMEL사의 8비트 RISC 프로세서인 ATmega128A를 사용
- 동작 속도 : 최대 16 MHz
- 128 Kbyte Flash Memory, 4 Kbyte EEPROM, 4 Kbyte SRAM 내장
- Address 16bit, Data 8bit의 외부 인터페이스 포트
- 2개의 8비트 타이머와 2개의 16 비트 타이머 내장
- 2개의 8비트 PWM과 프로그램 가능한 6개의 PWM 내장
- 10 비트 ADC 8 채널 내장
- 2개의 USART 내장
- 53개의 입출력 포트
- 8개의 외부 인터럽트 지원
- ISP 및 JTAG 기능 지원

(2) 통신 Part

이 트레이닝 키트에서는 UART(Universal Asynchronous Receiver Transmitter)를 제공하며 그 중 USB 통신 채널에 대한 설명 및 사양은 다음과 같다.

USB 통신

- FT230XS(SSOP-16) 사용
- Window, Mac OS, Linux, Android 등 다양한 운영체제 동작
- 300bps ~ 3Mbps의 전송속도 지원
- USB 2.0 호환 가능

(3) Display Part

[그림 1.2]에서 MMI는 사용자에게 어떠한 상태나 정보를 알 수 있게 표시해 주는 부분으로 LED bar, 7-Segment와 LCD 그리고 Dot LED로 구성되어 있다. 각 디바이스에 대한 사양은 다음과 같다.

가. LED

- KB-1008SR 사용
- 8bit로 구성
- 330Ω의 어레이 저항을 이용하여 전류 제어
- 입/출력 포트 C(PORTC)에 연결

나. 7 Segment

- SR-SND640A 사용
- Common Cathode 방식
- TD62083F에 의하여 반전되어 Common에 입력
- 74HC574(D-Flip Flop)에 의하여 데이터가 보존(latch)되어 출력상태 유지
- 330Ω의 어레이 저항을 이용하여 전류 제어

다. LCD

- 16×2 Character LCD 사용
- CPU에서 신호를 보내 TD62083F를 거쳐 Back light 제어
- 80×8비트의 DDRAM(Display Data RAM)을 내장
- 5×7 dot 또는 5×10 dot 두 개의 문자 폰트 제공

라. Dot LED

- 삼광반도체 SDM-2577 사용
- 7×5 2개로 전체 7×10 Dot LED 구성
- 74HC574(D-Flip Flop)을 통해 데이터가 보존(latch)되어 출력상태 유지
- 330Ω의 어레이 저항을 이용하여 전류 제어
- 74HC283과 TD62083F에 의해 Common 중 하나만 선택하여 LED구동

(4) 데이터 변환 부(Data Conversion Part)

[그림 1.2]에서 Data Conversion Part는 아날로그 값과 디지털 값 사이에 변환을 수행하는 것으로 우리가 일상생활에서 접하게 되는 것은 대부분 아날로그 물리량이고 마이크로프로세서가 처리할 수 있는 것은 디지털 값이기 때문에 이 둘 사이에 변환이 필요하게 된다. ADC는 아날로그 값을 디지털 값으로 변환하는 것으로 전압, 전류, 저항, 온도, 습도, 광량 및 마이크로 값 등을 측정하는 계측기에 응용될 수 있다. 트레이닝 키트의 AD 변환기 구성에 대한 사양은 다음과 같다.

ADC 사양

- ATmega128A에 내장되어 있는 10bit ADC 6채널 사용
- ±2LSB의 정확도
- Conversion Time : 13~260μs
- 최대 Sampling 속도 : 76.9kSPS
- 입력전압 범위 : 0~5V
- 0~5V 가변저항 입력 1채널
- NTC 100-7의 온도센서 입력 1채널
- 0~5V의 외부 입력 1채널
- 0~5V의 조도센서 입력 1채널

(5) Motor Control Part

[그림 1.2]의 Motor Control Part는 ATmega128A의 기능중 PWM 출력 기능을 이용한 것으로 PWM을 출력하여 간단한 DC 모터나 Step 모터 제어에 응용할 수 있도록 하였다. PWM에 대한 사양은 다음과 같다.

PWM 출력 사양

- 3개의 16bit PWM 출력
- 최대 12V의 출력전압 선택 가능
- DC 또는 BLDC 모터 제어 가능
- Fast, Phase Correct, Phase and Frequency Correct 모드 선택 가능
- 출력파형 반전, 비반전 선택 가능

(6) Key 입력 인터페이스 부(Interface Part)

[그림 1.2]에서 Key 입력 인터페이스 Part에는 일반적인 Tact 스위치의 입력을 MPU에서 처리할 수 있도록 하였다. 각 부분에 관한 내용은 다음과 같다.

스위치 입력

- 4개의 Tact 스위치 입력(Static 방법으로 Key 입력)
- PORTF의 4~7번 비트를 읽어 Key 상태를 입력
- 스위치를 누르면 디지털 신호에 '0'이 들어오고, 스위치를 떼면 풀업(Pull-up) 저항으로 디지털 신호 '1'이 입력

(7) 부저(Buzzer)

[그림 1.2]에서 Buzzer Part에는 논리 IC로 일반적인 DC 부저를 구동하도록 하였다. 각 부분에 관한 내용은 다음과 같다.

Buzzer

- 0~5V에서 동작하는 DC Buzzer를 사용하였다.
- 5V(논리 1)에서 동작하고, 0V(논리 0)에서 동작하지 않는다.
- ALP1205S를 사용하였다.

제 2 장 ATmega128A의 내부구조 및 이해

2.1 ATmega128A의 내부구조

2.1.1 ATmega128A 핀 배치

ATmega128A의 핀 배치를 [그림 2.1]에 나타내었으며 총 64핀(QFP)으로 되어있다. 아울러 각각의 핀에 대한 설명은 [표 2.1]에 나타내었다.

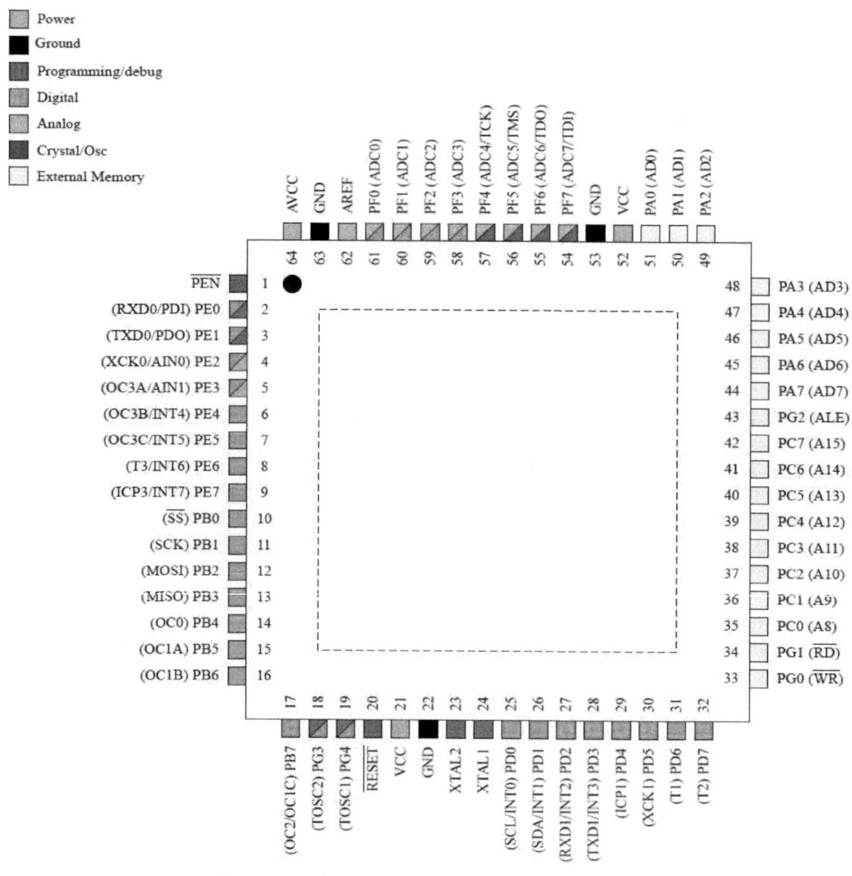

[그림 2.1] ATmega128A의 핀 배치

[표 2.1] ATmega128A에 대한 핀 설명

핀 이름	핀번호	설 명
VCC	21,52	디지털 공급 전압(5V)
GND	22,53, 63	접지(0V)
포트 A(PA7~PA0)	44~51	포트 A는 내부 풀업저항(25KΩ~100KΩ)을 가진 8비트 양방향성 I/O포트, 외부 메모리를 연결할 경우에는 어드레스와 데이터 버스로 멀티플렉스 된다.
포트 B(PB7~PB0)	10~17	포트 B는 내부 풀업저항을 가진 8비트 양방향성 I/O포트, 여러 가지의 기능을 가진 포트이다.
포트 C(PC7~PC0)	35~42	포트 C는 내부 풀업저항을 가진 8비트 양방향성 I/O포트, 외부 메모리를 연결할 경우에는 상위 어드레스 버스(A15~A8)로 동작한다.
포트 D(PD7~PD0)	25~32	포트 D는 내부 풀업저항이 있는 8비트 양방향성 입출력 포트, 여러 가지의 기능을 가진 포트이다.
포트 E(PE7~PE0)	2~9	포트 E는 내부 풀업저항을 가진 8비트 양방향성 I/O포트, 외부 인터럽트 등 여러 가지 기능을 가진 포트이다.
포트 F(PF7~PF0)	54~61	포트 F는 8비트 입출력 포트로 ADC에 대한 아날로그 입력이다. 또한 JTAG 인터페이스의 기능을 제공한다.
포트 G(PG4~PG0)	18, 19, 33, 34, 43	포트 G는 내부 풀업 저항이 있는 5비트 양방향성 입출력 포트로, 여러 가지 기능을 가진 포트이다.
$\overline{\text{RESET}}$	20	리셋 입력, Active Low
XTAL1	24	반전 발진 증폭기 및 내부 클록 회로에 대한 입력
XTAL2	23	반전 발진 증폭기로부터의 출력
AVCC	64	ADC 및 포트 F에 대한 공급 전압
AREF	62	AREF는 ADC에 대한 아날로그 기준 전압
$\overline{\text{PEN}}$	1	$\overline{\text{PEN}}$은 SPI 직렬 프로그래밍 모드에 대한 프로그래밍 허가 핀, Active Low

2.1.2 블록 다이어그램

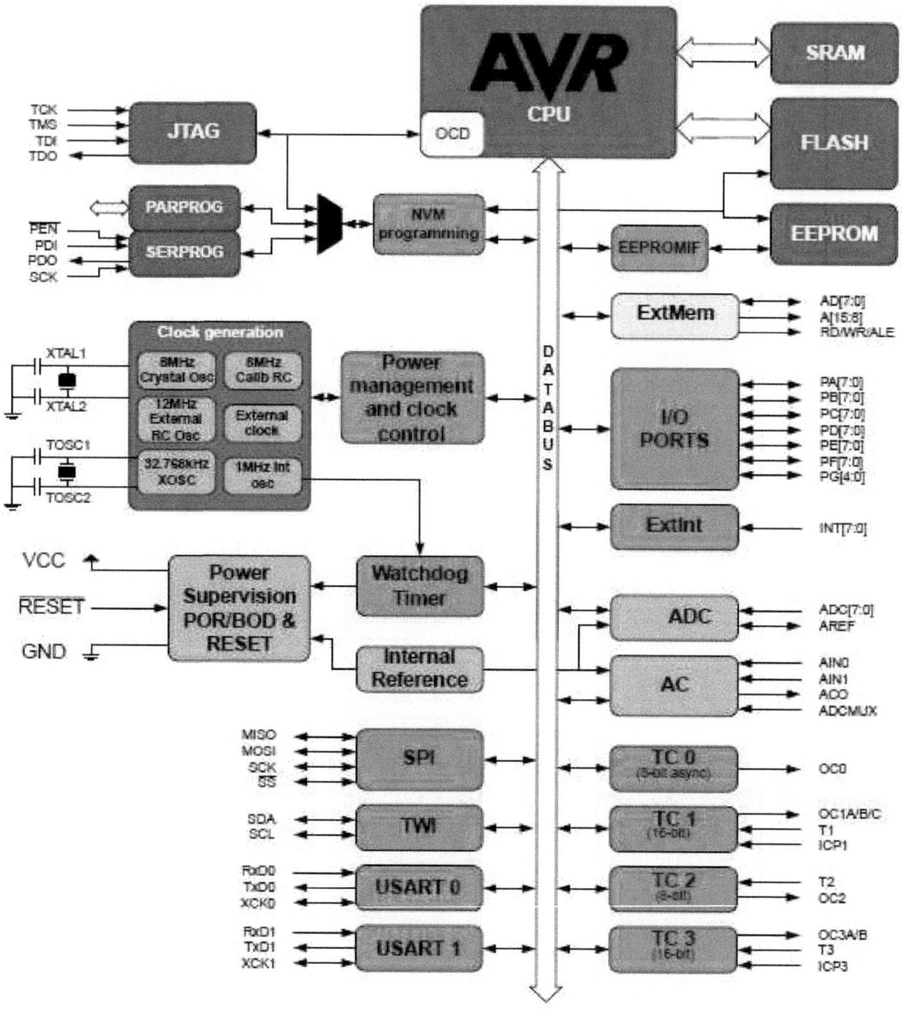

[그림 2.2] ATmega128A의 내부 블록도

ATmega128A는 향상된 AVR RISC 구조를 바탕으로 만들어진 8비트 CMOS형 마이크로컨트롤러이다. ATmega128A는 하버드 구조(Havard architecture)로 되어 있어서 내부적으로 프로그램 버스와 데이터 버스를 분리함으로써 동일 시간대에 프로그램 메모리와 데이터 메모리에 동시에 접근할 수 있는 장점이 있다.

AVR ATmega128A의 프로그램 메모리는 64K워드의 플래시 롬으로 이루어져 있으며 이를 위한 버스도 내부에만 존재하게 된다. 내부 SRAM은 4K바이트이고, 아울러 내부 EEPROM 메모리는 4K바이트로 구성되어 있다. [그림 2.2]에 내부 블록도를 나타내었다. AVR은 프로그램이 동작하는 동안 디버깅하기 위하여 On Chip Debug(OCD)를 내장하고 있다.

2.2 레지스터(Register)

2.2.1 상태 레지스터(Status Register)

상태 레지스터는 ALU가 가장 최근에 실행한 산술연산 명령의 연산결과 상태를 표시하는 레지스터이다.

Bit	7	6	5	4	3	2	1	0	
	I	T	H	S	V	N	Z	C	SREG
Read/Write	R/W	R/W	R/W	R/W	R/W	R/W	R/W	R/W	
Initial Value	0	0	0	0	0	0	0	0	

[그림 2.3] 상태 레지스터(0x003F)

위의 [그림 2.3]에 대한 Bit 설명은 아래와 같다.

- Bit 7 – I: Global Interrupt Enable

  전체 인터럽트를 허용하도록 설정하는 비트이다. 인터럽트 처리가 시작되면 이 비트는 자동적으로 클리어 되며, 나중에 RETI 명령을 만나면 다시 원래 상태로 복구된다. 즉, 이 비트가 '1'이면 인터럽트는 허가된다.

- Bit 6 – T: Bit Copy Storage

  BST(Bit Store), BLD(Bit LoaD) 명령에 사용되는 레지스터로 비트와 어느 레지스터의 한 비트 사이에 비트 복사가 가능하다.

- Bit 5 – H: Half Carry Flag
  산술연산의 가산에서 Half carry가 발생하거나 감산에서 Half borrow가 발생하였음을 나타내며 BCD 연산에서 자주 사용된다.

- Bit 4 – S: Sign Bit, S=N⊕V
  음수 플래그 N과 오버 플래그 V의 exclusive-OR로 결정되는 값을 저장하며, 이는 부호 없는 정수 및 부호 있는 정수들의 크기를 판단할 때 자주 사용된다.

- Bit 3 – V: Two's Complement Overflow Flag
  2의 보수 연산에서 overflow가 발생하였음을 표시한다.

- Bit 2 – N: Negative Flag
  산술연산 또는 논리 연산의 결과가 음수라는 것을 표시한다.

- Bit 1 – Z: Zero Flag
  산술연산 또는 논리 연산의 결과가 0이 되었음을 표시한다.

- Bit 0 – C: Carry Flag
  산술연산 또는 논리 연산의 결과가 carry가 발생하였음을 나타낸다.

2.2.2 범용 레지스터 파일(General Purpose Register File)

ATmega128A는 32개의 8비트 범용 레지스터 R0~R31을 가지고 있다. 이들 32개의 레지스터는 기본적인 사칙연산을 수행할 수 있으며, 일부의 연산 명령은 R26~R31에서만 수행된다. [그림 2.4]에서 보여주고 있다.

7 0	주소
R0	$00
R1	$01
R2	$02
...	
R13	$0D
R14	$0E
R15	$0F
R16	$10
R17	$11
...	
R26	$1A
R27	$1B
R28	$1C
R29	$1D
R30	$1E
R31	$1F

[그림 2.4] CPU의 범용 레지스터

2.2.3 X · Y · Z 레지스터

32개의 범용 레지스터 중에서 R26~R31은 각각 2개씩 합해져서 3개의 16비트 레지스터인 X 레지스터, Y 레지스터, Z 레지스터로 사용될 수 있다.
이를 [그림 2.5]에 나타내었다.

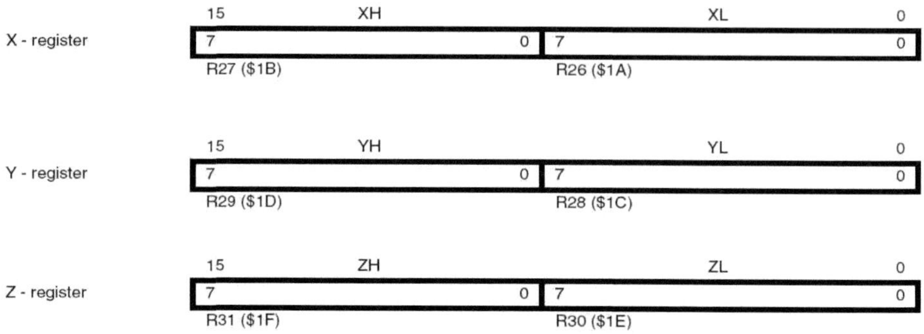

[그림 2.5] X, Y, Z 레지스터

2.2.4 스택 포인터(Stack Pointer)

스택(Stack)은 서브루틴 호출이나 인터럽트가 발생하였을 때 복귀 주소(Return Address)를 저장하며, C 언어의 지역변수 및 어셈블리의 임시 데이터를 저장하는 용도로 사용된다.

스택 포인터(Stack Pointer, SP)는 항상 스택의 상단(TOP)을 가리키는 16비트 레지스터로서, 이는 데이터 저장이 가능한 스택의 번지를 의미한다.

Bit	15	14	13	12	11	10	9	8	
	SP15	SP14	SP13	SP12	SP11	SP10	SP9	SP8	SPH
	SP7	SP6	SP5	SP4	SP3	SP2	SP1	SP0	SPL
	7	6	5	4	3	2	1	0	
Read/Write	R/W	R/W	R/W	R/W	R/W	R/W	R/W	R/W	
	R/W	R/W	R/W	R/W	R/W	R/W	R/W	R/W	
Initial Value	0	0	0	0	0	0	0	0	
	0	0	0	0	0	0	0	0	

[그림 2.6] 스택 포인터

2.3 ATmega128 메모리

2.3.1 프로그램 메모리

ATmega128A의 Flash memory는 In-System reprogrammable program memory로 128 KByte의 크기를 가지고 있다. ATmega128A의 명령어의 크기는 16bit 또는 32bit의 크기를 가지고 있으므로 128 KByte의 플래시 메모리는 64 KByte × 16 bit(2Byte)로 구성된다. 아래 [그림 2.7]과 같이 플래시 메모리는 크게 Boot Flash Section과 Application Flash Section으로 구성된다.

이 플래시 메모리는 SPI 통신방식을 이용한 ISP(In-System Programming) 기능을 가지고 있어서 사용자가 작성한 프로그램을 쉽게 쓸 수 있으며, 사용자 프로그램은 플래시 메모리에 10,000번까지 프로그래밍이 가능하다.

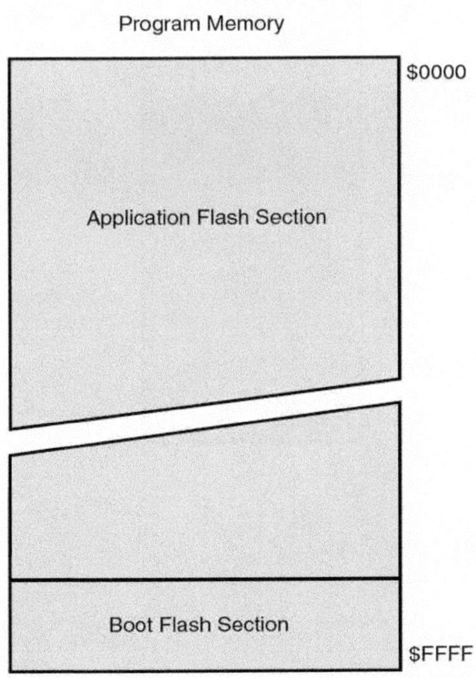

[그림 2.7] 프로그램 메모리 맵

2.3.2 데이터 메모리

(1) SRAM 데이터 메모리

[그림 2.8]과 같이 데이터 메모리는 32바이트의 레지스터 파일, 64바이트의 IO 메모리, 확장된 160바이트의 IO 메모리, 4096바이트의 내부 SRAM 등으로 이루어져 있다. 여기서 64바이트의 IO 메모리는 IN/OUT 명령어로 접근이 가능하며, 확장된 160바이트의 IO 메모리는 ST/STS/STD와 LD/LDS/LDD 명령어로 접근이 가능하다.

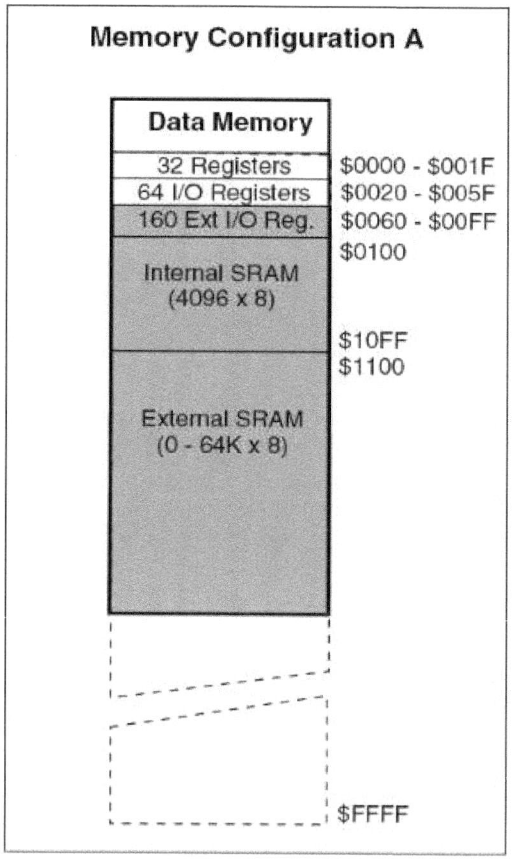

[그림 2.8] 데이터 메모리 맵

아래 [그림 2.9]은 ATmega128A 내부 데이터 메모리의 실행 시간을 보여 주고 있다.

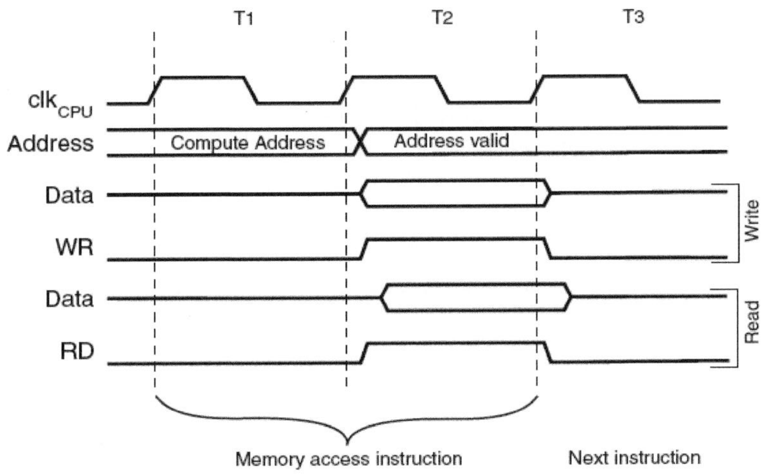

[그림 2.9] 내부 데이터 SRAM의 실행 시간

(2) EEPROM 데이터 메모리

ATmega128A에는 비휘발성 데이터 메모리인 EEPROM이 4KB가 내장되어 있는데, 여기에는 플래시 메모리보다 훨씬 많은 100,000번까지 반복적으로 데이터를 저장할 수 있고 읽기에는 제한이 없다.

Bit	15	14	13	12	11	10	9	8	
	–	–	–	–	EEAR11	EEAR10	EEAR9	EEAR8	EEARH
	EEAR7	EEAR6	EEAR5	EEAR4	EEAR3	EEAR2	EEAR1	EEAR0	EEARL
	7	6	5	4	3	2	1	0	
Read/Write	R	R	R	R	R/W	R/W	R/W	R/W	
	R/W	R/W	R/W	R/W	R/W	R/W	R/W	R/W	
Initial Value	0	0	0	0	X	X	X	X	
	X	X	X	X	X	X	X	X	

[그림 2.10] EEPROM 어드레스 레지스터-EEARH and EEARL(0x001E)

[그림 2.10]에서 EEPROM 어드레스 레지스터를 나타내었으며 각 비트 설명은 아래와 같다.

- BIT 15..12 - Res : 예약 비트

- BIT 11..0 - EEAR11..0 : EEPROM Address
  내부 EEPROM 4K바이트를 나타내는 어드레스이다.

Bit	7	6	5	4	3	2	1	0	
	MSB							LSB	EEDR
Read/Write	R/W	R/W	R/W	R/W	R/W	R/W	R/W	R/W	
Initial Value	0	0	0	0	0	0	0	0	

[그림 2.11] EEPROM Data Register : EEDR(0x001D)

[그림 2.11]에 EEPROM Data Register를 나타내었으며 각 비트 설명은 아래와 같다.

- BIT 7..0 - EEDR7.0 : EEPROM Data

내부 EEPROM에 데이터를 쓰고 읽을 경우에 사용하는 8비트 데이터 레지스터이다.

Bit	7	6	5	4	3	2	1	0	
	–	–	–	–	EERIE	EEMWE	EEWE	EERE	EECR
Read/Write	R	R	R	R	R/W	R/W	R/W	R/W	
Initial Value	0	0	0	0	0	0	X	0	

[그림 2.12] EEPROM 제어 레지스터 : EECR(0x001C)

[그림 2.12]에 EEPROM 제어 레지스터를 나타내었으며 각 비트 설명은 아래와 같다.

- BIT 7..4 - Res : 예약 비트
- BIT 3 - EERIE : EEPROM Ready Interrupt Enable
  EERIE(EEPROM Ready Interrupt Enable) 비트는 "1"로 설정되면 EEWE 비트가 클리어될 때 EEPROM Ready 인터럽트를 발생하는 기능을 가진다.

- BIT 2 – EEMWE : EEPROM Master Write Enable

EEMWE(EEPROM Master Write Enable) 비트는 EEWE=1로 설정할 때 EEPROM에 쓰기(write)가 가능하도록 허용할지 여부를 결정하는 기능을 수행한다. 즉, 이 비트를 "1"로 설정하면 EEWE=1로 되고 나서 4클록 사이클 이내에 해당 데이터를 지정된 EEPROM 번지에 쓰기(write) 동작을 한다. 이렇게 쓰기(write) 동작이 완료되면 EEMWE 비트는 내부에서 자동적으로 "0"이 된다.

- BIT 1 – EEWE : EEPROM Write Enable

EEWE 비트는 EEPROM에 데이터를 쓰기(write) 동작을 하기 위한 스트로브 신호를 나타낸다. 먼저 EEPROM의 어드레스와 데이터 값을 지정한 후에 EEMWE을 "1"로 설정한 상태에서 이 비트를 "1"로 설정하면 쓰기(write) 동작이 수행되며, 쓰기(write) 동작이 수행되고 나면 EEWE 비트는 내부에서 자동적으로 "0"으로 클리어 된다. EEPROM 쓰기(write) 동작을 정리하면 다음과 같다.

(1) EEWE가 "0"으로 될 때까지 기다린다.
(2) SPMCSR의 SPMEN 비트가 "0"으로 될 때까지 기다린다.
(3) EEPROM 어드레스를 EEAR에 저장한다.
(4) EEPROM 데이터를 EEDR에 저장한다.
(5) EECR에서 EEWE는 "0"으로 설정하는 동안 EEMWE는 "1"로 설정한다.
(6) EEMWE 설정후 4 클록 사이클 이내에 EEWE는 "1"로 설정한다.

EEWE을 "1"로 설정하여 EEPROM 쓰기(write) 동작이 수행되고 나면 CPU는 다음 명령을 실행하기 전에 2클록 사이클 동안 멈추며, EEPROM 쓰기(write) 기능은 CPU가 플래시 메모리에 쓰기(write)를 수행하고 있을 때는 불가능하게 된다. 앞의 5와 6의 처리과정을 수행하는 사이에서 인터럽트가 발생되면 EEMWE의 동작 메모한 시간이 초과되므로 EEPROM 쓰기(write) 동작을 하지 못한다. 이를 방지하기 위해서 3~6의 과정을 수행하는 동안에는 상태에 쓰기(write) SREG의 전역 인터럽트 플래그인 I 비트를 "0"으로 설정하여 인터럽트 요청을 금지시켜야 한다.

- BIT 0 – EERE : EEPROM Read Enable

EERE(EEPROM Read Enable) 비트는 EEPROM에서 데이터를 읽기 위한 스트로브 신호를 나타낸다.

(3) I/O 메모리

모든 I/O 영역은 LD/LDS/LDD와 ST/STS/STD 명령어로 사용 가능하다. I/O 레지스터는 ATmega128A에 내장된 각종 I/O 디바이스들을 제어하기 위한 레지스터로서, 이것들을 액세스하는데 IN, OUT 명령을 사용하며 32개의 범용 레지스터와 IO 영역의 내용을 제어하게 된다.

(4) 외부 메모리 인터페이스

외부 메모리 인터페이스는 SRAM, 플래시 메모리, LCD-display, A/D, D/A와 같은 주변장치와 인터페이스 할 수 있는 Address bus, Data bus, Control bus 등을 제공하며 다음과 같은 특징이 있다.

- 0~3 wait 설정
- 섹터의 크기를 설정하여 서로 다른 wait-state 설정 가능(단, 상위 및 하위 2개의 영역만 wait 설정 가능)
- 상위 어드레스 바이트를 설정하기 위하여 비트의 수를 선택할 수 있다.

외부 메모리가 설정되어 있으면, 즉 XMEM 비트가'1'로 설정되어 있으면 아래 [그림 2.13]와 같이 내부 SRAM 이외의 영역은 외부 메모리로 사용할 수 있다.

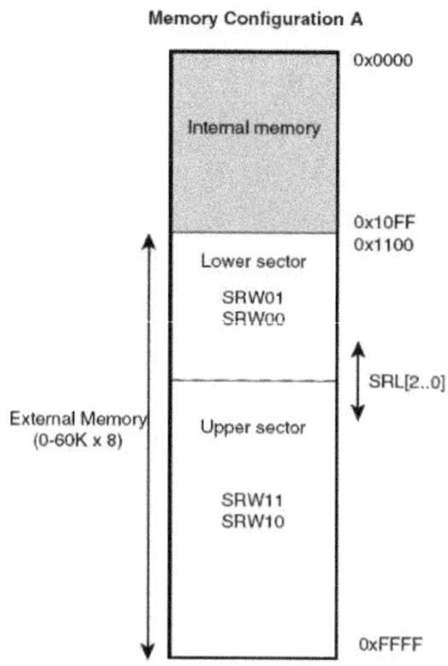

[그림 2.13] 섹터 설정이 가능한 외부 메모리

외부 메모리를 인터페이스 할 때 사용되는 라인은 아래와 같고, [그림 2.14]에 나타내었다.

인터페이스 구성:

- AD7:0 - 멀티 플렉스된 하위 어드레스 버스(A7:A0)와 데이터 버스(D7:D0)
- A15:8 - 상위 어드레스 버스
- ALE - 어드레스 래치 인에이블
- $\overline{\text{RD}}$ - 읽기 신호
- $\overline{\text{WR}}$ - 쓰기 신호

외부 메모리 인터페이스에 사용되는 레지스터는 MCU Control Register(MCUCR), External Memory Control Register A(XMCRA), 그리고 External Memory Control Register B(XMCRB) 3개의 레지스터가 있다.

XMEM이 '1'로 설정되어 있으면, 포트C에 해당하는 데이터 방향 레지스터는 동작하지 않는다. 만약에 이 XMEM이 외부로 설정되어 있으면, 어드레스, 데이터, 컨트롤 버스를 출력한다.

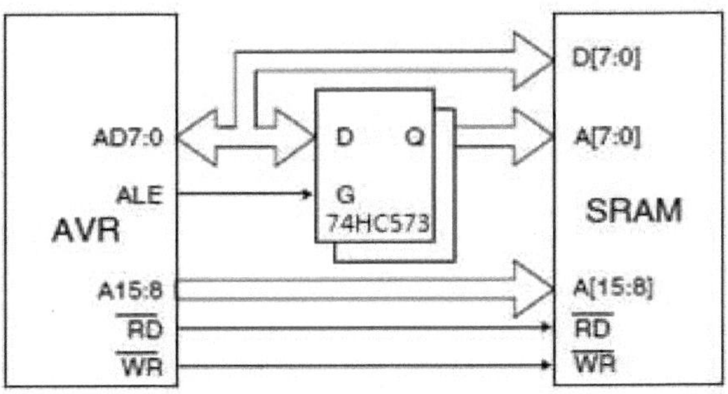

[그림 2.14] 외부 SRAM을 접속하는 경우

외부 메모리 디바이스에 대한 3종류의 타이밍도는 [그림 2.15~2.17]과 같고 이를 만족하기 위해 ATmega128A XMEM 인터페이스는 세 개의 서로 다른 wait-state를 제공해 준다. wait-state를 설정하기 위해서는 외부 메모리의 속도를 고려하는 것이 매우 중요하며, 이러한 속도가 바로 access time이 된다. 이 access time은 디

바이스의 칩 설정으로 설정된 후에 데이터가 출력하기까지의 시간을 의미한다. 또 메모리 영역을 두 개의 섹터로 구분하여 서로 다른 wait-state를 적용할 수 있다.

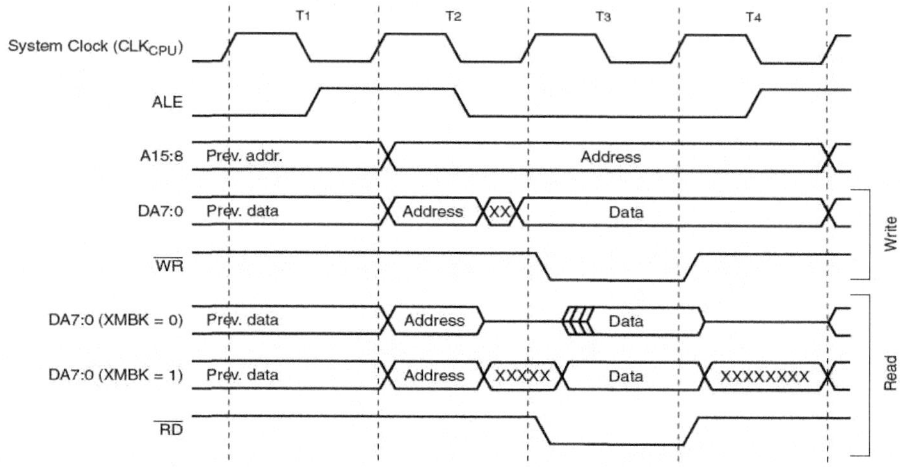

[그림 2.15] 외부 데이터 메모리 사이클 (0 wait)

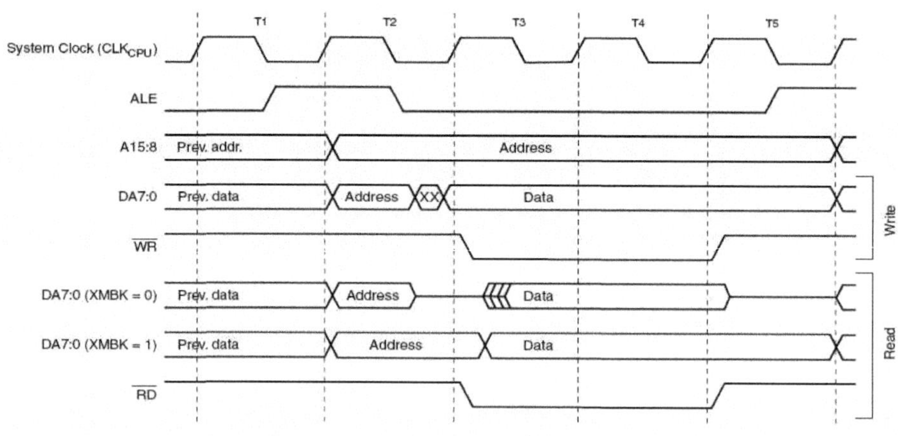

[그림 2.16] 외부 데이터 메모리 사이클 (1 wait)

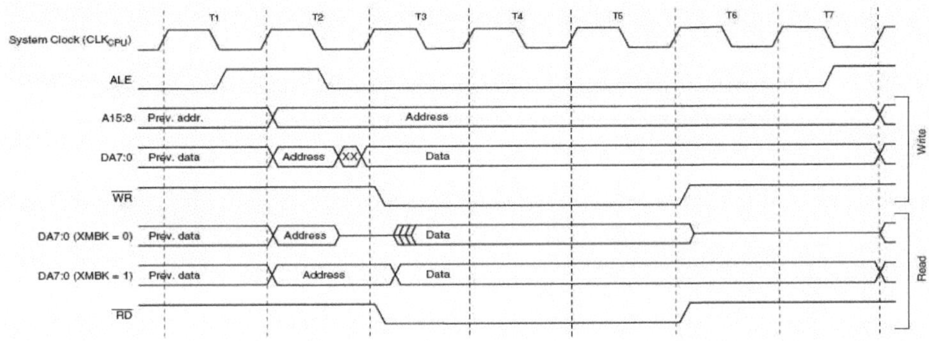

[그림 2.17] 외부 데이터 메모리 사이클 (2 wait)

◆ XMEM 관련 레지스터

MCUCR(MCU Control Register)

Bit	7	6	5	4	3	2	1	0	
	SRE	SRW10	SE	SM1	SM0	SM2	IVSEL	IVCE	MCUCR
Read/Write	R/W	R/W	R/W	R/W	R/W	R/W	R/W	R/W	
Initial Value	0	0	0	0	0	0	0	0	

[그림 2.18] MCU 제어 레지스터 : MCUCR(0x0035)

- BIT 7 : SRE(External SRAM/XMEM Enable)

SRE 비트는 AD7~AD0, A15~A8, ALE/RD/WR 등과 같은 외부 데이터 메모리 영역의 액세스 신호들을 유효하도록 하며, 이 비트에 "1"을 인가하면 외부 메모리를 인터페이스 할 수 있고, 이 비트에 "0"을 쓰면 외부 메모리 인터페이스는 비활성 되어 범용 포트로 동작함과 동시에 데이터 방향 레지스터를 사용 할 수 있다.

- BIT 6 : SRW10(Wait-state Select Bit)

SRW10 비트는 외부 데이터 메모리 영역을 액세스할 때 부여하는 웨이트 사이클 수를 지정하는 것이다. XMCRA 레지스터의 SRWn 비트와 조합해서 wait-state 상태를 설정할 수 있다.

Bit	7	6	5	4	3	2	1	0	
	–	SRL2	SRL1	SRL0	SRW01	SRW00	SRW11	–	XMCRA
Read/Write	R	R/W	R/W	R/W	R/W	R/W	R/W	R	
Initial Value	0	0	0	0	0	0	0	0	

[그림 2.19] 외부 메모리 제어 레지스터 A-XMCRA(0x006D)

- BIT 7 : 예약 비트. 값은 0이다.

- BIT 6..4 : SRL2, SRL1, SRL0(Wait-state Sector Limit)

외부 메모리를 인터페이스 할 때 두 개의 부분으로 구분하여 wait-state를 다르게 지정 가능하다. XMCRA(External Memory Control Register)

- SRL2..0의 설정

[표 2.2] SRL 2..0의 설정

SRL2	SRL1	SRL0	Sector Limits
0	0	0	Lower sector = N/A Upper sector = 0x1100 - 0xFFFF
0	0	1	Lower sector = 0x1100 - 0x1FFF Upper sector = 0x2000 - 0xFFFF
0	1	0	Lower sector = 0x1100 - 0x3FFF Upper sector = 0x4000 - 0xFFFF
0	1	1	Lower sector = 0x1100 - 0x5FFF Upper sector = 0x6000 - 0xFFFF
1	0	0	Lower sector = 0x1100 - 0x7FFF Upper sector = 0x8000 - 0xFFFF
1	0	1	Lower sector = 0x1100 - 0x9FFF Upper sector = 0xA000 - 0xFFFF
1	1	0	Lower sector = 0x1100 - 0xBFFF Upper sector = 0xC000 - 0xFFFF
1	1	1	Lower sector = 0x1100 - 0xDFFF Upper sector = 0xE000 - 0xFFFF

- BIT 1 and BIT 6 MCUCR : SRW11, SRW10(Wait-state Select Bits for Upper Sector) SRW11과 SRW10은 외부 메모리 상위 섹터의 wait-state를 결정한다.

- BIT 3..2 : SRW01. SRW00(Wait-state Select Bits for Lower Sector)

SRW01과 SRW00은 외부 메모리 하위 섹터의 wait-state를 결정하며, 아래 같다.

- Wait State

[표 2.3] Wait States

SRWn1	SRWn0	Wait States
0	0	No wait-states
0	1	Wait one cycle during read/write strobe
1	0	Wait two cycles during read/write strobe
1	1	Wait two cycles during read/write and wait one cycle before driving out new address

- BIT 0 : 예약 비트

XMCRB(External Memory Control Register B)

Bit	7	6	5	4	3	2	1	0	
	XMBK	–	–	–	–	XMM2	XMM1	XMM0	XMCRB
Read/Write	R/W	R	R	R	R	R/W	R/W	R/W	
Initial Value	0	0	0	0	0	0	0	0	

[그림 2.20] 외부 메모리 제어 레지스터 B-XMCRB(0x006C)

- BIT 7 : XMBK(External Memory Bus-keeper Enable)

XMBK 비트에 "1"을 쓰면 AD7~AD0에 버스 키퍼가 활성화되고 XMBK 비트에 "0"을 쓰면 버스 키퍼는 비활성화가 된다. XMEM 비트는 3-상태(Tri-state) 값을 유지하고 있어도 AD7~AD0 값은 이전 값을 유지하게 된다.

- BIT 6..3 : 예약 비트

- BIT 2..0 : XMM2, XMM1. XMM0(External Memory High Mask)

외부 메모리 인터페이스가 설정되면, 비트들은 포트 C와 기능을 겸하고 있는 어드레스 버스의 상위 바이트가 어느 부분까지 사용될지를 설정하는 기능을 수행한다. 이를 이용, A15~A8의 일부분만을 어드레스 버스로 사용 할 수 있으며,

나머지의 비트는 포트 C의 입출력 기능으로 사용 가능하다.

만약에 전체 60KB 또는 일부만 사용된다면, 다음 표에서 주어진 대로 표준 포트 C 기능을 수행한다.

- 외부 메모리 인터페이스가 설정되었을 때 포트 C 핀의 범용 입출력 핀 할당

[표 2.4] Port C pins

XMM2	XMM1	XMM0	# Bits for External Memory Address	Released Port Pins
0	0	0	8 (Full 60 KB space)	None
0	0	1	7	PC7
0	1	0	6	PC7 - PC6
0	1	1	5	PC7 - PC5
1	0	0	4	PC7 - PC4
1	0	1	3	PC7 - PC3
1	1	0	2	PC7 - PC2
1	1	1	No Address high bits	Full Port C

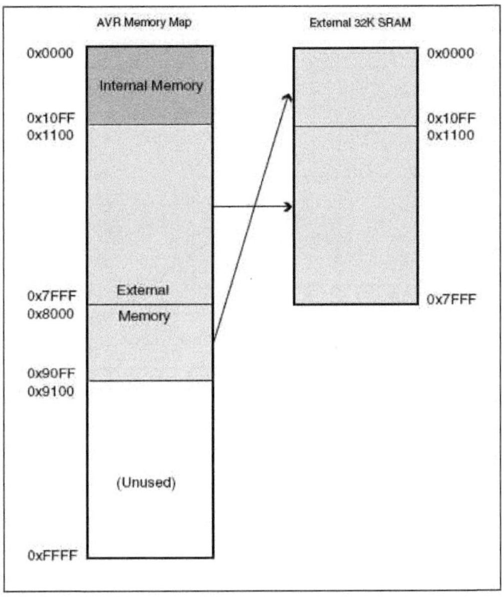

[그림 2.21] 32KB의 외부 메모리 어드레스 맵

[그림 2.21]에서 내부 메모리 바로 다음에 외부 메모리가 위치하기 때문에 데이터 공간 4,352(4960 + 256 = 4352) 바이트는 외부 메모리에서 제외된다. 즉 외부 메모리의 0x0000~0x10FF 영역이 해당된다. 그러나 60KB보다 적은 32KB를 사용하면 이 영역은 0x8000~0x90FF의 영역으로 설정 가능하다. 즉, 0x0000~0x90FF 영역으로 대응된다.

2.4 시스템 클럭 및 클럭 옵션 설정

[그림 2.22]은 AVR의 기본적인 클럭 시스템과 클럭 분배를 보여주고 있다. 마이크로 컨트롤러 내부의 각 부분은 모두 동시에 클럭을 필요로 하지는 않으며, 소비전력을 감소시키기 위하여 각 부분에 별도의 클럭을 공급하고 개별적으로 Sleep Mode를 사용하여 클럭의 공급을 차단할 수 있다.

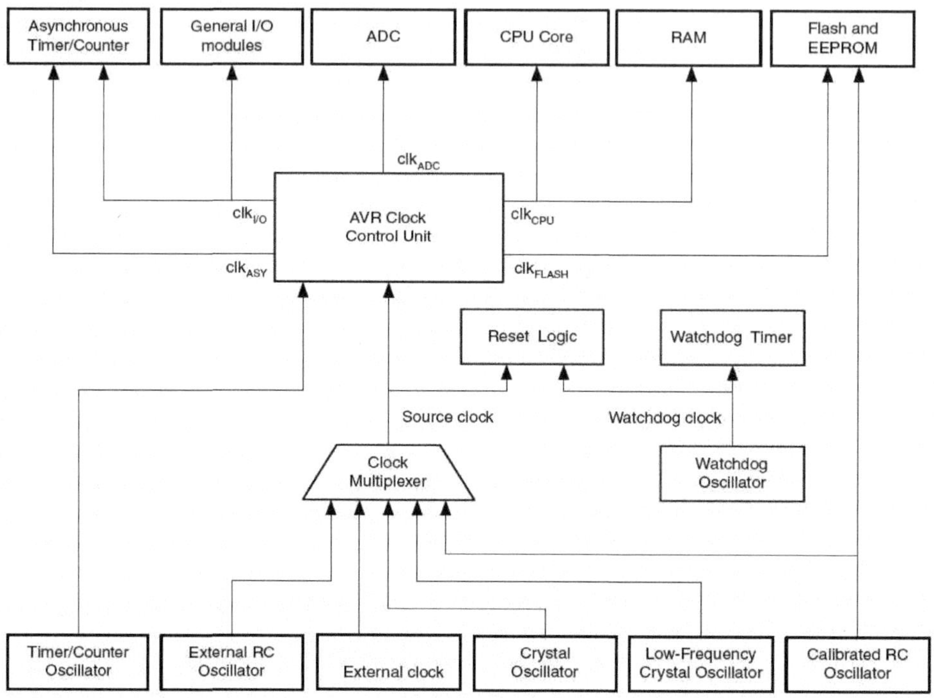

[그림 2.22] 클럭(Clock) 분배

- CPU Clock – clk_{CPU}

CPU 클럭은 AVR 코어가 동작할 때 관련된 클럭을 의미한다. 예를 들어 범용 레지스터 파일, 상태 레지스터, 데이터 메모리, 스택 포인터 등의 구동 클럭으로 사용된다.

- I/O Clock – $clk_{I/O}$

I/O 클럭은 타이머/카운터, SPI, USART 등과 같은 I/O 모듈의 클럭으로 사용된다.

- Flash Clock – clk_{FLASH}

플래쉬 메모리와 EEPROM의 인터페이스에 사용되는 클럭으로 일반적으로 CPU 클럭과 동시에 사용된다.

- Asynchronous Timer Clock - clk_{ASY}

비동기 타이머/카운터에 사용되는 클럭으로 이는 외부 32.768KHz의 클럭이 입력되면, 이 클럭을 소스로 사용한다.

- ADC Clock - clk_{ADC}

ADC에 공급되는 클럭으로 사용된다.

2.4.1 클럭 소스

ATmega128A에서 사용되는 클럭 소스는 모두 5가지로 [표 2.5]에 나타낸 대로 플래시의 퓨즈비트(fuse bit)를 이용하여 설정할 수 있다.

[표 2.5] 클럭 소스 선택표

디바이스 클럭 옵션	CKSEL3..0
외부 크리스털/세라믹 공진기	1111 - 1010
외부 낮은 주파수 크리스털	1001
외부 RC 오실레이터	1000 - 0101
내부 오실레이터(초기 조건)	0100 - 0001
외부 클럭	0000

2.4.2 클럭 소스 초기 값

AVR 시리즈는 기본적으로 CKSEL="0001" 그리고 SUT="10"으로 설정되어 있다. 초기의 클럭 소스 설정 값은 내부 RC Oscillator이고 가장 긴 startup time으로 되어 있다.

(주의 : 외부에 크리스털을 사용할 경우에는 CKSEL3..0을 "1110"으로 설정할 것!)

2.4.3 클럭 소스의 종류

(1) Crystal Oscillator

[그림 2.23]에서 나타낸 것과 같이 XTAL1과 XTAL2는 각각 입력과 출력으로 되어있으며, 시계 크리스털 또는 세라믹 공명기(resonator)를 대신 연결할 수 있다.

CKSEL3~0을 올바르게 설정하면 AVR ATmega128A에 내장된 발진 회로에 의하여 클럭 주파수가 발생되는데, 이때 CKOPT 비트는 발진회로 증폭기의 동작 모드를 선택한다.

즉, CKOPT 비트를 "0"으로 설정하면 발진회로의 출력전압이 커지며, 이는 노이즈가 심한 환경이나 XTAL2 단자가 또 다른 회로를 구동하는 경우에 적합하다.

그러나 CKOPT 비트를 "1"로 설정하면 발진회로의 출력전압이 작아지고 발진주파수에 제한을 받게 되지만 소비전력이 감소한다.

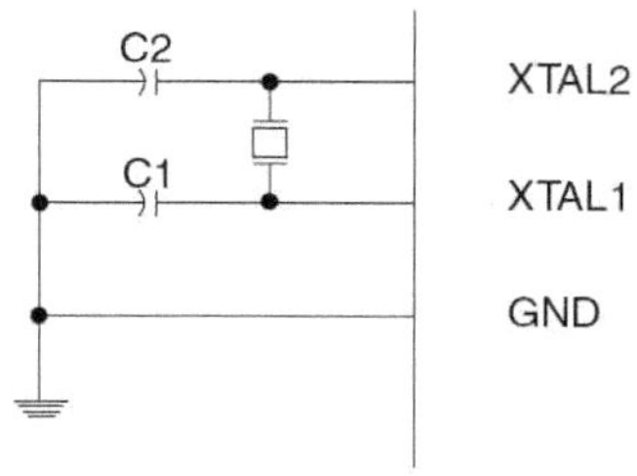

[그림 2.23] 크리스털 오실레이터의 연결

그림 2.23에서 $C_1 = C_2 = 20pF$ 이며 본 트레이닝키트에도 $20pF$를 사용하였다.

내부 발진 회로의 동작에는 3가지 모드가 있는데, 이는 CKSEL3~1 비트에 의하여 [표 2.6]과 같이 선택된다.

[표 2.6] 크리스털 오실레이터의 동작 모드

CKOPT	CKSEL3..1	주파수 범위(MHz)	콘덴서 C1과 C2(pF)
1	101	0.4 - 0.9	-
1	110	0.9 - 3.0	12 pF - 22 pF
1	111	3.0 - 8.0	12 pF - 22 pF
0	101, 110, 111	1.0 이상	12 pF - 22 pF

2.4.4 AMCEmul

ATmega128A는 구입 후 처음 전원을 넣어주면 1MHz의 내부 클럭으로 동작된다. 그런데 1MHz의 내부 클럭은 성능이 비교적 좋지 않다. 1MHz의 내부 클럭은 외부 클럭보다 오차가 많기 때문에 시간에 따른 모터, 통신, 부저 등을 제어할 때 정확한 동작을 할 수 없다. 따라서 AMCEmul프로그램을 사용하여 16MHz의 외부 클럭을 사용하는데 16MHz의 외부 클럭은 1MHz의 내부 클럭보다 성능이 약 16배 우수하다.

다음 [그림 2.24]은 AMCEmul 프로그램을 처음 시작할 때를 보여준다. 이때 파일 불러오기 및 AMC포드와 컴퓨터 본체와의 연결이 되었는지, 전원 공급을 해주었는지, 장치관리자의 범용 직렬 버스 컨트롤러에서 FT4222가 인식되었는지 확인 후 진행하도록 한다.

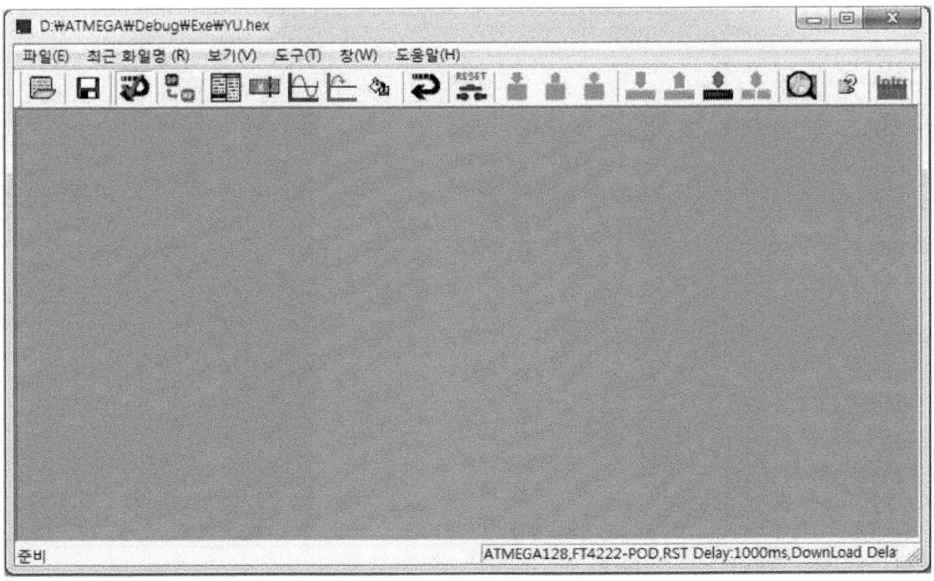

[그림 2.24] AMCEmul 초기화면

[표 2.5] 클럭 소스 선택표를 보면 ATmega128A는 디바이스 클럭 옵션이 처음에 내부 오실레이터로 설정되어 있다. 클럭 옵션을 설정하기 위해서 [그림 2.25]의 CPU 및 주변장치 설정을 클릭한다.

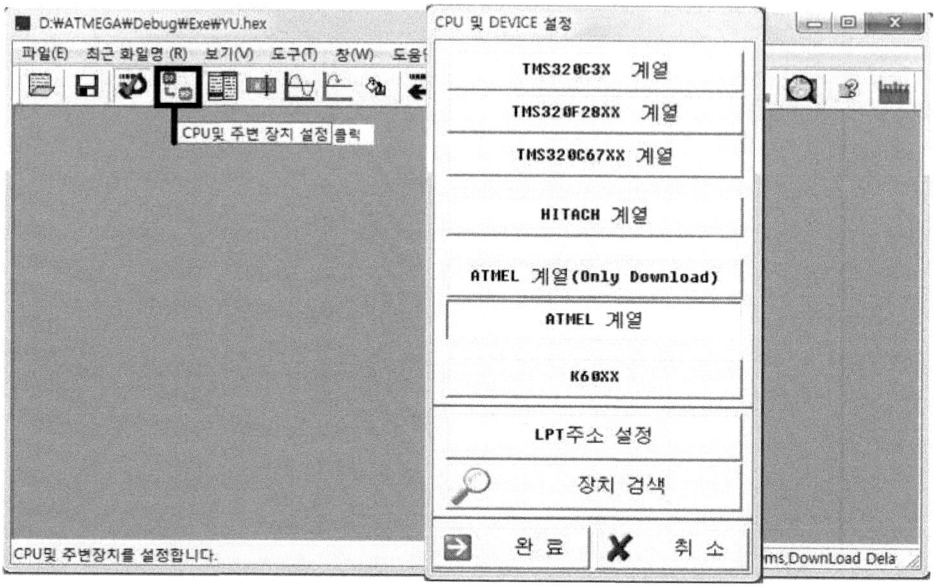

[그림 2.25] CPU 및 DEVICE 설정

[그림 2.25]에서 ATMEL 계열을 클릭하게 되면 다음 [그림 2.26]와 같은 창이 생성된다. 처음에는 POD종류가 LPT & FT245로 되어있다. 이것을 [그림 2.26]와 같이 FT4222로 바꾸어 주고 오른쪽 아래에 있는 SUT_CKSEL을 설정해주도록 한다.

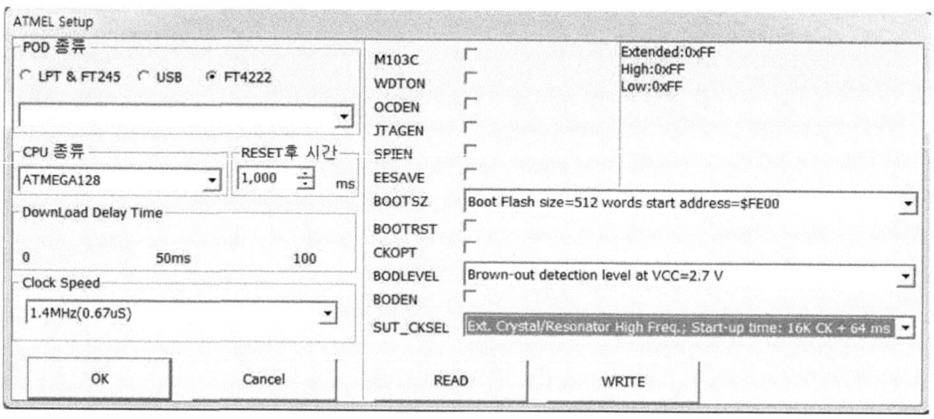

[그림 2.26] ATMEL Setup

SUT_CKSEL은 맨 아래에 있는 'Ext. Crystal/Resonator High Req.; Start-up time; 16K CK + 64 ms'를 선택하고 아래의 WRITE 버튼을 클릭하면 ATmega128A는 16MHz의 외부 클럭을 사용하게 된다. 그 외의 설정은 [그림 2.27]을 참고하도록 한다.

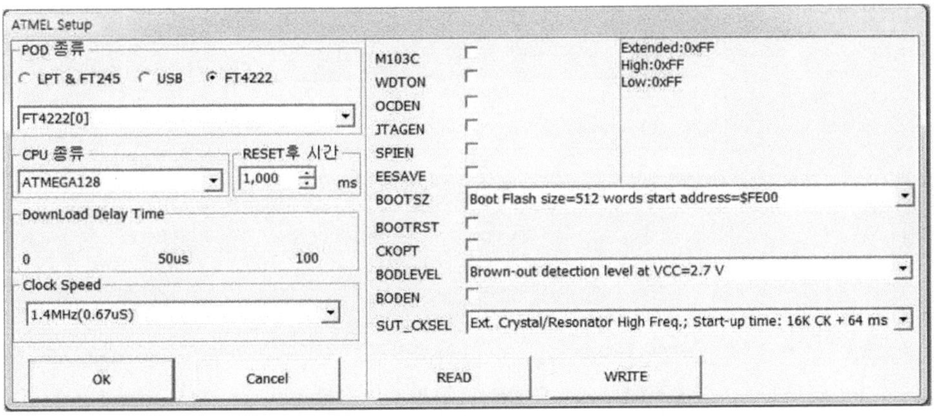

[그림 2.27] ATMEL Setup 설정 완료

POD 종류에 포함되어 있는 FT4222[0]은 이후 설명에 나올 FLASH ROM에 버퍼의 내용 쓰기 및 검사 후에 설정을 할 수 있다. 그래서 당장은 무시하도록 하고 OK 버튼을 눌러 설정을 완료하도록 한다.

이제 모든 설정이 완료되었으며 ATmega128A KIT에 프로그램을 다운로드 하기로 한다. [그림 2.28]과 같이 'FLASH ROM에 버퍼의 내용 쓰기 및 검사'를 눌러서 다운로드를 진행 할 수 있다.

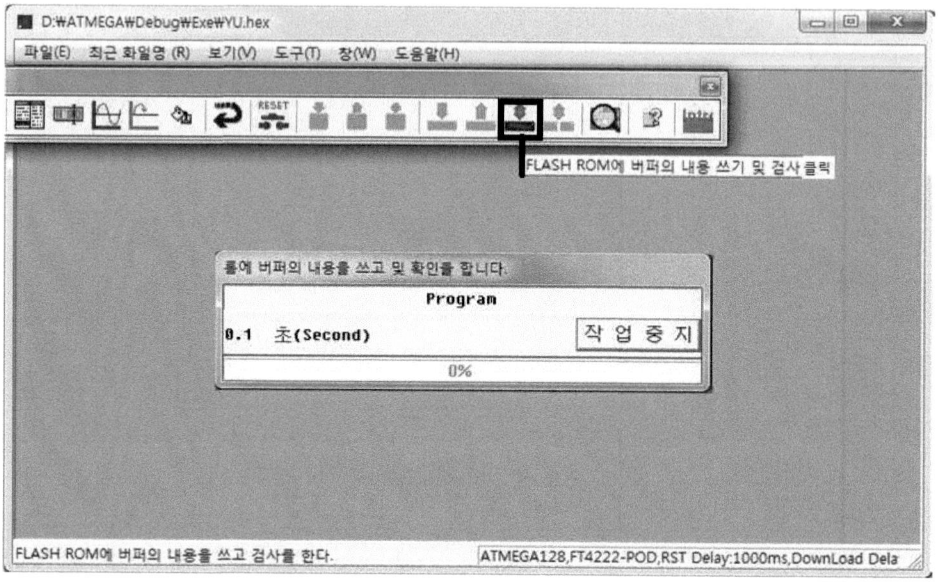

[그림 2.28] FLASH ROM에 버퍼의 내용 쓰기 및 검사

정상적인 경우 이 단계를 거치면 ATmega128A KIT는 HEX파일에서 지시하는 대로 작동될 것이다. 만약 원하는 동작이 정상적으로 나오지 않을 때 프로그램의 코딩 혹은 ATmega128A KIT에 이상이 생긴 것은 아닌지 확인해야 한다.

AMCEmul의 사용에 있어서 오류 메시지의 원인 및 해결방법은 2.4.5절의 AMCEmul **오류 메세지**에서 자세히 다루도록 한다. 다음은 변수의 모니터링에 대해서 설명할 것이다.

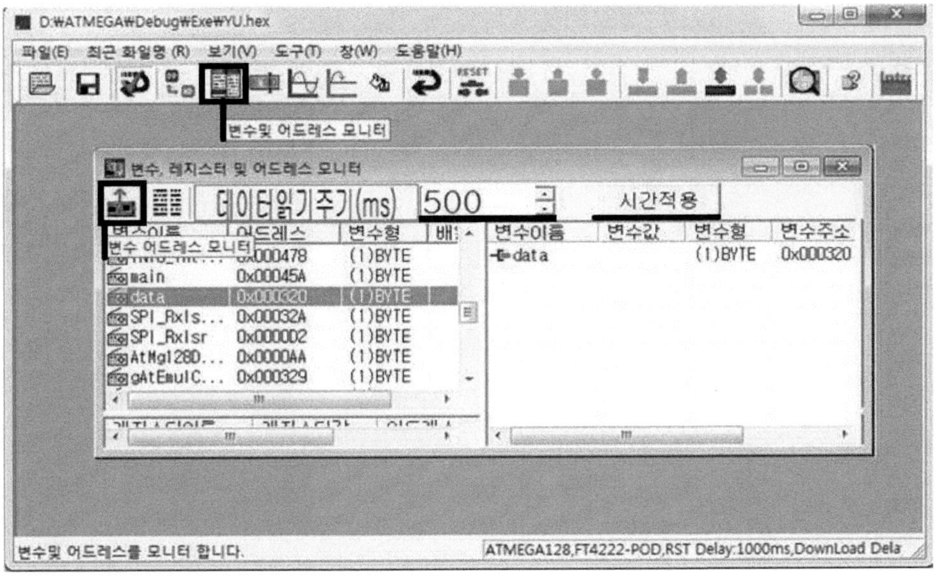

[그림 2.29] 변수, 레지스터 및 어드레스 모니터

[그림 2.29]에서 '변수 및 어드레스 모니터'를 클릭하게 되면 위와 같은 창이 생성된다. 좌측의 관측할 변수를 더블클릭하면 우측에 생성되어 변수 값을 볼 수 있는데 좌측 상단의 초록색 버튼 '변수 어드레스 모니터'를 클릭해 주어야만 한다.

중간 상단의 '500'이라는 숫자는 데이터 읽기 주기(ms)의 값을 의미하며 현재 0.5초마다 데이터를 읽고 쓴다. 데이터 읽기 주기의 최소값은 200ms이며 변경 후에 '시간적용'을 눌러주어야만 적용이 된다.

2.4.5 AMCEmul 오류 메시지

AMCEmul을 사용할 때 오류 메시지의 원인을 알아볼 것이다. 본 절은 오류가 없다면 넘어가도록 하며 알맞은 전원 공급이 이루어졌는지 확인하는 것이 선행되어야한다. 오류 메시지가 없고 원하는 결과가 나오지 않는다면 프로그램의 코딩이나 ATmega128A KIT의 고장을 의심해보아야 한다.

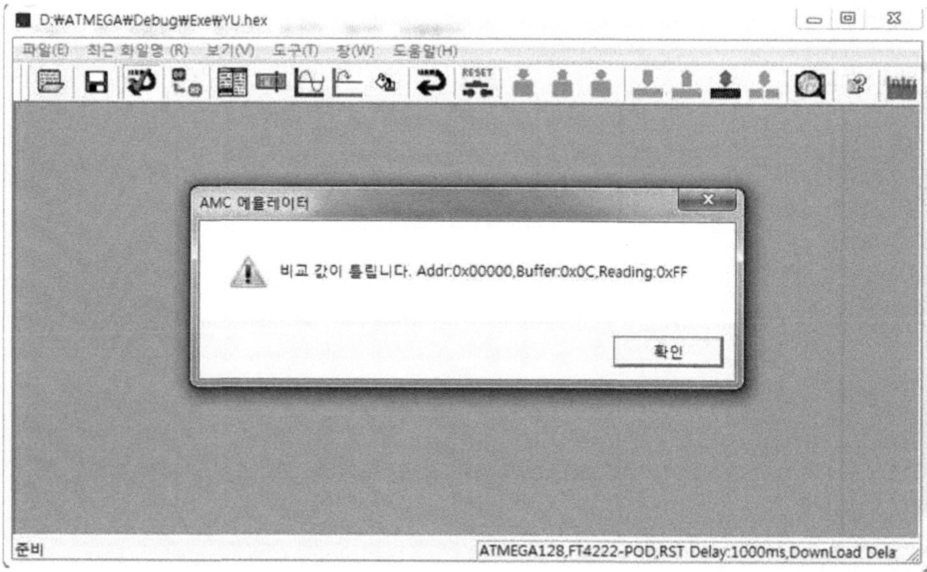

[그림 2.30] AMCEmul 에러 메세지1

[그림 2.30]과 같은 오류는 'FLASH ROM에 버퍼의 내용 쓰기 및 검사'단계에서 나오는 오류이다. 위와 같은 오류가 발생하면 ATMEL Setup을 정확히 설정하였는지 확인하여야 한다. 이전에 설정을 하고 진행을 하였더라도 컴퓨터 본체의 USB포트 혹은 ATmega128A KIT의 AMC_POD 단자에서 접촉 불량이 생기면 이런 오류가 발생한다. [그림 2.30]과 같은 에러가 있을 때 다음과 같은 순서로 에러의 원인을 찾아본다.

1. 컴퓨터 본체 USB 포트, AMC_POD 단자 접촉 불량 확인
2. [CPU 및 주변 장치 설정]->[ATMEL 계열]->ATMEL Setup [그림 2.27]참조

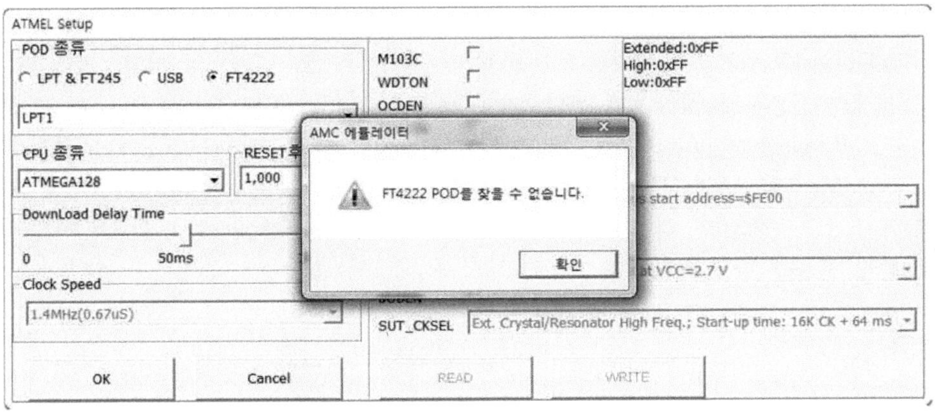

[그림 2.31] AMCEmul 에러 메세지2

[그림 2.31]의 오류 메시지는 POD 종류에서 FT4222를 클릭하였을 때 나오는 오류 메시지이다. 이 오류의 원인은 컴퓨터와 ATmega128A KIT간에 연결이 되어있지 않을 때 발생한다. USB포트 혹은 AMC_POD단자의 접촉 불량이 원인이거나 FT4222의 드라이버가 설치되어있지 않을 때 발생하는 오류이며 FT4222의 드라이버가 설치되었는지 확인하려면 [장치관리자]->[범용 직렬 버스 컨트롤러]에서 확인할 수 있다. 장치관리자를 켜는 법은 운영체제마다 다른데 공통된 방법으로는 시작의 실행명령어를 사용하는 방법으로 [시작]->[실행]->[devmgmt.msc]에서 장치관리자를 켤 수 있다.

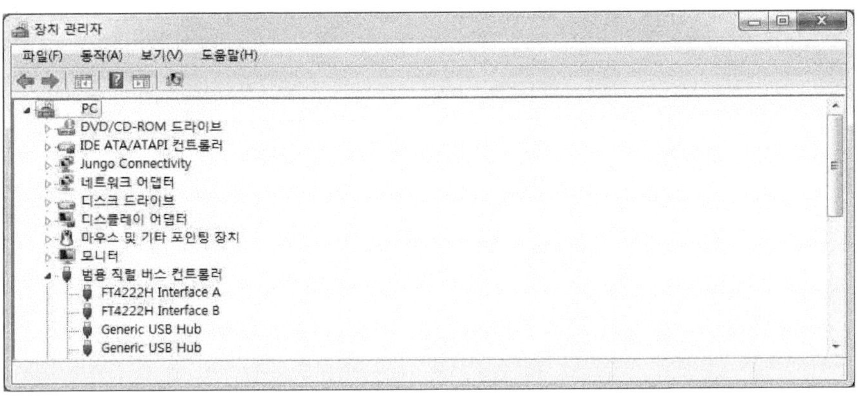

[그림 2.32] 장치 관리자 화면

2.5 시스템 리셋 기능

ATmega128A가 리셋 되면 모든 I/O 레지스터들이 초기 값으로 되고, 프로그램은 리셋 벡터로부터 시작하게 된다. 리셋 벡터에 위치한 명령어는 리셋 처리 루틴으로 JMP(absolute jump)하는 명령이다. 만약 프로그램에 인터럽트 소스가 설정되지 않으면 인터럽트 벡터는 사용되지 않고 일반적인 프로그램 코드가 이 위치에 오게 된다. [그림 2.33]에 리셋 로직을 나타냈다. [표 2.7]에서는 리셋 회로망의 전기적인 특성 값을 나타냈다.

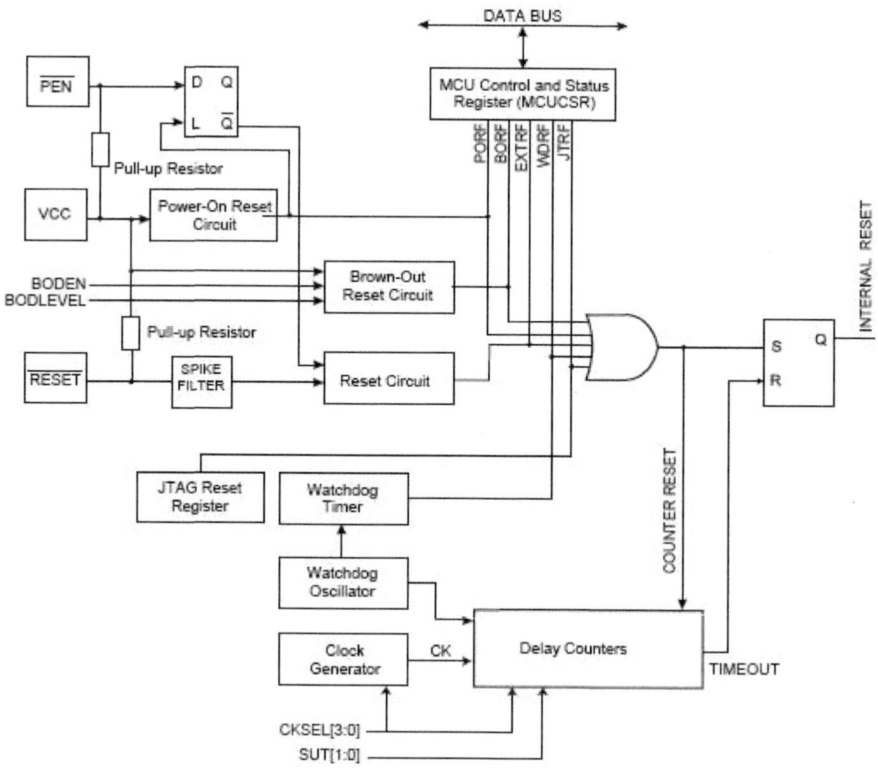

[그림 2.33] 리셋 로직

◆ ATmega128A는 아래와 같은 5가지 리셋 소스를 가진다.

- Power-on Reset : 공급 전원이 Power-on Reset 임계값(V_{POT}) 이하이면 MCU는 리셋 된다.
- External Reset : $\overline{\text{RESET}}$ 핀에 로우 레벨 펄스가 지정된 최소 펄스 폭 더 길 때 MCU는 리셋 된다.
- Watchdog Reset : 워치독이 동작되고 워치독 타이머 주기가 끝날 때 MCU는 리셋 된다.
- Brown-out Reset : Brown-out 검출기가 동작되고 공급 전원(Vcc)이 Brown-out Reset 임계값(V_{BOT}) 이하이면 MCU는 리셋 된다.
- JTAG AVR Reset : JTAG 시스템이 연결되어 있고, 리셋 레지스터에 로직 값이 있으면 MCU는 리셋 된다.

[표 2.7] 리셋 관련 전기적 특성

Symbol	Parameter	Condition	Min	Typ	Max	Units
V_{POT}	Power-on Reset Threshold Voltage (rising)			1.4	2.3	V
	Power-on Reset Threshold Voltage (falling)(1)			1.3	2.3	V
V_{RST}	$\overline{\text{RESET}}$ Pin Threshold Voltage		0.2 V_{CC}		0.85 V_{CC}	V
t_{RST}	Pulse width on $\overline{\text{RESET}}$ Pin		1.5			µs
V_{BOT}	Brown-out Reset Threshold Voltage(2)	BODLEVEL = 1	2.4	2.6	2.9	V
		BODLEVEL = 0	3.7	4.0	4.5	
t_{BOD}	Minimum low voltage period for Brown-out Detection	BODLEVEL = 1		2		µs
		BODLEVEL = 0		2		
V_{HYST}	Brown-out Detector hysteresis			100		mV

2.5.1 Power-On Reset

Power-On Reset(POR) 펄스는 내부 검출 회로에 의해 생성되며 검출 레벨은 [표 2.7]에 정의 되어있다. Vcc가 검출 레벨 이하이면 POR은 활성화 되고 POR 회로는 Start-Up Reset을 트리거 하는데 사용되고 공급전원에 에러를 감지 할 수 있다.

Power-On Reset(POR)회로는 Power-On으로부터 장치의 리셋을 보증한다. POR 임계 전압에 도달하면 Vcc가 상승한 후에 RESET을 유지하는 지연 카운터가 생성된다. 검출 레벨 이하로 Vcc가 감소할 때 지연 없이 RESET 신호는 LOW로 된다.

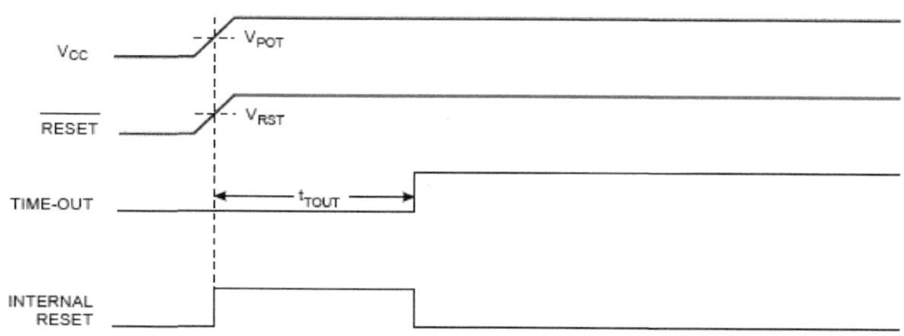

[그림 2.34] $\overline{\text{RESET}}$ 핀을 Vcc에 연결한 경우

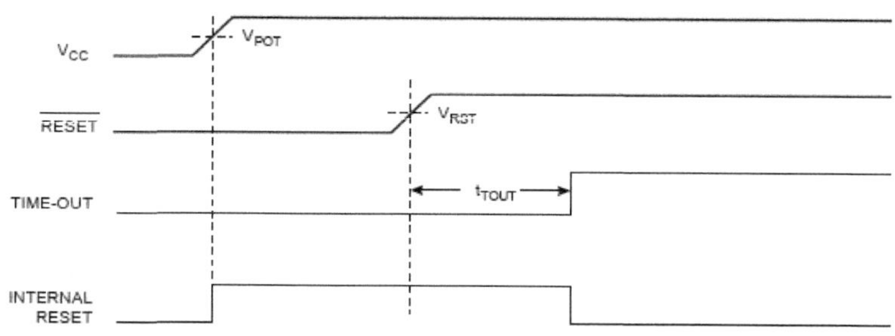

[그림 2.35] $\overline{\text{RESET}}$ 핀을 외부에 연결한 경우

2.5.2 외부(External Reset)

External Reset은 $\overline{RESET}$ 핀의 낮은 레벨 전압에 의해 발생 된다. 클럭이 발생하지 않아도 최소 펄스 폭보다 긴 리셋 펄스가 발생하면 리셋이 발생한다. 상승에지에 리셋 임계 전압이 적용되면, Time-out 주기(t_{TOUT})가 끝난 후에 MCU는 정상 동작 된다.

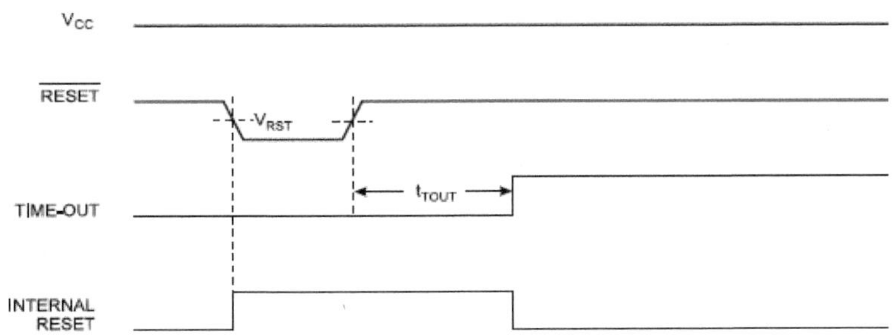

[그림 2.36] 외부 리셋

2.5.3 Brown-out Detection Reset

ATmega128A의 Brown-out Reset은 MCU의 내부에 있는 Brown-out Detection(BOD) 회로가 전원 전압 Vcc를 검출하여 이것이 Brown-out Reset 임계(V_{BOT}) 전압값 이하의 레벨로 지정된 최소 시간(2us) 이상 동안 지속하면 발생하는 리셋이다. BOD는 BODLEVEL 퓨즈를 2.7V로 할지 4.0V로 설정할지를 결정한다.

예) BODLEVEL :

0 : 4.0V로 선택

1 : 2.7V로 선택

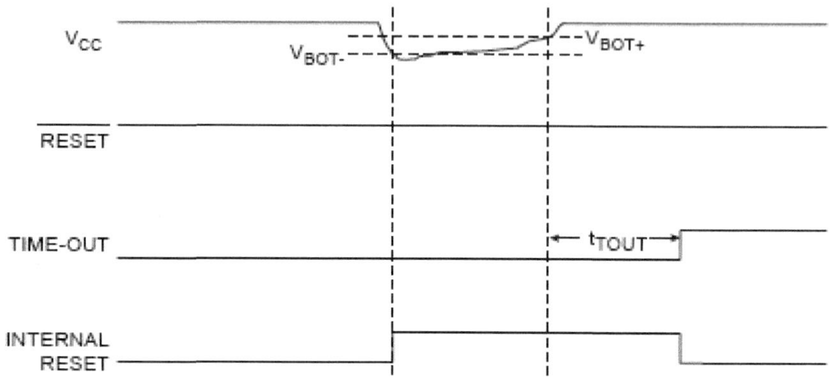

[그림 2.37] Brown-out 리셋

2.5.4 Watchdog Reset

Watchdog 타임아웃이 발생할 때 1클럭 사이클 동안 짧은 리셋 펄스가 발생하여 MCU를 리셋 시킨다. 이 펄스의 폴링 에지일 때 시간 지연 카운터의 동작이 개시되고 t_{TOUT}시간 동안 리셋이 유지된다.

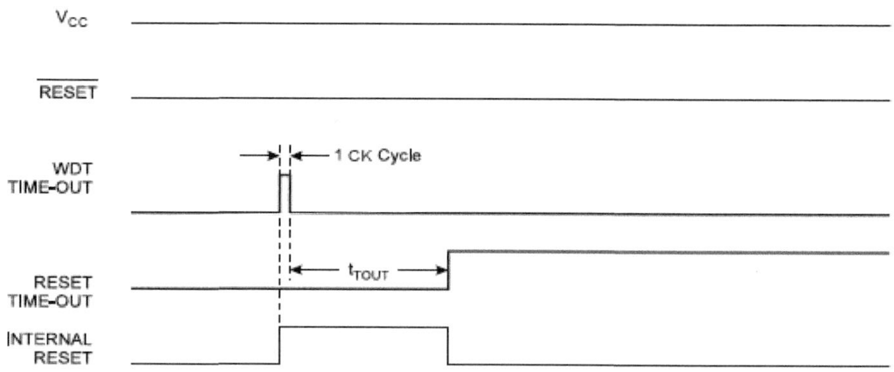

[그림 2.38] Watchdog 리셋

2.5.5 MCU Control and Status Register - MCUCSR

Bit	7	6	5	4	3	2	1	0	
	JTD	–	–	JTRF	WDRF	BORF	EXTRF	PORF	MCUCSR
Read/Write	R/W	R	R	R/W	R/W	R/W	R/W	R/W	
Initial Value	0	0	0	See Bit Description					

[그림 2.39] MCU 제어와 상태 레지스터: MCUCSR(0x0034)

- BIT 7 : JTD(JTAG Disable) : "0" 이면 JTAG Enable

- BIT 4 : JTRF(JTAG Reset Flag)
  JTAG가 리셋 되면 이 비트는 "1"로 표시된다. Power-On Reset 또는 이 비트에"0"을 써서 클리어 시킬 수 있다.

- BIT 3 : WDRF(Watchdog Reset Flag)
  Watchdog이 리셋 되면 이 비트는 "1"로 표시된다. Power-On Reset 또는 이 비트에 "0"을 써서 클리어 시킬 수 있다.

- BIT 2 : BORF(Brown-out Reset Flag)
  Brown-out이 리셋 되면 이 비트는 "1"로 표시된다. Power-On Reset 또는 이 비트에 "0"을 써서 클리어 시킬 수 있다.

- BIT 1 : EXTRF(External Reset Flag)
  외부 리셋이 발생되면 이 비트는 "1"로 표시된다. Power-On Reset 또는 이 비트에 "0"을 써서 클리어 시킬 수 있다.

- BIT 0 : PORF(Power-on Reset Flag)
  Power-On Reset이 발생하면 이 비트는 "1"로 표시된다. 이 비트에 "0"을 써서 클리어 시킬 수 있다.

제 3 장 펌웨어(Firmware) 개발 환경 구축 및 메모리

3.1 펌웨어(Firmware) 환경 구축

마이크로프로세서를 이용하여 사용자가 원하는 동작을 수행하기 위해서는 하드웨어인 마이크로프로세서에 소프트웨어를 이식해야 한다. 이러한 일련의 과정을 Firmware라 하며 마이크로프로세서의 실행 파일을 만들기 위해서는 Compiler, Assembler, Linker가 필요하다. 윈도우즈 환경 아래서 운용되는 통합 소프트웨어가 IAR EWAVR C 크로스 컴파일러(IAR EWAVR)이며, 이를 실행 하면 [그림 3.1]과 같은 화면이 나타난다.

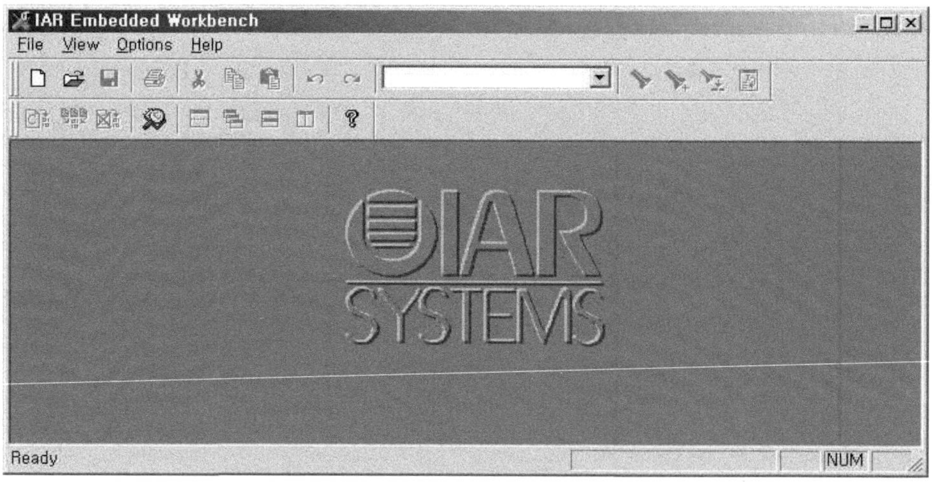

[그림 3.1] IAR Embedded Workbench 실행시 초기화면

다음으로 프로젝트를 설정하는 단계를 알아보면 IAR Embedded Workbench AVR의 메뉴 바에서 [File] → [New]를 선택하면 [그림 3.2]와 같은 "새로 만들기" 창이 나타난다.

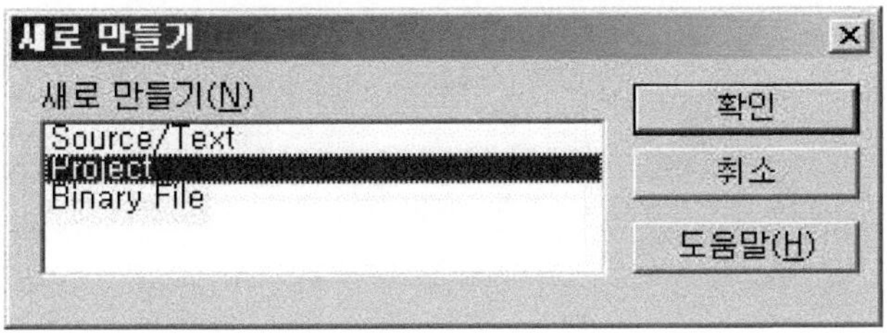

[그림 3.2] 새로 만들기 창

여기서 Project를 선택하고 확인을 누르면 [그림 3.3]과 같은 "New Project"창이 나타난다.

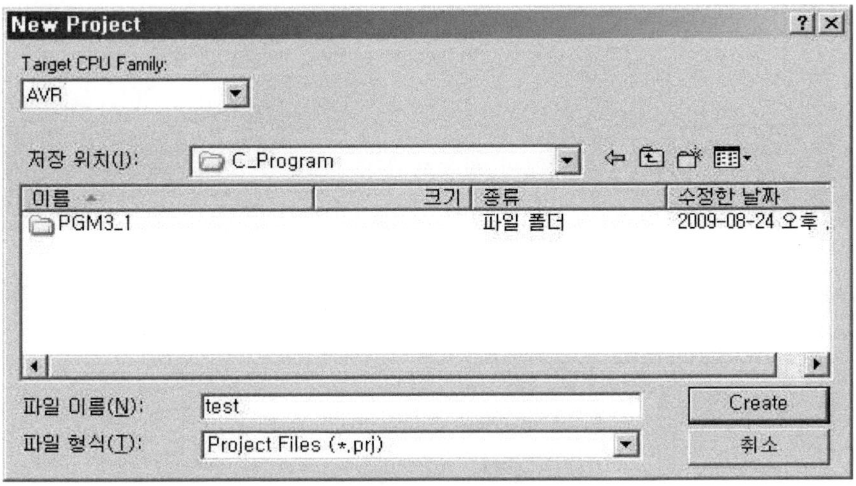

[그림 3.3] New Project 창

New Project 창에서 원하는 저장 위치에 새로운 Project 파일이 저장될 폴더 (D:\ATMega128A\제3장\C_Program\PGM3_1)를 만들어 저장위치에 선택한다.

다음으로 Project 파일 이름에 "test"라고 입력한 후 "Create"버튼을 누른다. 그러면 [그림 3.4]와 같이 "test.prj"로 변경된 것을 볼 수 있다.

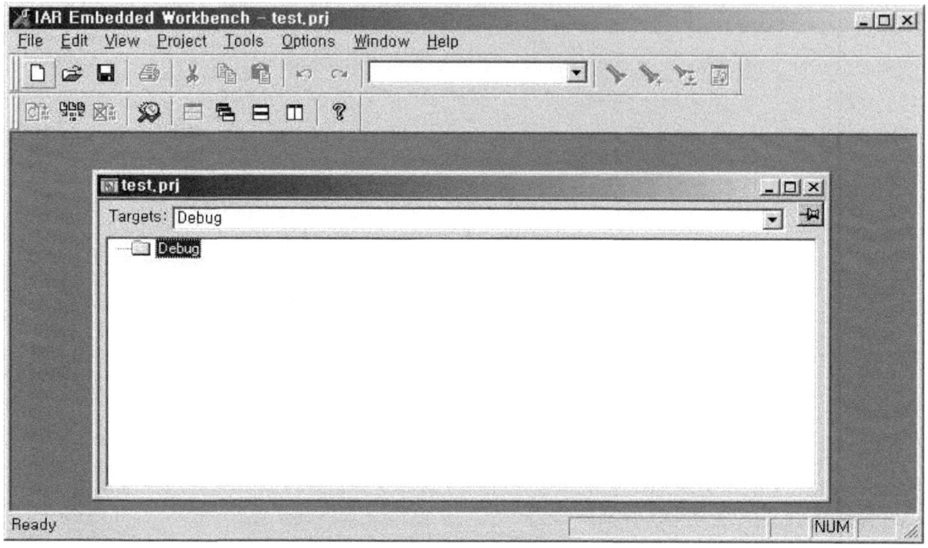

[그림 3.4] “test.prj” 작성

다음으로 새 파일을 작성해 보면 위에서 설명한 [그림 3.4]의 새로 만들기 창에서 Source/Text를 클릭하고 확인을 누르면 "Untitled1"이라는 창이 나타난다.

이제 기본적인 소스를 [그림 3.5]와 같이 작성하고 [File] → [Save]를 선택한 후 D:\ATMega128A\제3장\C_Program\PGM3_1 폴더 아래에 “test.c”라는 이름으로 저장한다.

test_3_1

```
#include <iom128.h>
#include <ina90.h>
#include "DebugAtmega128.h"

void delay(unsigned long int dly);
unsigned int Main_cnt=0;

void main(void)
{
    AtMg128DebugInit();
    __enable_interrupt();    //enable interrupts

    while(1)
    {
        delay(1000000);
        Main_cnt++;
    }
}

void delay(unsigned long int dly)
{
    while(dly--);
}

```

[그림 3.5] “test.c” source program 작성

다음으로 옵션을 설정해 주어야 하는데 메인 메뉴 [Project] → [Options...]을 클릭하면 [그림 3.6]과 같이 창이 나타난다.

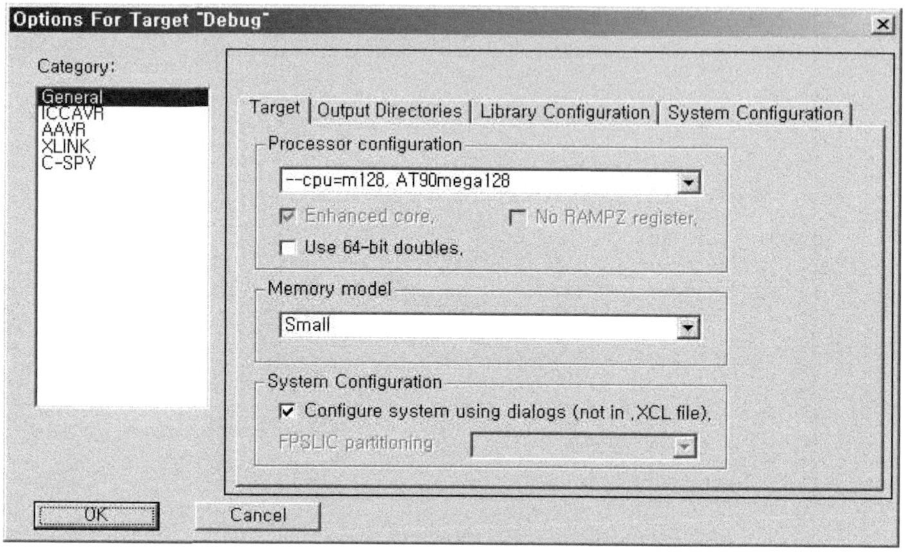

[그림 3.6] Target에 대한 Option 설정

[그림 3.6]의 Option For Target "Debug" 창을 보면, 좌측에 Category에 대한 옵션을 나타내고 있으며, 다음과 같은 5종류의 서브메뉴로 구성되어 있다.

① General : AVR 디바이스 및 시스템 환경 설정
② ICCAVR : C 크로스 컴파일러의 옵션 설정
③ AAVR : 어셈블러의 옵션 설정
④ XLINK : 링커 & 로케이터 옵션 설정
⑤ C-SPY : C-SPY 시뮬레이션 옵션 설정

[그림 3.6]의 "Category:"에서 General을 선택하고 Target을 클릭하면 Processor를 설정할 수 있는 Processor configuration 메뉴가 있는데 우측의 스크롤를 사용하여 "--cpu=m128, AT90mega128" 찾아 선택한다.

다음으로 Memory model 칸에서 "Small"을 선택하고, Configure system using dialogs (not in .XCL file)을 선택한다.

또한 "Output Directories"를 클릭하여 다음 창으로 넘어간다.

"Output Directories"창에서 "Executables:", "Object files:", "List files:"칸을 [그림 3.7]과 같이 "Debug\EXE", "Debug\EXE", "Debug\EXE"의 경로를 설정한다.

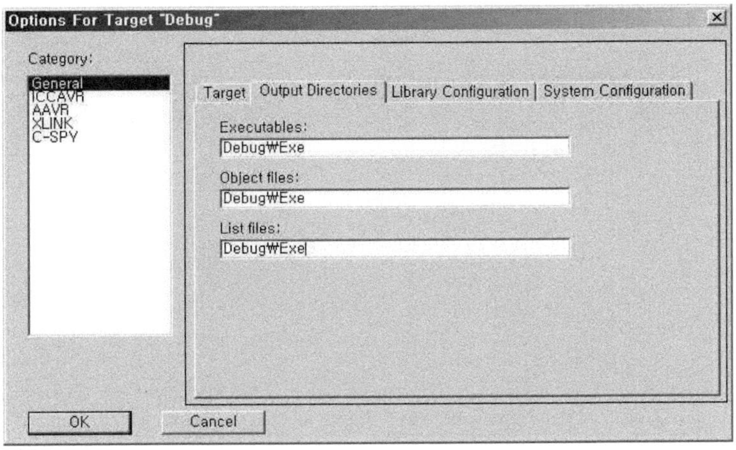

[그림 3.7] "Output Directories" 선택

그리고 Library Configuration을 클릭하여 다음 창으로 넘어간다.

Library Configuration을 클릭하면 [그림 3.8]과 같이 창이 나오는데 다음과 같이 설정한다.

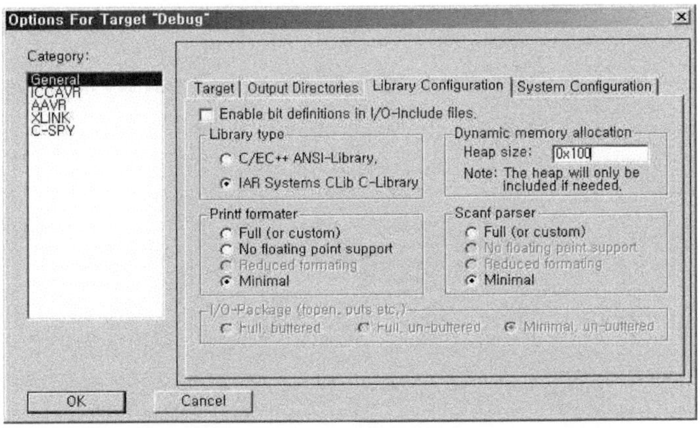

[그림 3.8] "Library Configuration" 선택

[그림 3.8]과 같이 설정한 후 “System Configuration”을 클릭한다.
“System Configuration”을 클릭하여 [그림 3.9]와 같이 설정하면 된다.

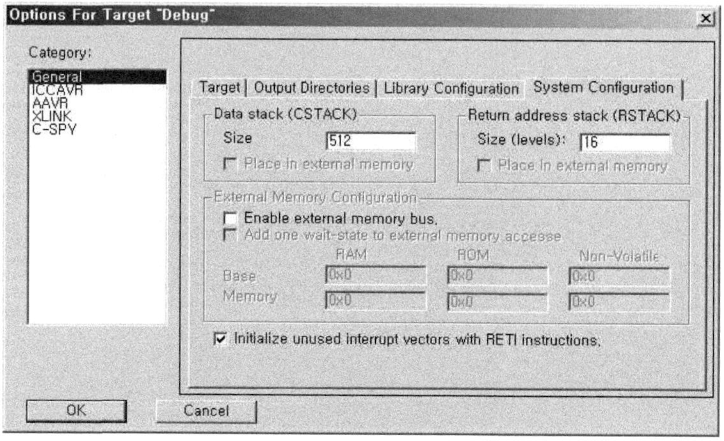

[그림 3.9] "System Configuration" 설정

[그림 3.10]과 같이 ICCAVR에서 “Language” 설정을 해준 후 “Code”로 넘어간다.

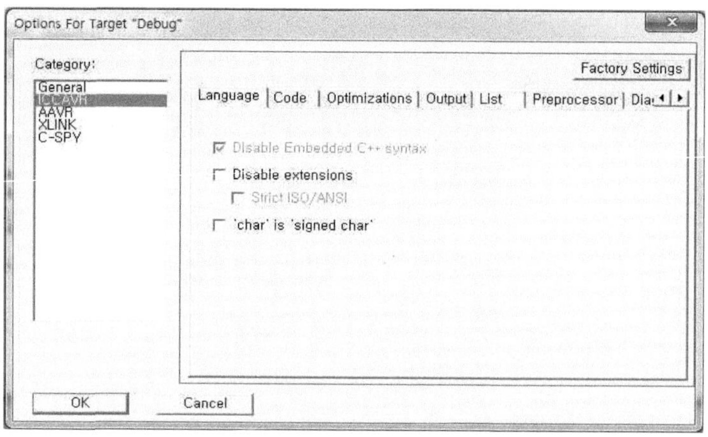

[그림 3.10] ICCAVR “Language”설정

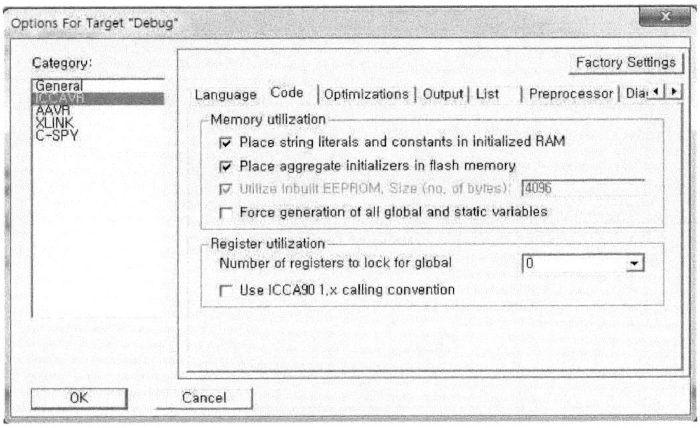

[그림 3.11] ICCAVR “Code”설정

위의 [그림 3.11]과 같이 “Code”를 설정해준 후 다음 설정으로 넘어간다.

다음 설정을 위해 Category:에서 ICCAVR을 선택하고 “Optimizations” 환경을 아래의 [그림 3.12]와 같이 Speed에서 None ~ High를 설정하여준다.

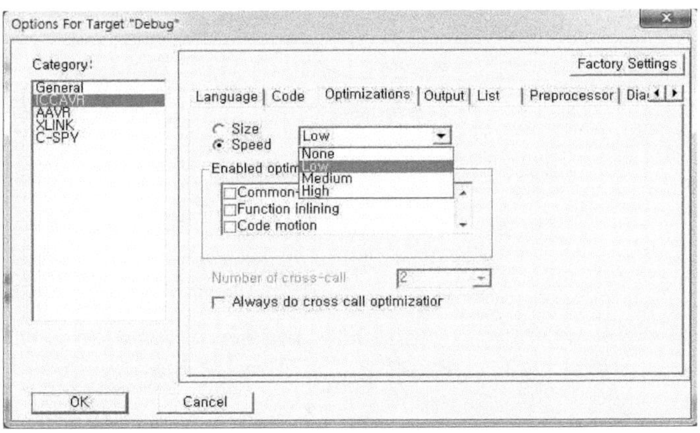

[그림 3.12] ICCAVR “Optimizations” 설정

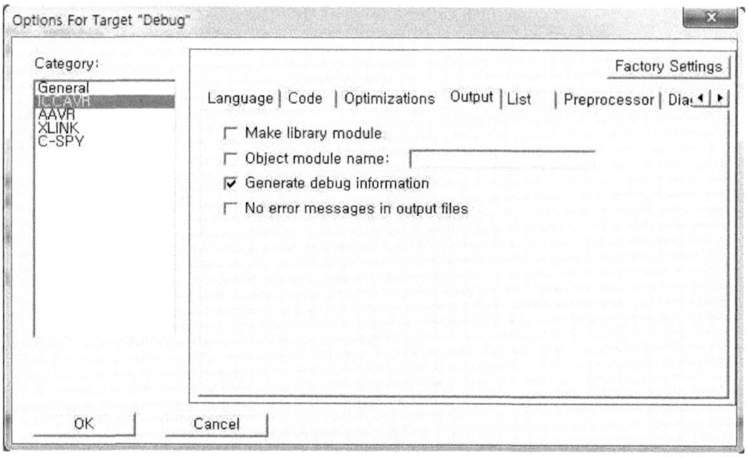

[그림 3.13] ICCAVR "Output"설정

[그림 3.13]과 같이 "Output"을 설정하여 준다.

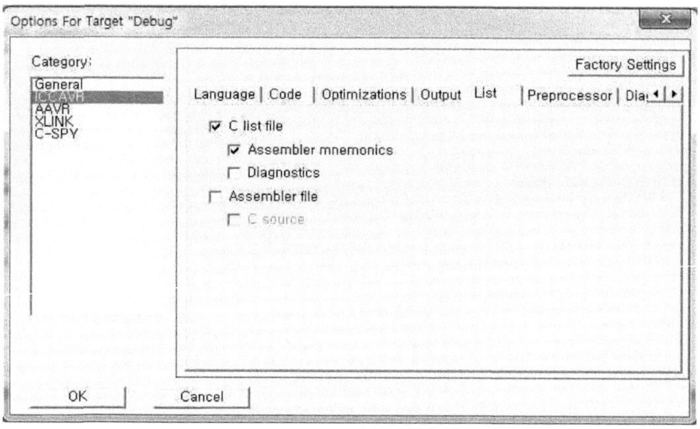

[그림 3.14] ICCAVR "List"설정

[그림 3.14]와 같이 C list file을 체크해 주고 Assembler mnemonics를 체크해 준다.

ICCAVR에서는 마지막으로 [그림 3.15]와 같이 “Preprocessor”를 설정해주고 XLINK로 넘어간다.

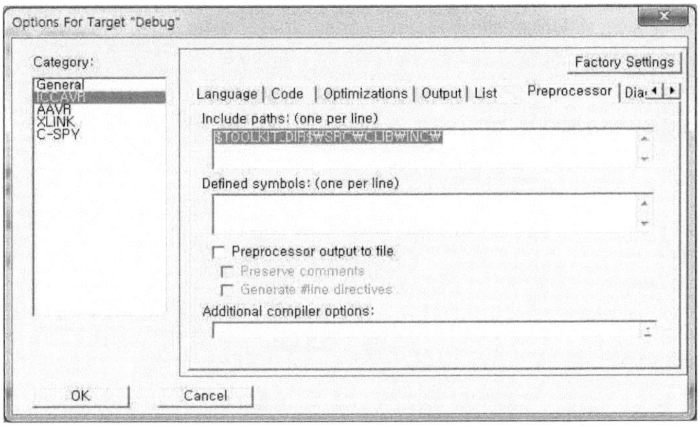

[그림 3.15] ICCAVR “Preprocessor”설정

다음 설정을 위해 Category:에서 XLINK를 선택하고 "Output" 환경을 [그림 3.16]과 같이 설정하고 List를 클릭한다.

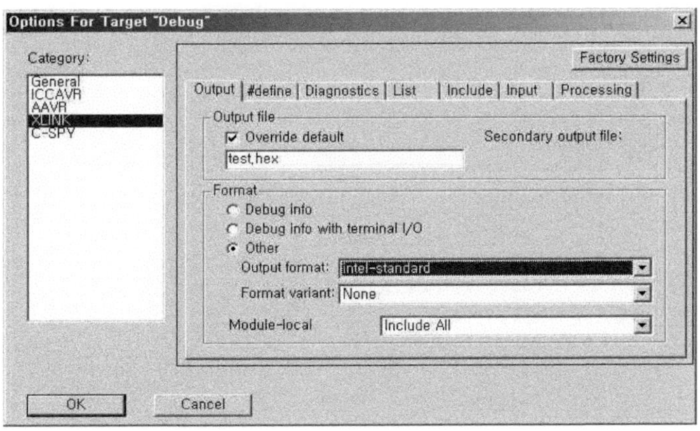

[그림 3.16] “XLINK의 Output option” 선택

이제 디버깅 프로그램인 AMC EMUL을 이용하여 변수를 모니터링하기 위해 List 메뉴로 들어간다.

이때 [그림 3.17]과 같이 설정하여 map file을 만들도록 설정한다.

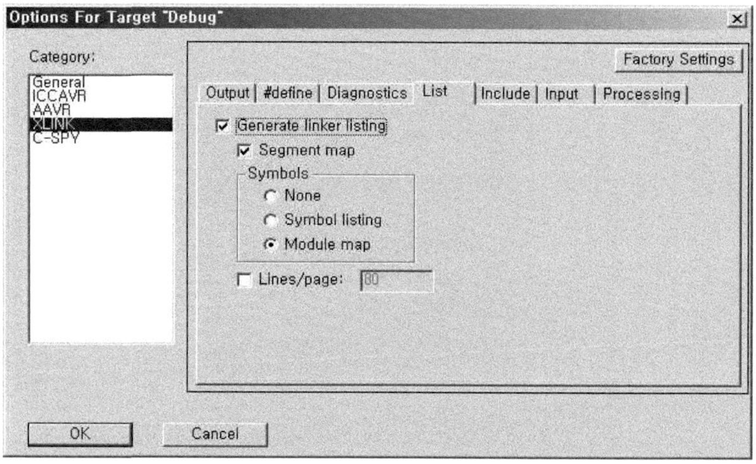

[그림 3.17] Module map file 작성

XLINK의 "Include" 설정을 아래의 [그림 3.18]과 같이 설정해준다.

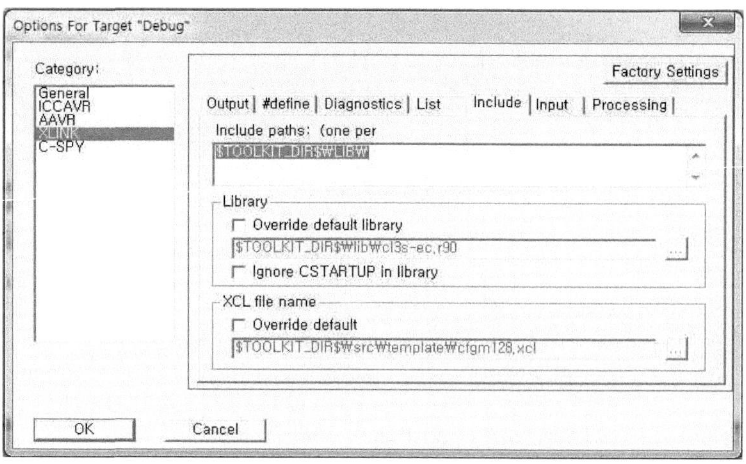

[그림 3.18] XLINK "Include" 설정

XLINK의 "Input" 설정을 아래의 [그림 3.19]와 같이 설정해준다.

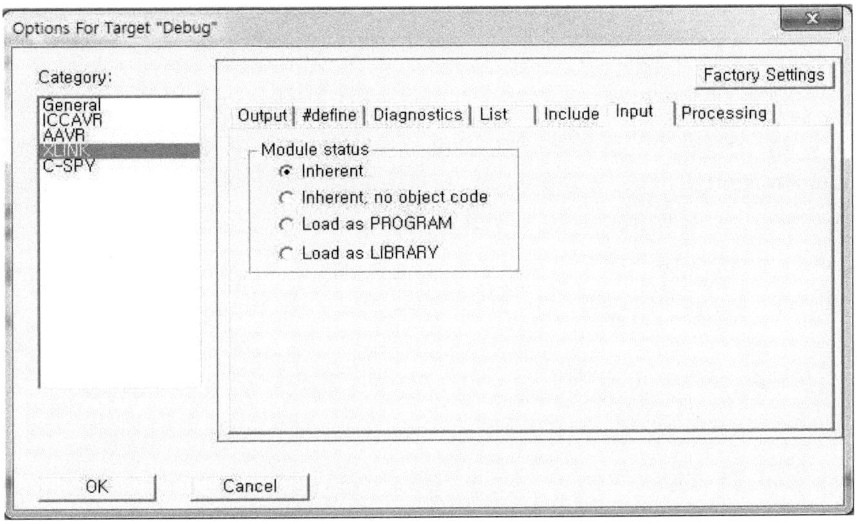

[그림 3.19] XLINK "Input" 설정

XLINK의 "Processing" 설정을 아래의 [그림 3.20]과 같이 설정해준다.

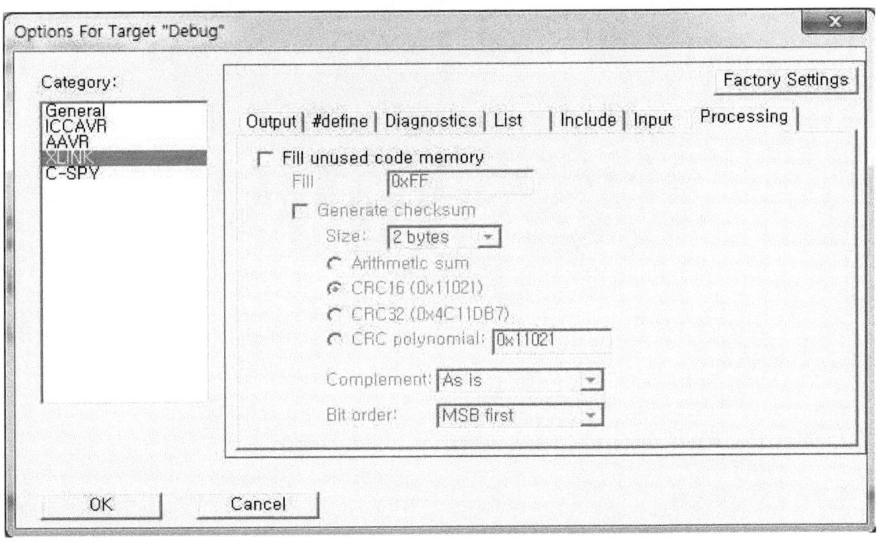

[그림 3.20] XLINK "Processing" 설정

다음으로 Category:에서 C-SPY는 그대로 두고 OK 버튼을 클릭함으로써 프로젝트에 대한 옵션을 모두 선택하게 된다.

마지막으로 컴파일 하는 과정을 살펴보면 먼저 Project 파일이 저장되어 있는 폴더인 D:\ATMega128A\제3장\C_Program\PGM3_1에 디버깅용 프로그램을 작성하여 "DebugAtmega128.h"로 저장한다. 본 프로그램은 프로그램 초보자나 마이크로프로세서 개발자 및 설계자를 위해 제공되는 프로그램이다.

디버깅 프로그램을 test.c 프로그램에서 호출하게 되며 사용자 프로그램을 다운로딩 하거나 작성된 변수들을 모니터링 하는 것으로써 사용자에게 편리성을 제공해준다.

```
//DebugAtmega128.h
#ifndef _DEBUG_ATMEGA128_H_
#define _DEBUG_ATMEGA128_H_

#define STX 0x02
#define ETX 0x03

unsigned char gAtEmulCmd;
unsigned int gAtEmulAddr;
unsigned char gAtEmulData[4];
unsigned char gAtEmulRwSize;
unsigned char gAtEmulChkSum;

void AtMg128DebugInit()
{
  DDRB = 0x08;
  SPCR = 0xC0;

  gAtEmulCmd = 'Y'; // <-- Ready
  gAtEmulAddr = 0x0000; // Address
  gAtEmulRwSize = 1; // 읽기 쓰기 Size
  gAtEmulChkSum = 0x00; //Checksum
}

#pragma vector = SPI_STC_vect
__interrupt void SPI_RxIsr()
{
  static int nERxPos = 0;
  unsigned char nRxDat;

  nRxDat = SPDR;

  switch(nERxPos)
  {
  case 0:
      gAtEmulChkSum = nRxDat;
      if(nRxDat != STX) nERxPos = 0;
```

```
        else nERxPos = 1;
        break;
    case 1:
        gAtEmulChkSum += nRxDat;
        gAtEmulCmd = nRxDat;
        nERxPos = 2;
        break;
    case 2:
        gAtEmulChkSum += nRxDat;
        gAtEmulAddr = nRxDat;
        nERxPos = 3;
        break;
    case 3:
        gAtEmulChkSum += nRxDat;
        gAtEmulAddr = (gAtEmulAddr<<8) | (nRxDat&0xFF);
        nERxPos = 4;
        break;
    case 4:
        gAtEmulChkSum += nRxDat;
        gAtEmulAddr = (gAtEmulAddr<<8) | (nRxDat&0xFF);
        nERxPos = 5;
        break;
    case 5:
        gAtEmulChkSum += nRxDat;
        gAtEmulRwSize = nRxDat;
        nERxPos = 6;
        break;
    case 6:
        gAtEmulChkSum += nRxDat;
        gAtEmulData[0] = nRxDat;
        nERxPos = 7;
        break;
    case 7:
        gAtEmulChkSum += nRxDat;
        gAtEmulData[1] = nRxDat;
        nERxPos = 8;
        break;
```

```
case 8:
    gAtEmulChkSum += nRxDat;
    gAtEmulData[2] = nRxDat;
    nERxPos = 9;
    break;
case 9:
    gAtEmulChkSum += nRxDat;
    gAtEmulData[3] = nRxDat;
    nERxPos = 10;
    break;
case 10:
    gAtEmulChkSum += nRxDat;
    if(nRxDat != ETX) nERxPos = 0;
    else nERxPos = 11;
    break;
case 11:
    if(gAtEmulChkSum == nRxDat)
    {
        switch(gAtEmulCmd)
        {
        case 'R':
            switch(gAtEmulRwSize)
            {
            default:
                    gAtEmulRwSize = 1;
            case 1:
                    gAtEmulData[0] = *(unsigned char *)(gAtEmulAddr);
                    break;
            case 2:
                    gAtEmulData[0] = *(unsigned char *)(gAtEmulAddr+1);
                    gAtEmulData[1] = *(unsigned char *)(gAtEmulAddr+0);
                    break;
            case 4:
                    gAtEmulData[0] = *(unsigned char *)(gAtEmulAddr+3);
                    gAtEmulData[1] = *(unsigned char *)(gAtEmulAddr+2);
                    gAtEmulData[2] = *(unsigned char *)(gAtEmulAddr+1);
                    gAtEmulData[3] = *(unsigned char *)(gAtEmulAddr+0);
```

```
                        break;
                }

                SPDR = gAtEmulData[0];
                nERxPos = 12;
                break;

            case 'W':
                switch(gAtEmulRwSize)
                {
                default:
                        gAtEmulRwSize = 1;
                case 1:
                        *(unsigned char *)(gAtEmulAddr) = gAtEmulData[3];
                        break;
                case 2:
                        *(unsigned char *)(gAtEmulAddr+1) = gAtEmulData[2];
                        *(unsigned char *)(gAtEmulAddr) = gAtEmulData[3];
                        break;
                case 4:
                        *(unsigned char *)(gAtEmulAddr+3) = gAtEmulData[0];
                        *(unsigned char *)(gAtEmulAddr+2) = gAtEmulData[1];
                        *(unsigned char *)(gAtEmulAddr+1) = gAtEmulData[2];
                        *(unsigned char *)(gAtEmulAddr) = gAtEmulData[3];
                        break;
                }
                nERxPos = 0;
                break;
            }
        }
        else
        {
            nERxPos = 0;
        }
        break;
    case 12:
        SPDR = gAtEmulData[1];
```

```
            nERxPos = 13;
            break;
        case 13:
            SPDR = gAtEmulData[2];
            nERxPos = 14;
            break;
        case 14:
            SPDR = gAtEmulData[3];
            nERxPos = 0;
            break;
        }
    }
    #endif
```

[그림 3.21] DebugAtmega128.h

[그림 3.21]과 같이 작성된 파일을 저장하고 메인 메뉴 [Project] → [Files...]을 클릭하여 [그림 3.22]와 같이 Files in Group에 test.c 파일을 추가한다.

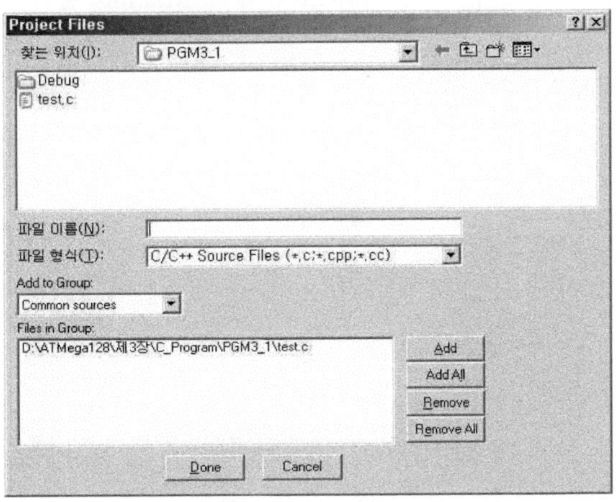

[그림 3.22] Project에 source file 추가

컴파일하기 위해 메인 메뉴 [Project] → [Make]를 클릭하거나 F9키를 누르면 [그림 3.23]와 같이 Messages 창과 프로젝트 창에 헤더 파일이 포함된 것을 알 수 있

으며 D:\ATMega128A\제3장\C_Program\PGM3_1\Debug\Exe에 test.HEX 파일이 만들어진다.

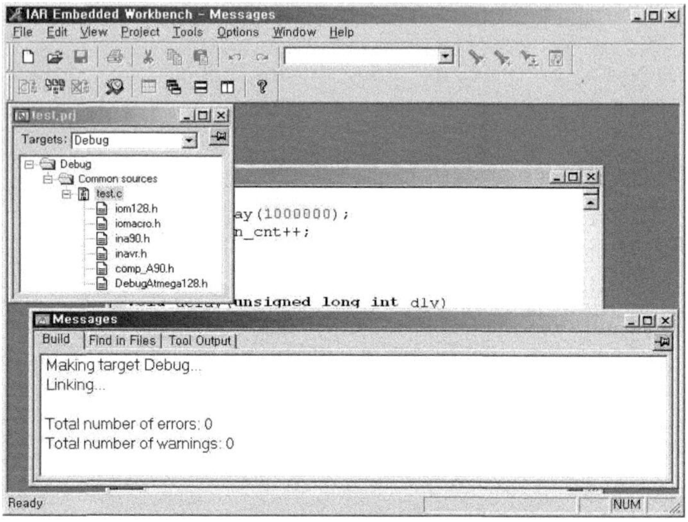

[그림 3.23] Project에 대한 Making 결과

먼저 AMC Emulator프로그램을 설치 후 실행하면 [그림 3.24]와 같이 창이 뜬다.

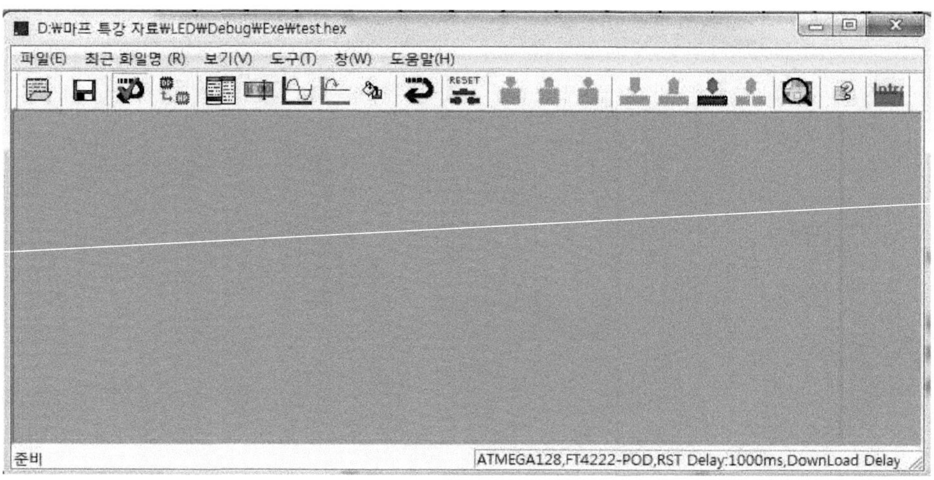

[그림 3.24] AMC Emulator의 초기화면

AMC Emulator가 실행되면 메뉴 바에 파일을 선택한 후에 CPU선택 및 설정을 한다. [그림 3.25]는 AMC Emulator에서 CPU선택 및 설정 메뉴를 선택하는 것을 보여주고 있다.

[그림 3.25] CPU 선택 및 설정 선택

[그림 3.25]와 같이 CPU선택 및 설정(C)을 실행하면 [그림 3.26]과 같이 여러 가지 CPU 및 DEVICE 설정 창이 나타난다.

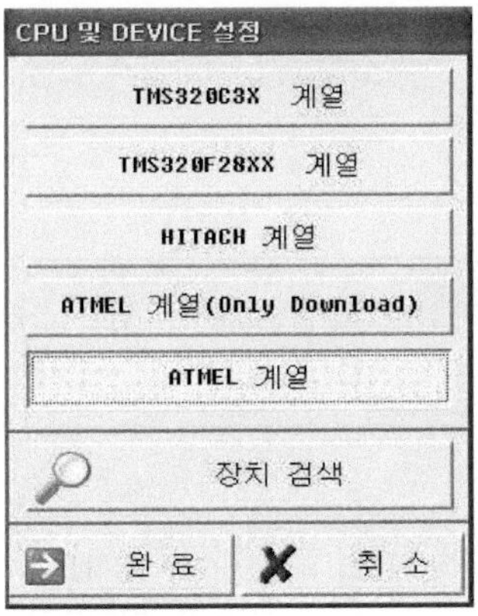

[그림 3.26] ATMEL 계열 선택

[그림 3.26]과 같이 ATMEL 계열을 선택하면 [그림 3.27]과 같은 창이 뜨는데 사용자가 사용하고 있는 POD의 종류를 선택한다.

만약 사용하고 있는 POD가 FT4222이면 FT4222를 선택하고 CPU의 종류를

ATMEGA128로 선택하며 BOOTSZ, BODLEVEL, SUT_CKSEL을 [그림 3.27]과 같이 설정하고 WRITE를 누른 후 OK 버튼을 누르면 기본설정은 끝나게 된다.

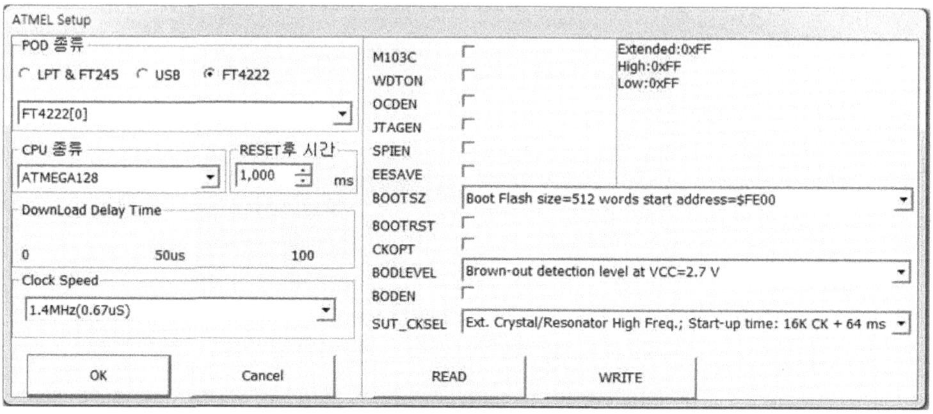

[그림 3.27] FT4222 및 CPU 통신 설정

하드웨어 설정이 끝나면 원하는 실행 파일을 읽어서 다운로드 작업을 하면 된다. [그림 3.28]은 파일 열기 메뉴를 선택하는 것을 보여주고 있다.

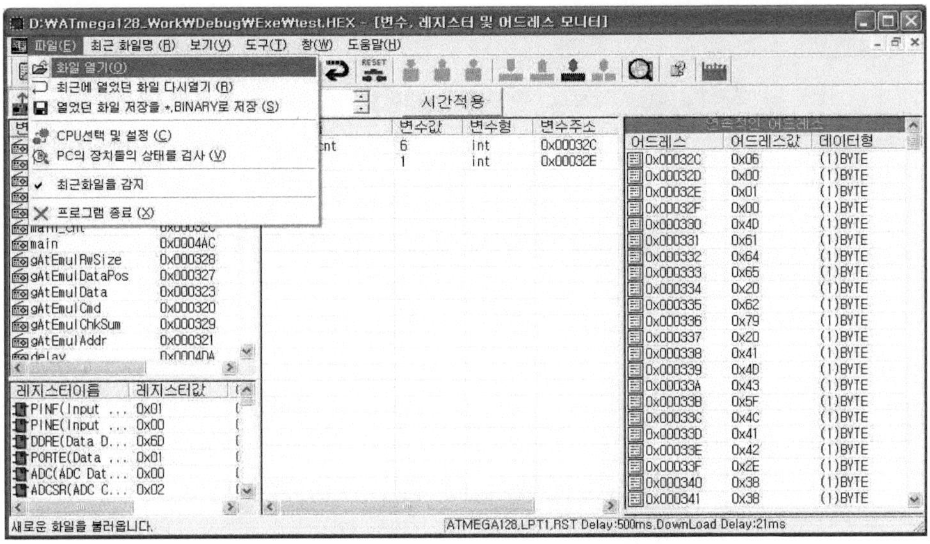

[그림 3.28] 실행 파일 불러오기 메뉴 선택

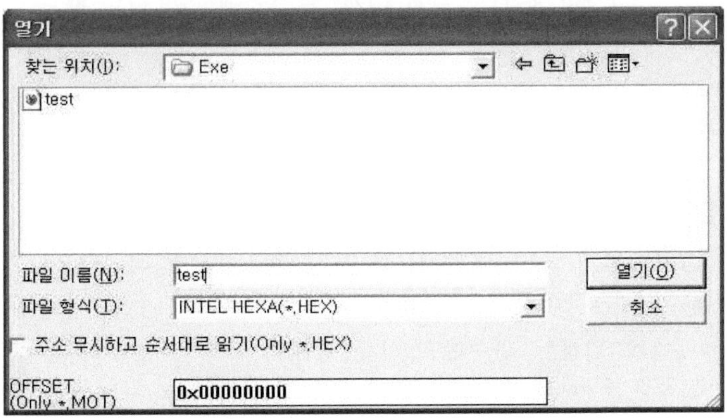

[그림 3.29] 실행 파일 불러오기 메뉴 선택

[그림 3.29]에서 실행 파일을 불러올 때 주의할 점은 소프트웨어를 설계하고 있는 폴더의 위치를 잘 알고 있어야만 오류 없이 프로그램을 읽을 수 있다. 또한, 컴파일과 링커의 과정을 거친 최종적인 파일이 file_name.hex임을 주의해야 한다.

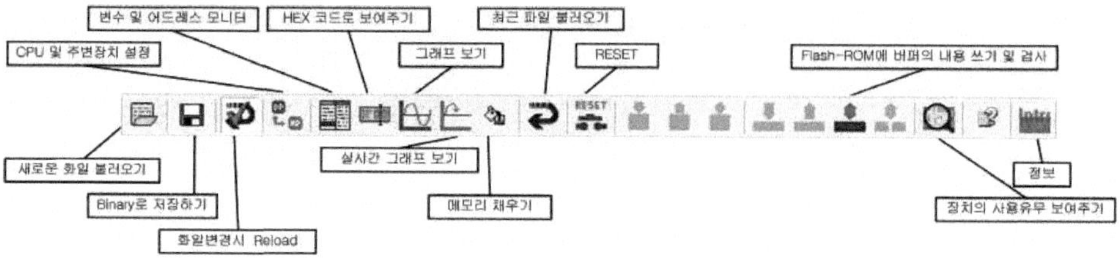

[그림 3.30] AMC Emulator의 툴바 구성

[그림 3.30]은 AMC Emulator의 툴바 구성을 나타내고 있다. [그림 3.30]을 통해서 다운로드 할 파일(HEX)이 선택되면 [그림 3.30]의 툴바에서 **"FLASH-ROM에 버퍼의 내용 쓰기 및 검사"**를 선택하면 다운로드가 시작된다.

[그림 3.31] 플래시 ROM 프로그램 다운로드 창

툴바에서 "변수 및 어드레스 모니터"를 실행하면 [그림 3.32]와 같이 변수, 레지스터, 메모리를 모니터 할 수 있는 창이 나타나고 새로 뜬 창에 있는 "변수, 어드레스 모니터"와 바로 옆에 있는 "어드레스 보여주기" 툴바를 누르면 실시간으로 변수와 레지스터, 메모리의 값을 모니터링 할 수 있으며 "데이터 읽기 주기"에 설정된 시간에 따라 ATmega128A 보드로 부터 해당 데이터 값을 읽어 들인다.

프로그램에 있는 모든 Global 변수는 좌측상단 창에 리스트형식으로 나타나며 [그림 3.32]와 같이 원하는 변수명을 더블 클릭하면 해당 변수의 값을 변경 할 수 있다. 또한, 마우스로 변수를 선택하여 왼쪽 마우스로 누른 상태에서 오른쪽으로 이동하면 실시간 변수 모니터링이 가능하다.

이때 각각의 변수에 대한 크기와 변수의 형태 등을 볼 수 있다. [그림 3.32]에서 좌상단의 창은 사용자 프로그램에 있는 모든 전역변수를 보여주고 있고 좌측 하단은 CPU 내부에 있는 레지스터의 내용을 보여준다. 그리고 중앙의 화면은 글로벌 변수를 모니터링하기 위하여 등록된 창이며 우측 상단은 연속적인 어드레스의 값을 보여주고 우측하단은 불연속 어드레스의 내용을 모니터링하고 있음을 보여준다.

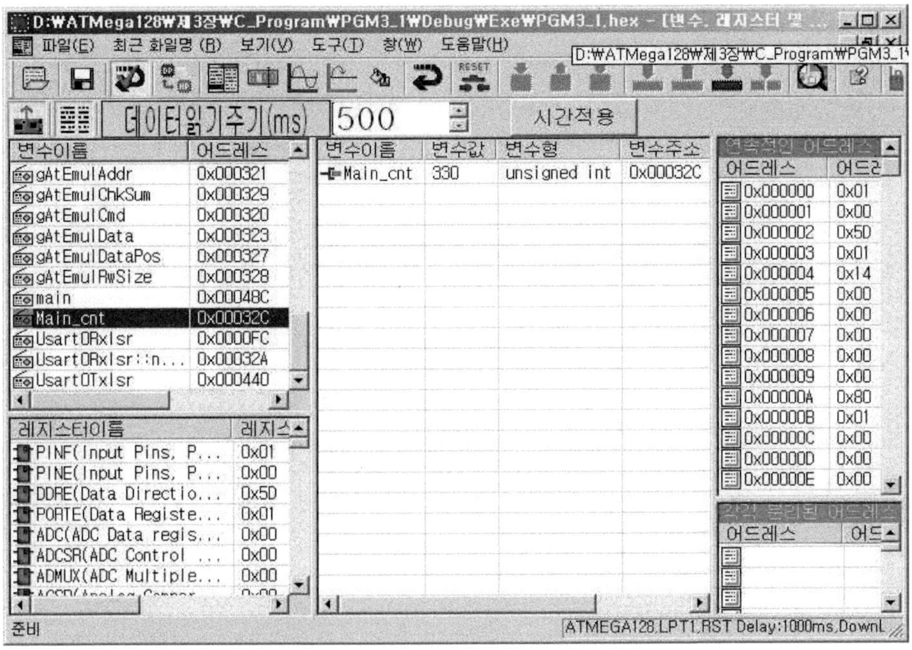

[그림 3.32] 실시간 변수 모니터링

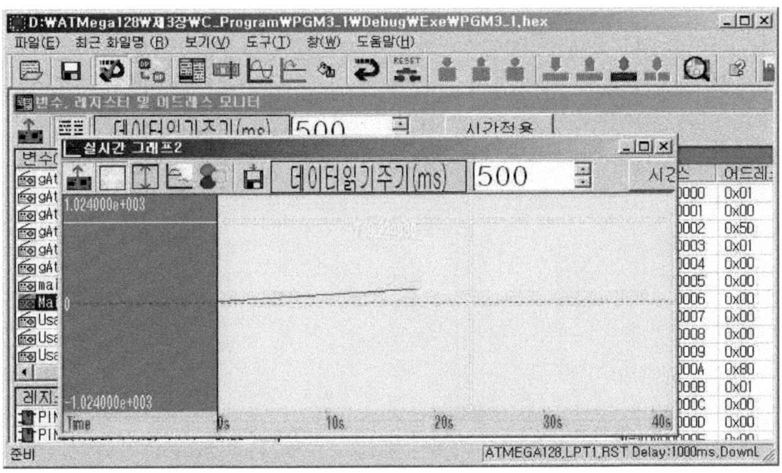

[그림 3.33] 실시간 그래프 모니터링

3.2 EEPROM의 데이터 읽기와 쓰기

ATmega128A에는 비휘발성 데이터 메모리인 EEPROM이 4KByte가 내장되어 있으며, 여기에는 100,000번까지 반복적으로 데이터를 저장할 수 있다는 것과 정전이 되더라도 EEPROM에 저장된 데이터가 손실되지 않고 그대로 유지되어있기 때문에 설계자에게 편리성을 제공해 준다.

다음 예제 PGM3_2.C는 EEPROM에 데이터를 읽고/쓰기 동작을 위한 소스이다.

```
//PGM3_2.C
#include <iom128.h>
#include <ina90.h>
#include "DebugAtmega128.h"

typedef unsigned char byte;
typedef unsigned int word;

int main_cnt=0;
byte EEPROM_wr=0, EEPROM_rd=0, Read_data[256], EEPROM_clr=0;

void EEPROM_write(unsigned int uiAddres, unsigned char ucData);
byte EEPROM_read(unsigned int uiAddres);

void main(void)
{
    int i;
    AtMg128DebugInit();
    __enable_interrupt(); // enable interrupts
```

```
//PGM3_2.C 계속
    while(1)
    {
        if(EEPROM_wr)
        {
            EEPROM_wr = 0;
            for(i=0; i<256; i++)
                EEPROM_write(i, i & 0xFF);
        }
        if(EEPROM_rd)
        {
            EEPROM_rd = 0;
            for(i=0; i<256; i++)
                Read_data[i]=EEPROM_read(i);
        }
        if(EEPROM_clr)
        {
            EEPROM_clr = 0;
            for(i=0;i<256;i++)
                EEPROM_write(i, 0);
        }
        main_cnt++;
    }
}
```

```
//PGM3_2.C 계속
void EEPROM_write(unsigned int uiAddres, unsigned char ucData)
{
    while(EECR & 0x02);     //EEPROM이 write 중인가?
                            //write 중이면 1이고 write 완료시 0
    EEAR=uiAddres;          //총 12비트(4 Kbyte)
    EEDR=ucData;            //write할 데이터(8bit)
    EECR |= 0x04;           //Master write enable
    EECR |= 0x02;           //Write enable
}

byte EEPROM_read(unsigned int uiAddres)
{
    while(EECR & 0x02);     //EEPROM이 write 중인가?
                            //write 중이면 1이고 write 완료시 0
    EEAR=uiAddres;
    EECR |= 0x01;           //Read enable
    return(EEDR);           //EEPROM의 데이터를 읽어 return한다.
}
```

위의 소스를 EEPROM에 읽고 쓰기 위해서는 앞에서 설명한 IAR EWAVR C 크로스 컴파일러(IAR EWAVR)를 이용하여 PGM3_2.HEX 파일을 만들어서 AMC Emulator 프로그램을 이용하여 HEX 파일을 열고 다운로드하면 [그림 3.34]와 같은 창을 볼 수 있다.

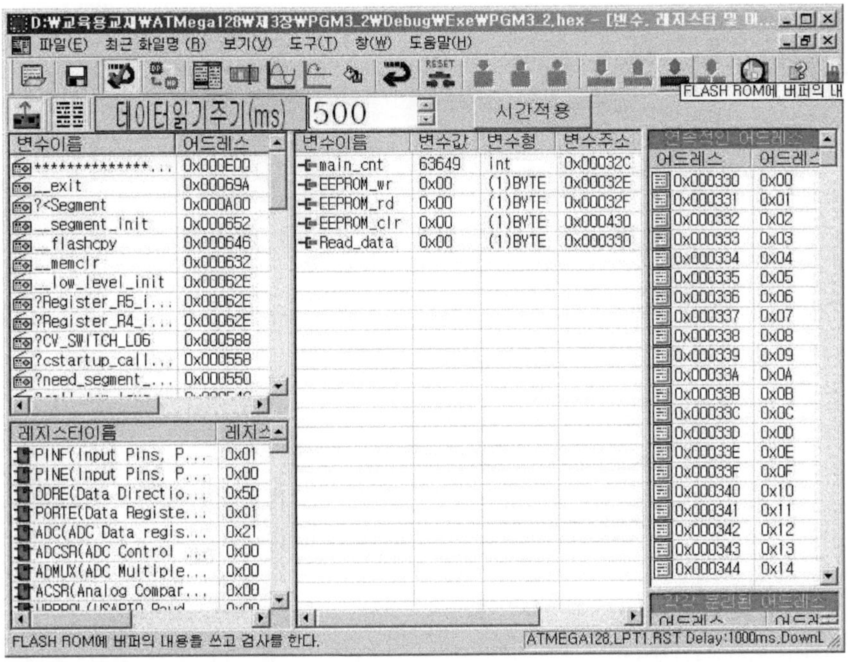

[그림 3.34] 실시간 변수 모니터링

[그림 3.34]에서 EEPROM에 쓰기 위해서 먼저 'EEPROM_wr' 변수를 더블클릭하면 [그림 3.35]와 같이 변환값에 1을 입력하고 확인을 누르면 EEPROM에 데이터가 써진다.

[그림 3.35] EEPROM에 쓰기

또, [그림 3.36]과 같이 EEPROM_clr 변환 값에 1을 입력하고 확인을 누르면 EEPROM의 써진 데이터가 0값으로 변한다. EEPROM의 특성상 쓴 데이터는 전원을 꺼도 계속 쓰여 있기 때문에 어드레스 값을 0으로 초기화하기 위해 EEPROM_clr를 이용할 수 있다.

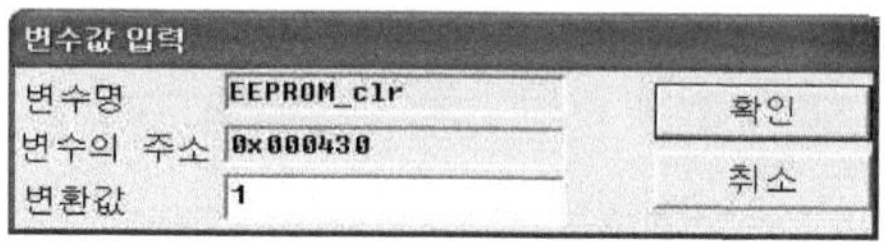

[그림 3.36] EEPROM에 쓰여진 데이터 지우기

EEPROM을 읽기 위해 [그림 3.37]과 같이 EEPROM_rd에 1을 쓰면 현재 EEPROM에 쓰여진 값을 읽게 된다.

[그림 3.37] EEPROM에 써진 데이터 읽기

이제 EEPROM의 상태를 읽어본 값은 [그림 3.38]에 표시된 것과 같이 모든 데이터가 0으로 지워져 있음을 알 수 있다.

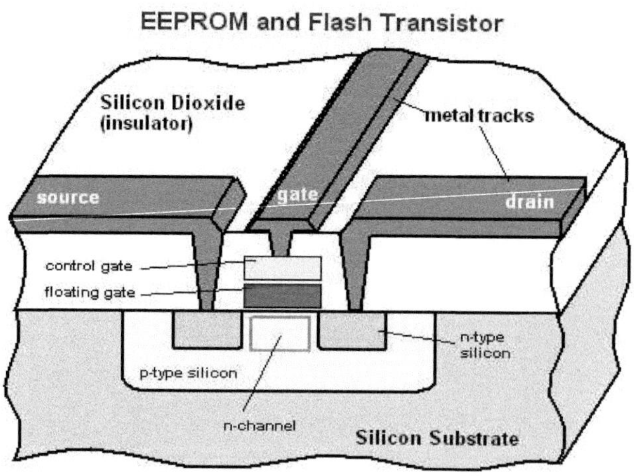

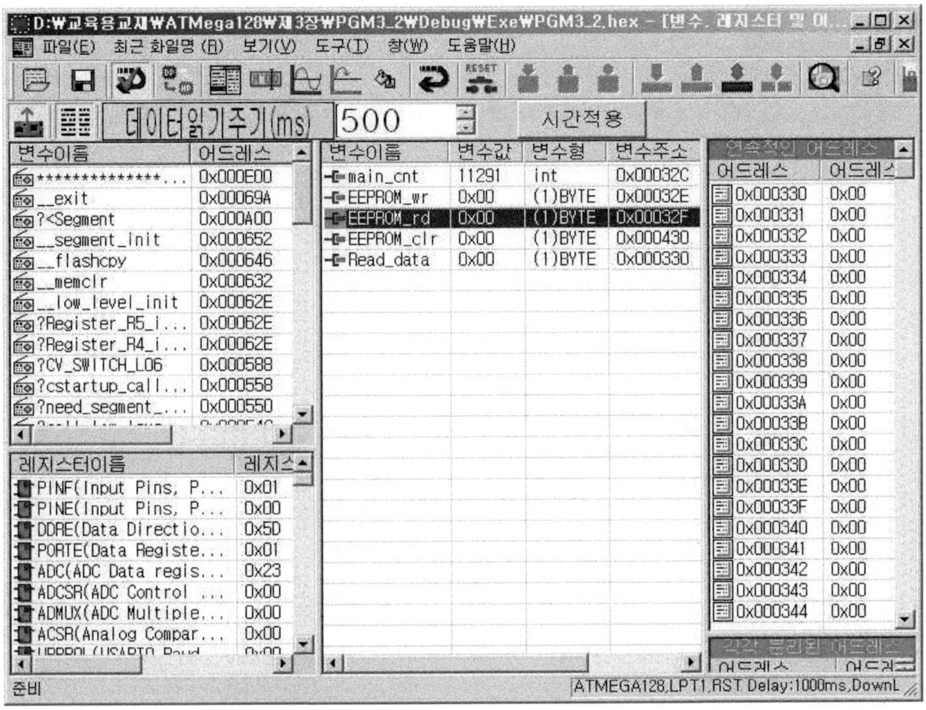

[그림 3.38] EEPROM에 0으로 write한 값을 읽은 결과

과제 3-1

지연(delay)(100000) 함수를 사용하여 시간 지연을 하고 M_cnt 정수형 변수가 0~1000까지 반복하여 증가하는 프로그램을 작성한 후 모니터링 하시오.

과제 3-2

지연(delay)(500000) 함수를 사용하여 시간 지연을 하고 Up_down_cnt 정수형 변수가 -1000~1000까지 반복하는 프로그램을 작성한 후 모니터링 하시오.

Hint :
Up_down_cnt가 -1000 → -999 ..... -1 → 0 → 1 → 2 ..... 999 → 1000 → 999 → 998 → ..... 1 → 0 → -1 → -2 ....-999 → -1000 → ....

과제 3-3

EEPROM의 임의의 번지에 임의의 데이터를 쓰고 쓴 값을 읽어 정상적으로 write 되었는지 확인하는 프로그램을 작성한 후 모니터링 하시오.

Hint :

```
unsigned int EEPROM_address = 0x123;
unsigned char EEPROM_wr_data = 0x5A;
unsigned char EEPROM_rd_data;
unsigned char EEPROM_wr_en = 0;
unsigned char EEPROM_rd_en = 0;
```

제 4 장 입출력 포트

4.1 범용 입출력 포트(I/O PORT)의 기본구조

ATmega128A는 모두 6개의 8비트 양방향 병렬 I/O 포트(PORTA~PORTF)와 1개의 5비트 양방향 병렬 I/O 포트(PORTG)를 가지고 있다.

ATmega128A의 I/O 포트는 기본적으로 [그림 4.1]과 같이 등가회로로 나타낼 수 있으며, 일반적 디지털 I/O는 [그림 4.2]와 같이 되어 있다.

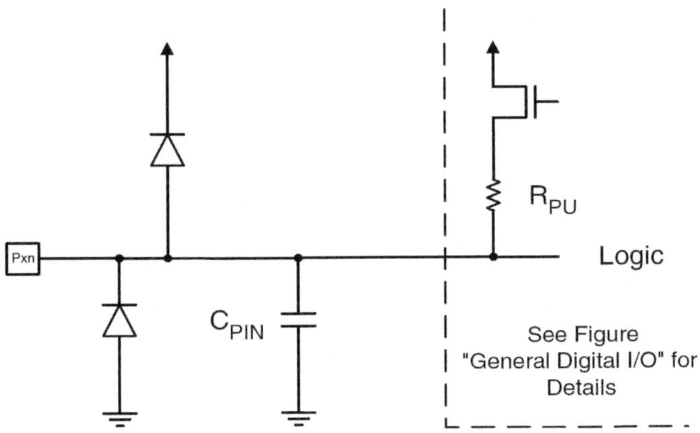

[그림 4.1] I/O 핀 등가 회로

각 I/O 핀에는 [그림 4.1]과 같이 보호용 다이오드가 연결되어 있으며, 내부 풀업저항의 사용 여부를 선택적으로 설정할 수 있다. 이 풀업저항 R_{PU}의 저항값은 20[KΩ]~50[KΩ] 정도이다. Pxn에서 x는 A~G, n은 0~7이 각각 적용된다.

이제부터 모든 병렬 I/O 포트를 지칭하는 레지스터에서 x는 포트 A~G를 나타내며, n은 각 포트의 비트 번호 0~7을 나타낸다. 즉, PORTx는 PORTA~PORTG를 나타내며, PORTB3이라고 하면 PORTB의 3번 비트를 가리킨다.

각 포트에는 3개의 I/O 레지스터 영역을 가지고 있는데, 입출력의 방향을 설정하는

DDRx 레지스터(Data Direction Register), 데이터 출력에 해당하는 PORTx 레지스터(Data Register), 포트 입력 핀에 해당하는 PINx 레지스터(Port Input Pins Address)등이 그것이다. DDRx와 PORTx는 읽고 쓰는 것이 가능하지만, PINx는 읽는 것만 가능하다.

병렬 I/O 포트의 각 핀들이 범용 I/O 핀으로 동작할 때의 기본적인 하드웨어 구조는 [그림 4.2]와 같다. 여기서 DDRxn은 방향설정 레지스터 DDRx의 각 비트로서 이것을 1로 주면 이 핀은 출력핀으로 설정되고, 0으로 주면 입력핀으로 설정된다.

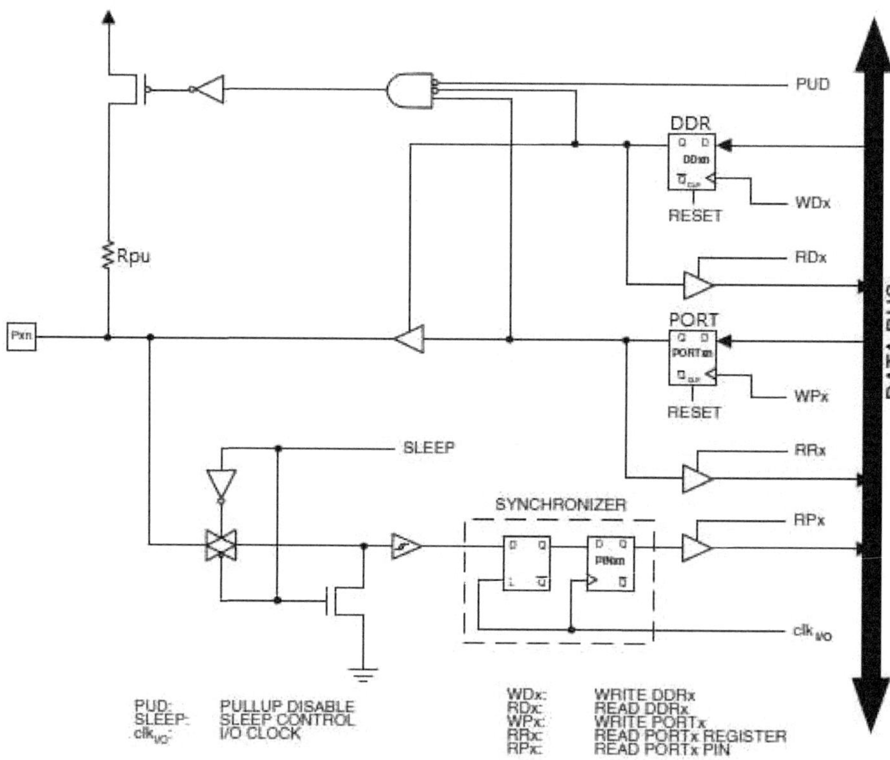

[그림 4.2] 디지털 I/O 포트

I/O포트를 제어하기 위해서 ATmega128A는 두 종류의 레지스터와 하나의 핀 주소(pin address)를 준비하고 있다. 두 레지스터 중 하나는 포트의 데이터 방향을 결정하는 데이터 방향 레지스터 DDR(DDRA, DDRB, DDRC, DDRD, DDRE, DDRF, DDRG)이고, 다른 하나는 출력으로 설정된 포트라인에 데이터를 출력하는 데이터 출력 레지스터 PORT(PORTA, PORTB, PORTC, PORTD, PORTE, PORTF, PORTG)이다. 그리고 핀 주소는 입력으로 설정된 포트 핀의 High/Low 상태를 읽어 들이는 PIN(PINA, PINB, PINC, PIND, PINE, PINF, PING)이다. 이들 레지스터 및 핀 주소는 [표 4.1]과 같이 I/O레지스터에 속하는데, DDR 레지스터는 I/O포트의 DDR 래치에 직접 매핑되어 있고, PORT 레지스터는 PORT 래치에 직접 매핑 되어있다. 그리고 PIN은 I/O레지스터 이지만 그 자신이 레지스터는 아니고 물리적인 포트 입력 핀에 접근하는 주소일 뿐이다.

[표 4.1] 포트 관련 레지스터

레지스터	기 능	리셋 시의 값
DDRX	포트의 데이터 방향을 결정한다. 1: 출력 0: 입력	0000 0000
PORTX	DDR에 의해서 출력으로 설정되어 있는 경우에 출력을 하면 이것은 포트의 PORT 래치에 기록된다.	0000 0000
PINX	DDR에 의해서 입력으로 설정되어 있는 경우에 포트 I/O핀의 High/Low 상태를 읽어 들인다.	모두 High 임피던스

(X는 각각 A, B, C, D, E, F, G를 나타낸다.)

-DDR 레지스터

ATmega128A에는 7개의 I/O포트가 내장되어 있는데, 이들 포트 중 포트 A~F에는 8개의 I/O핀이 있고, 포트 G에는 5개의 I/O핀이 있다. 이들 I/O핀들은 비트별로 입력으로 사용될 수도 있고, 출력으로 사용될 수도 있다.

DDR은 Data Direction Register라는 뜻으로, 이것은 I/O포트의 입출력을 비트별로 결정한다.

DDR 레지스터의 어느 비트를 "0"으로 하면 해당 DDR 래치가 0으로 되어 Tri-state 버퍼의 출력이 High impedance가 되므로, PORT 래치의 출력은 나가지 못하므로 출력은 되지 않고 대신 아래쪽 버퍼를 통하여 입력을 할 수 있게 된다. 한편 DDR의 어느 비트를 "1"로 하면 해당 DDR 래치가 1로 되어 Tri-state 버퍼가 High impedance에서 풀리므로 래치의 출력은 포트 핀에 출력된다.

-PORT 레지스터

PORT 레지스터는 출력으로 설정된 포트라인에 디지털 데이터를 비트별로 출력하는데 사용된다. PORT 레지스터는 그 포트라인이 출력으로 설정되어 있는 경우 디지털 데이터를 출력 하는데 사용될 뿐, 입력에는 관여하지 못한다.

PORTD, DDRD, PIND 레지스터의 구성은 각각 [그림 4.3]과 같다.

Bit	7	6	5	4	3	2	1	0	
	PORTD7	PORTD6	PORTD5	PORTD4	PORTD3	PORTD2	PORTD1	PORTD0	PORTD
Read/Write	R/W	R/W	R/W	R/W	R/W	R/W	R/W	R/W	
Initial Value	0	0	0	0	0	0	0	0	

Bit	7	6	5	4	3	2	1	0	
	DDD7	DDD6	DDD5	DDD4	DDD3	DDD2	DDD1	DDD0	DDRD
Read/Write	R/W	R/W	R/W	R/W	R/W	R/W	R/W	R/W	
Initial Value	0	0	0	0	0	0	0	0	

Bit	7	6	5	4	3	2	1	0	
	PIND7	PIND6	PIND5	PIND4	PIND3	PIND2	PIND1	PIND0	PIND
Read/Write	R	R	R	R	R	R	R	R	
Initial Value	N/A	N/A	N/A	N/A	N/A	N/A	N/A	N/A	

[그림 4.3] PORTD, DDRD, PIND 레지스터의 구성

4.2 입출력 포트(I/O PORT)의 기능

(1) 포트A

포트A는 범용 I/O 포트 이외에 외부 메모리를 인터페이스 하기 위하여 시분할 다중화된 데이터 버스 및 어드레스 버스의 하위 바이트로 동작한다. 이러한 시분할 다중화된 버스로부터 어드레스 버스를 분리하기 위해서는 ALE(Address Latch Enable) 신호를 사용한다. 포트A의 부수적인 기능을 요약하면 [표 4.2]와 같다.

[표 4.2] 포트A의 부수적인 기능

병렬 포트 핀	부수적인 기능
PA7	AD7(외부 메모리 인터페이스용 어드레스 A7과 데이터 D7)
PA6	AD6(외부 메모리 인터페이스용 어드레스 A6과 데이터 D6)
PA5	AD5(외부 메모리 인터페이스용 어드레스 A5과 데이터 D5)
PA4	AD4(외부 메모리 인터페이스용 어드레스 A4과 데이터 D4)
PA3	AD3(외부 메모리 인터페이스용 어드레스 A3과 데이터 D3)
PA2	AD2(외부 메모리 인터페이스용 어드레스 A2과 데이터 D2)
PA1	AD1(외부 메모리 인터페이스용 어드레스 A1과 데이터 D1)
PA0	AD0(외부 메모리 인터페이스용 어드레스 A0과 데이터 D0)

(2) 포트B

포트B는 범용 I/O 포트 이외에 타이머/카운터나 SPI 기능을 위한 신호들로 동작한다. 포트B의 부수적인 기능을 요약하면 [표 4.3]과 같다.

[표 4.3] 포트B의 부수적인 기능

병렬 포트 핀	부수적인 기능
PB7	OC2(Output Compare and PWM Output for Timer/Counter2) OC1C(Output Compare and PWM Output C for Timer/Counter1)
PB6	OC1B(Output Compare and PWM Output B for Timer/Counter1)
PB5	OC1A(Output Compare and PWM Output A for Timer/Counter1)
PB4	OC0(Output Compare and PWM Output for Timer/Counter0)
PB3	MISO(SPI Bus Master Input/Slave Output)
PB2	MOSI(SPI Bus Master Output/Slave Input)
PB1	SCK(SPI Bus Serial Clock)
PB0	SS(SPI Slave Select Input)

(3) 포트C

포트C는 범용 I/O 포트 이외에 외부 메모리를 인터페이스 하기 위한 어드레스 버스의 상위 바이트로 동작한다. 이를 요약하면 [표 4.4]와 같다.

[표 4.4] 포트C의 부수적인 기능

병렬 포트 핀	부수적인 기능
PC7	A15(외부 메모리 인터페이스용 어드레스 A15)
PC6	A14(외부 메모리 인터페이스용 어드레스 A14)
PC5	A13(외부 메모리 인터페이스용 어드레스 A13)
PC4	A12(외부 메모리 인터페이스용 어드레스 A12)
PC3	A11(외부 메모리 인터페이스용 어드레스 A11)
PC2	A10(외부 메모리 인터페이스용 어드레스 A10)
PC1	A9(외부 메모리 인터페이스용 어드레스 A9)
PC0	A8(외부 메모리 인터페이스용 어드레스 A8)

(4) 포트D

포트D는 범용 I/O 포트 이외에 타이머/카운터나 외부 인터럽트 또는 USART1, TWI 직렬통신 포트 기능을 위한 신호들로 동작한다. 포트D의 부수적인 기능을 요약하면 [표 4.5]와 같다.

[표 4.5] 포트D의 부수적인 기능

병렬 포트 핀	부수적인 기능
PD7	T2(Timer/Counter2 Clock Input)
PD6	T1(Timer/Counter1 Clock Input)
PD5	XCK1(USART1 External Clock Input/Output)
PD4	ICP1(Timer/Counter1 Input Capture Pin)
PD3	INT3(External Interrupt 3 Input) TXD1(USART1 Transmit Data)
PD2	INT2(External Interrupt 2 Input) RXD1(USART1 Receive Data)
PD1	INT1(External Interrupt 1 Input) SDA(TWI Serial Data)
PD0	INT0(External Interrupt 0 Input) SCL(TWI Serial Clock)

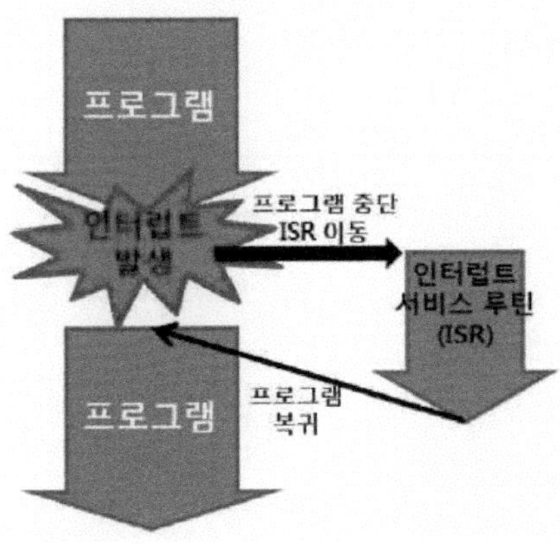

(5) 포트E

포트E는 범용 I/O 포트 이외에 타이머/카운터나 외부 인터럽트 또는 USART0 직렬 통신 포트, 아날로그 비교기, ISP 기능을 위한 신호들로 동작한다. 포트E의 부수적인 기능을 요약하면 [표 4.6]과 같다.

[표 4.6] 포트E의 부수적인 기능

병렬 포트 핀	부수적인 기능
PE7	INT7(External Interrupt 7 Input) IDP3(Timer/Counter3 Input Capture Pin)
PE6	INT6(External Interrupt 6 Input) T3(Timer/Counter3 Clock Input)
PE5	INT5(External Interrupt 5 Input) OC3C(Output Compare and PWM Output C for Timer/Counter3)
PE4	INT4(External Interrupt 4 Input) OC3B(Output Compare and PWM Output B for Timer/Counter3)
PE3	AIN1(Analog Comparator Negative Input) OC3A(Output Compare and PWM Output A for Timer/Counter3)
PE2	AIN0(Analog Comparator Positive Input) ACK0(USART0 External Clock Input/Output)
PE1	PD0(Programming Data Output) TXD0(USART0 Transmit Data)
PE0	PDI(Programming Data Input) RXD0(USART0 Receive Data)

(6) 포트F

포트F는 범용 I/O 포트 이외에 A/D 컨버터나 JTAG 인터페이스 기능을 위한 신호들로 동작한다. 포트F의 부수적인 기능을 요약하면 [표 4.7]과 같다.

[표 4.7] 포트F의 부수적인 기능

병렬 포트 핀	부수적인 기능
PF7	ADC7(ADC Input Channel 7) TDI(JTAG Test Data Input)
PF6	ADC6(ADC Input Channel 6) TDO(JTAG Test Data Output)
PF5	ADC5(ADC Input Channel 5) TMS(JTAG Test Mode Select)
PF4	ADC4(ADC Input Channel 4) TCK(JTAG Test Clock)
PF3	ADC3(ADC Input Channel 3)
PF2	ADC2(ADC Input Channel 2)
PF1	ADC1(ADC Input Channel 1)
PF0	ADC0(ADC Input Channel 0)

(7) 포트G

포트G는 8비트가 아니라 PG4~PG0의 5비트만 유효하다. 포트G는 범용 I/O 포트이외에 외부 메모리 인터페이스나 타이머/카운터 기능을 위한 신호들로 동작한다. 포트G의 부수적인 기능을 요약하면 [표 4.8]과 같다.

[표 4.8] 포트G의 부수적인 기능

병렬 포트 핀	부수적인 기능
PG4	TOSC1(RTC Oscillator Input for Timer/Counter0)
PG3	TOSC2(RTC Oscillator Output for Timer/Counter0)
PG2	ALE(Address Latch Enable to External Memory)
PG1	RD(Read Strobe to External Memory)
PG0	WR(Write Strobe to External Memory)

실험 4-1

다음 예제는 I/O 포트제어의 예로써 전체 LED 8개가 임의의 시간마다 ON/OFF를 반복하는 프로그램을 작성하여 실험하였다.

```
#include <iom128.h>
#include <ina90.h>
#include "DebugAtmega128.h"

typedef unsigned char byte;
byte Led = 0x00;
unsigned long int Delay_cnt=0, Speed=100000;

void main(void)
{
    AtMg128DebugInit();
    __enable_interrupt();          // enable interrupts

    DDRC=0xff;                     // PC7~PC0 Output
    PORTC=0x00;                    // PORTC Reset

    while(1)
    {
        if(++Delay_cnt >= Speed)
        {
            Delay_cnt=0;
            Led = ~Led;            // Led = Led ^ 0xFF;
            PORTC = Led;
        }
    }
}
```

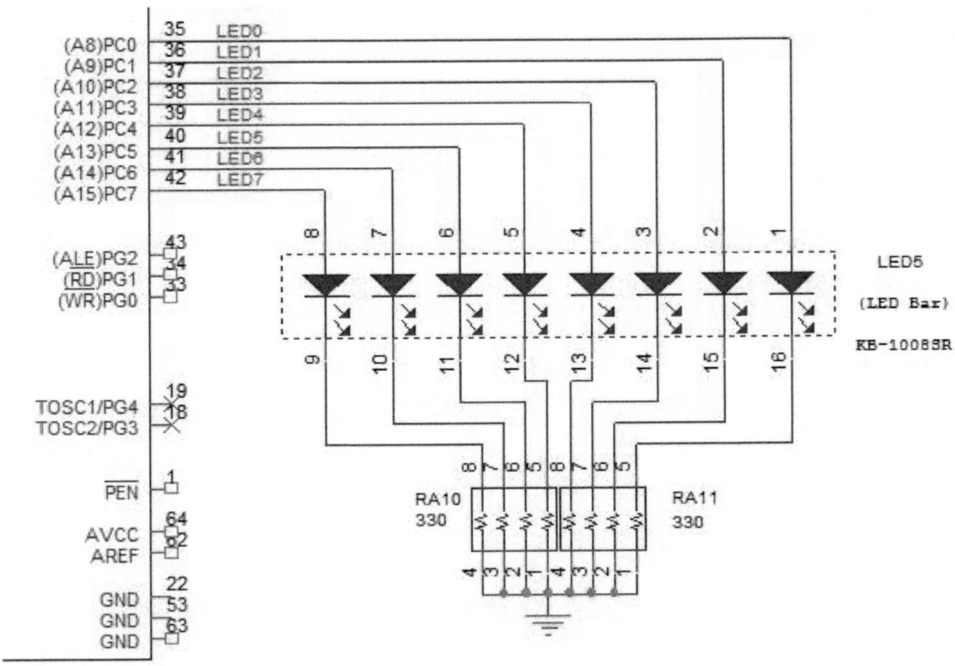

[그림 4.4] PORTC에 의해 제어되는 LED 회로

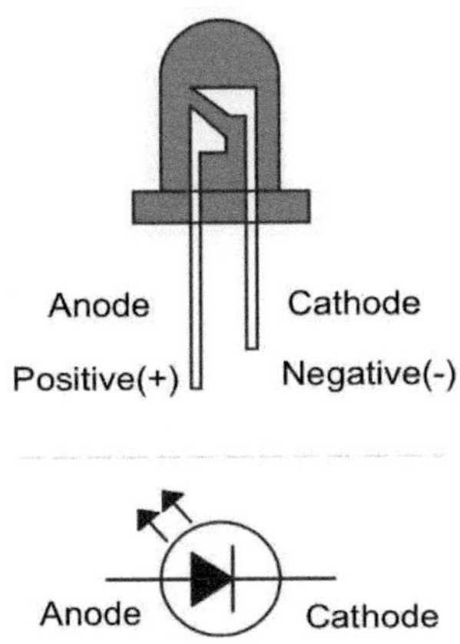

실험 4-2

다음 실험은 LED0을 임의의 시간마다 ON / OFF를 반복하는 프로그램을 작성하여 실험하였다.

```
#include <iom128.h>
#include <ina90.h>
#include "DebugAtmega128.h"

unsigned long int Delay_cnt=0, Speed=100000;
unsigned char Led=0x00;

void main(void)
{
    AtMg128DebugInit();
    __enable_interrupt();          // enable interrupts

    PORTC=0x00;
    DDRC=0xff;                     //PC0~7 output

    while(1)
    {
        if(++Delay_cnt >= Speed)
        {
            Delay_cnt=0;
            if(Led == 0)
                Led = 0x01;
            else
                Led = 0;
            PORTC = Led;
        }
    }
}
```

Tip 1) Led1_ON ^= 0x01;

Tip 2) PORTC_Bit0 = !PORTC_Bit0; // Tip을 사용하면 최하위 비트인 0번 비트만을 반전할 수 있다.

실험 4-3

LED 1개가 좌우로 반복 이동하는 프로그램을 작성하여 실험하였다.

```
#include <iom128.h>
#include <ina90.h>
#include "DebugAtmega128.h"

typedef unsigned char byte;

byte Led=0x80, shift=0;
unsigned long int Delay_cnt=0, Speed=100000;

void main(void)
{
    AtMg128DebugInit();
    __enable_interrupt();          // enable interrupts

    PORTC=0x80;
    DDRC=0xff;

    while(1)
    {
        if(++Delay_cnt >= Speed)
        {
            Delay_cnt=0;
            if(shift==0)
            {
                Led=Led>>1;
                if(Led == 0x01)
                    shift=1;
            }
            else
            {
                Led=Led<<1;
                if(Led == 0x80)
```

```
                        shift=0;
                }
            }
            PORTC = Led;
        }
    }
```

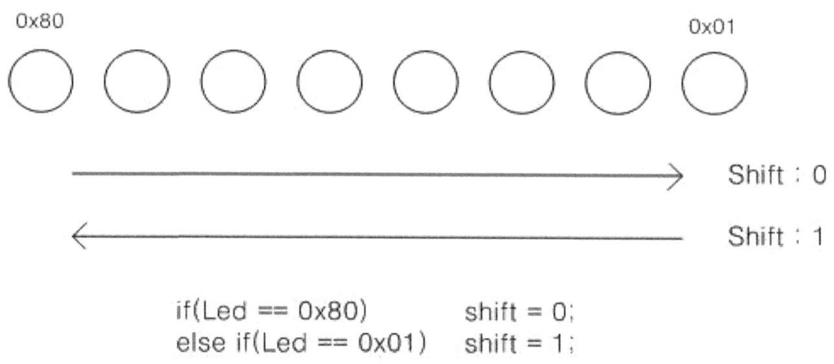

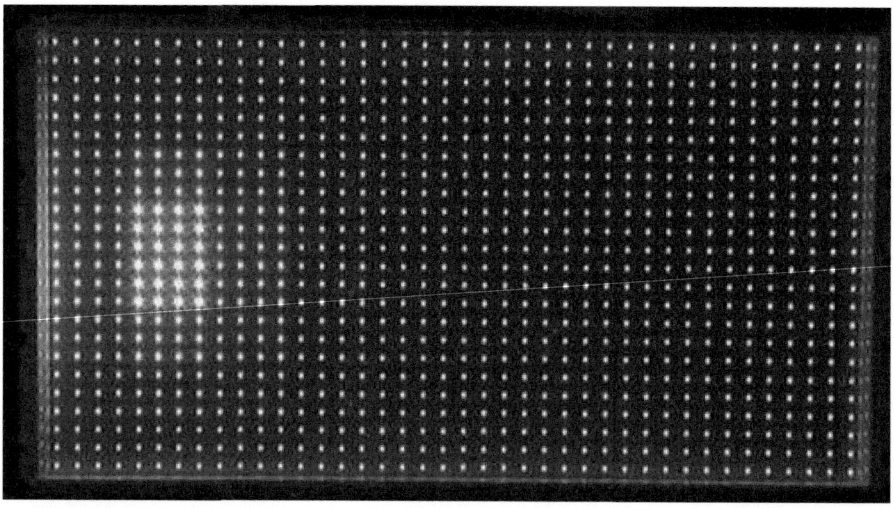

실험 4-4

LED가 1개씩 좌로 밀고 들어가는 프로그램을 작성하여 실험하였다.

예 : 00000001 → 00000011 → 00000111 .... → 01111111 → 11111111 → 00000001 → 00000011 → 00000111 ....

```
#include <iom128.h>
#include <ina90.h>
#include "DebugAtmega128.h"

typedef unsigned char byte;

byte Led=0x00, L_up=1;
unsigned long int Delay_cnt=0, Speed=100000;

void main(void)
{
    AtMg128DebugInit();
    __enable_interrupt();          // enable interrupts

    PORTC=0x01;
    DDRC=0xff;

    while(1)
    {
        if(++Delay_cnt >= Speed)
        {
            Delay_cnt=0;
            if(L_up == 1)
            {
                Led=(Led<<1) | 0x01;
                if(Led == 0xff)
                    L_up=0;
            }
            else
            {
                Led=0x01;
```

```
                L_up=1;
            }
            PORTC = Led;
        }
    }
}
```

다른 예)

```
if(++Delay_cnt >= Speed)
{
        Delay_cnt = 0;

        if(Led == 0xff)
                Led = 0x0;
        Led = (Led << 1) | 0x01;          // Left shift
        PORTC = Led;
}
```

실험 4-5

LED가 우로 1개씩 밀고 들어가는 프로그램을 작성하여 실험하였다.

예 : 10000000 → 11000000 → 11100000 .... → 11111110 → 11111111 → 10000000 → 11000000 → ....

```
#include <iom128.h>
#include <ina90.h>
#include "DebugAtmega128.h"

typedef unsigned char byte;

byte Led=0x00, R_up=1;
unsigned long int Delay_cnt=0, Speed=100000;

void main(void)
{
    AtMg128DebugInit();
    __enable_interrupt();          // enable interrupts

    PORTC=0x80;
    DDRC=0xff;

    while(1)
    {
        if(++Delay_cnt >= Speed)
        {
            Delay_cnt=0;
            if(R_up==1)
            {
                Led=(Led>>1) | 0x80;
                if(Led == 0xff)
                    R_up=0;
            }
            else
            {
                Led=0x80;
                R_up=1;
```

```
                }
                PORTC = Led;
            }
        }
    }
```

다른 예)

```
        if(++Delay_cnt >= Speed)
        {
                Delay_cnt = 0;

                if(Led == 0xff)
                        Led = 0;
                Led = (Led >> 1) | 0x80;        // Right shift
                PORTC = Led;
        }
```

실험 4-6

LED가 중앙을 중심으로 왔다갔다 반복하여 박수치는 형태로 동작하는 프로그램을 작성하여 실험하였다.

예 : 10000001 → 11000011 ... 11111111 → 11100111 ... 11000011 → 10000001...

```
#include <iom128.h>
#include <ina90.h>
#include "DebugAtmega128.h"

typedef unsigned char byte;

byte L_led=0x00, R_led=0x00, mid_range=1;
unsigned long int Delay_cnt=0, Speed=100000;

void main(void)
{
    AtMg128DebugInit();
    __enable_interrupt();          // enable interrupts

    PORTC=0x00;
    DDRC=0xff;
    while(1)

    {
        if(++Delay_cnt >= Speed)
        {
            Delay_cnt=0;
            if(mid_range == 1)
            {
                L_led=(L_led>>1) | 0x80;
                R_led=(R_led<<1) | 0x01;
                if(L_led == 0xf0)
                    mid_range=0;
            }

            else    // mid_range가 0인 경우
```

```
                    {
                         L_led=(L_led<<1);
                         R_led=(R_led>>1);
                         if(L_led == 0x80)
                              mid_range=1;
                    }
                    PORTC = L_led | R_led;
               }
          }
     }
```

참고)

L_led :

O	O	O	O	X			

R_led :

X				O	O	O	O

실험 4-7

LED 2개가 중앙을 중심으로 이동하면서 박수치는 동작을 하는 프로그램을 작성하여 실험하였다. 예 : 10000001 → 01000010 ... 00011000 → 00100100 ... 10000001 ...

```
#include <iom128.h>
#include <ina90.h>
#include "DebugAtmega128.h"

typedef unsigned char byte;

byte L_led=0x80, R_led=0x01, Shift_kind=0x00;
unsigned long int Delay_cnt=0, Speed=100000;

void main(void)
{
    AtMg128DebugInit();
    __enable_interrupt();          // enable interrupts

    PORTC=0x00;
    DDRC=0xff;

    while(1)
    {
        if(++Delay_cnt >= Speed)
        {
            Delay_cnt=0;
            if(Shift_kind == 0)
            {
                L_led=L_led>>1;
                R_led=R_led<<1;
                if(L_led == 0x10)
                     Shift_kind=1;
            }
```

```
                else
                {
                    L_led=L_led<<1;
                    R_led=R_led>>1;
                    if(L_led == 0x80)
                        Shift_kind=0;
                }
                PORTC = L_led | R_led;
            }
        }
    }
```

참고)

1) Shift_kind=0

L_led :	O	O	O	O	X	⇒

R_led :	X	O	O	O	O	⇐

2) Shift_kind=1

L_led :	O	O	O	O	X	⇐

R_led :	X	O	O	O	O	⇒

실험 4-8

실험 4-7번과 같은 예제를 배열을 이용하여 동작하는 프로그램을 작성하여 실험하였다. 다음과 같이 배열을 이용하여 LED를 제어하면 다양한 동작을 쉽게 구현할 수 있는 장점이 있다.

```
#include <iom128.h>
#include <ina90.h>
#include "DebugAtmega128.h"

typedef unsigned char byte;

byte Led=0, Value=0;
byte Led_infor_table[6] = {0x81, 0x42, 0x24, 0x18, 0x24, 0x42};

unsigned long int Delay_cnt=0, Speed=100000;

void main(void)
{

    AtMg128DebugInit();
    __enable_interrupt();        // enable interrupts

    PORTC=0x00;
    DDRC=0xff;

    while(1)
    {
        if(++Delay_cnt >= Speed)
        {
            Delay_cnt=0;
            Led = Led_infor_table[Value++];
            if(Value>=6)
                Value=0;
            PORTC = Led;
        }
    }
}
```

참고)

Led_infor_table[6] :

								Value
1	0	0	0	0	0	0	1	0
0	1	0	0	0	0	1	0	1
0	0	1	0	0	1	0	0	2
0	0	0	1	1	0	0	0	3
0	0	1	0	0	1	0	0	4
0	1	0	0	0	0	1	0	5

학습정리

- 각 포트에 대한 I/O 메모리 어드레스는 다음과 같이 3가지로 구성되어 있다.
  ① 각 포트의 데이터 레지스터 - PORTx
  ② 각 포트의 Data Direction Register - DDRx
  ③ 포트 입력 핀 - PINx

- PORT 레지스터는 그 포트라인이 출력으로 설정되어 있는 경우 디지털 데이터를 출력 하는데 사용될 뿐, 입력에는 관여하지 못한다.

문제 4-1

Port B를 모두 출력으로 설정 후 "0x78"를 출력하고자 할 때 PORT, DDR의 값을 설정하시오.

정답: PORTB=0x78;
DDRB=0xff;

문제 4-2

PF4~PF7을 입력으로 설정하여 입력된 값에 따라 LED가 켜지는 프로그램을 작성하시오.

제 5 장 타이머와 카운터의 구조 및 응용

5.1 타이머 / 카운터의 개요

타이머란(Timer)란 시간과 관계되는 것으로서 기준 시간(1/주파수)을 나타내는 것으로써 ATmega128A의 내부 클럭 소스를 입력신호로 받아 그 펄스의 개수를 세는 것을 말한다. 따라서 타이머는 일정한 시간마다 특정한 프로그램을 수행할 때 사용된다. 즉, 1msec, 10msec 또는 100msec 마다 프로그램을 수행할 때 주로 응용된다.

그러나 카운터(counter)는 내부 클럭을 입력하는 타이머와 달리 마이크로프로세서의 외부 입력핀(T1, T2, T3, IC1, IC3 등)에서 임의의 클럭을 입력받아 입력된 클럭을 세는 것을 말하며 주파수나 주기를 측정할 때 주로 사용된다.

즉, 카운터(Counter)는 입력신호로 내부 클럭소스가 아닌 외부의 어떤 사건을 입력받을 때 카운터라 하며, 카운터로 사용될 때는 카운터의 값은 외부에서 일어난 사건의 횟수를 나타낸다.

예를 들어 1초 동안 마이크로프로세서의 입력핀에서 10개의 클럭이 입력되었다면 주파수가 10Hz가 되고 주기는 0.1sec가 된다.

ATmega128A에는 모두 4개의 타이머/카운터가 있는데, 타이머와 카운터의 구조는 입력을 받아들이는 방식만 다를 뿐 내부구조는 동일한 구조를 가진다.

타이머/카운터 0과 2는 8비트 구조이며, 타이머/카운터 1과 3은 16비트 구조로 되어 있다. 이들 타이머/카운터의 기능과 특징을 비교하면 [표 5.1]과 같다.

[표 5.1] 타이머/카운터의 기능과 특징 비교

구 분	타이머/카운터 0	타이머/카운터 1	타이머/카운터 2	타이머/카운터 3
기본 구조	8 비트	16 비트	8 비트	16 비트
타이머 입력	cpu클럭(clk)	cpu클럭(clk)	cpu클럭(clk)	cpu클럭(clk)
카운터 입력	오실레이터, TOSC1	T1, IC1	T2	T3, IC3
타이머/ 프리스케일러	/1, 8, 32, 64, 128, 256, 1024	/1, 8, 64, 256, 1024	/1, 8, 64, 256, 1024	/1, 8, 64, 256, 1024
관련 레지스터	TCCR0, TCNT0, OCR0, ASSR, SFIOR, TIMSK, TIFR	TCCR1A, TCCR1B, TCCR1C, TCNT1H, TCNT1L, OCR1AH, OCR1AL, OCR1BH, OCR1BL, OCR1CH, OCR1CL, ICR1H, ICR1L, SFIOR, TIMSK, ETIMSK, TIFR, ETIFR	TCCR2, TCNT2, OCR2, SFIOR, TIMSK, TIFR	TCCR3A, TCCR3B, TCCR3C, TCNT3H, TCNT3L, OCR3AH, OCR3AL, OCR3BH, OCR3BL, OCR3CH, OCR3CL, ICR3H, ECR3L, SFIOR, TIMSK, ETIMSK, TIFR, ETIFR
동작 모드	Normal, CTC, Fast PWM, Phase Correct Match	Normal, CTC, Fast PWM, Phase Correct PWM, Phase and Frequency Correct PWM	Normal, CTC, Fast PWM, Phase Correct PWM	Normal, CTC, Fast PWM, Phase Correct PWM, Phase and Frequency Correct PWM
출력신호	OC0	OC1A, OC1B, OC1C	OC2	OC3A, OC3B, OC3C
인터럽트	Overflow, Output Compare Match	Overflow, Output Compare Match A/B/C, Imput Capture	Overflow, Output Compare Match	Overflow, Output Compare Match A/B/C, Imput Capture
CTC 입력	OCR0	OCR1A	OCR2	OCR3A

[표 5.1]에서 보면 4개의 타이머/카운터 번호가 짝수이면 8비트의 구조를 가지고 홀수의 번호의 경우에는 16비트의 구조를 가진다. 또한, 타이머의 분주비도 유사한 구조를 가지고 있음을 알 수 있다. 아울러 동작모드도 CTC 모드와 PWM 모드를 각각 가지고 있기 때문에 프로그램 설계자가 용도에 적합하게 타이머와 카운터를 다양하게 응용할 수 있다.

5.2 타이머/카운터 0

타이머/카운터 0은 PWM(Pulse Width Modulation) 및 비동기 동작 모드를 가지는 8비트 업/다운 카운터로서 프리스케일(분주)을 통하여 내부 클럭을 소스로 받아서 동작하는 타이머 기능과 외부 클럭을 소스로 받아서 동작하는 카운터 기능이 있다. 타이머/카운터0을 위한 외부 입력 핀으로 TOSC1, TOSC2가 있고 출력 핀으로 OC0가 있다. 프리스케일러에 의하여 분주비 1, 8, 32, 64, 128, 256, 1024 중의 하나로 분주될 수 있고, 클럭이 차단될 수도 있다. 만약 클럭을 차단할 경우 타이머/카운터0의 카운터 레지스터(TCNT0)값은 증가하지 않는다.

5.2.1 Timer/Counter0 프리스케일러(Prescaler)

Timer/Counter 0은 시스템 클럭을 CSn2:0=1로 설정하여 직접 받아서 사용할 수도 있으나, 이것은 시스템 클럭 주파수(fCLK_IO)의 최고 속도를 사용하므로 상당히 빠른 주파수이다. 그래서 프리스케일러를 클럭의 입력으로 사용하는데, fCLK_IO/8, fCLK_IO/32, fCLK_IO/64, fCLK_IO/128, fCLK_IO/256, fCLK_IO/1024로 각각 분주하여 사용 가능하다.

프리스케일러는 자유 증가형(free-running)으로 다른 Timer/Counter와는 별개로 독립적으로 동작된다. 프리스케일러는 다른 Timer/Counter의 클럭 설정과 관계없으므로, 프리스케일러를 한번 설정하면 재설정하기까지는 그 값을 계속해서 유지한다.

[그림 5.10]의 ASSR 레지스터중 AS0 비트를 "1"로 설정함으로써 Timer/Counter 0를 TOSC1 핀으로 입력되는 비동기 카운터를 사용할 수 있다. 즉, Timer/Counter0를 Real Time Counter(RTC)로 설정하는 것을 말한다. 이때 TOSC1과 TOSC2 Timer/Counter0의 클럭 소스가 된다. [그림 5.1]과 같이 SFIOR 레지스터의 PSR0비트를 "1"로 설정하면 프리스케일러는 리셋 된다.

다음은 Special Function IO Register(SFIOR)의 기능을 나타낸다.

T0의 PSR　　T1, T2, T3의 PSR

Bit	7	6	5	4	3	2	1	0	
	TSM	–	–	–	ACME	PUD	PSR0	PSR321	SFIOR
Read/Write	R/W	R	R	R	R/W	R/W	R/W	R/W	
Initial Value	0	0	0	0	0	0	0	0	

[그림 5.1] SFIOR의 구조

BIT 7 : TSM(Timer/Counter Synchronization Mode)

"1" = Timer/Counter0의 동기 모드가 된다. 이 모드에서는 PSR0와 PSR321에 쓴 값은 유지된다.

"0" = PSR0와 PSR321에 쓴 값은 하드웨어에 의해 클리어 된다.

BIT 1 : PSR0(Prescaler Reset Timer/Counter0)

"1" = Timer/Counter0의 Prescaler가 리셋 된다.

"0" = 영향 없다.

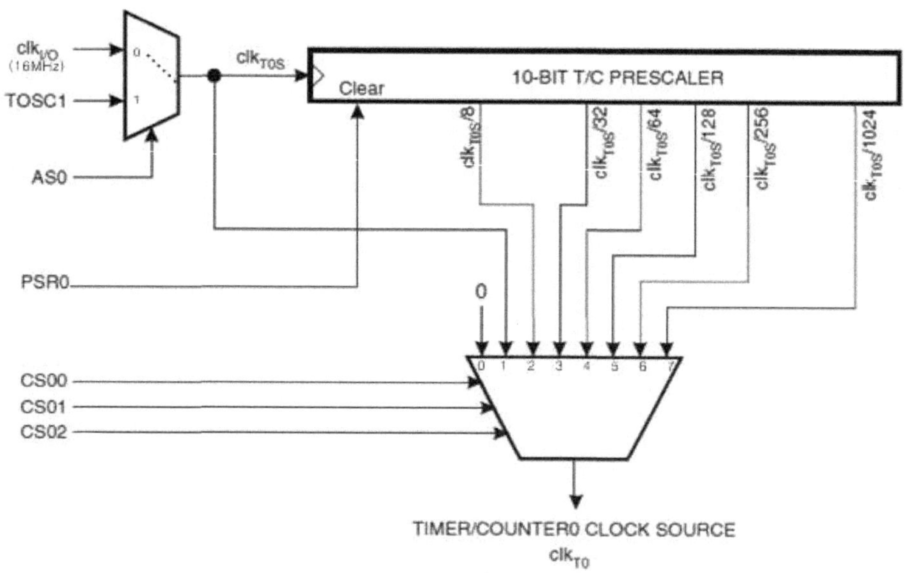

[그림 5.2] Timer/Counter0의 프리스케일

5.2.2 Timer/Counter0의 구조

[그림 5.3]은 8비트 Timer/Counter0의 구조를 나타내고 있으며, 실제 IO핀은 Timer/Counter0의 핀으로 대체되었다.

Timer/Counter0의 타이머 값(TCNT0)과 Output Compare Register(OCR0)는 8비트로 되어있으며, Timer/Counter0은 내부적으로 프리스케일러를 통하여 사용할 수 있고, 외부적으로는 TOSC1, TOSC2핀으로 클럭을 사용할 수 있다.

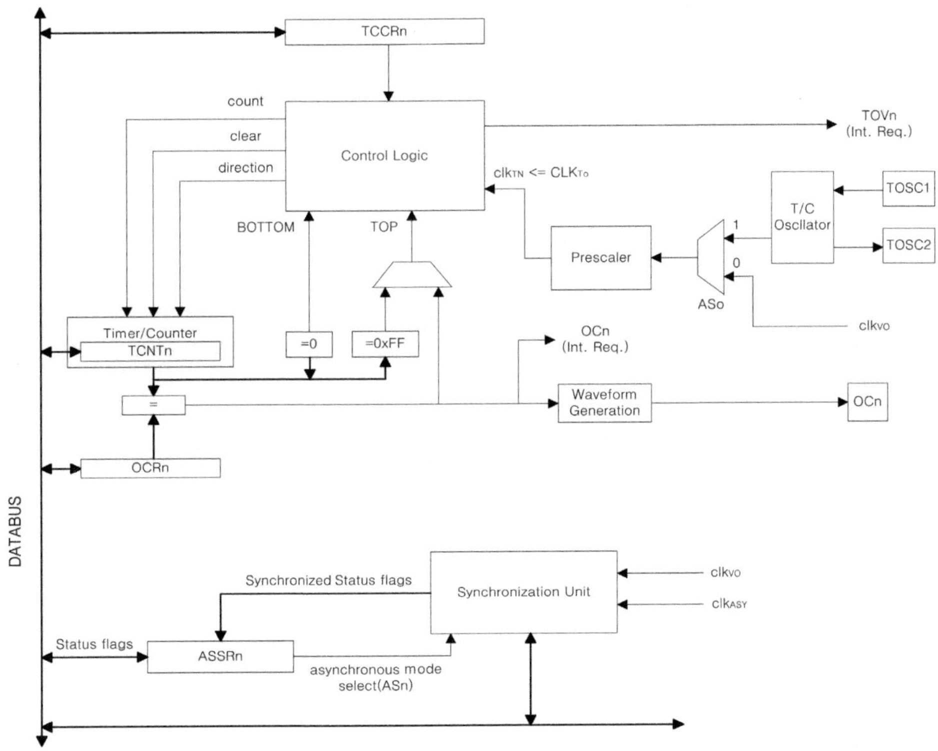

[그림 5.3] 8비트 Timer/Counter0의 구조 (n=0)

8 비트 Timer/Counter0은 양방향 카운터로 [그림 5.4]에 나타냈다.

AS0를 이용해 내부 또는 외부 클럭 소스를 설정할 수 있고, 클럭 선택 비트 CSO2:0을 설정하여 사용 주파수를 분주할 수 있다.

모드의 동작에 따라, 각 타이머 클럭(clkT0)에서 카운터가 증가하거나 감소하거나 클리어 된다.

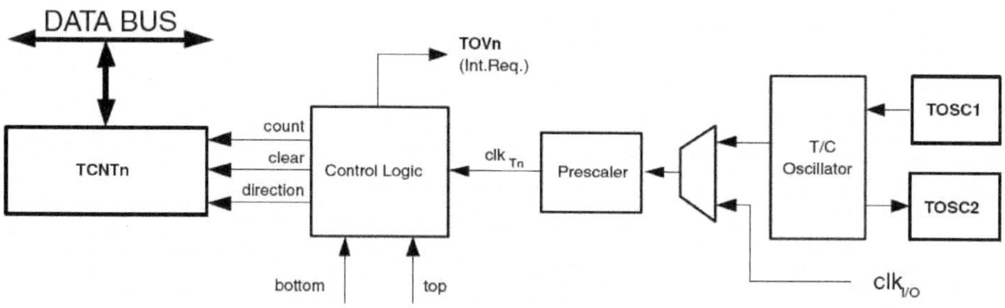

[그림 5.4] Timer/Counter0의 블록 다이어그램

5.2.3 Timer/Counter0의 Output Compare 장치

8비트 비교기는 연속으로 TCNT0값과 Output Compare Register(OCR0)값을 비교해 나간다. TCNT0값과 OCR0값이 같은 때마다 비교기는 match신호를 발생한다. match신호는 타이머 클럭의 다음 사이클에서 Output Compare Flag(OCF0)를 셋하고, OCIE0 비트와 SREG 레지스터의 I비트가 “1”로 셋되어 있으면, Output Compare Flag(OCF0)는 Output Compare Interrupt를 발생한다. OCF0플래그는 인터럽트가 실행이 되고 나면 자동으로 클리어 된다.

또 다른 방법은 OCF0비트에 “1”을 써 소프트웨어적으로 클리어 해도 된다. WGM01:0 동작 모드 비트와 COM01:0 Compare Output mode비트의 설정에 따라 출력을 만들어 내기 위하여 파형 발생장치(waveform generator)는 match 신호를 발생시킨다. [그림 5.5]가 Compare Output장치의 구조이다.

OCR0레지스터는 Normal mode와 CTC mode인 경우를 제외하고, PWM 모드로 동작할 경우에는 더블 버퍼(double buffer)로 동작한다. 더블 버퍼(double buffer)는 카운터 순서의 TOP 또는 BOTTOM에서 OCR0 Output Compare Register에 새로

운 값을 업데이트할 수 있게 해준다. non-PWM waveform generation mode에서, 비교기의 match output은 Force Output Compare(FOC0) 비트에 "1"을 써서 사용할 수 있다.

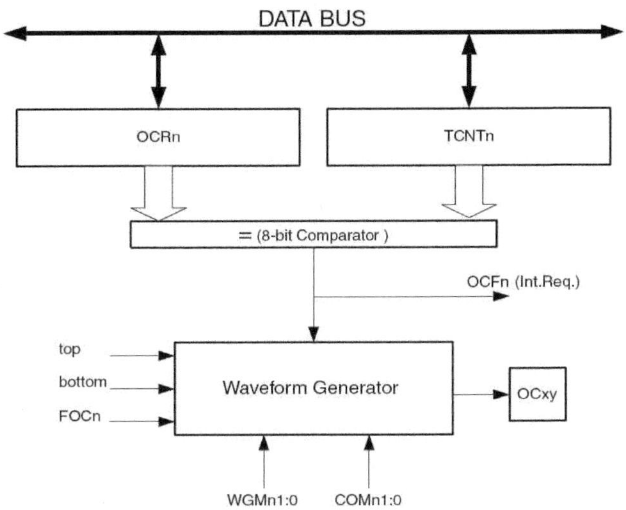

[그림 5.5] Timer/Counter0의 Compare Output 장치의 구조

5.2.4 Timer/Counter0의 Compare Match Output 장치

Compare Output mode(COM01:0)비트는 다음의 두 가지 기능이 있다. Waveform Generator는 COM01:0 비트를 다음 compare match에서 Output Compare(OC0)의 상태를 정의하기 위해 사용하고, COM01:0 비트는 OC0 핀을 출력으로 사용한다.

[그림 5.6]에 COM01:0 비트를 설정하는 방법을 나타냈다. 일반적인 I/O기능은 COM01:0 비트를 어떻게 설정하느냐에 따라서 Output Compare(OC0)에 의해서 기능이 달라지기는 하나, OC0핀의 입출력 방향은 포트의 DDR(Data Direction Register)의 설정에 따라 변경 할 수 있다. 물론 이 DDR의 방향을 출력으로 설정해야만 한다.

Waveform Generator는 COM01:0 비트를 설정함에 따라서 Normal, CTC, PWM 모드의 지정이 가능하다. COM01:0=0 으로 설정하면, Waveform Generator는 OCR0에 어떤 값도 사용할 수 없다.

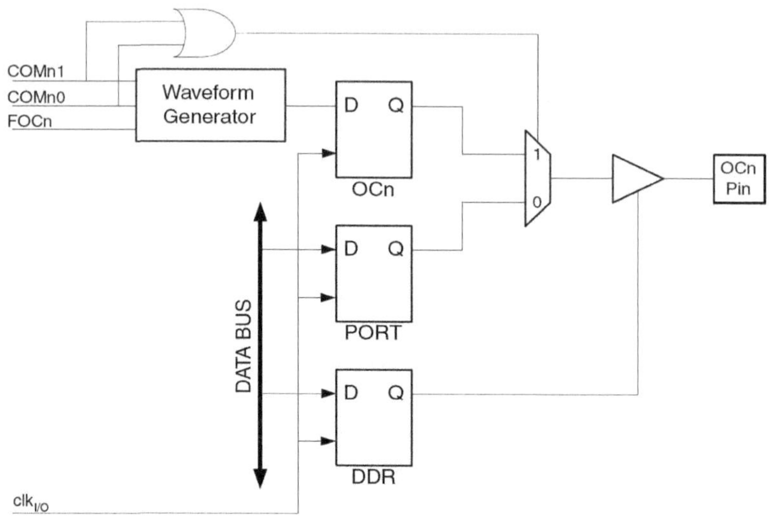

[그림 5.6] Compare Match Output 장치

5.2.5 타이머/카운터0의 레지스터

(1) TCCR0 레지스터

TCCR0(Timer/Counter Control Register) 레지스터는 [그림 5.7]에 나타내었고, 타이머/카운터 0의 동작모드를 설정하고 프리스케일러의 분주비를 설정하는 기능을 수행한다.

7	6	5	4	3	2	1	0	
FOC0	WGM00	COM01	COM00	WGM01	CS02	CS01	CS00	TCCR0
W	R/W	R/W	R/W	R/W	R/W	R/W	R/W	
0	0	0	0	1	0	1	1	

[그림 5.7] 타이머/카운터0 제어 레지스터 TCCR0(0x33)

BIT 7 : FOC0(Force Output Compare)은 PWM 모드가 아닌 경우에만 사용되는 것으로 1로 설정하면 OC0단자에 출력을 내보낸다. 특별한 경우에는 사용하지 않는다.

BIT 3, 6 : WGM01~00(Waveform Generation Mode)은 카운터의 동작 모드를 결정한다. (P.135 참조)

BIT 5, 4 : COM01~00(Compare Match Output Mode)은 OC0 핀의 동작을 설정한다.

BIT 2~0 : CS02~00(Clock Select)은 클럭의 분주비를 [표 5.2]와 같이 선택한다. 분주비가 clk/32인 경우 클럭이 32번 입력이 될 때 TCNT0 값이 1 증가한다.

[표 5.2] CS02~00 비트에 의한 클록의 분주비 선택

CS02	CS01	CS00	클럭 소스의 기능
0	0	0	클럭 입력을 차단(타이머 동작하지 않음)
0	0	1	clk / 1
0	1	0	clk / 8
0	1	1	clk / 32
1	0	0	clk / 64
1	0	1	clk / 128 *
1	1	0	clk / 256
1	1	1	clk / 1024

(2) TCNT0 레지스터

TCNT0(Timer/Counter Register 0) 레지스터는 [그림 5.8]에 나타내었고, 타이머/카운터 0의 8비트 카운터 값을 저장하고 있는 레지스터이다. 입력되는 클럭과 분주비에 따라 카운터 값을 저장하는 레지스터이다.

7	6	5	4	3	2	1	0	
TCNT0[7:0]								TCNT0
R/W	R/W	R/W	R/W	R/W	R/W	R/W	R/W	
0	0	0	0	0	0	0	0	

[그림 5.8] 타이머/카운터0 레지스터 TCNT0(0x88)

(3) OCR0 레지스터

OCR0(Timer/Counter Output Compare Register 0) 레지스터는 [그림 5.9]에 나

타내었고, 타이머/카운터 레지스터 TCNT0값과 비교하여 OC0 단자에 출력을 발생하기 위한 8비트 값을 저장하는 레지스터이다.

7	6	5	4	3	2	1	0	
OCR0[7:0]								OCR0
R/W	R/W	R/W	R/W	R/W	R/W	R/W	R/W	
0	0	0	0	0	0	0	0	

[그림 5.9] 타이머/카운터0 출력비교 레지스터 OCR0(0x31)

(4) ASSR 레지스터

ASSR(Asynchronous State Register) 레지스터는 [그림 5.10]에 나타내었고, 타이머/카운터 0의 외부 클럭에 의하여 비동기 모드로 동작하는 경우에 관련된 기능을 수행한다.

7	6	5	4	3	2	1	0	
–	–	–	–	AS0	TCN0UB	OCR0UB	TCR0UB	ASSR
R	R	R	R	R/W	R	R	R	
0	0	0	0	0	0	0	0	

[그림 5.10] 비동기 상태 레지스터 ASSR(0x30)

BIT 3 : AS0(Asynchronous Timer/Counter 0)은 타이머/카운터 0의 클럭 소스를 선택하는 비트이다. 0으로 하면 내부 클럭이 선택되고 1로 하면 TOSC1 단자에 입력되는 클럭이 선택되어 비동기 모드로 동작한다.

BIT 2 : TCN0US(Timer/Count 0 Update Busy)은 타이머/카운터 0의 외부에서 TOSC1 단자로 입력되는 클럭에 의하여 비동기로 동작하고 있을 때 TCNT0 레지스터에 새로운 값을 쓰게 되면 이 비트가 1로 셋트 된다. 이 값이 임시 레지스터로부터 TCNT0 레지스터에 옮겨져서 TCNT0의 라이트가 완료되면 이 비트는 다시 자동적으로 0이 된다.

BIT 1 : OCR0UB(Output Compare Register 0 Updata Busy)은 타이머/카운터 0이 외부에서 TOSC1 단자로 입력되는 클럭에 의하여 비동기로 동작하고 있을 때 OCR0 레지스터에 새로운 값을 쓰게 되면 이 비트가 1로 셋트 된다. 그러다가 이 값이 임시 레지스터로부터 OCR0 레지스터에 옮겨져서 OCR0의 라이트가 완료되면 이 비트는 다시 자동적으로 0이 된다.

BIT 0 : TCR0UB(Timer/Counter Control Register 0 Update Busy)은 타이머/카운터 0의 외부에서 TOSC1 단자로 입력되는 클럭에 의하여 비동기로 동작하고 있을 때 TCCR0 레지스터에 새로운 값을 쓰게 되면 이 비트가 1로 셋트된다. 그리고 임시레지스터로부터 TCCR0 레지스터에 옮겨져서 TCCR0 라이트가 완료되면 이 비트는 다시 자동적으로 0이 된다.

(5) TIMSK 레지스터

TIMSK(Timer/Counter Interrupt Mask Register) 레지스터는 [그림 5.11]에 나타내었고, 타이머/카운터 0~2가 발생하는 인터럽트를 개별적으로 허용하는 기능을 수행하는 레지스터이다.

Bit	7	6	5	4	3	2	1	0	
	OCIE2	TOIE2	TICIE1	OCIE1A	OCIE1B	TOIE1	OCIE0	TOIE0	TIMSK
Read/Write	R/W	R/W	R/W	R/W	R/W	R/W	R/W	R/W	
Initial Value	0	0	0	0	0	0	1	0	

[그림 5.11] 타이머/카운터 인터럽트 마스크 레지스터 TIMSK(0x37)

BIT 1 : OCIE0(Timer/Counter0 Output Compare Match Interrupt Enable)은 1로 설정되면 TCNT0와 OCR0 레지스터 값이 같아지면 인터럽트가 발생된다. 이때 타이머/카운터 0의 출력비교 인터럽트가 발생되어 TIFR 레지스터의 OCF0 비트가 1로 된다.

BIT 0 : TOIE0(Timer/Counter 0 Overflow Interrupt Enable)은 1로 설정되고 TCNT0값이 0xFF에서 0x00으로 오버플로우가 발생되면 인터럽트가 발생된다. 오버플로우 인터럽트가 발생되면 TIFR 레지스터의 TOV0 비트가 1로 된다.

(6) TIFR 레지스터

TIFR(Timer/Counter Interrupt Flag Register) 레지스터는 [그림 5.12]에 나타내었고, 타이머/카운터 0~2가 발생하는 인터럽트 플래그가 저장되는 레지스터이다.

	7	6	5	4	3	2	1	0
TIFR	OCF2	TOV2	ICF1	OCF1A	OCF1B	TOV1	OCF0	TOV0
	R/W	R/W	R/W	R/W	R/W	R/W	R/W	R/W
	0	0	0	0	0	0	0	0

[그림 5.12] 타이머/카운터 인터럽트 플래그 레지스터 TIFR(0x36)

BIT 1 : OCF0(Output Compare Match Flag 0)은 타이머/카운터0의 TCNT0 레지스터와 출력비교 레지스터 OCR0 값을 비교하여 같으면 1로 셋트 되면서 인터럽트가 요청된다. 그리고 인터럽트가 시작되면 0으로 클리어 된다.

BIT 0 : TOV0(Timer/Counter 0 Overflow Flag)은 타이머/카운터0의 TCNT0가 발생되면 1로 셋트 되고 인터럽트가 요청된다. 인터럽트가 실행되면 자동적으로 0으로 클리어 된다.

5.3 타이머/카운터 2

타이머/카운터2는 PWM(Pulse Width Modulation) 및 8비트 업/다운 카운터로서 프리스케일을 통하여 내부 클럭을 소스로 받아서 동작하는 타이머 기능과 외부 클럭을 소스로 받아서 동작하는 카운터 기능이 있다.

타이머/카운터2를 위한 외부 입력핀으로 T2가 있고 출력핀으로 OC2가 있다. 프리스케일러에 의하여 분주비 1, 8, 64, 256, 1024 중의 하나로 분주될 수 있고 클럭이 차단될 수도 있다.

5.3.1 Timer/Counter2 프리스케일러(Prescaler)

Timer/Counter2의 클럭 소스의 이름은 clkT2S이며 초기 값으로는 시스템 입출력 클럭인 clkIO로 연결되있다. Timer/Counter2의 프리스케일러는 clkT2S/8, clkT2S/64, clkT2S/256, clkT2S/1024 등이 있고 clkT2S가 "0"이면 정지된다. SFIOR 레지스터의 PSR321 비트가 "0"이면 프리스케일러는 리셋 된다.

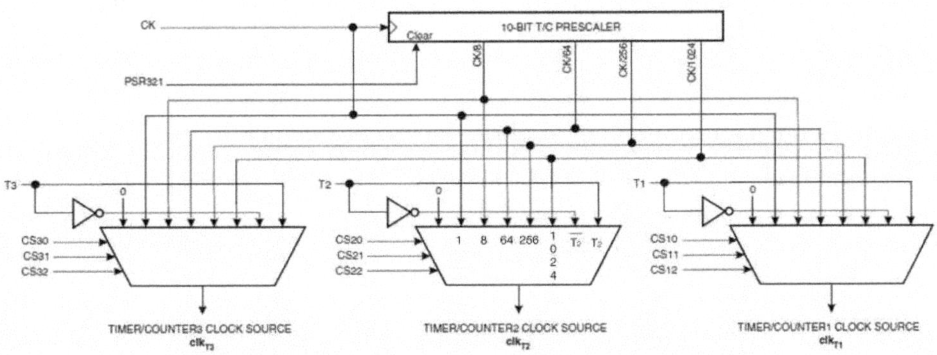

[그림 5.12] Timer/Counter2의 프리스케일러

다음은 Special Function IO Register(SFIOR)의 기능을 나타낸다.

Bit	7	6	5	4	3	2	1	0	
	TSM	–	–	–	ACME	PUD	PSR0	PSR321	SFIOR
Read/Write	R/W	R	R	R	R/W	R/W	R/W	R/W	
Initial Value	0	0	0	0	0	0	0	0	

[그림 5.13] SFIOR의 비트구성

BIT 7 : TSM(Timer/Counter Synchronization Mode)

"1" = Timer/Counter0의 동기 모드가 된다. 이 모드에서는 PSR0와 PSR321에 쓴 값은 그대로 유지된다.

"0" = PSR0와 PSR321에 쓴 값은 하드웨어에 의해서 클리어 되어 진다.

BIT 0 : PSR321(Prescaler Reset Timer/Counter1,2,3)

"1" = Timer/Counter123의 Prescaler가 리셋 된다.

"0" = 영향 없다.

만약 Timer/Counter123이 비동기 모드에서 동작할 경우 이 비트에 특정 값을 쓰면 프리스케일러가 리셋 될 때까지 "1"의 값을 유지하게 된다.

5.3.2 Timer/Counter2의 클럭 소스

Timer/Counter2는 내부 및 외부 클럭을 클럭 소스로 사용할 수 있다. Timer/Counter2의 클럭 소스 clkIO로 연결되어 있다. 8비트 Timer/Counter2는 양방향 카운터 장치로 구성되어 있고, [그림 5.14]에 나타냈다.

[그림 5.14]에서 외부클럭 입력핀인 Tn에서 카운터 입력을 받거나 타이머의 프리스케일러의 출력 핀으로부터 clk_{T2}에서 카운터가 증가하거나 감소하거나 클리어 된다. 이때 클럭 선택 비트 CS22:0을 설정하여 클럭을 선택한다. 카운터 순서는 Timer/Counter2 Control Register TCCR2레지스터의 WGM21과 WGM20을 설정하여 결정한다. [그림 5.14]에서 top은 TCNT2가 최대값에 도달하는 값이고 bottom은 TCNT2가 최소값(0)에 도달하는 값을 각각 나타낸다.

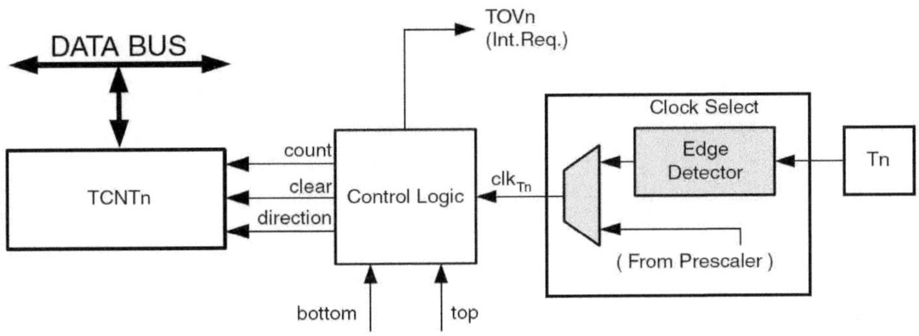

[그림 5.14] Timer/Counter2의 카운터 내부 동작

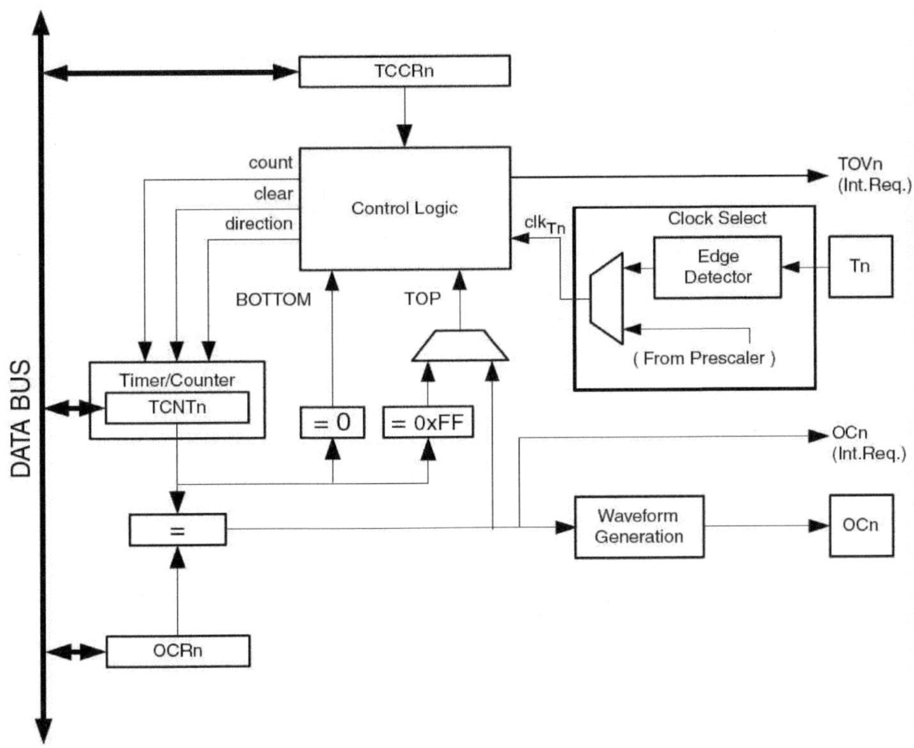

[그림 5.15] Timer/Counter2 내부구조

[그림 5.15]는 8비트 Timer/Counter2의 구조를 나타내고 있으며, 실제 IO핀은 Timer/Counter2의 핀으로 대체되었다. Timer/Counter2의 타이머 값(TCNT2)과 Output Compare Register(OCR2)는 8비트로 되어 있으며, Timer/Counter2는 내부적으로는 프리스케일러를 통해 사용 가능하고 외부적으로는 카운터 핀으로 클럭을 사용할 수 있다.

5.3.3 Timer/Counter2의 Output Compare 장치

비교기는 연속해서 TCNT2값과 Output Compare Register(OCR2) 값을 비교해 나간다. TCN2값과 OCR2값이 같을 때 비교기는 match 신호를 발생한다. [그림 5.16]은 Compare Output 장치의 구조를 나타내고 있다.

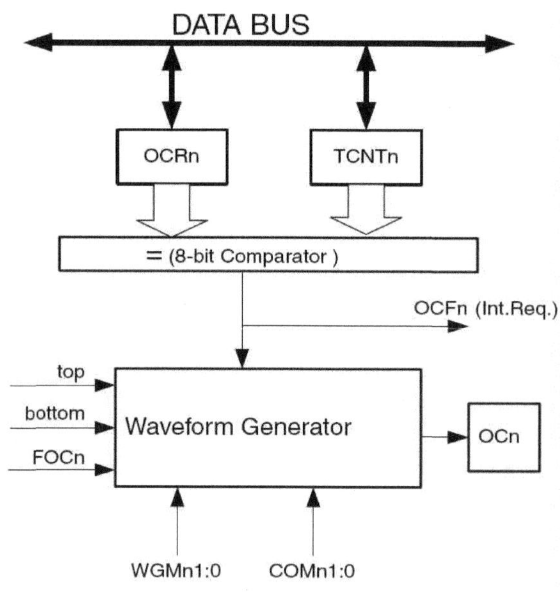

[그림 5.16] Timer/Counter2 Output Compare 장치

일치(match) 신호는 타이머 클럭의 다음 사이클에서 Output Compare Flag(OCF2)를 셋하고, OCIE2비트와 SREG레지스터의 I 비트가 각각 “1”로 되어 있으면,

Output Compare Flag(OCF2)는 Output Compare Interrupt를 발생한다.

OCF2플래그는 인터럽트가 실행이 되고 나면 자동으로 클리어 된다. 그러나 OCF2비트에 "1"을 write하면 소프트웨어적으로 클리어 된다.

WGM21:0동작 모드 비트와 COM21:0 Compare Output mode 비트의 설정에 따라 출력 파형 발생장치(waveform generator)는 match 신호를 발생시킨다.

OCR2레지스터는 Normal mode와 CTC mode인 경우를 제외하고, PWM모드로 동작할 경우 더블 버퍼(double buffer)로 동작한다. 더블 버퍼는 카운터 순서의 TOP 또는 BOTTOM에서 OCR2Output Compare Register에 새로운 값의 업데이트를 할 수 있게 한다. non-PWM waveform generation mode에서, 비교기의 비교출력(match output)은 FOC2(Force Output Compare(FOC2) 비트에 "1"을 써서 사용한다.

5.3.4 Timer/Counter2의 Compare Match Output 장치

Compare Output mode(COM21:0) 비트는 다음과 같은 두 가지 기능이 있다. Waveform Generator는 COM21:0 비트를 다음 compare match에서 Output Compare(OC2)의 상태를 정의하기 위해 사용하고, COM21:0 비트는 OC2핀을 출력으로 사용한다.

[그림 5.17]에 COM21:0비트를 설정하는 방법이 나타나있다. 일반적인 I/O기능은 COM21:0 비트를 어떻게 설정하느냐에 따라서 Output Compare(OC2)에 의해서 기능이 달라지기는 하나, OC2핀의 입출력 방향은 포트의 DDR(Data Direction Register)의 설정에 따라 변경 할 수 있다. 물론 이 DDR의 방향을 출력으로 설정해야 한다.

Waveform Generator는 COM21:0 비트를 설정함에 따라서 Normal, CTC, PWM 모드의 지정을 선택할 수 있다. COM21:0=0으로 설정하면, Waveform Generator는 OCR2에 어떤 값도 사용 할 수 없게 된다.

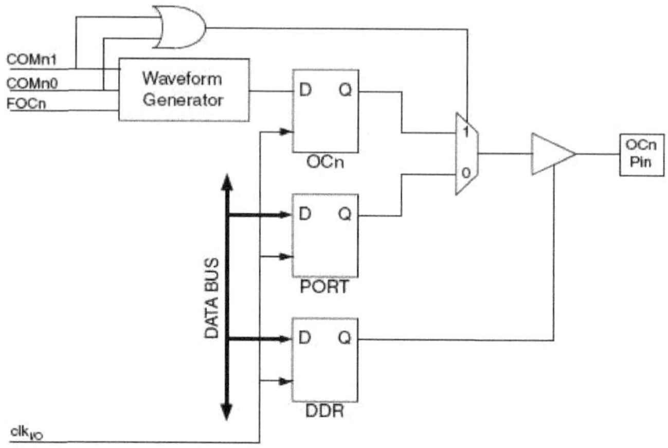

[그림 5.17] Compare Match Output 장치

5.3.5 타이머/카운터2의 레지스터

(1) TCCR2 레지스터

CCR2(Timer/Counter Control Register) 레지스터는 [그림 5.18]에 나타내었고, 타이머/카운터 2의 동작모드를 설정하고 프리스케일러의 분주비를 설정하는 기능을 수행한다.

	7	6	5	4	3	2	1	0	
	FOC2	WGM20	COM21	COM20	WGM21	CS22	CS21	CS20	TCCR2
	W	R/W	R/W	R/W	R/W	R/W	R/W	R/W	
	0	0	0	0	0	0	0	0	

[그림 5.18] 타이머/카운터2 제어 레지스터 TCCR2

BIT 7 : FOC2(Force Output Compare)은 PWM 모드가 아닌 경우에만 사용되는 것으로 1로 설정하면 OC2단자에 출력을 내보낸다. 그리고 이 출력신호는 OCM21～20 비트의 설정에 의하여 결정된다. 특별한 경우에는 사용하지 않는다.

BIT 3, 6 : WGM21～20(Waveform Generation Mode)은 카운터의 동작 모드를 결정한다.

BIT 5, 4 : COM21～20(Compare Match Output Mode)은 OC2 핀의 동작을 설정한다.

BIT 2~0 : CS22~20(Clock Select)은 클럭의 분주비를 [표 5.3]과 같이 선택한다. 분주비가 clk/8인 경우 클럭이 8번 입력이 될 때 TCNT2 값이 1 증가한다.

[표 5.3] CS22~20 비트에 의한 클럭의 분주비 선택

CS22	CS21	CS20	클럭 소스의 기능
0	0	0	클럭 입력을 차단(타이머 동작하지 않음)
0	0	1	clk / 1
0	1	0	clk / 8
0	1	1	clk / 64
1	0	0	clk / 256
1	0	1	clk / 1024
1	1	0	T2 핀에서 입력되는 외부클럭(하강에지에서동작)
1	1	1	T2 핀에서 입력되는 외부클럭(상승에지에서동작)

(2) TCNT2 레지스터

TCNT2(Timer/Counter Register 2) 레지스터는 [그림 5.19]에 나타내었고, 타이머/카운터 2의 8비트 카운터값을 저장하고 있는 레지스터이다. 입력되는 클럭과 분주비에 따라 카운터 값을 저장하는 레지스터이다.

7	6	5	4	3	2	1	0	
TCNT2[7:0]								TCNT2
R/W	R/W	R/W	R/W	R/W	R/W	R/W	R/W	
0	0	0	0	0	0	0	0	

[그림 5.19] 타이머/카운터2 레지스터 TCNT2

(3) OCR2 레지스터

OCR2(Timer/Counter Output Compare Register 2) 레지스터는 [그림 5.20]에 나타내었고, 타이머/카운터 레지스터 TCNT2값과 비교하여 OC2 단자에 출력을 발생하기 위한 8비트 값을 저장하는 레지스터이다.

7	6	5	4	3	2	1	0	
OCR2[7:0]								OCR2
R/W	R/W	R/W	R/W	R/W	R/W	R/W	R/W	
0	0	0	0	0	0	0	0	

[그림 5.20] 타이머/카운터2 출력비교 레지스터 OCR2

(4) TIMSK 레지스터

TIMSK(Timer/Counter Interrupt Mask Register) 레지스터는 [그림 5.21]에 나타내었고, 타이머/카운터 0~2가 발생하는 인터럽트를 개별적으로 허용하는 기능을 수행하는 레지스터이다.

	7	6	5	4	3	2	1	0
TIMSK	OCIE2	TOIE2	TICIE1	OCIE1A	OCIE1B	TOIE1	OCIE0	TOIE0
	R/W	R/W	R/W	R/W	R/W	R/W	R/W	R/W
	0	0	0	0	0	0	0	0

[그림 5.21] 타이머/카운터 인터럽트 마스크 레지스터 TIMSK

BIT 7 : OCIE2(Timer/Counter0 Output Compare Match Interrupt Enable)는 1로 설정되면 TCNT2와 OCR2 레지스터 값이 같아지면 인터럽트가 발생된다. 이때 타이머/카운터 0의 출력비교 인터럽트가 발생되어 TIFR 레지스터의 OCF2 비트가 1로 된다.

BIT 6 : TOIE2(Timer/Counter 0 Overflow Interrupt Enable)는 1로 설정되고 TCNT2값이 0xFF에서 0x00으로 오버플로우가 발생되면 인터럽트가 발생된다. 오버플로우 인터럽트가 발생되면TIFR 레지스터의 TOV2 비트가 1로 된다.

(5) TIFR 레지스터

TIFR(Timer/Counter Interrupt Flag Register) 레지스터는 [그림 5.22]에 나타내었고, 타이머/카운터 0~2가 발생하는 인터럽트 플래그가 저장되는 레지스터이다.

	7	6	5	4	3	2	1	0
TIFR	OCF2	TOV2	ICF1	OCF1A	OCF1B	TOV1	OCF0	TOV0
	R/W	R/W	R/W	R/W	R/W	R/W	R/W	R/W
	0	0	0	0	0	0	0	0

[그림 5.22] 타이머/카운터 인터럽트 플래그 레지스터 TIFR

BIT 7 : OCF2(Output Compare Match Flag 2)은 타이머/카운터2의 TCNT2 레지스터와 출력비교 레지스터 OCR2 값을 비교하여 같으면 1로 셋 되면서 인터럽트가 요청된다. 그리고 인터럽트가 시작되면 0으로 클리어 된다.

BIT 6 : TOV2(Timer/Counter 2 Overflow Flag)는 타이머/카운터2의 TCNT2가 발생되면 1로 셋 되고 인터럽트가 요청된다. 인터럽트가 실행되면 자동적으로 0으로 클리어 된다.

5.4 타이머/카운터 1, 3

타이머/카운터1과 3은 각각 3개씩(OCR1A, OCR1B, OCR1C, OCR3A, OCR3B, OCR3C)의 PWM 출력 및 캡처 기능을 가지는 16비트 업/다운 카운터로서 프리스케일을 통하여 내부 클럭을 소스로 받아서 동작하는 타이머 기능과 외부 클럭을 소스로 받아서 동작하는 카운터 기능이 있다. 프리스케일러에 의하여 분주비 1, 8, 64, 256, 1024 중의 하나로 분주되거나 클럭이 차단될 수도 있다.

5.4.1 Timer/Counter1,3의 프리스케일러(Prescaler)

Timer/Counter1와 Timer/Counter2, Timer/Counter3은 동일한 프리스케일러를 사용하지만, 프리스케일러를 설정하는 방법은 다르다. Timer/Counter는 시스템 클럭을 CSn2:0=1로 설정하여 직접 받아서 사용할 수도 있으나, 이것은 시스템 클럭 주파수(fCLK_IO)의 최고 속도를 그대로 사용하므로 상당히 빠른 주파수가 된다. 그래서 프리스케일러를 클럭의 입력으로 사용하는데, fCLK_IO/8, fCLK_IO/64, fCLK_IO/256, fCLK_IO/1024로 각각 사용 가능하다.

프리스케일러는 자유 증가형(free-running)으로 Timer/Counter와는 별개로 독립적으로 동작하나, Timer/Counter1과 Timer/Counter2, Timer/Counter3은 함께 사용된다. 프리스케일러는 Timer/Counter의 클럭 설정과 상관없으므로, 프리스케일러를 한번 설정하면 재설정하기까지는 그 값을 계속해서 유지한다.

T1/T2/T3핀에 입력되는 외부 클럭 소스는 Timer/Counter의 클럭(clkT1, clkT2, clkT3)으로 사용될 수 있다. T1/T2/T3핀의 클럭은 시스템 클럭의 매 사이클에서 핀 동기가 이루어진다. [그림 5.23]은 T1/T2/T3핀의 동기 로직과 에지 검출 장치를 나타내었다. 이 에지 검출 장치는 CSn2:0=7이면 상승 에지, CSn2:0=6이면 하강에지에서 검출한다.

동기장치와 에지 검출 장치는 T1/T2/T3핀에 클럭이 입력되고 나서 2.5~3.5시스템 클럭만큼의 지연시간이 걸린다. 에지 검출 장치는 샘플링을 사용하기 때문에 외부 최대 주파수는 샘플 주파수의 절반 이상을 넘기면 안 된다. [그림 5.24]에 Timer/Counter1과 Timer/Counter2, Timer/Counter3의 프리스케일러를 나타냈다.

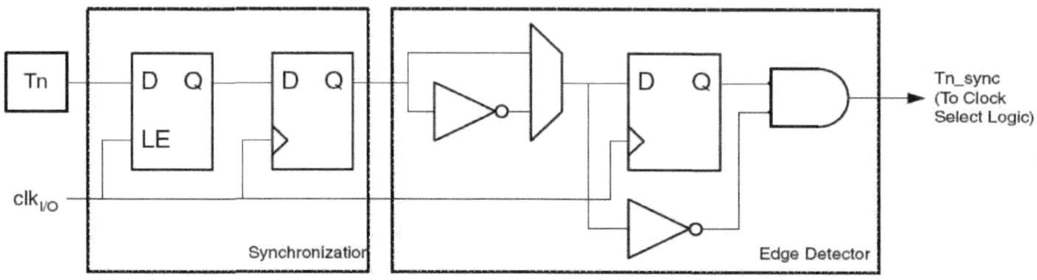

[그림 5.23] T1/T2/T3핀 샘플링 구조

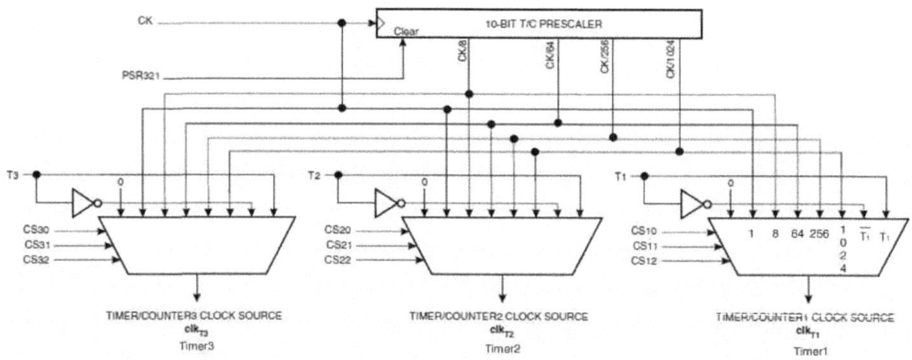

[그림 5.24] Timer/Counter1 Timer/Counter2, Timer/Counter3의 프리스케일러

다음은 Special Function IO Register(SFIOR)의 기능을 나타낸다.

Bit	7	6	5	4	3	2	1	0	
	TSM	–	–	–	ACME	PUD	PSR0	PSR321	SFIOR
Read/Write	R/W	R	R	R	R/W	R/W	R/W	R/W	
Initial Value	0	0	0	0	0	0	0	0	

[그림 5.25] Special Function IO Register(SFIOR)의 기능

BIT 7 : TSM(Timer/Counter Synchronization Mode)

"1" = Timer/Counter0의 동기 모드가 된다. 이 모드에서는 PSR0와 PSR321에 쓴 값은 그대로 유지된다.

"0" = PSR0와 PSR321에 쓴 값은 하드웨어에 의해서 클리어 되어 진다.

BIT 0 : PSR321(Prescaler Reset Timer/Counter1,2,3)

"1" = Timer/Counter123의 Prescaler가 리셋 된다.

"0" = 영향 없다.

만약 Timer/Counter123이 비동기 모드에서 동작할 경우 이 비트에 특정 값을 쓰면 프리스케일러가 리셋 될 때까지 "1"의 값을 유지하게 된다.

5.4.2 Timer/Counter1, 3의 클럭 소스

Timer/Counter1, 3은 내부 및 외부의 클럭 소스를 사용하여 클럭으로 사용한다. 이 클럭 소스는 TCCRnB레지스터의 클럭 소스 선택 비트(CSn2:0)를 설정하여 사용 가능하며, Timer/Counter1, 3은 양 방향 카운터로 [그림 5.26]에 나타냈다.

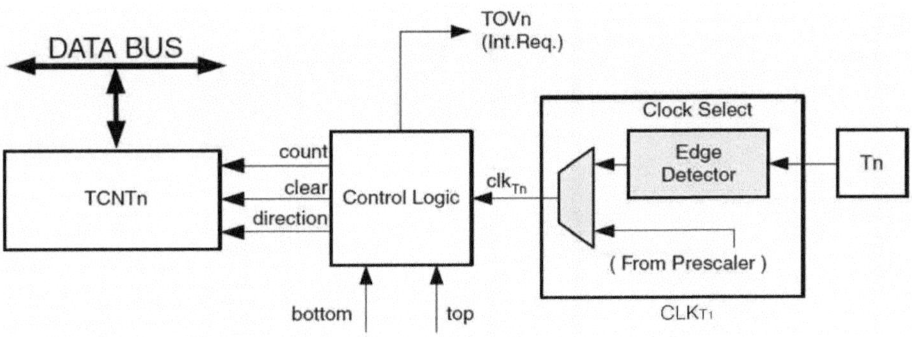

[그림 5.26] Timer/Counter1, 3의 카운터 내부 동작 (n=1)

모드의 동작에 따라서, 각 타이머 클럭(clkTn)에서 카운터가 증가하거나 감소하거나 클리어된다. clkTn는 내부 또는 외부 클럭 소스를 발생할 수 있고, 클럭 선택 비트 CSn2:0를 설정하여 사용 할 수 있다. 카운터 순서는 Timer/Counter1 Control Register TCCRn레지스터의 WGMn1과 WGMn0을 설정하여 결정한다.

[그림 5.27]은 16비트 Timer/Counter1, 3의 구조를 나타내며, 실제 IO핀은 Timer/Counter1, 3의 핀으로 대체되었다.

Timer/Counter1, 3의 타이머 값(TCNTn)과 Output Compare Register(OCRn)는 16비트로 되어 있고, Timer/Counter1, 3은 내부적으로는 프리스케일러를 통하여 사용할 수 있고, 외부적으로는 T1 또는 T3핀으로 클럭을 사용할 수 있다.

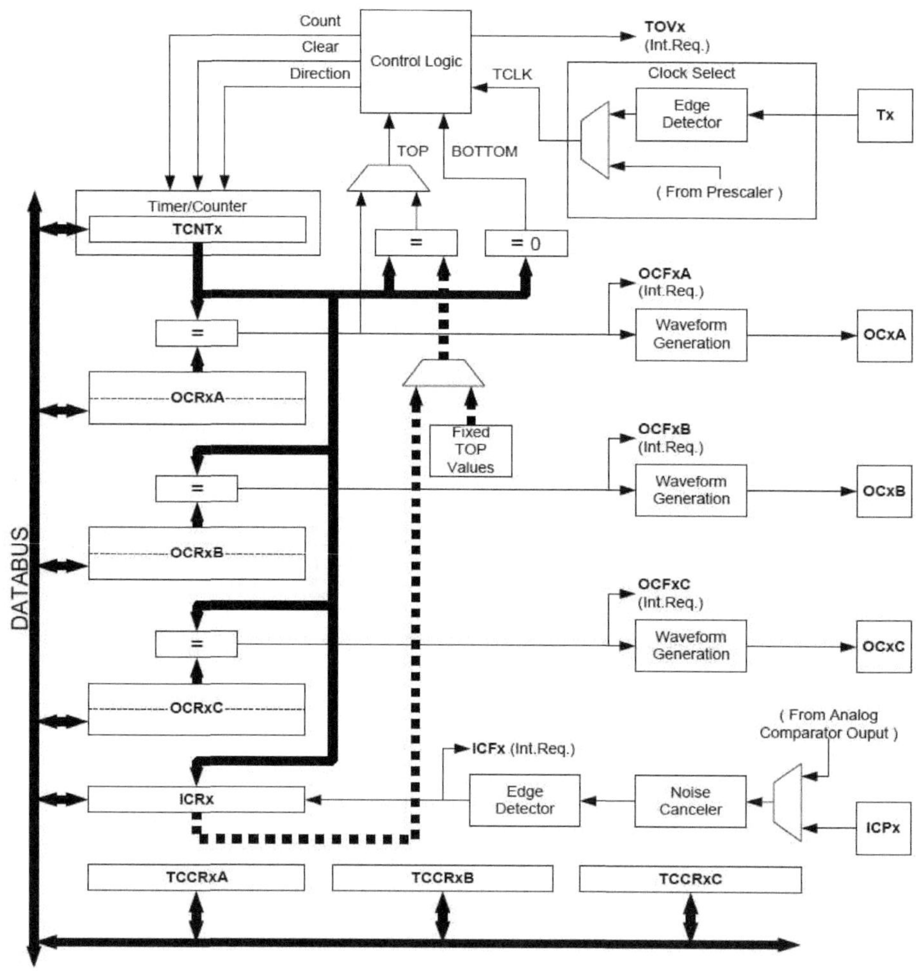

[그림 5.27] 16비트 Timer/Counter1, 3의 내부구조

5.4.3 Timer/Counter1, 3의 input Capture 장치

Timer/Counter1, 3에는 Input Capture 장치가 내장되어 있어서 외부 이벤트를 검출하여 사건이 발생된 시간을 저장할 수 있다. 하나의 신호 및 다양한 신호로 발생되는 외부 신호는 ICPn핀 또는 아날로그 비교기(Analog Comparator)를 통하여 접근 할 수 있다. 이 기능을 이용하여 신호의 주파수 및 듀티비를 계산할 수 있다. 입력 캡처 핀(ICPn)또는 아날로그 비교기의 출력(ACO)에서 발생된 신호 변화를 신호검출기에서 검출하여 캡처가 이루어진다. 캡처가 발생되면 16비트 카운터 값(TCNTn)은 입력 캡처 레지스터(ICRn)에 저장되고, 이와 동시에 입력 캡처 플래그(ICFn)는 "1"이 된다. 만약 SREG의 I비트가 "1"로 설정되어 있고, TICIEn=1로 설정되어 있으면 입력캡처 인터럽트가 발생한다. 이 인터럽트가 실행이 되면 ICFn은 자동으로 "0"으로 클리어 된다. 아니면 ICFn에 직접 "1"을 대입하여 클리어 시킬 수 있다.

입력 캡처 레지스터(ICRn)를 읽을 경우에는 하위 바이트(ICRnL)를 먼저 읽고 난 후에 상위 바이트(ICRnH)를 읽어야 하고, 하위 바이트를 읽을 때 상위 바이트는 임시 저장 레지스터에 저장된다.

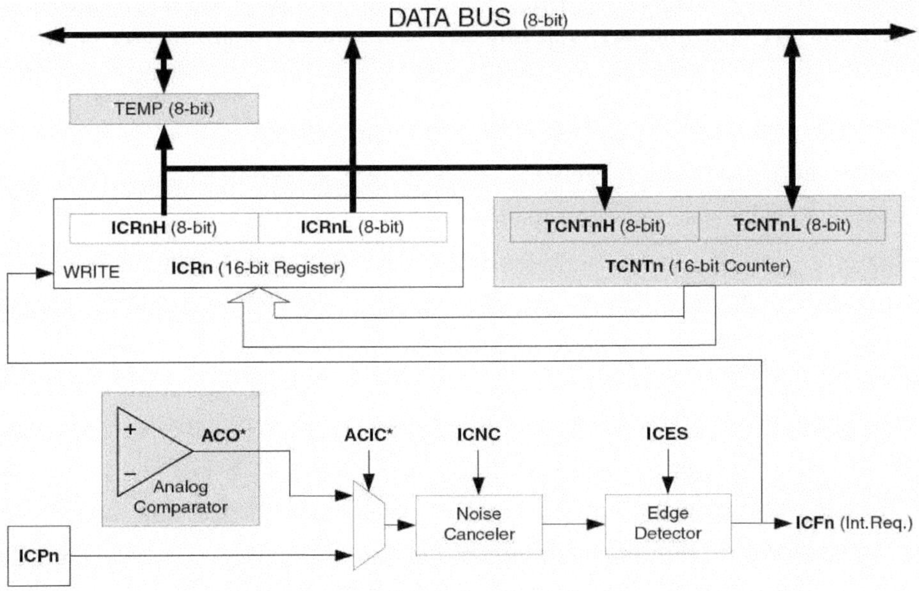

[그림 5.28] Timer 1,3의 Input Capture 구조

ICRn 레지스터는 카운터의 TOP값을 설정할 때 사용되는 Waveform Generation mode에서만 적용된다. 이 경우에 Waveform Generation mode(WGMn3:0) 비트는 TOP값이 ICRn레지스터에 쓰기 전에 설정해야만 한다. ICRn 레지스터에 값을 쓸 경우에는 읽을 때와는 반대로 상위 바이트(ICRnH)를 먼저 쓰고 하위 바이트(ICRnL)를 써야만 한다.

Input Capture장치의 주요 트리거 소스는 입력 캡처 핀(ICPn)에 의해서 이루어지며, 타이머/카운터1은 Input Capture장치를 아날로그 비교기의 출력(ACO)을 대신 이용할 수도 있다. ACSR레지스터의 Analog Comparator Input Capture(ACIC)비트를 설정하여 선택 가능하다. 트리거 소스를 변경하려면 Input Capture flag를 "0"으로 클리어한 후에 바꾸어야 하고, Input Capture 핀(ICPn)과 Analog Comparator Output(ACO)입력은 Tn핀의 동일한 시점에서 샘플링되며, 에지 검출기도 마찬가지이다. 그러나 노이즈 제거기가 설정되면, 에지 검출기 앞에 추가 로직이 삽입되는데 이로 인해서 4개의 사이클이 늘어난다.

노이즈 제거기는 간단한 디지털 필터를 통하여 입력해 들어오는 펄스의 노이즈를 제거한다. 이 때 4개를 샘플하여 동일한 경우에만 그 값을 인정하게 된다. 노이즈 제거기를 설정하기 위해서는 TCCRnB레지스터의 Input Capture Noise Canceler(ICNC) 비트를 "1"로 설정함으로써 가능하다.

5.4.4 Timer/Counter1, 3의 출력 비교(Output Compare) 장치

16비트 비교기는 연속해서 TCNTn 값과 Output Compare Register(OCRnx) 값을 비교한다. TCNTn값과 OCRnx값이 같을 때마다 비교기는 match신호를 발생한다. match신호는 타이머 클록의 다음 사이클에서 Output Compare Flag(OCFnx)를 셋하고, OCIEnx비트와 SREG레지스터의 I비트가 "1"로 셋되어 있으면, Output Compare Flag(OCFnx)는 Output Compare Interrupt를 발생한다. OCFnx플래그는 인터럽트가 실행이 되고 나면 자동으로 클리어 된다. 또 다른 방법은 OCFnx비트에 "1"을 써 넣어 소프트웨어적으로 클리어 할 수 도 있다. WGMn3:0동작 모드 비트와 COMnx1:0 Compare Output mode비트의 설정에 따라서 출력을 만들어 내기 위하여 파형 발생장치(waveform generator)는 match신호를 발생시킨다. [그림 5.29]에 Compare Output 장치의 구조를 나타내었다.

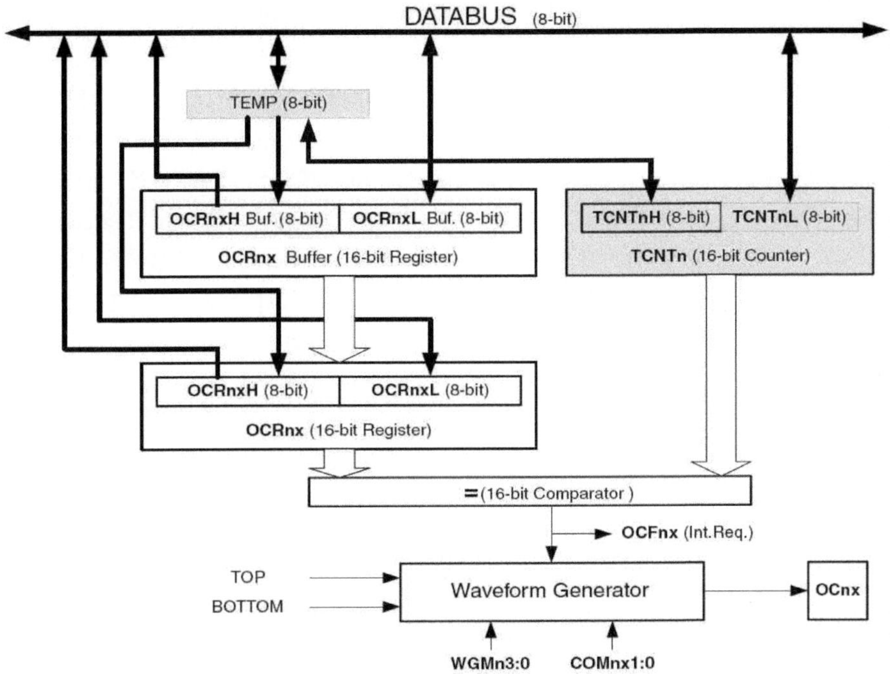

[그림 5.29] Timer 1. 3의 Compare Output 장치의 구조

OCRnx레지스터는 Normal mode, CTC mode인 경우를 제외하고, PWM 모드로 동작할 경우에는 더블 버퍼(double buffer)로 동작한다. 더블 버퍼(double buffer)는 카운터 순서의 TOP 또는 BOTTOM에서 OCR1x Output Compare Register에 새로운 값의 업데이트를 가능하게 한다. non-PWM waveform generation mode에서, 비교기의 match output은 Force Output Compare(FOCnx)비트에 “1”을 써서 사용 가능하다.

5.4.5 Timer/Counter1, 3의 Compare Match Output장치

Compare Output mode(COMnx1:0)비트는 다음과 같은 두 가지 기능이 있다. Waveform Generator는 COMnx1:0비트는 OCnx핀을 출력으로 사용한다. [그림 5.30]에 COMnx1:0비트를 설정하는 방법을 나타냈다. 일반적인 I/O기능은 COMnx1:0비트를 어떻게 설정하느냐에 따라서 Output Compare(OCnx)에 의해서 기능이 달라지기는 하나, OCn핀의 입출력 방향은 포트의 DDR(Data Direction Register)의 설정에 따라 변경 가능하다. 물론 이 DDR의 방향을 출력으로 설정하여야만 한다. Waveform Generator는 COMnx1:0비트를 설정함에 따라서 Normal, CTC, PWM모드의 지정이 가능해진다. COMnx1:0=0으로 설정하면, Waveform Generator는 OCRnx에 어떤 값을 사용할 수 없게 된다.

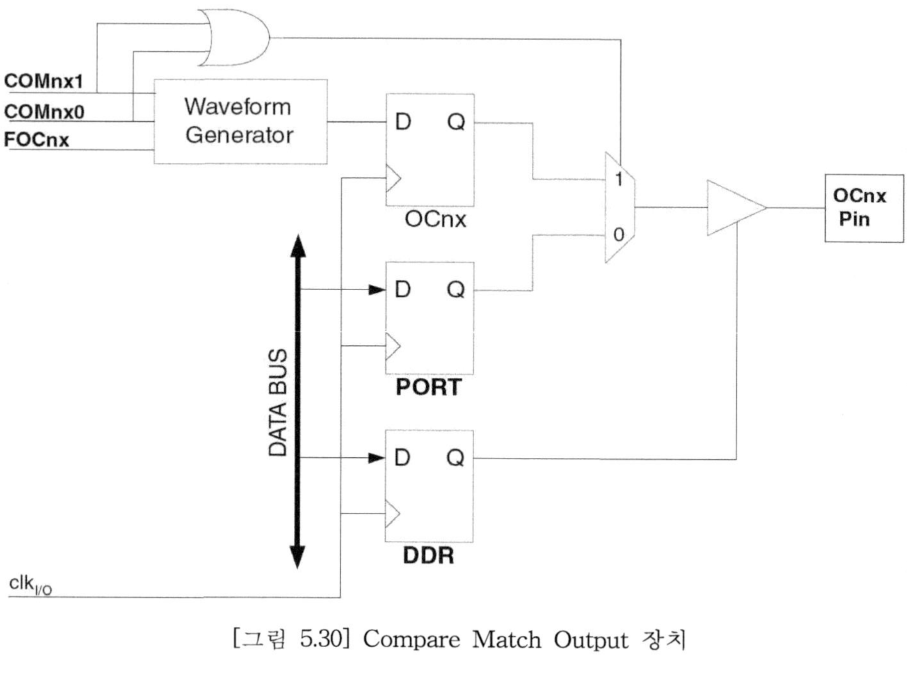

[그림 5.30] Compare Match Output 장치

5.4.6 타이머/카운터1, 3의 레지스터

(1) TCCR1A, TCCR3A 레지스터

TCCR1A, TCCR3A(Timer/Counter1 or 3 Control Register A) 레지스터는 [그림 5.31], [그림 5.32]에 나타내었고, 타이머/카운터 1, 3의 동작모드를 설정하고 출력비교 단자의 파형 발생에 관한 동작을 지정하는 등의 기능을 수행한다.

7	6	5	4	3	2	1	0	
COM1A1	COM1A0	COM1B1	COM1B0	COM1C1	COM1C0	WGM11	WGM10	TCCR1A
R/W	R/W	R/W	R/W	R/W	R/W	R/W	R/W	
0	0	0	0	0	0	0	0	

[그림 5.31] 타이머/카운터1 제어 레지스터 TCCR1A

7	6	5	4	3	2	1	0	
COM3A1	COM3A0	COM3B1	COM3B0	COM3C1	COM3C0	WGM31	WGM30	TCCR3A
R/W	R/W	R/W	R/W	R/W	R/W	R/W	R/W	
0	0	0	0	0	0	0	0	

[그림 5.32] 타이머/카운터3 제어 레지스터 TCCR3A

BIT 1, 0(WGMn1, WGMn0)는 각각 TCCR1B, TCCR3B의 WGMn3, WGMn2와 결합하여 타이머/카운터 1, 3의 동작모드를 결정한다.

BIT7, 6(COMnA1, COMnA0)과 BIT5, 4 (COMnB1, COMnB0) 그리고 BIT3, 2 (COMnC1, COMnC0)는 각각 OCnA, OCnB, OCnC 핀의 동작을 설정한다.

(2) TCCR1B, TCCR3B 레지스터

TCCR1B, TCCR3B(Timer/Counter1 or 3 Control Register B) 레지스터는 [그림 5.33], [그림 5.34]에 나타내었고, 타이머/카운터1, 3의 입력 캡쳐에 관련된 기능을 설정하거나 프리스케일러의 분주비를 설정하는 기능과 TCCR1A, TCCR3A와 같이 동작모드를 결정하는 기능을 한다.

7	6	5	4	3	2	1	0	
ICNC1	ICES1	–	WGM13	WGM12	CS12	CS11	CS10	TCCR1B
R/W	R/W	R	R/W	R/W	R/W	R/W	R/W	
0	0	0	0	0	0	0	0	

[그림 5.33] 타이머/카운터1 제어 레지스터 TCCR1B

7	6	5	4	3	2	1	0	
ICNC3	ICES3	–	WGM33	WGM32	CS32	CS31	CS30	TCCR3B
R/W	R/W	R	R/W	R/W	R/W	R/W	R/W	
0	0	0	0	0	0	0	0	

[그림 5.34] 타이머/카운터3 제어 레지스터 TCCR3B

BIT 7의 ICNC1, ICNC3(Input Capture Noise Canceler 1 or 3)은 입력 캡처 각각 단자IC1, IC3로 입력되는 캡처신호를 위한 노이즈 제어회로가 작동하도록 **설정한다**. 이를 1로 설정하면 노이즈 제거회로가 작동하여 신호가 필터링 되며 **입력캡처** 신호가 시스템 클럭의 4주기만큼 지연되어 동작하게 **된다**.

BIT 6의 ICES1, ICES3(Input Capture Edge Select1 or 3)은 입력캡처 단자 IC1, IC3로 입력되는 신호의 에지를 **선택한다**. 1로 설정하면 캡처신호가 상승에지일 때 캡쳐가 수행되고 0으로 설정하면 캡처신호가 하강에지일 때 캡처가 **수행된다**. 캡처신호가 입력되면 현재의 TCNT1, TCNT3값이 ICR1, ICR3에 저장되며 **입력캡처** 인터럽트가 **요청된다**.

BIT 4, 3은 WGMn3, WGMn1으로 TCCRnA와 결합하여 모드를 **결정한다**.

BIT 2~0의 CSn2~CSn0은 클럭 소스 또는 프리스케일러의 분주비를 [표 5.4]와 같이 **선택한다**.

[표 5.4] CSn2~0 비트에 의한 클럭의 분주비 선택

CSn2	CSn1	CSn0	클럭 소스의 기능
0	0	0	클럭 입력을 차단(타이머 동작하지 않음)
0	0	1	clk / 1
0	1	0	clk / 8
0	1	1	clk / 64
1	0	0	clk / 256
1	0	1	clk / 1024
1	1	0	Tn 핀에서 입력되는 외부클럭(하강에지에서동작)
1	1	1	Tn 핀에서 입력되는 외부클럭(상승에지에서동작)

(3) TCCR1C, TCCR3C 레지스터

TCCR1C, TCCR3C(Timer/Counter1 or 3 Control Register C) 레지스터는 [그림 5.35], [그림 5.36]에 나타내었고, 타이머/카운터1, 3의 비교출력 단자와 관련된 기능

을 설정하는데 사용한다.

7	6	5	4	3	2	1	0	
FOC1A	FOC1B	FOC1C	–	–	–	–	–	TCCR1C
W	W	W	R	R	R	R	R	
0	0	0	0	0	0	0	0	

[그림 5.35] 타이머/카운터1 제어 레지스터 TCCR1C

7	6	5	4	3	2	1	0	
FOC3A	FOC3B	FOC3C	–	–	–	–	–	TCCR3C
W	W	W	R	R	R	R	R	
0	0	0	0	0	0	0	0	

[그림 5.36] 타이머/카운터3 제어 레지스터 TCCR3C

(4) TCNT1H/L, TCNT3H/L 레지스터

TCNT1, TCNT3(Timer/Counter Register1, 3) 레지스터는 [그림 5.37], [그림 5.38]에 각각 나타내었고, 타이머/카운터1, 3의 16비트 카운터 값을 저장하고 있는 레지스터로서 8비트씩 2차례로 나누어 엑세스해야한다. TCNT1, TCNT3를 읽을 경우에는 먼저 TCNT1L, TCNT3L을 먼저 읽고 다음에 TCNT1H, TCNT3H를 읽어야 한다. 그리고 TNCT1, TCNT3에 쓸 경우에는 먼저 TCNT1H, TCNT3H에 먼저 쓰고 다음에 TCNT1L, TCNT3L에 써야 한다.

7	6	5	4	3	2	1	0	
TCNT1[15:8]								TCNT1H
TCNT1[7:0]								TCNT1L
R/W	R/W	R/W	R/W	R/W	R/W	R/W	R/W	
0	0	0	0	0	0	0	0	

[그림 5.37] 타이머/카운터1 레지스터 TCNT1 (=16bit)

7	6	5	4	3	2	1	0	
TCNT3[15:8]								TCNT3H
TCNT3[7:0]								TCNT3L
R/W	R/W	R/W	R/W	R/W	R/W	R/W	R/W	
0	0	0	0	0	0	0	0	

[그림 5.38] 타이머/카운터3 레지스터 TCNT3 (=16bit)

(5) TIMSK , ETIMSK 레지스터

TIMSK(Timer/Counter Interrupt Mask Register) 레지스터와 ETIMSK(Extended Timer/Counter Interrupt Mask Register)는 타이머/카운터 0~2가 발생하는 인터럽트를 개별적으로 허용하는 기능을 수행하는 레지스터이다. TIMSK는 타이머/카운터 0~2 인터럽트 모두를 설정하지만 ETIMSK는 타이머/카운터 1,3 인터럽트를 설정한다. [그림 5.39], [그림 5.40]에 나타내었다.

7	6	5	4	3	2	1	0	
OCIE2	TOIE2	TICIE1	OCIE1A	OCIE1B	TOIE1	OCIE0	TOIE0	TIMSK
R/W	R/W	R/W	R/W	R/W	R/W	R/W	R/W	
0	0	0	0	0	0	0	0	

[그림 5.39] 타이머/카운터 인터럽트 마스크 레지스터 TIMSK

BIT 5 : TCIE1(Timer/Counter1 Output Compare Match Interrupt Enable)은 1로 설정되면 입력캡처 인터럽트가 허용된다.

BIT 4 , 3 : OCIE1A, OCIE1B이 1로 설정되면 타이머/카운터1의 출력비교 인터럽트 A, B가 허용된다. OCIE1C는 ETIMSK 레지스터에서 설정한다.

BIT 2 : TOIE1이 1로 설정되면 타이머/카운터 1의 오버플로우 인터럽트가 허용된다.

7	6	5	4	3	2	1	0	
–	–	TICIE3	OCIE3A	OCIE3B	TOIE3	OCIE3C	OCIE1C	ETIMSK
R	R	R/W	R/W	R/W	R/W	R/W	R/W	
0	0	0	0	0	0	0	0	

[그림 5.40] 타이머/카운터 인터럽트 마스크 확장 레지스터 ETIMSK

BIT 5 : TCIE3(Timer/Counter1 Output Compare Match Interrupt Enable)은 1로 설정되면 입력캡처 인터럽트가 허용된다.

BIT 4, 3, 1 : OCIE1A, OCIE1B, OCIE3C가 1로 설정되면 타이머/카운터3의 출력비교 인터럽트 A, B, C가 허용된다.

BIT 2 : TOIE3이 1로 설정되면 타이머/카운터3의 오버플로우 인터럽트가 허용 된다.

BIT 1 : OCIE1C가 1로 설정되면 타이머/카운터1의 출력비교 인터럽트 C가 허용된다.

(6) TIFR, ETIFR 레지스터

TIFR(Timer/Counter Interrupt Flag Register) 레지스터는 [그림 5.39]에 나타내었고, 타이머/카운터 0~2가 발생하는 인터럽트 플래그가 저장되는 레지스터이다. ETIFR(Extended Timer/Counter Interrupt Flag Register) 레지스터는 [그림 5.40]에 나타내었고, 타이머/카운터1, 3이 발생하는 인터럽트 플래그가 저장되는 레지스터이다.

	7	6	5	4	3	2	1	0
TIFR	OCF2	TOV2	ICF1	OCF1A	OCF1B	TOV1	OCF0	TOV0
	R/W	R/W	R/W	R/W	R/W	R/W	R/W	R/W
	0	0	0	0	0	0	0	0

[그림 5.41] 타이머/카운터 인터럽트 플래그 레지스터 TIFR

BIT 5 : ICF1(Input Capture Flag 1)은 타이머/카운터1의 입력캡처 신호 또는 아날로그 비교기로부터의 신호로 캡처동작이 수행될 때 이 비트가 1로 셋 되면서 입력캡처 인터럽트가 요청된다. 또한 ICR1 레지스터가 TOP으로 사용되는 동작모드에서는 TCNT1의 값이 TOP으로 될 때 이 인터럽트가 발생한다. 이 인터럽트가 처리되기 시작하면 자동적으로 0으로 클리어 된다.

BIT 4, 3 : OCF1x(Timer/Counter 1 Output Compare A, B Match Flag)은 타이머/카운터1 TCNT1 레지스터와 출력비교 레지스터 OCR1x 값을 비교하여 같으면 1로 셋 되면서 인터럽트가 요청된다. 그리고 인터럽트가 시작되면 0으로 클리어 된다.

BIT 2 : TOV1(Timer/Counter 1 Overflow Flag)은 타이머/카운터1의 TCNT1이 오버플로우가 발생되면 1로 셋 되고 인터럽트가 요청된다. 인터럽트가 실행되면 자동적으로 0으로 클리어 된다. 위상교정 PWM 모드에서는 타이머/카운터1이 0x00에서 계수방향을 바꿀 때 이 비트가 셋트 된다.

	7	6	5	4	3	2	1	0
ETIFR	–	–	ICF3	OCF3A	OCF3B	TOV3	OCF3C	OCF1C
	R/W	R/W	R/W	R/W	R/W	R/W	R/W	R/W
	0	0	0	0	0	0	0	0

[그림 5.42] 타이머/카운터 인터럽트 플래그 확장 레지스터 ETIFR

BIT 5 : ICF3(Input Capture Flag 3)은 타이머/카운터3의 입력캡처 신호에 의하여 캡처동작이 수행될 때 이 비트가 1로 셋 되면서 입력캡처 인터럽트가 요청된다. 또한, ICR3 레지스터가 TOP으로 사용되는 동작모드에서는 TCNT3의 값이 TOP으로 될 때 이 인터럽트가 발생한다. 이 인터럽트가 처리되기 시작하면 자동적으로 0으로 클리어 된다.

BIT 4, 3, 1 : OCF3x(Timer/Counter 3 Output Compare A, B, C Match Flag)는 타이머/카운터3 TCNT3 레지스터와 출력비교 레지스터 OCR3x 값을 비교하여 같으면 1로 셋 되면서 인터럽트가 요청된다. 그리고 인터럽트가 시작되면 0으로 클리어 된다.

BIT 2 : TOV3(Timer/Counter 3 Overflow Flag)은 타이머/카운터3의 TCNT1이 오버플로우가 발생되면 1로 셋 되고 인터럽트가 요청된다. 인터럽트가 실행되면 자동적으로 0으로 클리어 된다. 위상교정 PWM 모드에서는 타이머/카운터 3이 0x00에서 계수방향을 바꿀 때 이 비트가 셋 된다.

BIT 0 : OCF1C(Timer/Counter 1 Output Compare C Match Flag)는 타이머/카운터1 TCNT1레지스터와 출력비교 레지스터 OCR1C 값을 비교하여 같으면 1로 셋 되면서 인터럽트가 요청된다. 그리고 인터럽트가 시작되면 0으로 클리어 된다.

5.5 타이머와 카운터의 동작모드

5.5.1 타이머/카운터 0의 동작모드

타이머/카운터 0에서는 TCCR0 레지스터의 WGM01~00 비트에 의하여 동작모드가 결정되고 COM01~00 비트에 의하여 출력신호의 동작이 지정됨으로써 OC0 단자에 어떤 파형을 출력하게 될지를 결정할 수 있게 된다.

아래 [표 5.5]는 TCCR0 레지스터의 WGM01~WGM00 값에 따른 타이머/카운터0의 모드를 보여준다.

[표 5.5] 타이머/카운터0의 동작모드

모드	WGM01	WGM00	동작모드
0	0	0	Normal
1	0	1	Phase Correct PWM
2	1	0	CTC
3	1	1	Fast PWM

(1) 일반모드

타이머/카운터 0의 일반모드(Normal Mode)는 TCNT0 레지스터가 항상 증가하는 카운터로만 동작하고 0x00~0xFF의 값을 계속해서 반복 수행한다. 인터럽트는 TCNT0값이 0xFF에서 0x00으로 될 때 발생되는 오버플로우 인터럽트나 TCNT0와 OCR0 레지스터의 값이 같을 때 발생되는 출력비교 인터럽트를 사용할 수 있다.

(2) CTC 모드

CTC 모드(Clear Timer on Compare Match Mode)는 WGM01~WGM00을 “10”으로 설정하는데 이 모드에서는 타이머/카운터 레지스터 TCNT0의 값이 출력비교 레지스터 OCR0의 값과 일치하면 TCNT0의 값은 계속 증가하지 않고 다음 클럭 사이클에서 0으로 클리어 되어 다시 증가하게 된다. 인터럽트는 TNCT0가 OCR0 값과 같아지면 인터럽트가 발생된다.

CTC 모드가 일반모드와 다른점은 TNCT0의 값이 0x00 ~ OCR0의 값을 갖는다는 것이다. [그림 5.43]에 CTC 모드를 나타냈다.

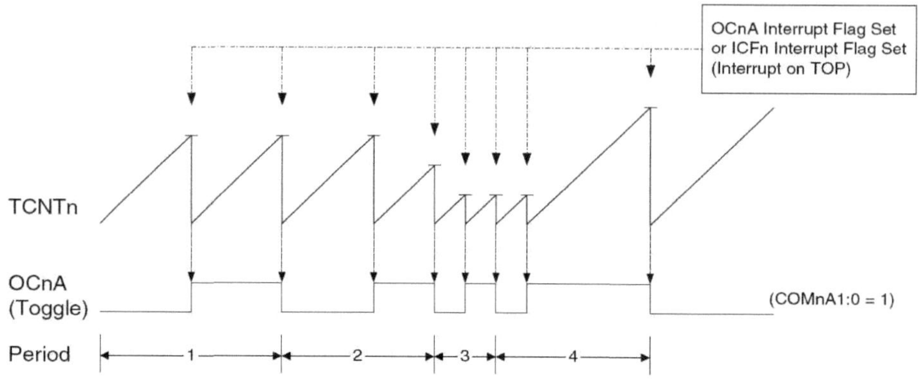

[그림 5.43] CTC 모드 (n = 0, 2)

(3) 고속 PWM 모드

고속 PWM 모드(Fast PWM Mode)는 WGM01:00 =11로 설정하는데 높은 주파수의 PWM 출력 파형을 발생하는데 유용하다. 이 동작모드에서는 타이머/카운터 레지스터 TCNT0가 항상 0x00~0xFF의 범위에서 증가하는 방향으로만 반복적으로 수행한다. TCNT0와 OCR0의 값이 일치할 경우 OC0핀으로 데이터가 출력되고 0xFF로 값이 될 때 다시 OC0 핀으로 데이터가 출력된다. 그래서 0x00~0xFF의 한 주기 동안에 OC0핀으로 2번의 데이터가 출력된다.

COM01:00=10으로 설정되면 TCNT0와 OCR0의 값이 일치할 경우 OC0 출력신호가 0으로 클리어 되고 0xFF가 될 때 OC0 출력신호가 1로 셋 된다.

COM01:00=11로 설정되면 TCNT0과 OCR0의 값이 일치할 경우 OC0 출력신호가 1로 셋 되고 0xFF가 될 때 OC0 출력신호가 0으로 클리어 된다.

[그림 5.44]에 Fast PWM 모드를 나타냈다.

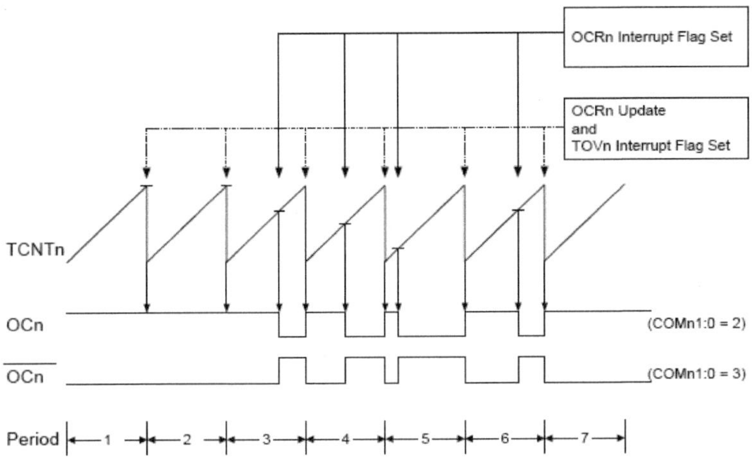

[그림 5.44] Fast PWM 모드 (n = 0, 2)

(4) 위상교정 PWM 모드

위상교정 PWM 모드(Phase Correct PWM Mode)는 WGM01:00 = 01로 설정하는데 높은 분해능의 PWM 출력 파형을 발생하는데 유용하다. 이 동작모드에서는 타이머/카운터 레지스터 TCNT0는 상향 카운터로서 0x00~0xFF의 범위에서 증가하였다가 다시 하향 카운터로서 0xFF~0x00으로 감소하는 동작을 반복적으로 수행한다. 이 동작과정에서TCNT0와 OCR0의 값이 일치하면 상향 카운터로 동작할 경우와 하향 카운터로 동작할 경우에 각각 OC0 핀을 통하여 신호를 출력한다.

COM01:00=10일 경우에 상향카운터로 동작중일 때는 TCNT0와 OCR0가 일치하면 OC0이 0으로 출력되고 하향 카운터로 동작중일 때는 1로 출력된다. COM01:00=11일 경우에 상향카운터로 동작중일 때는 TCNT0와 OCR0가 일치하면 OC0이 1로 출력되고 하향 카운터로 동작중일 때는 0으로 출력된다.

[그림 5.45]에 Phase Correct PWM 모드를 나타냈다.

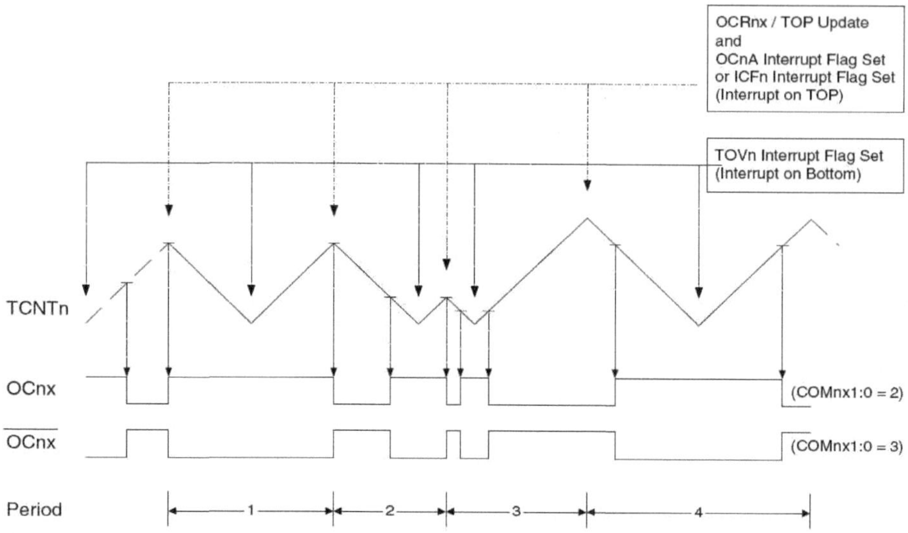

[그림 5.45] Phase Correct PWM 모드

5.5.2 타이머/카운터 2의 동작모드

타이머/카운터 0에서는 TCCR2 레지스터의 WGM21~20 비트에 의하여 동작모드가 결정되고 COM21~20 비트에 의하여 출력신호의 동작이 지정됨으로써 OC2 단자에 어떤 파형을 출력하게 될지를 결정할 수 있게 된다.

아래 [표 5.6]은 TCCR2 레지스터의 WGM21~WGM20 값에 따른 타이머/카운터2의 모드를 보여준다.

[표 5.6] 타이머/카운터 2의 동작모드

모드	WGM21	WGM20	동작모드
0	0	0	Normal
1	0	1	Phase Correct PWM
2	1	0	CTC
3	1	1	Fast PWM

(1) 일반모드

타이머/카운터 2의 일반모드(Normal Mode)는 TCNT2 레지스터가 항상 증가하는 카운터로만 동작하고 0x00∼0xFF의 값을 계속해서 반복 수행한다. 인터럽트는 TCNT2값이 0xFF에서 0x00으로 될 때 발생되는 오버플로우 인터럽트나 TCNT2와 OCR2 레지스터 값이 같아질 때 발생되는 출력비교 인터럽트를 사용할 수 있다.

(2) CTC 모드

CTC 모드(Clear Timer on Compare Match Mode)는 WGM21:20 =10으로 설정하는데 이 모드에서는 타이머/카운터 레지스터 TCNT2의 값이 출력비교 레지스터 OCR0의 값과 일치하면 TCNT0의 값은 계속 증가하지 않고 다음 클럭 사이클에서 0으로 클리어 되어 다시 증가하게 된다. 인터럽트는 TNCT2가 OCR2 값과 같아지면 인터럽트가 발생된다.

CTC 모드와 일반모드와 다른점은 TNCT2의 값이 0x00 ∼ OCR2의 값을 갖는다는 것이다.

(3) 고속 PWM 모드

고속 PWM 모드(Fast PWM Mode)는 WGM21:20 =11로 설정하는데 높은 주파수의 PWM 출력 파형을 발생하는데 유용하다. 이 동작모드에서는 타이머/카운터 레지스터 TCNT2가 항상 0x00∼0xFF의 범위에서 증가하는 방향으로만 반복적으로 수행한다. TCNT2와 OCR2의 값이 일치할 경우 OC2핀으로 데이터가 출력되고 값이 0xFF 될 경우 다시 OC2 핀으로 데이터가 출력된다. 그래서 0x00∼0xFF의 한 주기동안에 OC2핀으로 2번의 데이터가 출력된다.

COM21:20=10으로 설정되면 TCNT2와 OCR2의 값이 일치할 경우 OC2 출력신호가 0으로 클리어 되고 0xFF가 될 때 OC2 출력신호가 1로 셋 된다.
COM21:20=11로 설정되면 TCNT2와 OCR2의 값이 일치할 경우 OC2 출력신호가 1로 셋되고 0xFF가 될 때 OC2 출력신호가 0으로 클리어 된다.

(4) 위상교정 PWM 모드

위상교정 PWM 모드(Phase Correct PWM Mode)는 WGM21:20 = 01로 설정하는데 높은 분해능의 PWM 출력 파형을 발생하는데 유용하다. 이 동작모드에서는 타이머/카운터 레지스터 TCNT2는 상향 카운터로서 0x00~0xFF의 범위에서 증가하였다가 다시 하향 카운터로서 0xFF~0x00으로 감소하는 동작을 반복적으로 수행한다. 이 동작과정에서 TCNT2와 OCR2의 값이 일치하면 상향 카운터로 동작할 경우와 하향 카운터로 동작할 경우에 각각 OC2 핀을 통하여 신호를 출력한다.

COM21:20=10일 경우에 상향카운터로 동작중일 때는 TCNT2와 OCR2가 일치하면 OC2이 0으로 출력되고 하향 카운터로 동작중일 때는1로 출력된다.
COM21:20=11일 경우에 상향카운터로 동작중일 때는 TCNT2와 OCR2가 일치하면 OC2이 1로 출력되고 하향 카운터로 동작중일 때는 0으로 출력된다.

5.5.3 타이머/카운터1, 3의 동작모드

타이머/카운터1, 3에서는 [표 5.7]에서 보는 것처럼 TCCRnA와 TCCRnB 레지스터의 WGMn3~0 비트에 의하여 동작 모드가 결정되고 COMnx1~COMnx0 비트에 의하여 출력신호의 동작이 지정됨으로써 OCnx 단자에 어떤 파형을 출력하게 될지를 결정할 수 있게 된다.

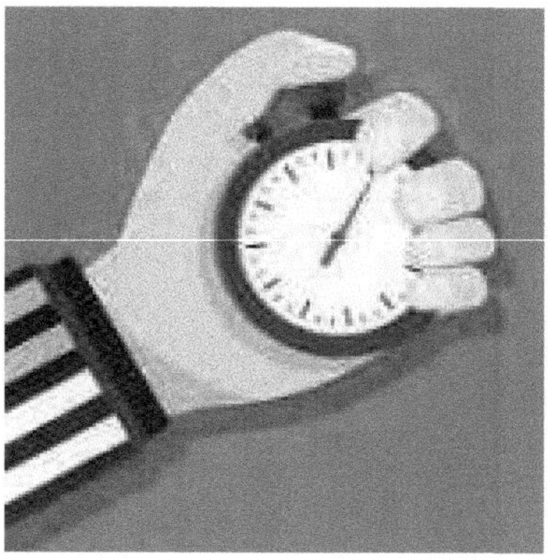

[표 5.7] 타이머/카운터 1, 3의 동작모드

모드	WGMn 3	WGMn 2	WGMn 1	WGMn 0	동작모드	TOP	OCRnX 레지스터의 업데이트 시점	TOVn 플래그의 셋트 시점
0	0	0	0	0	Normal	0xFFFF	Immediate	MAX
1	0	0	0	1	PWM, Phase Correct, 8-BIT	0x00FF	TOP	BOTTOM
2	0	0	1	0	PWM, Phase Correct, 9-BIT	0x01FF	TOP	BOTTOM
3	0	0	1	1	PWM, Phase Correct, 10-BIT	0x03FF	TOP	BOTTOM
4	0	1	0	0	CTC	OCRnA	Immediate	MAX
5	0	1	0	1	Fast PWM, 8-BIT	0x00FF	BOTTOM	TOP
6	0	1	1	0	Fast PWM, 9-BIT	0x01FF	BOTTOM	TOP
7	0	1	1	1	Fast PWM, 10-BIT	0x03FF	BOTTOM	TOP
8	1	0	0	0	PWM, Phase and Frequency Correct	ICRn	BOTTOM	BOTTOM
9	1	0	0	1	PWM, Phase and Frequency Correct	OCRnA	TOP	BOTTOM
10	1	0	1	0	PWM, Phase Correct	ICRn	TOP	BOTTOM
11	1	0	1	1	PWM, Phase Correct	OCRnA	Immediate	MAX
12	1	1	0	0	CTC	ICRn		
13	1	1	0	1	(Reserved)	-	-	-
14	1	1	1	0	Fast PWM	ICRn	BOTTOM	TOP
15	1	1	1	1	Fast PWM	OCRnA	BOTTOM	TOP

(1) 일반모드

타이머/카운터1, 3의 일반모드(Normal Mode)는 TCNTn 레지스터가 항상 증가하는 카운터로만 동작하고 0x0000~0xFFFF의 값을 계속해서 반복 수행한다. 인터럽트는 TCNTn값이 0xFFFF에서 0x0000으로 될 때 발생되는 오버플로우 인터럽트나 TCNTn와 OCRnx 레지스터값이 같아질 때 발생되는 출력비교 인터럽트를 사용할 수 있다. 그리고 입력캡처 동작은 일반 모드에서 사용하는 것이 편리하다.

(2) CTC 모드

CTC 모드(Clear Timer on Compare Match Mode)는 WGMn3~0 =4 또는 12로 설정하는 2가지 동작 모드를 가진다.

모드 4에서는 타이머/카운터 레지스터 TCNTn의 값이 출력비교 레지스터 OCRnA의 값과 일치하면 TCNTn의 값은 계속 증가하지 않고 다음 클럭 사이클에서 0으로 클리어 되어 다시 증가하게 된다. 인터럽트는 TNCTn이 OCRnA 값과 같아지면 인터럽트가 발생된다.

모드 12에서는 타이머/카운터 레지스터 TCNTn의 값이 입력 캡쳐 레지스터 ICRn의 값과 일치하면 그 다음 클럭 사이클에서 0으로 클리어 되므로 이 모드에서는 클럭 입력에 의하여 항상 0x0000~ICRn의 값으로 계수 동작이 반복하여 수행된다. [그림 5.44]에 CTC 모드를 나타내었으며 이때 Duty는 50%이다.

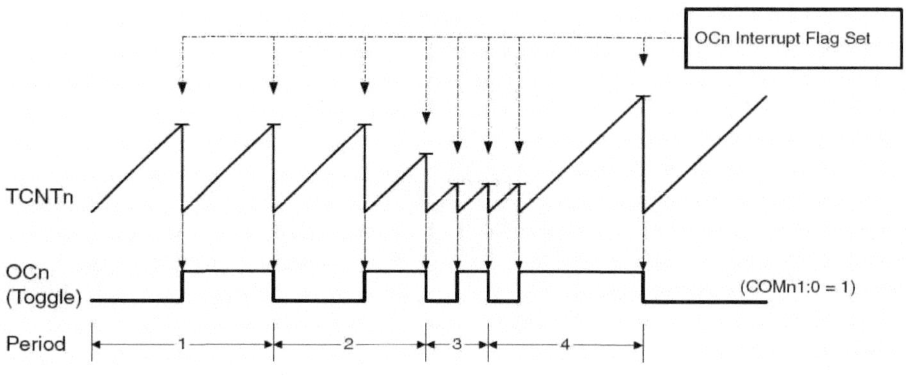

[그림 5.46] CTC(Clear Time Compare) 모드

(3) 고속 PWM 모드

고속 PWM 모드(Fast PWM Mode)는 WGMn3~0=5, 6, 7, 14, 15로 설정하는데 높은 주파수의 PWM 출력파형을 발생하는데 유용하다. 이 동작 모드에서는 타이머/카운터 레지스터 TCNTn의 계수 동작이 항상 0x0000~TOP의 범위에서 증가하는

방향으로만 반복적으로 수행되며 TCNTn의 값은 항상 출력비교 레지스터 OCRnx의 값과 비교되어 일치하면 OCnx 출력신호가 0으로 클리어 되고 TCNTn의 값이 TOP->0x0000으로 오버플로우되면 OCnx 출력신호가 1로 셋된다. TOP의 값은 모드에 따라서 0x00FF, 0x01FF, 0x03FF, ICRn, OCRnA 등으로 지정된다.

COMn1:n0=10으로 설정되면 OCnx 출력신호가 0으로 클리어 되고 0xFF가 될 때 OCnx 출력신호가 1로 셋 된다. COMn1:n0=11로 설정되면 OCnx 출력신호가 1로 셋 되고 0xFF가 될 때 OC2 출력신호가 0으로 클리어 된다. [그림 5.47]에 고속 PWM 모드를 나타냈다.

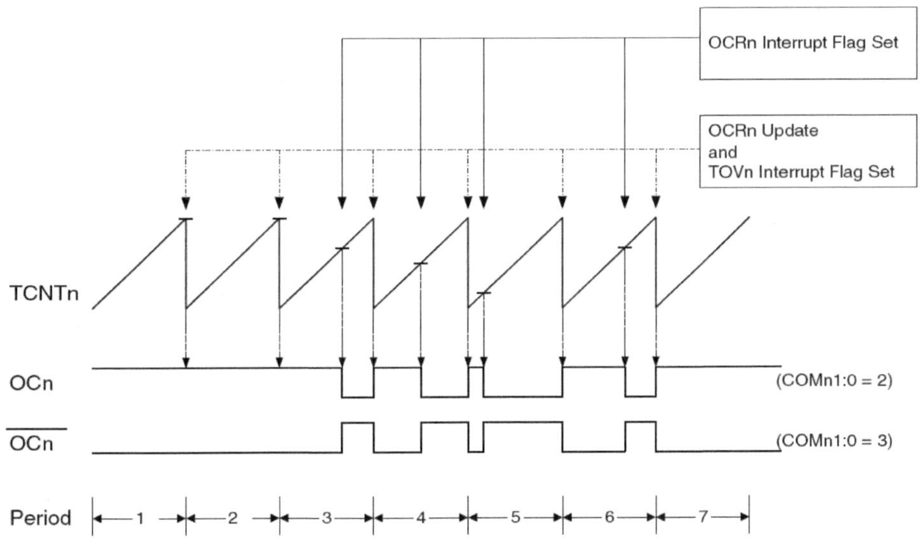

[그림 5.47] 고속 PWM 모드

(4) 위상교정 PWM 모드

위상교정 PWM 모드(Phase Correct PWM Mode)는 WGMn3~0 = 1, 2, 3, 10, 11로 설정하는데 높은 분해능의 PWM 출력 파형을 발생하는데 유용하다. 이 동작 모드에서는 타이머/카운터 레지스터 TCNTn은 상향 카운터로서 0x0000~TOP의 범위에서 증가하였다가 다시 하향 카운터로서 TOP~0x0000으로 감소하는 동작을 반복적으로 수행한다. 이 동작과정에서 TCNTn와 OCRnx의 값이 일치하면 상향 카운터로 동작할 경우 출력 신호가 으로 OCnx 0 클리어 되고 하양 카운터로 동작할 경우 OCnx 출력신호가 1로 셋 된다. TIP의 값은 동작 모드에 따라서 0x00FF, 0x01FF, 0x03FF, ICRn, OCRnA 등으로 지정된다.

COMnx1:0 = 10으로 설정되면 OCnx 단자는 상향 카운터 일 때는 0이 출력되고 하향 카운터 일 때는 1로 출력되지만 COMnx1:0 = 11로 설정하면 상향 카운터 일 때는 1이 출력되고 하향 카운터 일 때는 0으로 출력된다.

[그림 5.48]에 위상교정 PWM 모드를 나타냈다.

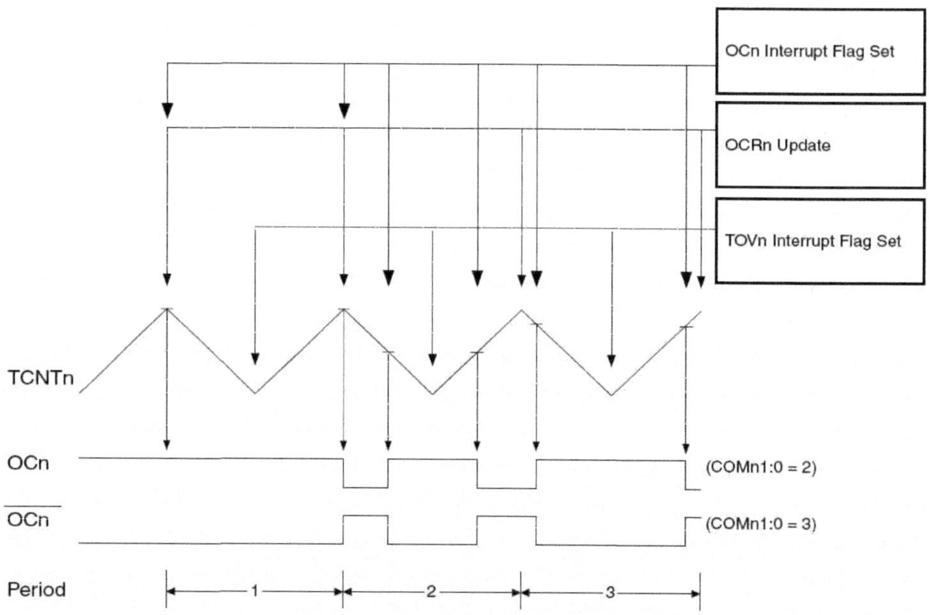

[그림 5.48] 위상교정 PWM 모드

(5) 위상 및 주파수 교정 PWM 모드

위상 및 주파수 교정 PWM모드(Phase and Frequency Correct PWM Mode)는 WGMn3~0 = 8, 9로 설정하며 높은 분해능의 PWM 출력파형을 발생하는데 이용한다. 이 동작 모드에서는 타이머/카운터 레지스터 TCNTn의 계수동작이 상향 카운터로서 0x0000~TOP의 범위에서 증가하였다가 다시 하향 카운터로서 TOP~0x0000으로 감소하는 동작을 반복적으로 수행한다. 이때 TNCTn의 값은 항상 출력

비교 레지스터 OCRnx의 값과 비교되어 상향 카운터로 동작할 때 그것이 일치하면 OCnx 출력 신호가 0으로 클리어 되고 하향 카운터로 동작할 때 OCnx 출력 신호가 1로 셋 된다.

위상 및 주파수 교정 PWM 모드가 위상교정 PWM 모드와 다른점은 TIP의 값을 ICRn과 OCRnA의 2가지만 지정할 수 있다는 점과 이것을 새로운 값으로 갱신할 때 TNCTn의 값이 TOP의 값과 같아지는 순간에 갱신되는 것이 아니라 TCNTn이 0x0000으로 되는 순간에 갱신된다는 점이다. 이렇게 함으로써 TNCTn의 동작 주기를 0x0000에서 다음의 0x0000으로 볼 때 PWM 파형이 완벽한 대칭 동작을 하게 된다. 그러나 위상교정 PWM 모드에서 TIP값이 변하는 주기에서는 과도적으로 비대칭의 PWM 파형을 출력한다. 결과적으로 위상 및 주파수 교정 PWM 모드는 시스템의 동작중에 TOP값을 수시로 변화시킴으로써 주파수가 가변되는 PWM의 경우에 사용하면 위상교정 PWM 모드에 비하여 유리하다는 것이다.

COMnx1:0 = 10으로 설정되면 OCnx 단자는 상향 카운터 일 때는 0이 출력되고 하향 카운터 일 때는 1로 출력되지만 COMnx1:0 = 11로 설정하면 상향 카운터 일 때는 1이 출력되고 하향 카운터 일 때는 0으로 출력된다. [그림 5.49]에 위상 및 주파수 교정 PWM 모드를 나타냈다.

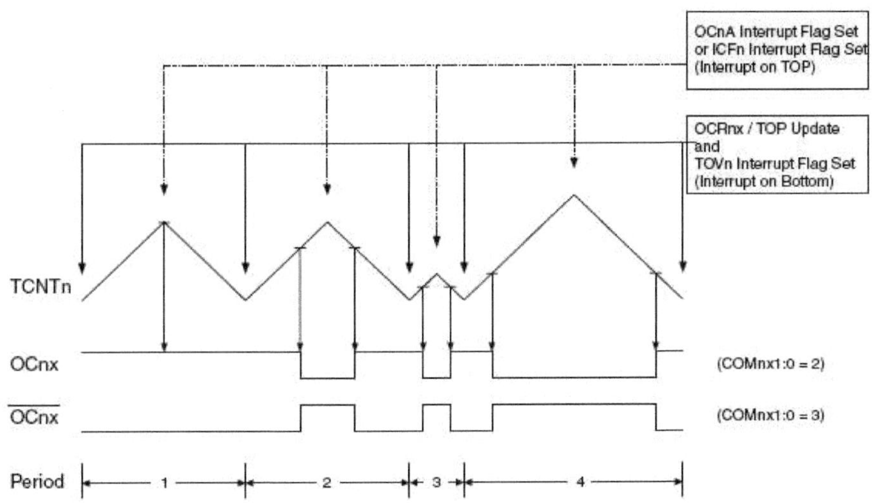

[그림 5.49] 위상 및 주파수 교정 PWM 모드

5.6 타이머와 카운터에 대한 인터럽트 프로그램 형태

```
//타이머 0 인터럽트 프로그램 예
#pragma vector = TIMER0_COMP_vect
__interrupt void TIMER0_int(void)
{
    //여기에 인터럽트 프로그램을 작성
}

//타이머 1 인터럽트 프로그램 예
#pragma vector = TIMER1_COMPA_vect
__interrupt void TIMER1_int(void)
{
    //여기에 인터럽트 프로그램을 작성
}

//설정해야 할 레지스터
//Timer 0(8BIT) mode set
 TCCR0 = 0x0D;      //Clk(16MHz)/128=125KHz
 OCR0 = 125-1;      //16MHZ/128/1000=>1ms
 TIMSK = 0x02;      //Output Compare Match interrupt enable

//Timer 1(16BIT) mode set
 TCCR1B = 0x0B;      //Clk(16MHz)/64=250KHz
 OCR1A = 2500-1;     //16MHz/64/100=>10ms
 TIMSK = 0x10;       //Output Compare A Match interrupt enable
 TIFR  = 0x10;       //Output Compare A Match Flag
```

실험 5-1

다음 예제는 타이머 0 출력비교 인터럽트를 사용하여 1ms타이머를 이용해 포트 C에 연결된 LED를 100ms마다 동작시키는 프로그램으로 작성하여 실험하였다.

```
#include <iom128.h>
#include <ina90.h>
#include "DebugAtmega128.h"

typedef unsigned char byte;
byte test, L_Shift, R_Shift;
unsigned int T1sec=0,T1m_cnt=0, T_test=100;

void main(void)
{
    AtMg128DebugInit();

    PORTC=0x00;
    DDRC=0xff;

    L_Shift=0x01;
    R_Shift=0x80;

   //Timer 0(8BIT) mode set
    TCCR0 = 0x0D;        //clk(16MHz)/128 = 125KHz
    OCR0 = 125-1;        //16M/128/1000(=125) - 1 => 1ms
    TIMSK = 0x02;        //Output Compare Match interrupt enable

    __enable_interrupt();
```

```
    while(1)
    {
        if(T1sec)
        {
            T1sec=0;
            if(R_Shift==0x10)
                R_Shift=0x80;
            else
                R_Shift=R_Shift>>1;

            if(L_Shift==0x08)
                L_Shift=0x01;
            else
                L_Shift=L_Shift<<1;

            PORTC = L_Shift | R_Shift;
        }
    }
}

#pragma vector = TIMER0_COMP_vect
__interrupt void TIMER0_int(void)
{
    if(++T1m_cnt >= T_test)
    {
        T1m_cnt=0;
        T1sec=1;
    }
}
```

실험 5-2

다음 예제는 10ms 타이머 1 인터럽트를 이용해 좌측과 우측 각각의 LED 1개씩 가운데로 반복하여 이동하는 프로그램으로 작성하여 실험하였다.

```
#include <iom128.h>
#include <ina90.h>
#include "DebugAtmega128.h“

typedef unsigned char byte;

unsigned char test, L_Shift, R_Shift;
unsigned int T1sec=0, T10m_cnt=0, T_test=10;

void main(void)
{
    AtMg128DebugInit();

    PORTC=0x00;
    DDRC=0xff;

    L_Shift=0x01;
    R_Shift=0x80;

    //Timer 1(16BIT) mode set
    TCCR1A = 0x00;        //CTC mode WGM11=0, WGM10=0
    TCCR1B = 0x0B;        //Clk(16MHz)/64=250KHz
    OCR1A = 2500-1;       //16MHz/64/100(=2500) - 1 =>10ms
    TIMSK = 0x10;         //Output Compare A Match interrupt enable
    TIFR  = 0x10;         //Output Compare A Match Flag

    __enable_interrupt();
```

```
while(1)
    {
        if(T1sec)
        {
            T1sec=0;
            if(R_Shift==0x10)
                R_Shift=0x80;
            else
                R_Shift=R_Shift>>1;

            if(L_Shift==0x08)
                L_Shift=0x01;
            else
                L_Shift=L_Shift<<1;

            PORTC=L_Shift | R_Shift;
        }
    }
}

#pragma vector = TIMER1_COMPA_vect
__interrupt void TIMER1_int(void)
{
    if(++T10m_cnt >= T_test)
    {
        T10m_cnt=0;
        T1sec=1;
    }
}
```

실험 5-3

다음 예제는 타이머 1 출력비교 인터럽트를 사용하여 100ms 타이머 인터럽트를 이용해 LED 1개를 좌우로 이동하는 프로그램으로 작성하여 실험하였다.

```
#include <iom128.h>
#include <ina90.h>
#include "DebugAtmega128.h"

typedef unsigned char byte;

byte LED=0x80, R_Shift=1;
unsigned int T1sec=0, T100m_cnt=0, T_test=1;

void main(void)
{
    AtMg128DebugInit();
    DDRC=0xff;

    //Timer 1(16BIT) mode set
    TCCR1A = 0x00;        //CTC mode
    TCCR1B = 0x0B;        //Clk(16MHz)/64=250KHz
    OCR1A = 25000-1;      //16MHz/64/10(25000) - 1 =>100ms
    TIMSK = 0x10;         //Output Compare A Match interrupt enable
    TIFR  = 0x10;         //Output Compare A Match Flag

    __enable_interrupt();

    while(1)
    {
        if(T1sec)
        {
            T1sec=0;
            if(R_Shift == 1)
            {
```

```
                LED = LED>>1;
                if(LED == 0x01)
                    R_Shift=0;
            }
            else
            {
                LED = LED<<1;
                if(LED == 0x80)
                    R_Shift=1;
            }
            PORTC = LED;
        }
    }
}

#pragma vector = TIMER1_COMPA_vect
__interrupt void TIMER1_int(void)
{
    if(++T100m_cnt >= T_test)
    {
        T100m_cnt=0;
        T1sec=1;
    }
}
```

실험 5-4

다음 프로그램은 타이머 1 출력비교 인터럽트를 사용하여 1000ms 타이머 인터럽트를 이용해 포트 C에 연결된 LED를 우측으로 밀고 들어가는 프로그램으로 작성하여 실험하였다.

```
#include <iom128.h>
#include <ina90.h>
#include "DebugAtmega128.h"

typedef unsigned char byte;

byte LED=0x00, R_Shift=1;
unsigned int T1sec=0, T1000m_cnt=0, T_test=1;

void main(void)
{
    AtMg128DebugInit();

    PORTC=0x00;
    DDRC=0xff;

    //Timer 1(16BIT) mode set
    TCCR1B = 0x0C;        //Clk(16MHz)/256=250KHz
    OCR1A = 62500-1;      //16MHz/256/1(62500) - 1 => 1000ms(=1s)
    TIMSK = 0x10;         //Output Compare A Match interrupt enable
    TIFR  = 0x10;         //Output Compare A Match Flag

    __enable_interrupt();
```

```
while(1)
    {
        if(T1sec)
        {
            T1sec=0;
            if(R_Shift==1)
             {
                    LED = (LED>>1) | 0x80;
                    if(LED==0xff)
                        R_Shift=0;
            }
            else
            {
                    LED = 0x80;
                    R_Shift=1;
            }
            PORTC = LED;
        }
    }
}

#pragma vector = TIMER1_COMPA_vect
__interrupt void TIMER1_int(void)
{
    if(++T1000m_cnt >= T_test)
    {
        T1000m_cnt=0;
        T1sec=1;
    }
}
```

학습정리

- 타이머란(Timer)란 시간과 관계되는 것으로서 기준 시간(1/주파수)을 나타내는 클럭 소스를 입력신호로 받아 그 개수를 세는 카운터를 타이머라 한다.

- ATmega128A에는 모두 4개의 타이머/카운터가 있는데. 그중에서 타이머/카운터 0과 2는 8비트 구조이며 타이머/카운터 1과 3은 16비트 구조로 되어 있다.

- 타이머/카운터0은 PWM(Pulse Width Modulation) 및 비동기 동작 모드를 가지는 8비트 업/다운 카운터로서 프리스케일을 통하여 내부 클럭을 소스로 받아서 동작하는 타이머 기능과 외부 클럭을 소스로 받아서 동작하는 카운터 기능이 있다.

- 타이머/카운터0을 위한 외부 입력 핀으로 TOSC1, TOSC2가 있고 출력 핀으로 OC0가 있다. 프리스케일러에 의하여 분주비 1, 8, 32, 64, 128, 256, 1024 중의 하나로 분주될 수 있다.

- 타이머/카운터2를 위한 외부 입력핀으로 T2가 있고 출력핀으로 OC2가 있다. 프리스케일러에 의하여 분주비 1, 8, 64, 256, 1024 중의 하나로 분주될 수 있다.

- 타이머/카운터1과 3은 각각 3개씩(OC1A, OC1B, OC1C, OC3A, OC3B, OC3C)의 PWM 출력 및 캡처 기능을 가지는 16비트 업/다운 카운터로서 프리스케일을 통하여 내부 클럭을 소스로 받아서 동작하는 타이머 기능과 외부 클럭을 소스로 받아서 동작하는 카운터 기능이 있다. 프리스케일러에 의하여 분주비 1, 8, 64, 256, 1024 중의 하나로 분주될 수 있다.

과제 5-1

타이머 0 인터럽트를 이용하여 LED를 5초마다 하나씩 증가시키는 프로그램을 작성하시오.

예) 00000001 → 00000010 → 00000011 → 00000100 → 00000101 → ...

과제 5-2

1ms 타이머 1 인터럽트를 이용하여 LED를 1초마다 하나씩 감소시키는 프로그램을 작성하시오.

예) 11111111 → 11111110 → 11111101 → 11111100 → 11111011 → ...

과제 5-3

1초마다 Up/Down Counter 동작을 하는 프로그램을 각각 작성하시오.

과제 5-4

타이머 0을 사용하여 LED0~LED3까지는 1초에 한 번씩 우 쉬프트 하고 타이머1을 사용하여 LED4~LED7까지는 2초에 한 번씩 좌 쉬프트 하는 프로그램을 작성하시오. 단, 타이머 0과 타이머 1은 각각 1ms, 50ms 인터럽트를 사용하시오.

제 6 장 Key, Buzzer의 구조와 응용

6.1 Key의 구조

본 트레이닝 키트에 사용된 Key의 구동 회로도는 [그림 6.1]과 같다.

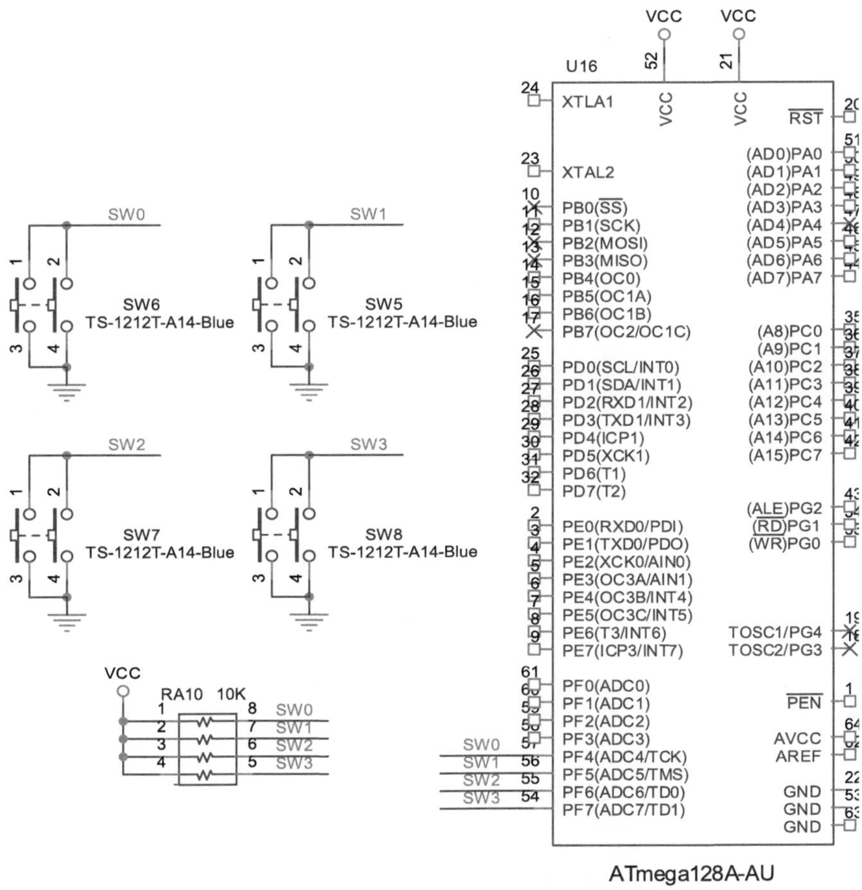

[그림 6.1] Key 구동회로

6.2 Buzzer 구동

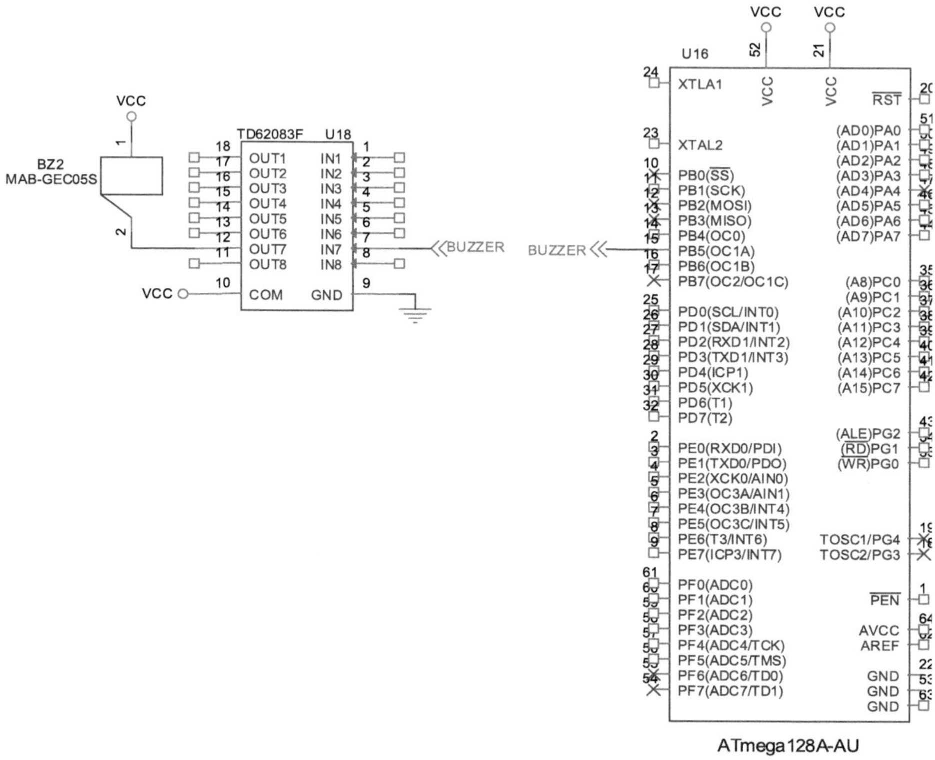

[그림 6.2] Buzzer 구동회로

본 트레이닝키트에 사용된 DC Buzzer의 구동 회로도는 [그림 6.2]와 같다.

실험 6-1

SW1~SW4번까지 응용하는 프로그램으로써, SW1번과 SW2번은 Buzzer가 1번 울리고 SW3번과 SW4번은 Buzzer가 4번 울리게 만들고, 스위치에 대응하여 LED를 점등시켜 보는 프로그램으로 작성하여 실험하였다.

```
#include <iom128.h>
#include <ina90.h>
#include "DebugAtmega128.h"

#define SW1            0x10
#define SW2            0x20
#define SW3            0x40
#define SW4            0x80

#define PI             0x02
#define PI4            0xAA
#define BUZZER_ON      PORTB_Bit5=1;      //Active High
#define BUZZER_OFF     PORTB_Bit5=0;      //Active High

void Led_display(unsigned char test);

unsigned char Led_data=0, Key_Value=0, Buzzer=0, Buzzer_cnt=0;
void main(void)
{
        AtMg128DebugInit();

        PORTB=0x00;
        PORTC=0x00;
        DDRB=0x20;              //PB5는 Output Port
        DDRF=0x0F;              //PF4~7은 Input Port
        DDRC=0xFF;
```

```
        //Timer 1(16bit) mode set
        TCCR1B = 0x0B;          //Clk(16MHz)/64=250KHz
        OCR1A = 2500-1;         //16MHz/64/100=>10ms
        TIMSK = 0x10;           //Output Compare A Match interrupt enable

        __enable_interrupt();
        while(1)
        {
                switch(Key_Value)
                {
                        case SW1 :
                        case SW2 :
                                Buzzer = PI;
                                Led_data = Key_Value>>4;
                                Led_display(Led_data);
                                Key_Value = 0; //반복동작을 피하기 위해서 0
                                break;

                        case SW3 :
                        case SW4 :
                                Buzzer = PI4;
                                Led_data = Key_Value>>4;
                                Led_display(Led_data);
                                Key_Value = 0; //반복동작을 피하기 위해서 0
                                break;
                }
        }
}

void Led_display(unsigned char test)
{
        PORTC = test;
}
```

```
//10msec interrupt routine
#pragma vector = TIMER1_COMPA_vect
__interrupt void TIMER1_int(void)
{
        static char BF_key =0, BFBF_key=0;

        //key control
        if(PINF == BF_key)      //Key debounce check
        {
                if(BF_key != BFBF_key) //New key input?
                {
                        //SW1~4 : 0x10, 0x20, 0x40, 0x80
                        Key_Value = (PINF & 0xF0) ^ 0xF0;
                }
        }

        BFBF_key = BF_key;      //이전과거 <= 과거
        BF_key = PINF;          //과거 <= 현재

        if(++Buzzer_cnt >=5)    //5*10msec Buzzer driving
        {
                Buzzer_cnt=0;
                if(Buzzer & 0x01)
                {
                        BUZZER_ON;
                }
                else
                {
                        BUZZER_OFF;
                }
                Buzzer = Buzzer>>1;
        }
}
```

실험 6-2

SW1~SW4을 누를 때마다 스위치 번호만큼 Buzzer가 울리게 프로그램 하고자 한다. 또한, 스위치 번호에 대응되는 LED를 표시하는 프로그램으로 작성하여 실험하였다.

```
#include <iom128.h>
#include <ina90.h>
#include "DebugAtmega128.h"

#define SW1             0x10
#define SW2             0x20
#define SW3             0x40
#define SW4             0x80

#define PI1             0x02
#define PI2             0x0A
#define PI3             0x2A
#define PI4             0xAA

#define BUZZER_ON PORTB_Bit5=1;      //Active High
#define BUZZER_OFF PORTB_Bit5=0;     //Active High

void Led_display(unsigned char test);

unsigned char Led_data=0, Key_Value=0, Buzzer=0, Buzzer_cnt=0;
void main(void)
{
        AtMg128DebugInit();

        PORTB=0x00;
        PORTC=0x00;
        DDRB=0x20;
        DDRF=0x0F;
```

```
DDRC=0xFF;

//Timer 1(16bit) mode set
TCCR1B = 0x0B;          //Clk(16MHz)/64=250KHz
OCR1A = 2500-1;         //16MHz/64/100=>10ms
TIMSK = 0x10;           //Output Compare A Match interrupt enable

__enable_interrupt();
while(1)
{
        switch(Key_Value)
        {
                case SW1 :
                        Buzzer = PI1;
                        Led_data = Key_Value>>4;
                        Led_display(Led_data);
                        Key_Value = 0; //반복동작을 피하기 위해서 0
                        break;
                case SW2 :
                        Buzzer = PI2;
                        Led_data = Key_Value>>4;
                        Led_display(Led_data);
                        Key_Value = 0; //반복동작을 피하기 위해서 0
                        break;
                case SW3 :
                        Buzzer = PI3;
                        Led_data = Key_Value>>4;
                        Led_display(Led_data);
                        Key_Value = 0; //반복동작을 피하기 위해서 0
                        break;
                case SW4 :
                        Buzzer = PI4;
                        Led_data = Key_Value>>4;
                        Led_display(Led_data);
```

```
                                        Key_Value = 0; //반복동작을 피하기 위해서 0
                                        break;
                        }
                }
}
void Led_display(unsigned char test)
{
        PORTC = test;
}

//10msec interrupt routine
#pragma vector = TIMER1_COMPA_vect
__interrupt void TIMER1_int(void)
{
        static char BF_key =0, BFBF_key=0;

        //key control
        if(PINF == BF_key)        //Key debounce check
        {
                if(BF_key != BFBF_key) //New key input?
                {
                        //SW1~4 : 0x10, 0x20, 0x40, 0x80
                        Key_Value = (PINF & 0xF0) ^ 0xF0;

                }
        }

        BFBF_key = BF_key;        //이전과거 <= 과거
        BF_key = PINF;            //과거 <= 현재

        //Buzzer driving
        if(++Buzzer_cnt >=5)      //5*10msec
        {
                Buzzer_cnt=0;
```

```
            if(Buzzer & 0x01)
            {
                    BUZZER_ON;
            }
            else
            {
                    BUZZER_OFF;
            }
            Buzzer = Buzzer>>1;
    }
}
```

HINT : PI PI PI PI 음을 내기 위한 Timing chart

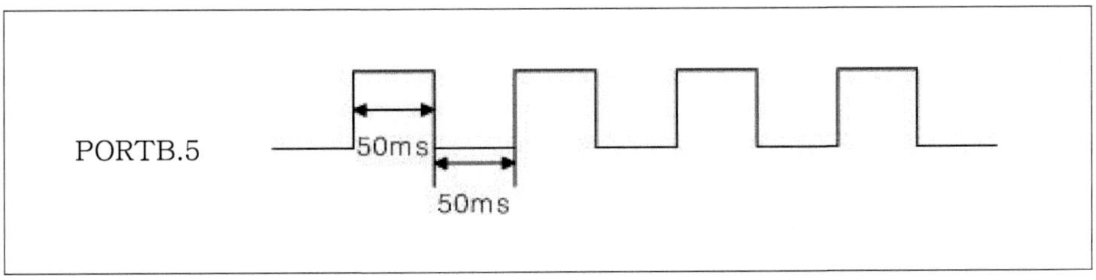

실험 6-3

SW1~SW3을 이용하여 LED 제어하는 것으로써 SW1을 누르면 모든 LED가 켜지고, SW2를 누르면 모든 LED가 꺼지며 SW3을 누르면 모든 LED가 1초마다 깜박이는 프로그램을 작성하여 실험하였다.

```
#include <iom128.h>
#include "DebugAtmega128.h"
#include <ina90.h>

#define SW1             0x10
#define SW2             0x20
#define SW3             0x40

#define PI1             0x02

#define BUZZER_ON       PORTB_Bit5=1;     //Active High
#define BUZZER_OFF      PORTB_Bit5=0;     //Active High

typedef unsigned char byte;
unsigned int scan_cnt=0;

byte Key_Value=0, Buzzer_cnt=0, Buzzer=0, T1s_Cnt=0, T1s_Flag=0;
byte Led_on=0, Led_flag=0;

void Led_display(unsigned char test);

void main(void)
{
        AtMg128DebugInit();

        DDRB  = 0x20;           //BUZZER
        DDRC  = 0xFF;           //LED
        DDRF  = 0x8f;           //PF4~6 INPUT SW1~3
```

```
//Timer 1(16bit) mode set
TCCR1B = 0x0B;              //Clk(16MHz)/64=250KHz
OCR1A = 2500-1;             //16MHz/64/100=>10ms
TIMSK = 0x10;               //Output Compare A Match interrupt enable

__enable_interrupt();
while(1)
{

        if(T1s_Flag)
        {
                T1s_Flag=0;
                if(Led_flag)
                {
                        Led_on = ~Led_on;
                        Led_display(Led_on);
                }
        }

        switch(Key_Value)
        {
                case SW1 :
                        Buzzer = PI1;       //Buzzer on
                        Led_display(0xFF);
                        Led_flag=0;
                        Key_Value = 0;
                        break;
                case SW2 :
                        Buzzer = PI1;       //Buzzer on
                        Led_display(0x00);
                        Led_flag=0;
                        Key_Value = 0;
                        break;
                case SW3 :
                        Buzzer = PI1;       //Buzzer on
                        Led_flag=1;
                        Key_Value = 0;
```

```
                        default :
                                break;
                }
        }
}

void Led_display(unsigned char test)
{
        PORTC = test;
}

//10msec interrupt routine
#pragma vector = TIMER1_COMPA_vect
__interrupt void TIMER1_int(void)
{
        static char BF_key =0, BFBF_key=0;

        if(++T1s_Cnt>= 100)                         //10ms x 100 = 1sec
        {
                T1s_Cnt=0;
                T1s_Flag=1;
        }

        if(PINF == BF_key)                          //Key debounce check
        {
                if(BF_key != BFBF_key)   //New key input?
                {
                        Key_Value = (PINF & 0xF0) ^ 0x70;
                         //SW1~3 : 0x10, 0x20, 0x40
                }
        }

        BFBF_key = BF_key;                 //이전과거 <= 과거
        BF_key = PINF;                     //과거 <= 현재

        //Buzzer driving
        if(++Buzzer_cnt >=5)               //5*10msec
```

```
        {
                Buzzer_cnt=0;
                if(Buzzer & 0x01)
                {
                        BUZZER_ON;
                }
                else
                {
                        BUZZER_OFF;
                }
                Buzzer = Buzzer>>1;
        }
}
```

실험 6-4

처음 SW2를 누르면 Buzzer가 한번, SW3를 누르면 두번, SW4를 누르면 세번을 울리게 하고, SW1을 누른 후 SW2를 누르면 LED 1개가, SW3를 누르면 LED 2개가, SW4를 누르면 LED 3개가 켜지는 프로그램을 만들어 실험하였다.

```
#include <iom128.h>
#include "DebugAtmega128.h"
#include <ina90.h>

#define SW1          0x10
#define SW2          0x20
#define SW3          0x40
#define SW4          0x80

#define PI1          0x02
#define PI2          0x0A
#define PI3          0x2A

#define LED_OFF            PORTC = 0x00;
#define LED_ON1            PORTC = 0x01;
#define LED_ON2            PORTC = 0x03;
#define LED_ON3            PORTC = 0x07;

#define BUZZER_ON PORTB_Bit5=1;          //Active High
#define BUZZER_OFF PORTB_Bit5=0;         //Active High

typedef unsigned char byte;

byte Key_Value=0, Buzzer_cnt=0, Buzzer=0, SW_Mode=0;

void Switch_ON(void);
```

```
void main(void)
{
      AtMg128DebugInit();

      DDRB = 0x20;            //BUZZER
      DDRC = 0xff;            //LED BAR
      DDRF = 0x0f;            //PF4~6 INPUT SW1~4

      //Timer 1(16bit) mode set
      TCCR1B = 0x0B;        //Clk(16MHz)/64=250KHz
      OCR1A = 2500-1;       //16MHz/64/100=>10ms
      TIMSK = 0x10;         //Output Compare A Match interrupt enable
      TIFR  = 0x10;         //Output Compare A Match Flag

      __enable_interrupt();

      while(1)
      {
              Switch_ON();
      }
}

void Switch_ON(void)
{
      if(SW_Mode)
      {
              switch(Key_Value)
              {
                      case SW1 :
                              SW_Mode = 0;
                              LED_OFF;
                              break;
                      case SW2 :
                              Key_Value = 0;
```

```
                        LED_ON1;
                        break;
                case SW3 :
                        Key_Value = 0;
                        LED_ON2;
                        break;
                case SW4 :
                        Key_Value = 0;
                        LED_ON3;
                default :
                        break;
        }
}
else
{
        switch(Key_Value)
        {
                case SW1 :
                        SW_Mode = 1;
                        break;
                case SW2 :
                        Buzzer = PI1;
                        Key_Value = 0;
                        break;
                case SW3 :
                        Buzzer = PI2;
                        Key_Value = 0;
                        break;
                case SW4 :
                        Buzzer = PI3;
                        Key_Value = 0;
                default :
                        break;
        }
```

```
    }
}

#pragma vector = TIMER1_COMPA_vect
__interrupt void TIMER1_int(void)
{
    static char BF_key=0, BFBF_key=0;
    if(PINF == BF_key)      //Key debounce check
    {
        if(BF_key != BFBF_key)//New key input?
        {
            Key_Value = (PINF & 0xF0) ^ 0xF0;
                        //SW1~4 : 0x10, 0x20, 0x40, 0x80
        }
    }

    BFBF_key = BF_key;   //이전과거 <= 과거
    BF_key = PINF;       //과거 <= 현재

    if(++Buzzer_cnt >=5)  //5*10msec = 50msec
    {
        Buzzer_cnt=0;
        if(Buzzer & 0x01)
        {
            BUZZER_ON;
        }
        else
        {
            BUZZER_OFF;
        }
        Buzzer = Buzzer>>1;
    }
}
```

실험 6-5

타이머 카운터를 100ms로 설정하고 SW1을 누르면 LED가 우측으로 쉬프트하여 쌓이고, SW2를 누르면 정지, SW3를 누르면 리셋되는 프로그램을 만들어 실험하였다.

```
#include <iom128.h>
#include <ina90.h>
#include "DebugAtmega128.h"

#define SW1             0x10
#define SW2             0x20
#define SW3             0x40

#define RUN             1
#define STOP            2
#define CLR             3

#define PI1             0x02            //Buzzer 1회
#define BUZZER PORTB_Bit5               //Active High

typedef unsigned char byte;

byte Buzzer_cnt=0, Buzzer=0, T10m_Sec=0, LED_Array=0;
byte Key_Value=0, Counter_State=0, T100ms_cnt;

byte LED_Disp[37] = {0x00, 0x80, 0x40, 0x20, 0x10, 0x08, 0x04, 0x02, 0x01,
                0x81, 0x41, 0x21, 0x11, 0x09, 0x05, 0x03, 0x83, 0x43, 0x23,
                0x13, 0x0B, 0x07, 0x87, 0x47, 0x27, 0x17, 0x0F, 0x8F,
                0x4F, 0x2F, 0x1F, 0x9F, 0x5F, 0x3F, 0xBF, 0x7F, 0xFF};

void main(void)
{
    AtMg128DebugInit();
```

```
	DDRB = 0x20;			//Buzzer
	DDRC = 0xff;
	DDRF = 0x8f;			//SW1~3

	TCCR0 = 0x0D;			//CTC, 128분주
	OCR0 = 125-1;			//16Mhz/128/125 = 1000 (1ms)
	TIMSK = 0x02;			//Timer0 비교매치 인터럽트 enable

	__enable_interrupt();

	while(1)
	{
		if(Key_Value)		//1msec interrupt에서 만들어짐
		{
			switch(Key_Value)
			{
				case SW1 :
					Counter_State = RUN;
					break;
				case SW2 :
					Counter_State = STOP;
					break;
				case SW3 :
					Counter_State = CLR;
					LED_Array=0;
				default :
					break;
			}
			Buzzer = PI1;
			Key_Value = 0;
				//반복동작을 피하기 위해서 0으로 clear
		}

		PORTC = LED_Disp[LED_Array];
	}
}
```

```
//1ms interrupt
#pragma vector = TIMER0_COMP_vect
__interrupt void TIMER0_int(void)
{
	static char BF_key =0, BFBF_key=0;

	if(++T10m_Sec >= 10)
	{
		T10m_Sec=0;

		if(PINF == BF_key)		//Key debounce check
		{
			if(BF_key != BFBF_key)	//New key input?
			{
				Key_Value = (PINF & 0xF0) ^ 0x70;
				//SW1~3 0x10, 0x20, 0x40
			}
		}

		BFBF_key = BF_key;		//이전과거 <= 과거
		BF_key = PINF;			//과거 <= 현재
	}

	//Buzzer driving
	if(++Buzzer_cnt >=50)		//50*1msec
	{
		Buzzer_cnt=0;
		if(Buzzer & 0x01)
			BUZZER=1;
		else
			BUZZER=0;
		Buzzer = Buzzer>>1;
	}

	if(++T100ms_cnt >99)
	{
		T100ms_cnt=0;
```

```
                        switch(Counter_State)
                        {
                                case RUN :
                                        {if(++LED_Array>36)
                                                LED_Array=0;}
                                case STOP :
                                case CLR :
                                        break;
                        }
                }
        }
```

실험 6-6

1초마다 LED가 좌측으로 쉬프트하여 쌓이고, 모든 LED가 켜졌다가 꺼지면 Buzzer가 네번 울리는 프로그램을 만들어 실험하였다.

```
#include <iom128.h>
#include "DebugAtmega128.h"
#include <ina90.h>

#define PI4             0xAA

#define BUZZER_ON PORTB_Bit5=1;      //Active High
#define BUZZER_OFF PORTB_Bit5=0;     //Active High

typedef unsigned char byte;

byte Buzzer_cnt=0, Buzzer=0, T1s_Flag=0, T1s_Cnt=0, Led_Cnt=0;
byte LED_Array[37] = {0x00, 0x01, 0x02, 0x04, 0x08, 0x10, 0x20, 0x40,
0x80, 0x81, 0x82, 0x84, 0x88, 0x90, 0xA0, 0xC0, 0xC1, 0xC2, 0xC4,
0xC8, 0xD0, 0xE0, 0xE1, 0xE2, 0xE4, 0xE8, 0xF0, 0xF1, 0xF2,
0xF4, 0xF8, 0xF9, 0xFA, 0xFC, 0xFD, 0xFE, 0xFF};

void main(void)
{
    AtMg128DebugInit();

    DDRB = 0x20;            //BUZZER
    DDRC = 0xff;            //LED BAR

    //Timer 1(16bit) mode set
    TCCR1B = 0x0B;          //Clk(16MHz)/64=250KHz
    OCR1A = 2500-1;         //16MHz/64/100=>10ms
    TIMSK = 0x10;           //Output Compare A Match interrupt enable
    TIFR  = 0x10;           //Output Compare A Match Flag
```

```
        __enable_interrupt();

        while(1)
        {
                if(T1s_Flag)
                {
                        T1s_Flag=0;
                        PORTC = LED_Array[Led_Cnt];
                        if(++Led_Cnt>36)
                        {
                                Led_Cnt=0;
                                Buzzer = PI4;
                        }
                }
        }
}

#pragma vector = TIMER1_COMPA_vect
__interrupt void TIMER1_int(void)
{
        if(++T1s_Cnt>99)
        {
                T1s_Cnt=0;
                T1s_Flag=1;
        }

        //Buzzer driving
        if(++Buzzer_cnt >=5)      //5*10msec
        {
                Buzzer_cnt=0;
                if(Buzzer & 0x01)
                {
                        BUZZER_ON;
```

```
                }
                else
                {
                        BUZZER_OFF;
                }
                Buzzer = Buzzer>>1;
        }
}
```

과제 6-1

SW1을 누르면 LED 8개가 모두 켜지고, SW2를 누르면 LED 8개가 100ms 마다 깜박 거리고, SW3을 누르면 Buzzer가 5번씩 계속 울리고, SW4를 누르면 Buzzer가 꺼지는 프로그램을 작성하시오.

과제 6-2

SW1을 누르면 카운트가 증가하고, SW2를 누르면 카운트가 감소하며 SW3을 누르면 초기화되는 프로그램을 LED를 이용하여 작성하시오. 단, 스위치를 누를 때마다 Buzzer가 울리도록 설계하시오.

과제 6-3

SW1을 누를 때마다 Buzzer가 한 번씩 울리며 카운트가 증가하고, SW2를 누를 때마다 Buzzer가 한 번씩 울리며 카운트가 감소한다. SW3를 누르면 카운트의 수 만큼 Buzzer가 울리도록 작성하시오. 단, 카운트는 최대 8개로 설계하며 SW4를 누르면 초기화되도록 설계하시오.

제 7 장 7-세그먼트와 DOT LED의 응용

공장자동화(FA)라고 하면 Robot을 연상하게 된다. 그러나 로봇(Robot)만으로는 완전한 공장자동화를 이룰 수 없으며, 공장자동화 시스템을 완성하기 위해서는 로봇, 컨베이어(Conveyor), 자동창고 및 그 외에 수많은 기계를 움직일 수 있는 제어시스템과 이 시스템들을 통합하는 네트워크(Network) 및 소프트웨어(Software)가 필요하게 된다.

제어시스템 중 가장 대표적인 것으로 PLC(Programmable Logic Controller), NC(Numeric Controller), DCS(Distributed Control System) 등이 있으며, 이들 시스템의 연결을 위하여 여러 가지의 Industrial Network 들이 개발되어 있다.

이와 같이 MMI(Man Machine Interface)는 사람과 기계의 대화를 도와주는 장치 또는 기능을 말하는데, 여기서는 제어 시스템과 각각의 기기들이 통신하면서 사람이 기계를 조작하고, 그 상태를 파악하도록 보여주거나 기록하고, 경고하는 등의 기능을 갖는 컴퓨터 및 프로그램과 주변장치를 통틀어 MMI라 한다.

본 7장에서는 표시 장치로 널리 사용되고 있는 7-Segment 그리고 DOT matrix를 이용한 MMI의 기본적인 개념에 대해서 알아보도록 한다.

특히 7-Segment는 일상생활에서 널리 사용되고 있다. 즉, 전자시계, 전자저울, 냉장고, 세탁기, 에어컨, 증권회사에서 주가 동향 및 주식에 대한 다량의 정보를 표시할 때 널리 사용된다. 이러한 세븐 세그먼트(7-Segment)는 밝은 곳에서는 잘 표시되지 않기 때문에 세븐 세그먼트 위에 약간 어두운 아크릴을 이용하여 표시하면 밝은 상태에서도 표시의 상태를 선명하게 읽을 수 있다. 아울러 최근 들어 LED 표시에 대한 관심도가 고조되면서 도트 LED를 이용하여 광고 등의 표시나 다량의 도트 LED를 이용하여 대형 전광판을 만들어 표시의 다양성을 제공해 주고 있다.

7.1 7-Segment 구조와 응용

7-Segment LED는 FND라고도 하는 것으로, 도트(DP)를 포함하여 LED 8개가 공통 Anode(양극) 또는 Cathode(음극)의 형태로 결선되어 있는 표시장치이다.

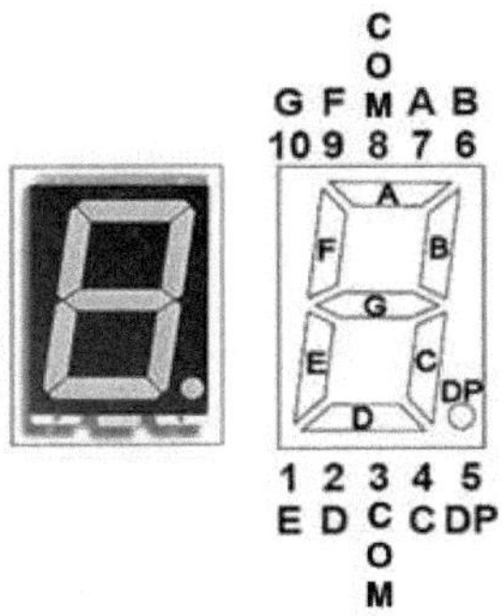

(a) 7-Segment의 외형 (Top view)

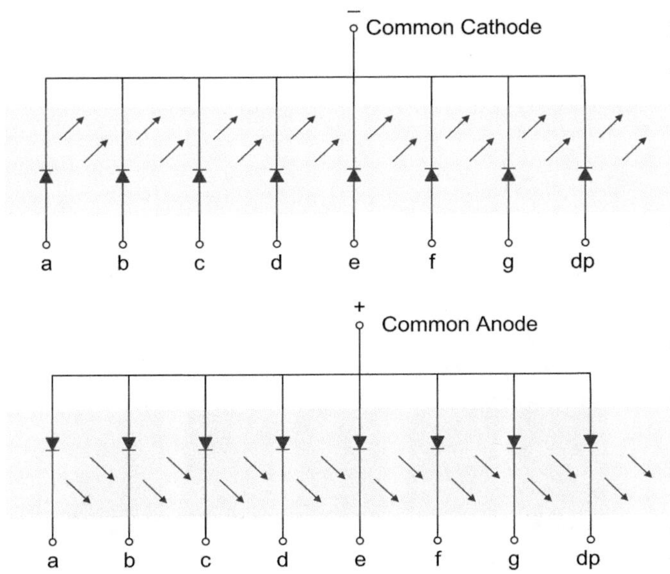

(b) 7-Segment의 내부 회로도

해당 포트	D7	D6	D5	D4	D3	D2	D1	D0
해당 LED	DP	G	F	E	D	C	B	A

(c) 7-Segment의 표시 데이터

[그림 7.1] 7-segment의 구성

[그림 7.1]의 (a)에서는 7-Segment의 외관모습을 보여주고 있다. 또한, [그림 7.1]의 (b)에서는 공통 양극(Common anode)형태와 공통 음극(Common cathode)형태의 구조를 보여주고 있으며, 공통 음극 형은 공통단자에 0전위(GND)가 연결되고, 공통 양극 형은 공통단자에 Vcc를 인가하여 LED를 표시할 수 있는 구조이다.

본 장에서 사용된 7-Segment는 공통 음극(Common cathode) 형을 사용하여 회로를 구성하고 있다. 공통 음극형의 경우, 7-Segment LED에 숫자 '0'이 켜지게 하기 위해서는 G와 DP만을 제외한 모든 LED에 불이 켜져야 하므로, 2진수 0011 1111(0x3F)을 연결포트에 출력해야 한다.

[표 7.1]은 이러한 방법으로 만든 표시 숫자와 출력데이터 간의 관계이고, [그림 7.2]는 실제 실험키트에서 사용된 회로도를 나타낸다.

[표 7.1] 표시할 숫자와 포트에 출력할 값

표시할 숫자	공통 ANODE형의 경우 포트에 출력해야 하는 값	공통 CATHODE형의 경우 포트에 출력해야 하는 값
0	C0	3F
1	F9	06
2	A4	5B
3	B0	4F
4	99	66
5	92	6D
6	82	7D
7	F8	07
8	80	7F
9	90	6F
A	88	77
B	83	7C
C	A7	58
D	A1	5E
E	86	79
F	8E	71

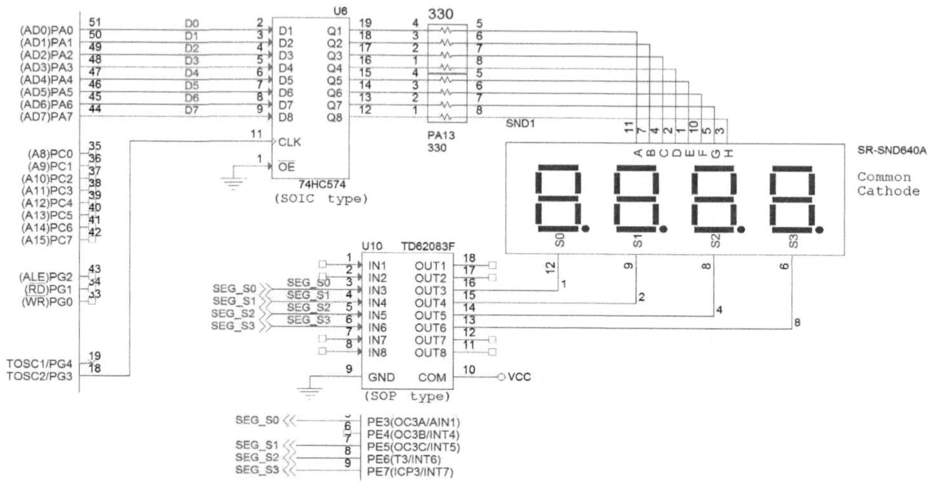

[그림 7.2] 7-Segment 구동 회로도

[그림 7.2]에서 D0~D7은 MPU(ATmega128A)의 데이터 버스이며 74HC574 (Non inverting D-type Flip/Flop)로 입력이 되고 PORTG의 3번 비트에서 발생되는 SEG-CLK신호로 트리거 신호를 입력하면 데이터 버스의 데이터가 플립플롭에 보존(latch) 된다. 이때 보존(latch)된 출력은 전류제한용 저항(330Ω)인 RA13을 거쳐 7-Segment의 데이터 신호(A~H)를 보내게 된다. 또한, SEG-S0에서부터 SEG-S3이 달링턴 트랜지스터가 8개 들어가 있는 TD62083F에 입력되고 증폭된 전류가 세븐 세그먼트를 구동하게 된다.

결국 7-Segment에 원하는 문자를 발생하기 위해서는 PORTG의 3번 비트(PG3)를 ON/OFF시켜 SEG-CLK에 데이터를 보내게 되고 74HC574를 통해서 데이터가 유지된다. 아울러 PORTE에 위치하고 있는 Segment의 Common Cathode를 구동하면, 원하는 데이터를 원하는 7-Segment에 쓸 수 있게 된다.

7.2 DOT LED의 구조와 응용

도트(DOT) LED란 LED를 매트릭스(행렬)의 형태로 나열한 것으로, 대표적으로 5×7, 8×8, 16×16 등의 매트릭스로 이루어진 것과 칼라 수에 따라 싱글(single, 단색) 또는 멀티(multi, 다색)라고 불리고 있다. 이러한 LED를 사용한 디스플레이 장치는 다른 디스플레이 장치에 비해 고휘도에 수명이 길다는 장점이 있다.

[그림 7.3]은 일반적인 Dot matrix의 내부 구조를 보여주고 있으며, 가로축(K_n)과 세로축(A_n)을 갖고 그 만나는 점에 LED 소자가 접속되어 있다.

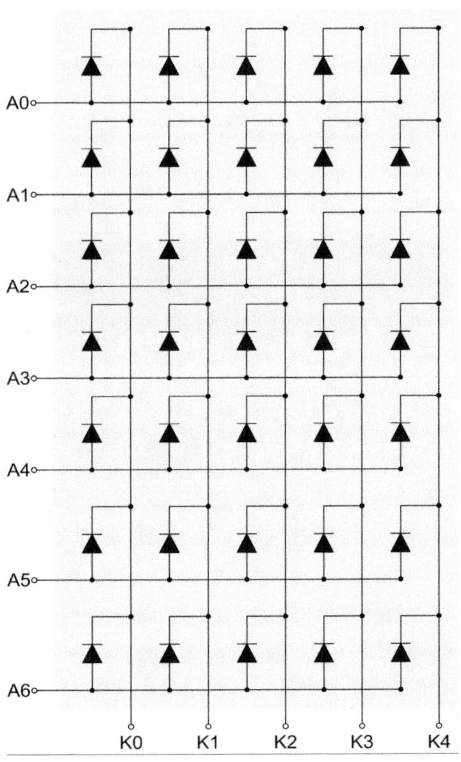

(a) 내부 구조

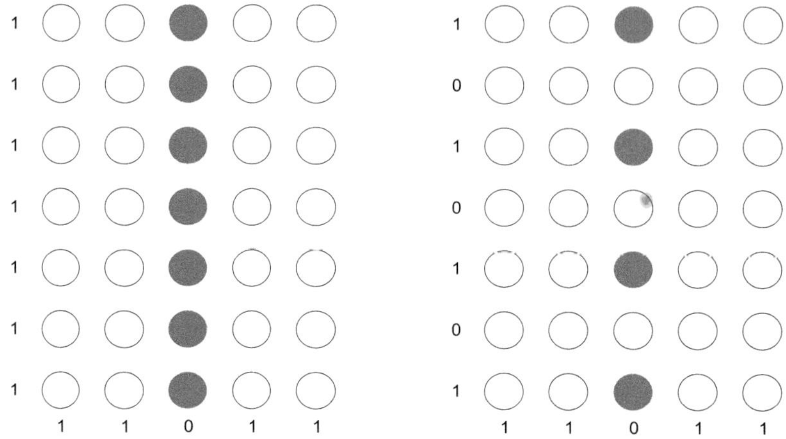

(b) 동 작

[그림 7.3] Dot matrix의 내부 구조와 동작

도트 매트릭스를 구동시키는 방법에는 스태틱 구동(static drive)과 다이나믹 구동(dynamic drive)의 2가지 방법이 있다.

스태틱 구동의 경우는 시프트 레지스터의 비트를 LED 개수만큼 준비하고 여기에 데이터를 보내어 점등하는 방식으로 한 번에 모든 LED를 ON/OFF 한다.

그러나 다이나믹 구동은 도트 매트릭스를 1행씩 스캔하면서 LED를 ON/OFF 하는 방식으로 LCD 모니터의 표시방법과 유사한 방법으로 구동하게 된다.

[그림 7.3]의 예와 같이 스캔라인과 데이터라인으로 구성되어 스캔라인에 의해 각 행 또는 열을 1행씩 스캔하면서 데이터라인에 의해 동기된 데이터를 출력하는 방식이다.

[그림 7.3]의 (b)는 A축에 데이터라인(A0~A6)에 "1111111"을 출력하고, K2에 "0"을 주면 K축 상에서 A축에 1에 해당하는 LED에 불이 들어오게 되므로 K2축 상에 있는 모든 LED에 불이 들어오게 된다. 또한, A축에 데이터 "1010101"을 주고, K2축에 "0"을 주면 K2축 상에 있는 A0, A2, A4, A6의 LED에 불이 들어오게 된다.

[그림 7.4]는 실제 실험키트에 사용된 회로도를 보여주고 있다.

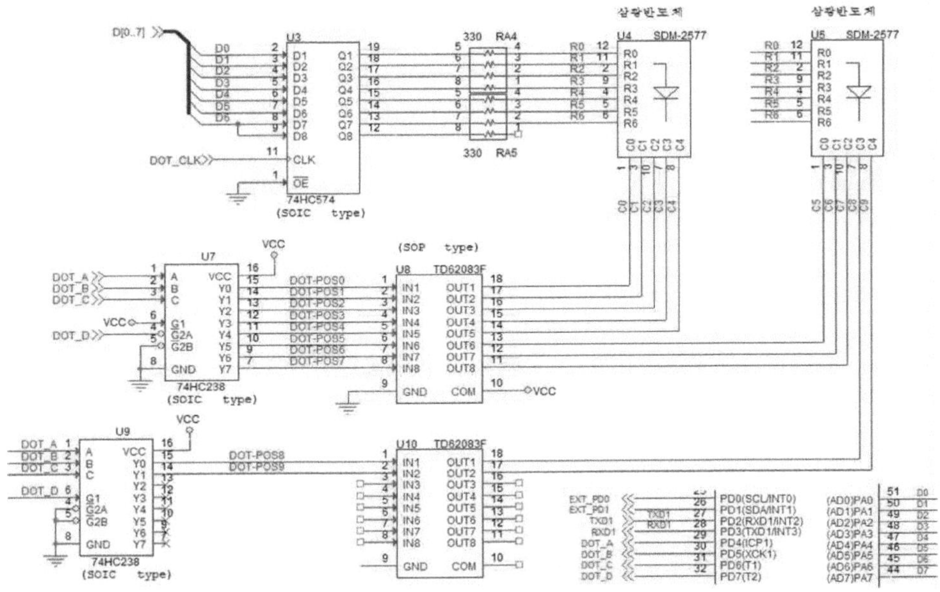

[그림 7.4] Dot LED와 ATmega128A와의 연결 회로도

데이터 신호 D0~D7은 74HC574(Non inverting D-type Flip/Flop)로 입력이 되고 CPU에서 발생되는 DOT-CLK신호(PORTG의 4번 비트)를 트리거 신호로 DOT-matrix에 실제 데이터 신호를 보내게 된다. 결국 DOT-matrix에 원하는 문자를 발생하기 위해서는 먼저 PORTA에 위치하고 있는 DOT_CLK에 데이터를 보내게 되면 74HC574를 통해서 데이터가 유지되고, PORTD에 위치하고 있는 DOT_POSITION에 쓰고자 하는 DOT_POSITION의 위치를 선택하게 되면, 원하는 데이터를 원하는 DOT_POSITION에 쓸 수 있게 된다.

예를 들어 0x7F라는 데이터를 PORTA에 보내고, PORTD에 0x10을 출력하면 CPU를 통해서 DOT_POS0에 1이라는 신호가 출력되고 나머지 DOT_POS1~DOT_POS9에는 0이라는 신호가 출력되며 첫 번째 열에 해당하는 DOT-matrix에 불이 들어오게 되고, 나머지는 불이 들어오지 않게 된다.

실험 7-1

7-Segment의 제일 오른쪽 Segment에 숫자 " 0 "을 표시하는 프로그램으로 작성하여 실험하였다.

```
#include <iom128.h>
#includc <ina90.h>
#include "DebugAtmega128.h"

#define SEG_CLK PORTG_Bit3  //PG3

#define SEG_S0  PORTE_Bit3  //PE3 : Active High
#define SEG_S1  PORTE_Bit5  //PE5 : Active High
#define SEG_S2  PORTE_Bit6  //PE6 : Active High
#define SEG_S3  PORTE_Bit7  //PE7 : Active High

typedef unsigned char byte;

void SEG_Selection(char sel);

byte SEG_data=0x3F, Seg_position=3;
byte T3ms_Cnt=0;

void main(void)
{
        AtMg128DebugInit();

        DDRE = 0xf8;
        DDRA = 0xff;
        DDRG = 0xff;

        TCCR0 = 0x0D;   //CTC, 128분주
        OCR0 = 125-1;   //16Mhz/128/125 = 1000 (1ms)
        TIMSK = 0x02;   //Timer0 비교매치 인터럽트 enable
```

```
        __enable_interrupt();

        while(1)
        {
            PORTA = SEG_data;           //0x3F는 숫자 0을 나타냄
        }
}

void SEG_Selection(char sel)
{
    switch(sel)
    {
        case 0:
            SEG_S1 = SEG_S2 = SEG_S3 =0;  //Seg 1, 2, 3 OFF
            SEG_S0 = 1;
            break;

        case 1:
            SEG_S0 = SEG_S2 = SEG_S3 =0;  //Seg 0, 2, 3 OFF
            SEG_S1 = 1;
            break;

        case 2:
            SEG_S0 = SEG_S1 = SEG_S3 =0;  //Seg 0, 1, 3 OFF
            SEG_S2 = 1;
            break;

        case 3:
            SEG_S0 = SEG_S1 = SEG_S2 =0;  //Seg 0, 1, 2 OFF
            SEG_S3 = 1;
        default:
            break;
    }
```

```
}

#pragma vector = TIMER0_COMP_vect
__interrupt void TIMER0_COMP(void)
{
    SEG_CLK=0;
    if(++T3ms_Cnt > 2)
    {
        T3ms_Cnt=0;
        SEG_Selection(Seg_position);
        SEG_CLK=1;
    }
}
```

Bit mask

Bit mask를 사용하면 사용자가 원하는 특정 비트를 켜거나 끌 수 있다. 특정 비트를 0으로 만들고 싶다면 특정 비트는 0, 그 외에 다른 비트들은 1로 만든 변수와 기존 변수를 &(비트 AND) 연산자를 사용하여 연산한다. 반대로 특정 비트만 1로 만들고 싶다면 특정 비트는 1, 다른 비트들은 0으로 만든 변수와 기존 변수를 |(비트 OR) 연산자를 사용하여 연산한다.

위의 예제에서는 AVR에서 제공되는 함수를 사용하여 특정 비트만 제어한 것이다.

SEG_CLK

트레이닝 키트의 7-Segment 데이터 값은 74HC574의 결과 값에 의하여 결정된다. 74HC574는 D-type Flip-Flop으로 CPU로부터 입력되는 클럭이 상승 엣지일 때 입력되는 데이터 값을 결과 값으로 출력하며 유지한다.

따라서 SEG_CLK인 PORTG의 3번핀을 ON/OFF 시켜 출력을 제어한다. 실험 7-1에서는 타이머를 사용하여 SEG_CLK을 제어하였다.

실험 7-2

7-Segment의 제일 왼쪽 Segment에서부터 숫자 " 1 2 3 4 "를 표시하는 프로그램으로 작성하여 실험하였다.

```
#include <iom128.h>
#include <ina90.h>
#include "DebugAtmega128.h"

#define SEG_CLK PORTG_Bit3  //PG3

#define SEG_S0  PORTE_Bit3  //PE3 : Active High
#define SEG_S1  PORTE_Bit5  //PE5 : Active High
#define SEG_S2  PORTE_Bit6  //PE6 : Active High
#define SEG_S3  PORTE_Bit7  //PE7 : Active High

typedef unsigned char byte;

void SEG_Selection(char sel);

byte Seg_position=0, T3ms_Cnt=0;
byte SEG_data[4]={0x06, 0x5b, 0x4f, 0x66};

void main(void)
{
    AtMg128DebugInit();

     DDRE = 0xf8;
     DDRA = 0xff;
     DDRG = 0xff;

     TCCR0 = 0x0D;          //CTC, 128분주
     OCR0 = 125-1;          //16Mhz/128/125 = 1000 (1ms)
     TIMSK = 0x02;          //Timer0 비교매치 인터럽트 enable
```

```
        __enable_interrupt();

        while(1)
        {
            PORTA = SEG_data[Seg_position];
        }
}


void SEG_Selection(char sel)
{
    switch(sel)
    {
        case 0:
            SEG_S1 = SEG_S2 = SEG_S3 =0; //Seg 1, 2, 3 OFF
            SEG_S0 = 1;
            break;

        case 1:
            SEG_S0 = SEG_S2 = SEG_S3 =0; //Seg 0, 2, 3 OFF
            SEG_S1 = 1;
            break;

        case 2:
            SEG_S0 = SEG_S1 = SEG_S3 =0; //Seg 0, 1, 3 OFF
            SEG_S2 = 1;
            break;

        case 3:
            SEG_S0 = SEG_S1 = SEG_S2 =0; //Seg 0, 1, 2 OFF
            SEG_S3 = 1;
        default:
            break;
```

```
    }
}

#pragma vector = TIMER0_COMP_vect
__interrupt void TIMER0_COMP(void)
{
    SEG_CLK=0;
    if(++T3ms_Cnt > 2)
    {
        T3ms_Cnt=0;
        SEG_Selection(Seg_position);
        if(++Seg_position > 3)
            Seg_position=0;
        SEG_CLK=1;
    }
}
```

실험 7-3

7-Segment 4자리 모두를 표시하고 100ms마다 0에서 9999까지 UP COUNTER하는 프로그램으로 작성하여 실험하였다.

```
#include <iom128.h>
#include <ina90.h>
#include "DebugAtmega128.h"

#define SEG_CLK PORTG_Bit3  //PG3

#define SEG_S0  PORTE_Bit3  //PE3 : Active High
#define SEG_S1  PORTE_Bit5  //PE5 : Active High
#define SEG_S2  PORTE_Bit6  //PE6 : Active High
#define SEG_S3  PORTE_Bit7  //PE7 : Active High

typedef unsigned char byte;

void delay(unsigned dly);
void SEG_Selection(char sel);
void Up_Counter(void);

byte Seg_position=0, Time_Cnt1=0, T_Rate=3, Time_Cnt2=0,
    T100ms_Flag=0, Up_Counter_Flag1=0, Up_Counter_Flag2=0;
unsigned int Up_Counter_Cnt=0;
byte Seg_View1=0, Seg_View2=0, Seg_View3=0, Seg_View4=0;
byte SEG_data[10]={0x3f, 0x06, 0x5b, 0x4f, 0x66, 0x6d,
                  0x7d, 0x07, 0x7f, 0x6f};


void main(void)
{
    AtMg128DebugInit();
```

```
        DDRE = 0xf8;
        DDRA = 0xff;
        DDRG = 0xff;

        TCCR0 = 0x0D;    //CTC, 128분주
        OCR0 = 125-1;    //16Mhz/128/125 = 1000 (1ms)
        TIMSK = 0x02;    //Timer0 비교매치 인터럽트 enable

        __enable_interrupt();

        while(1)
        {
            Up_Counter();
        }
}

void SEG_Selection(char sel)
{
    switch(sel)
    {
        case 0:
            SEG_S1 = SEG_S2 = SEG_S3 =0; //Seg 1, 2, 3 OFF
            SEG_S0 = 1;
            PORTA = SEG_data[Seg_View4];
            break;

        case 1:
            SEG_S0 = SEG_S2 = SEG_S3 =0; //Seg 0, 2, 3 OFF
            SEG_S1 = 1;
            PORTA = SEG_data[Seg_View3];
            break;

        case 2:
            SEG_S0 = SEG_S1 = SEG_S3 =0; //Seg 0, 1, 3 OFF
```

```
                SEG_S2 = 1;
                PORTA = SEG_data[Seg_View2];
                break;

            case 3:
                SEG_S0 = SEG_S1 = SEG_S2 =0; //Seg 0, 1, 2 OFF
                SEG_S3 = 1;
                PORTA = SEG_data[Seg_View1];
            default:
                break;
        }
    }

    void Up_Counter(void)
    {
        if(T100ms_Flag)
        {
            T100ms_Flag=0;

            if(++Up_Counter_Cnt > 9999)  //9999를 넘으면 0으로 초기화
                Up_Counter_Cnt=0;

            Up_Counter_Flag1 = Up_Counter_Cnt/100;
            Seg_View4 = Up_Counter_Flag1/10;
            Seg_View3 = Up_Counter_Flag1%10;

            Up_Counter_Flag2 = Up_Counter_Cnt%100;
            Seg_View2 = Up_Counter_Flag2/10;
            Seg_View1 = Up_Counter_Flag2%10;
        }
    }
```

```
#pragma vector = TIMER0_COMP_vect
__interrupt void TIMER0_COMP(void)
{
    SEG_CLK=0;
    if(++Time_Cnt1 >= T_Rate)    //Seg_position
    {
        Time_Cnt1=0;
        SEG_Selection(Seg_position);
        if(++Seg_position>3)
            Seg_position=0;
        SEG_CLK=1;
    }

    if(++Time_Cnt2 >= 100)  //Up_Counter
    {
        Time_Cnt2=0;
        T100ms_Flag=1;
    }
}
```

실험 7-4

7-Segment를 이용하여 디지털시계의 기본 프로그램으로 작성하여 실험하였다.
(단, 왼쪽 두 번째 7-Segment의 Dot가 0.5초마다 깜빡이게 한다.)

```
#include <iom128.h>
#include <ina90.h>
#include "DebugAtmega128.h"

#define SEG_CLK PORTG_Bit3  //PG3

#define SEG_S0  PORTE_Bit3  //PE3 : Active High
#define SEG_S1  PORTE_Bit5  //PE5 : Active High
#define SEG_S2  PORTE_Bit6  //PE6 : Active High
#define SEG_S3  PORTE_Bit7  //PE7 : Active High

typedef unsigned char byte;

void SEG_Selection(char sel);
void Dig_Clock(void);

byte Seg_position=0, Dot=0, T3ms_Cnt=0, T1s_Flag=0;
unsigned int T500ms_Cnt=0, T1s_Cnt=0;

byte Clock_Sec=0, Clock_Min=0, Sec_Flag=0;
byte Seg_View1=0, Seg_View2=0, Seg_View3=0, Seg_View4=0;
byte SEG_data[10]={0x3f, 0x06, 0x5b, 0x4f, 0x66, 0x6d,
                   0x7d, 0x07, 0x7f, 0x6f};
```

```
void main(void)
{
        AtMg128DebugInit();

        DDRE = 0xf8;
        DDRA = 0xff;
        DDRG = 0xff;

        TCCR0 = 0x0D;    //CTC, 128분주
        OCR0 = 125-1;    //16Mhz/128/125 = 1000 (1ms)
        TIMSK = 0x02;    //Timer0 비교매치 인터럽트 enable

        __enable_interrupt();

        while(1)
        {
            Dig_Clock();
        }
}

void SEG_Selection(char sel)
{
      switch(sel)
      {
          case 0:
              SEG_S1 = SEG_S2 = SEG_S3 =0; //Seg 1, 2, 3 OFF
              SEG_S0 = 1;
              PORTA = SEG_data[Seg_View4];
              break;

          case 1:
              SEG_S0 = SEG_S2 = SEG_S3 =0; //Seg 0, 2, 3 OFF
              SEG_S1 = 1;
              PORTA = SEG_data[Seg_View3] + Dot;
```

```
            break;

        case 2:
            SEG_S0 = SEG_S1 = SEG_S3 =0; //Seg 0, 1, 3 OFF
            SEG_S2 = 1;
            PORTA = SEG_data[Seg_View2];
            break;

        case 3:
            SEG_S0 = SEG_S1 = SEG_S2 =0; //Seg 0, 1, 2 OFF
            SEG_S3 = 1;
            PORTA = SEG_data[Seg_View1];
        default:
            break;
    }
}

void Dig_Clock(void)
{
    if(T1s_Flag)
    {
        T1s_Flag=0;
        if(++Clock_Sec>59)              //60초가 되면 분을 증가
        {
            Clock_Sec=0;
            if(++Clock_Min>59)          //60분이 되면 0으로 초기화
                Clock_Min=0;
        }
    }

    Seg_View4=Clock_Min/10;         //10분 단위
    Seg_View3=Clock_Min%10;         //1분 단위
    Seg_View2=Clock_Sec/10;         //10초 단위
    Seg_View1=Clock_Sec%10;         //1초 단위
```

```
}

#pragma vector = TIMER0_COMP_vect
__interrupt void TIMER0_COMP(void)
{
    SEG_CLK = 0;
    if(++T3ms_Cnt > 2)          //Seg_position
    {
        T3ms_Cnt=0;
        SEG_Selection(Seg_position);
        if(++Seg_position>3)
            Seg_position=0;
        SEG_CLK = 1;
    }

    if(++T500ms_Cnt > 499)      //Dot
    {
        T500ms_Cnt=0;
        Dot ^= 0x80;
    }

    if(++T1s_Cnt >= 1000)       //Dig_Clock
    {
        T1s_Cnt=0;
        T1s_Flag=1;
    }
}
```

실험 7-5

DOT LED의 제일 오른쪽 한 줄만 디스플레이 하는 프로그램으로 작성하여 실험하였다.

```
#include <iom128.h>
#include <ina90.h>
#include "DebugAtmega128.h"

#define DOT_CLK PORTG_Bit4          //PG4
unsigned char Sel = 9;              //가장 오른쪽(0~9)
unsigned char T3ms_Cnt=0;

void main(void)
{
      AtMg128DebugInit();
      DDRA = 0xFF;
      DDRD = 0xF0;
      DDRG = 0xFF;

      TCCR0 = 0x0D;   //CTC, 128분주
      OCR0 = 125-1;   //16Mhz/128/125 = 1000(1ms)
      TIMSK = 0x02;   //Timer0 비교매치 인터럽트 enable

      __enable_interrupt();
      while(1)
      {
            PORTD = Sel << 4;  //DOT_A, B, C, D <= 1 0 0 1
            PORTA = 0x7F;
      }
}
```

```
#pragma vector = TIMER0_COMP_vect
__interrupt void TIMER0_COMP(void)
{
        DOT_CLK=0;
        if(++T3ms_Cnt > 2)
        {
              T3ms_Cnt=0;
              DOT_CLK=1;
        }
}
```

표시 예)

A0	○	○	○	○	○	○	○	○	○	●
A1	○	○	○	○	○	○	○	○	○	●
A2	○	○	○	○	○	○	○	○	○	●
A3	○	○	○	○	○	○	○	○	○	●
A4	○	○	○	○	○	○	○	○	○	●
A5	○	○	○	○	○	○	○	○	○	●
A6	○	○	○	○	○	○	○	○	○	●
	K0	K1	K2	K3	K4	K5	K6	K7	K8	K9

실험 7-6

DOT LED를 좌측부터 열 단위로 점등하여 우측으로 100ms 마다 이동하는 프로그램으로 작성하여 실험하였다.

```
#include <iom128.h>
#include <ina90.h>
#include "DebugAtmega128.h"

#define DOT_CLK PORTG_Bit4          //PG4

void Dot_Shift(void);

unsigned char Time_Cnt1=0, T_100ms_Flag=0, Dot_Sel=0;
unsigned char T3ms_Cnt=0;

void main(void)
{
      AtMg128DebugInit();

      DDRA = 0xFF;
      DDRD = 0xF0;
      DDRG = 0xFF;

      TCCR0 = 0x0D;    //CTC, 128분주
      OCR0 = 125-1;    //16Mhz/128/125 = 1000(1ms)
      TIMSK = 0x02;    //Timer0 비교매치 인터럽트 enable

      __enable_interrupt();

      while(1)
      {
            Dot_Shift();
            PORTA = 0x7F;
```

```
        }
}
void Dot_Shift(void)
{
    if(T_100ms_Flag)
    {
        T_100ms_Flag=0;

        PORTD = Dot_Sel << 4;

        if(++Dot_Sel > 9)          //100ms마다 Dot_Sel증가
             Dot_Sel=0;            //9를 초과하면 0으로 초기화
    }
}

#pragma vector = TIMER0_COMP_vect
__interrupt void TIMER0_COMP(void)
{
    DOT_CLK=0;
    if(++T3ms_Cnt > 2)
    {
        T3ms_Cnt = 0;
        DOT_CLK=1;
    }
    if(++Time_Cnt1 >= 100)
    {
        Time_Cnt1=0;
        T_100ms_Flag=1;
    }
}
```

실험 7-7

DOT LED의 제일 윗줄에 있는 10개의 도트 LED만 ON 하는 프로그램으로 작성하여 실험하였다.

```
#include <iom128.h>
#include <ina90.h>
#include "DebugAtmega128.h"

#define DOT_CLK PORTG_Bit4          //PG4
typedef unsigned char byte;

void Dot_Shift(void);

byte Time_Cnt1=0, T_2ms_Flag=0, Dot_Com=0, Dot_Row=0x01;

void main(void)
{
      AtMg128DebugInit();

      DDRA = 0xFF;
      DDRD = 0xF0;
      DDRG = 0xFF;

      TCCR0 = 0x0D;   //CTC, 128분주
      OCR0 = 125-1;   //16Mhz/128/125 = 1000(1ms)
      TIMSK = 0x02;   //Timer0 비교매치 인터럽트 enable

      __enable_interrupt();

      while(1)
      {
              Dot_Shift();
              PORTA = Dot_Row;
```

```
        }
}

void Dot_Shift(void)
{
    if(T_2ms_Flag)
    {
        T_2ms_Flag=0;
        PORTD = Dot_Com << 4;
        if(++Dot_Com > 9)                //2ms마다 Dot_Com증가
            Dot_Com=0;                   //9를 초과하면 0으로 초기화
        DOT_CLK=1;
    }
}

#pragma vector = TIMER0_COMP_vect
__interrupt void TIMER0_COMP(void)
{
    DOT_CLK=0;
    if(++Time_Cnt1 >= 2)
    {
        Time_Cnt1=0;
        T_2ms_Flag=1;
    }
}
```

표시 예)

A0	●	●	●	●	●	●	●	●	●	●
A1	○	○	○	○	○	○	○	○	○	○
A2	○	○	○	○	○	○	○	○	○	○
A3	○	○	○	○	○	○	○	○	○	○
A4	○	○	○	○	○	○	○	○	○	○
A5	○	○	○	○	○	○	○	○	○	○
A6	○	○	○	○	○	○	○	○	○	○
	K0	K1	K2	K3	K4	K5	K6	K7	K8	K9

실험 7-8

DOT LED를 윗줄에 있는 10개의 LED가 100ms 마다 아래로 반복하여 이동하는 프로그램으로 작성하여 실험하였다.

```
#include <iom128.h>
#include <ina90.h>
#include "DebugAtmega128.h"

#define DOT_CLK PORTG_Bit4          //PG4

typedef unsigned char byte;

void Dot_Shift(void);

byte T_2ms_Cnt=0, T_2ms_Flag=0, T_100ms_Cnt=0, T_100ms_Flag=0,
     Dot_Com=0, Value=0;
byte Dot_Row[7]={0x01, 0x02, 0x04, 0x08, 0x10, 0x20, 0x40};

void main(void)
{
        AtMg128DebugInit();

        DDRA = 0xFF;
        DDRD = 0xF0;
        DDRG = 0xFF;

        TCCR0 = 0x0D;    //CTC, 128분주
        OCR0 = 125-1;    //16Mhz/128/125 = 1000(1ms)
        TIMSK = 0x02;    //Timer0 비교매치 인터럽트 enable

        __enable_interrupt();

        while(1)
```

```
        {
                Dot_Shift();
                PORTA = Dot_Row[Value];
        }
}

void Dot_Shift(void)
{
    if(T_2ms_Flag)
    {
        T_2ms_Flag=0;

        PORTD = Dot_Com << 4;

        if(++Dot_Com > 9)              //2ms마다 Dot_Com증가
            Dot_Com=0;                 //9를 초과하면 0으로 초기화

        DOT_CLK=1;
    }

    if(T_100ms_Flag)
    {
        T_100ms_Flag=0;

        if(++Value > 6)          //100ms마다 Value값 증가
            Value=0;
    }
}
```

```
#pragma vector = TIMER0_COMP_vect
__interrupt void TIMER0_COMP(void)
{
    DOT_CLK=0;
    if(++T_2ms_Cnt >= 2)
    {
        T_2ms_Cnt=0;
        T_2ms_Flag=1;
    }

    if(++T_100ms_Cnt >= 100)
    {
        T_100ms_Cnt=0;
        T_100ms_Flag=1;
    }
}
```

실험 7-9

DOT LED를 이용하여 정지된 " ♡ " 모양을 만들어 디스플레이 하는 프로그램으로 작성하여 실험하였다.

```
#include <iom128.h>
#include <ina90.h>
#include "DebugAtmega128.h"

#define DOT_CLK PORTG_Bit4  //PG4
typedef unsigned char byte;

void Dot_Shift(void);

byte T_2ms_Cnt=0, T_2ms_Flag=0, Value=0;
byte Dot_Com[10]={0x00, 0x0e, 0x1f, 0x3f, 0x7e, 0x7e, 0x3f, 0x1f, 0x0e, 0x00};
                                                              //♥모양
void main(void)
{
        AtMg128DebugInit();

        DDRA = 0xFF;
        DDRD = 0xF0;
        DDRG = 0xFF;

        TCCR0 = 0x0D;   //CTC, 128분주
        OCR0 = 125-1;   //16Mhz/128/125 = 1000(1ms)
        TIMSK = 0x02;   //Timer0 비교매치 인터럽트 enable

        __enable_interrupt();

        while(1)
        {
                Dot_Shift();
```

```
        }
}

void Dot_Shift(void)
{
    if(T_2ms_Flag)
    {
        T_2ms_Flag=0;
        PORTD = Value << 4;
        PORTA = Dot_Com[Value];  //2ms마다 Dot_Com증가

        if(++Value > 9)
            Value=0;              //9를 초과하면 0으로 초기화

        DOT_CLK=1;
    }
}

#pragma vector = TIMER0_COMP_vect
__interrupt void TIMER0_COMP(void)
{
    DOT_CLK=0;
    if(++T_2ms_Cnt >= 2)
    {
        T_2ms_Cnt=0;
        T_2ms_Flag=1;
    }
}
```

표시 예)

	K0	K1	K2	K3	K4	K5	K6	K7	K8	K9
A0	○	○	●	●	○	○	●	●	○	○
A1	○	●	●	●	●	●	●	●	●	○
A2	○	●	●	●	●	●	●	●	●	○
A3	○	●	●	●	●	●	●	●	●	○
A4	○	○	●	●	●	●	●	●	○	○
A5	○	○	○	●	●	●	●	○	○	○
A6	○	○	○	○	●	●	○	○	○	○
	0x00	0x0e	0x1f	0x3f	0x7e	0x7e	0x3f	0x1f	0x0e	0x00

실험 7-10

DOT LED를 이용하여 정지된 " 청 "이란 글씨를 만들어 디스플레이 하는 프로그램으로 작성하여 실험하였다.

```
#include <iom128.h>
#include <ina90.h>
#include "DebugAtmega128.h"

#define DOT_CLK PORTG_Bit4          //PG4

typedef unsigned char byte;

void Dot_Shift(void);

byte T_2ms_Cnt=0, T_2ms_Flag=0, Value=0;
byte Dot_Com[6]={0x2A, 0x57, 0x5A, 0x54, 0x2F, 0x00};

void main(void)
{
        AtMg128DebugInit();

        DDRA = 0xFF;
        DDRD = 0xF0;
        DDRG = 0xFF;

        TCCR0 = 0x0D;      //CTC, 128분주
        OCR0 = 125-1;      //16Mhz/128/125 = 1000(1ms)
        TIMSK = 0x02;      //Timer0 비교매치 인터럽트 enable

        __enable_interrupt();

        while(1)
        {
```

```
                Dot_Shift();
        }
}
void Dot_Shift(void)
{
    if(T_2ms_Flag)
    {
        T_2ms_Flag=0;

        PORTD = Value << 4;
        PORTA = Dot_Com[Value];

        if(++Value > 5)           //2ms마다 Dot_Com증가
              Value=0;            //5를 초과하면 0으로 초기화

        DOT_CLK=1;
    }
}

#pragma vector = TIMER0_COMP_vect
__interrupt void TIMER0_COMP(void)
{
    DOT_CLK=0;

    if(++T_2ms_Cnt >= 2)
    {
        T_2ms_Cnt=0;
        T_2ms_Flag=1;
    }
}
```

실험 7-11

DOT LED를 이용하여 "청주대"라는 글씨가 좌측으로 쉬프트 되는 프로그램으로 작성하여 실험하였다.

```
#include <iom128.h>
#include <ina90.h>
#include "DebugAtmega128.h"

#define DOT_CLK PORTG_Bit4          //PG4

typedef unsigned char byte;

void Dot_Shift(void);

byte T_2ms_Cnt=0, T_2ms_Flag=0, Value=0, T_100ms_Cnt=0,
    T_100ms_Flag, Dot_Data=0, Dot_Slide=0;
byte Dot_Com[21]={0x00, 0x2A, 0x57, 0x5A, 0x54, 0x2F,
            0x00, 0x19, 0x15, 0x73, 0x15, 0x19, 0x00,
            0x1E, 0x12, 0x12, 0x00, 0x7F, 0x08, 0x7F};

void main(void)
{
      AtMg128DebugInit();

      DDRA = 0xFF;
      DDRD = 0xF0;
      DDRG = 0xFF;

      TCCR0 = 0x0D;     //CTC, 128분주
      OCR0 = 125-1;     //16Mhz/128/125 = 1000(1ms)
      TIMSK = 0x02;     //Timer0 비교매치 인터럽트 enable

      __enable_interrupt();
```

```
        while(1)
        {
                Dot_Shift();
        }
}

void Dot_Shift(void)
{
    if(T_2ms_Flag)
    {
        T_2ms_Flag=0;

        PORTD = Value << 4;
        Dot_Data = Dot_Slide + Value;
        if(Dot_Data >= 20)    Dot_Data -= 20;
        PORTA = Dot_Com[Dot_Data];

        if(++Value > 9)          //2ms마다 Dot_Com증가
            Value=0;             //9를 초과하면 0으로 초기화

        DOT_CLK=1;
    }

    if(T_100ms_Flag)
    {
        T_100ms_Flag=0;

        if(++Dot_Slide >= 20)
            Dot_Slide = 0;
    }
}
```

```
#pragma vector = TIMER0_COMP_vect
__interrupt void TIMER0_COMP(void)
{
    DOT_CLK=0;

    if(++T_2ms_Cnt >= 2)
    {
        T_2ms_Cnt=0;
        T_2ms_Flag=1;
    }

    if(++T_100ms_Cnt >= 100)
    {
        T_100ms_Cnt=0;
        T_100ms_Flag=1;
    }
}
```

표시 예)

	K0	K1	K2	K3	K4	K5	K6	K7	K8	K9	K10	K11	K12	K13	K14	K15	K16	K17	K18	K19	K20
A0	○	○	●	○	○	●	○	●	●	●	●	●	○	○	○	○	○	●	○	●	○
A1	○	●	●	●	○	●	○	○	○	●	○	○	○	●	●	●	○	●	○	●	○
A2	○	○	●	○	●	●	○	○	●	○	●	○	○	●	○	○	○	●	○	●	○
A3	○	●	○	●	○	●	○	●	○	○	○	●	○	●	○	○	○	●	●	●	○
A4	○	○	●	●	●	○	○	●	●	●	●	●	○	●	●	●	○	●	○	●	○
A5	○	●	○	○	○	●	○	○	○	●	○	○	○	○	○	○	○	●	○	●	○
A6	○	○	●	●	●	○	○	○	○	●	○	○	○	○	○	○	○	●	○	●	○
	00	2a	57	5a	54	2f	00	19	15	73	15	19	00	1e	12	12	00	7f	08	7f	00

과제 7-1

7-Segment 4자리 모두를 표시하고 왼쪽 세그먼트에서 오른쪽 세그먼트로 10ms씩 UP COUNT하는 프로그램을 작성하시오.

과제 7-2

7-Segment가 0.1초마다 0~9999까지 UP DOWN 되도록 프로그램을 작성하시오.

과제 7-3

7-Segment를 이용하여 가장 낮은 단위가 시, 분 단위인 시계를 작성하시오. (단, 왼쪽 두 번째 세그먼트의 Dot가 0.5초마다 깜빡이게 한다.)

과제 7-4

DOT LED를 좌측부터 열 단위로 점등이 되면서 100ms 마다 이동하는 프로그램을 작성하시오.

과제 7-5

DOT LED를 이용하여 "◆◆" 모양을 만들어 ON/OFF 되도록 프로그램을 작성하시오.

과제 7-6

DOT LED를 이용하여 자신의 영문 이름을 표시하고 100ms 마다 좌측으로 쉬프트 되는 프로그램을 작성하시오.

제 8 장 LCD의 Display와 응용

8.1 LCD(Liquid Crystal Display)

보통 LCD는 액정 표시기(Liquid Crystal Display)의 약자로서, 산업용 표시 장치에 많이 사용된다. 산업용 표시 장치로는 도트 매트릭스(Dot matrix), LED(Light emitted diode) 모듈 그리고 7-segment가 주로 사용되었지만, 산업이 고도화됨에 따라 많은 정보를 유연성 있게 표시해야 해서 LCD가 주로 사용되고 있다.

그러나 LCD는 다른 소자에 비해서 고가이고, 프로그램 작성이 까다롭다는 단점이 있다.

LCD는 LCD 표시부와 LCD 제어부를 하나로 하여 LCD 모듈로서 시판되고 있다. LCD 모듈은 그 자체에 문자발생기(character generator)를 내장하고 있고, 모든 표시 기능이 명령(instruction)으로 제어된다. LCD 모듈은 5x7 도트를 이용하여 하나의 문자를 표시한다. 또한, 표시되는 문자의 수와 줄의 수에 따라 8문자/1라인, 16문자/2라인, 20문자/2라인 등의 여러 가지의 종류가 있으며, 여기서는 16문자/2라인의 LCD를 사용하기로 한다.

[그림 8.1]은 범용적으로 사용되고 있는 LCD 모듈의 전체적인 내부구조를 보여주고 있다.

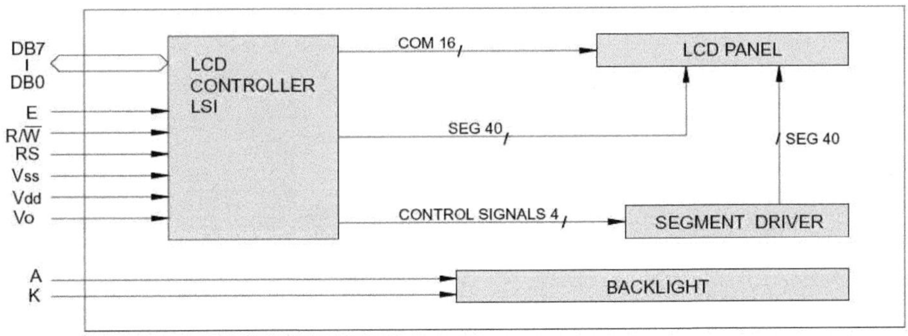

[그림 8.1] LCD모듈의 구조

LCD 컨트롤러에는 여러 가지가 있으나 대부분 유사하므로, 여기서는 일반적으로 가장 많이 사용되는 Hitachi사의 HD44780을 중심으로 LCD의 특징에 대해서 알아보도록 한다. HD44780의 특징은 다음과 같다.

⇒ 4비트 또는 8비트 마이크로 컨트롤러와 용이하게 인터페이스가 가능.
⇒ 80×8비트의 DDRAM(Display Data RAM)을 내장.
⇒ 5×7 dot 또는 5×10 dot의 두 문자 폰트가 있다.
⇒ 5×7 dot 폰트는 160문자, 5×10 dot 폰트는 32문자를 수용하는 CGROM (Character Generator ROM)을 내장.

아래의 [표 8.1]은 일반적인 LCD 모듈의 외부 핀의 이름과 기능을 나타내고 있다.

[표 8.1] LCD의 핀 구성

핀 구성과 기능		
Pin no.	Symbol	기능(Function)
1	Vss	Power supply(GND), 0V
2	Vdd	Power supply(+), 5V
3	Vo	휘도조절(Contrast Adjust)
4	RS	Register select signal
5	$R/\overline{W}$	Data read / write
6	E	Enable signal
7	DB0	Data bus line
8	DB1	Data bus line
9	DB2	Data bus line
10	DB3	Data bus line
11	DB4	Data bus line
12	DB5	Data bus line
13	DB6	Data bus line
14	DB7	Data bus line
15	A	Power supply for LED B/L (+)
16	K	Power supply for LED B/L (-)

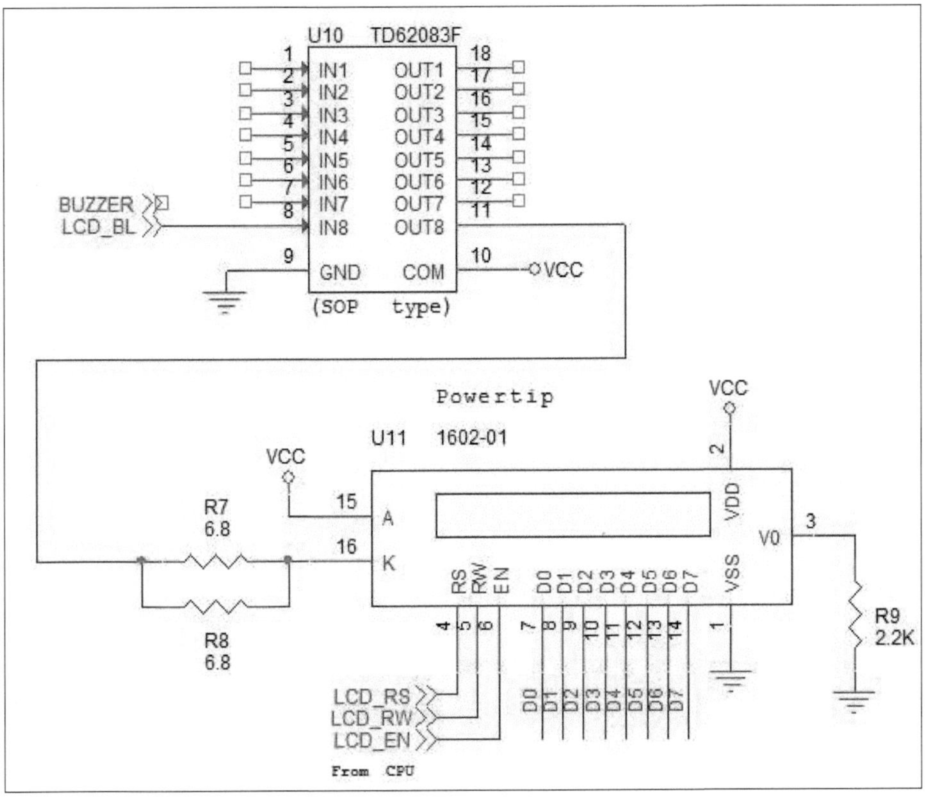

[그림 8.2] LCD와 ATmega128A와의 연결

▶ 핀 번호 1과 2는 VSS(0V)와 VDD(+5V)로써 전원을 나타낸다.

▶ 3번 핀 Vo는 LCD의 휘도(contrast)를 조절하고, 5V 전원과 GND에 가변저항을 연결해 휘도를 조절한다.

▶ RS는 내부레지스터 선택용 신호이며, 이 핀이 Low이면 명령 레지스터(IR : Instruction register)가 선택되고, High이면 데이터 레지스터(DR:Data register)가 선택된다. 결국 명령모드(Instruction Mode)로 할 것인지 데이터 모드(Data mode)로 할 것인지를 결정한다.

▶ R/$\overline{W}$는 Read/Write 핀이다. 일반적으로 Write모드로 사용하게 된다.

▶ E는 chip enable 핀이다. CLK와 같은 원리로 ON/OFF하여 동작한다.

▶ DB0~DB7 데이터 버스이며, 4bit 인터페이스의 경우에는 DB4~DB7만 사용된다. CPU의 PORTA에서 신호를 받는다.

▶ A, K는 back-light용 LED이다. CPU를 통해서 발생되는 LCD_BL신호에 의해서 back light의 전원이 ON(K = 0)이나 OFF(K = 1)가 된다.

[그림 8.3]과 [그림 8.4] 및 [표 8.2]에 읽기 동작과 쓰기 동작에 대한 LCD의 Timing 도를 나타내었으므로 이 조건에 맞도록 LCD를 사용해야 한다.

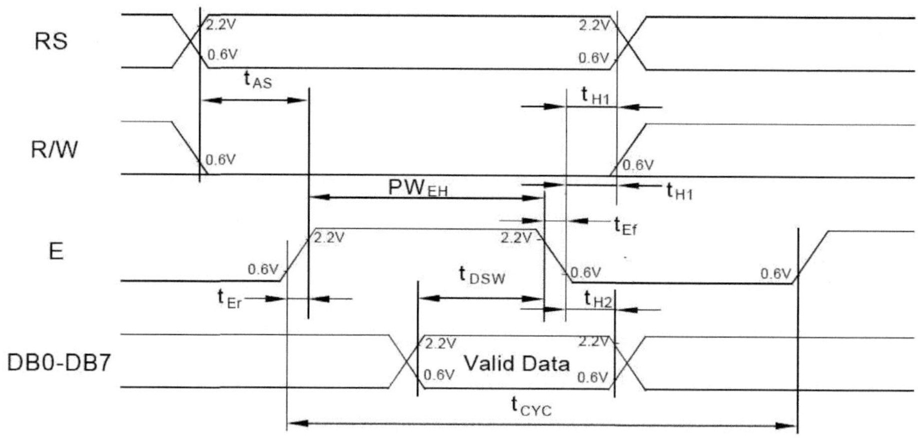

[그림 8.3] LCD의 쓰기 동작에 대한 타이밍도 (Timing Diagram)

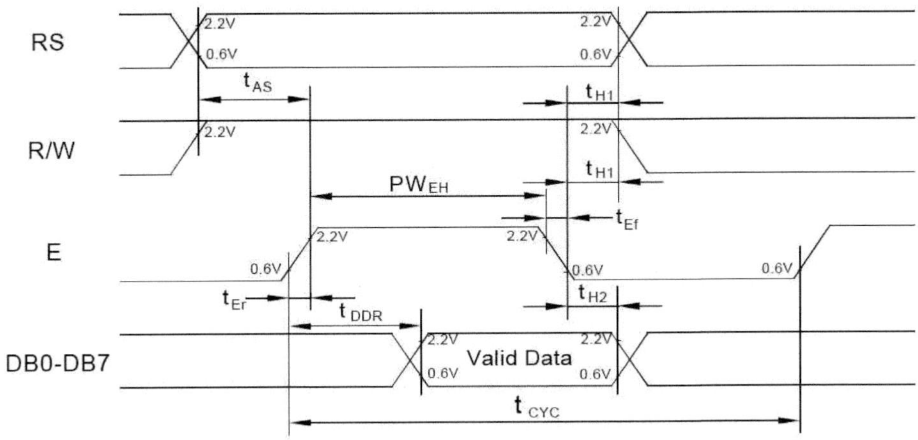

[그림 8.4] LCD의 읽기 동작에 대한 타이밍도 (Timing Diagram)

[표 8.2] LCD 모듈(Module)의 AC 특성

항 목	기 호	시 간			단 위
		최소	표준	최대	
Enable Cycle 시간	t_{CYC}	500	-	-	ns
Enable Pulse 폭	PW	220	-	-	ns
Address setup 시간	t_{AS}	140	-	-	ns
Data 지연 시간	t_{DDR}	-	-	320	ns
Data setup 시간	t_{DSW}	195	-	-	ns
Data hold 시간	t_H	10	-	-	ns
Address hold 시간	t_{AH}	20	-	-	ns

8.2 LCD 인스트럭션 설정

8.2.1 LCD의 Set 설정 방법

가. 화면 지우기(Clear Display)

LCD를 지우기 위해서는 모든 DDRAM 어드레스에 20H를 쓴다. 여기서 문자 코드 20H는 blank 패턴을 의미한다. 그 후 어드레스 카운터로 DDRAM 어드레스 0으로 설정하며 표시된 문자는 사라지고 커서와 깜박임의 위치는 가장 왼쪽으로 옮겨간다. 또한 entry 모드에서 I/D=1로 되고 S는 변하지 않는다.

RS	R/$\overline{W}$	D7	D6	D5	D4	D3	D2	D1	D0
0	0	0	0	0	0	0	0	0	1

-실행 시간: 1.64ms

나. 리턴 홈(Return Home)

Return Home은 어드레스 카운터에 DDRAM 어드레스를 0으로 설정하며 DDRAM은 변하지 않는다. 커서와 깜박임의 위치는 가장 왼쪽으로 옮겨간다.

RS	R/$\overline{W}$	D7	D6	D5	D4	D3	D2	D1	D0
0	0	0	0	0	0	0	0	1	*

-실행 시간: 1.64ms

다. 엔트리 모드 셋(Entry Mode Set)

커서를 움직이는 방향과 디스플레이 쉬프트를 결정한다. 이런 동작은 데이터 읽기, 쓰기 동안에 수행된다.

RS	R/$\overline{W}$	D7	D6	D5	D4	D3	D2	D1	D0
0	0	0	0	0	0	0	1	I/D	S

-실행 시간: 64μs

· 데이터를 읽거나(Read), 쓸 때(Write) I/D=1은 어드레스 카운터를 증가시키고, I/D=0이면 어드레스 카운터를 감소시킨다.
· S=1 이고 I/D=1 이면 커서의 위치가 왼쪽으로 쉬프트 한다.
· S=1 이고 I/D=0 이면 커서의 위치는 오른쪽으로 쉬프트 된다.
· S=0 이면 디스플레이는 쉬프트 되지 않는다.

라. 표시 On/Off 제어 (Display On/Off Control)

D: D=1일 때 LCD가 On 되고 D=0일 때 LCD가 Off 된다. Off 되어 있더라도 DDRAM에 데이터는 남아 있고 D=1에 의하여 다시 LCD에 표시될 수 있다.

C: C=1일 때 커서가 표시되고 C=0일 때 커서가 표시되지 않는다. 커서가 사라지더라도 I/D 기능과 다른 특성은 데이터를 표시하는 동안 변하지 않는다. 커서는 5x8 도트 문자 폰트일 경우에는 8번째 줄에 5x10 도트 문자 폰트일 경우에는 11번째 줄에 표시된다.

B: B=1일 때 커서의 깜박거림에 의하여 문자를 가리킨다. 깜박거림은 공백 도트와 문자 사이에 번갈아 가면서 표시된다. 깜박거림의 속도는 LCD 모듈에 사용된 클럭 주파수에 의해 결정된다.

RS	$R/\overline{W}$	D7	D6	D5	D4	D3	D2	D1	D0
0	0	0	0	0	0	1	D	C	B

- 실행 시간: 40μs

마. 커서, 표시 쉬프트 (Cursor or Display Shift)

커서 또는 쉬프트 표시는 커서의 위치 또는 표시할 데이터의 읽기 또는 쓰기 없이 오른쪽/왼쪽으로 이동된다. 2줄 표시를 할 경우에는 커서는 첫 번째 줄에서 40번째를 넘어갈 경우 두 번째 줄로 이동한다. 주의해야 할 것은 첫 번째 줄과 두 번째 줄이 동시에 이동된다. 계속적으로 수평으로 데이터를 쉬프트 하더라도 두 번째 줄의 데이터는 첫 번째 줄에 표시될 수 없다. 쉬프트를 해도 어드레스 카운터(AC)는 변하지 않는다.

RS	R/$\overline{W}$	D7	D6	D5	D4	D3	D2	D1	D0
0	0	0	0	0	1	S/$\overline{C}$	R/$\overline{L}$	*	*

-실행 시간: 40μs

S/$\overline{C}$	R/$\overline{L}$	동 작
0	0	커서는 왼쪽으로 쉬프트 된다.(어드레스 카운터 하나 감소)
0	1	커서는 오른쪽으로 쉬프트 된다.(어드레스 카운터 하나 증가)
1	0	전체 디스플레이와 커서를 왼쪽으로 쉬프트 시킨다.
1	1	전체 디스플레이와 커서를 오른쪽으로 쉬프트 시킨다.

디스플레이의 쉬프트 동작만 할 때는 어드레스 카운터는 변하지 않는다.

바. 기능 설정 (Function Set)

DL : 인터페이스 할 데이터 길이를 설정한다. DL=1로 할 경우 8비트 데이터(DB~7DB0) 길이로 보내거나 받고 DL=0으로 할 경우 4비트 데이터(DB7~DB4)길이로 보내거나 받는다. 4비트 데이터 길이로 선택할 경우 데이터는 2번에 걸쳐서 보내거나 받아야 한다.

N: 표시 줄의 숫자. (0: 1줄, 1: 2줄)

F: 문자의 폰트 설정. (0: 5x8, 1: 5x10)

Function Set은 busy flag와 어드레스 명령을 제외한 다른 명령이 실행되기 전에 프로그램의 앞부분에서 실행해야 한다.

RS	R/$\overline{W}$	D7	D6	D5	D4	D3	D2	D1	D0
0	0	0	0	1	DL	$\overline{N}$	$\overline{F}$	*	*

-실행 시간: 40μs

N	F	디스플레이 라인	글자 폰트	듀티비	참 고
0	0	1	5*7 도트	1/8	
0	1	1	5*10 도트	1/11	
1	*	2	5*7 도트	1/16	5*10도트는 2라인 디스플레이가 안 됨

사. CGRAM 어드레스 (Set CGRAM Address)

CGRAM 어드레스 설정은 어드레스 카운터에 CGRAM 어드레스를 2진수 6비트(AAAAAA)로 설정한다. 그 후 MPU로부터 CGRAM으로 데이터를 쓰거나 읽는다.

Return Home은 어드레스 카운터에 DDRAM 어드레스를 0으로 설정하고 만약 쉬프트 되었다면 원래의 상태로 표시한다. DDRAM은 변하지 않는다. 커서와 깜박임의 위치는 가장 왼쪽으로 옮겨간다.

RS	R/$\overline{W}$	D7	D6	D5	D4	D3	D2	D1	D0
0	0	0	1	AC(Address Counter)					

-실행시간: 40μs

*AC(Address Counter)는 6비트이므로 CGRAM 어드레스는 6비트까지 설정 가능하다.

아. DDRAM 어드레스 (Set DDRAM Address)

DDRAM어드레스를 설정할 수 있다. 어드레스 설정 후 CGRAM에 데이터를 읽고 쓸 수 있다. DDRAM 어드레스 설정은 어드레스 카운터에 DDRAM 어드레스를 2진수 7비트(AAAAAAA)로 설정한다. 그 후 데이터는 MPU에 의해 DDRAM에 쓰이거나 DDRAM으로부터 읽혀진다.

그러나 LCD가 1줄(N=0)로 표시 될 때 2진수 7비트(AAAAAAA)은 00H~4FH를 나타낼 수 있고 LCD가 2줄(N=1)로 표시 될 때 2진수 7비트(AAAAAAA)은 첫 번째 줄에 00H~27H를, 두 번째 줄에 40H~67H를 나타낼 수 있다.

RS	R/$\overline{W}$	D7	D6	D5	D4	D3	D2	D1	D0
0	0	1	Address						

-실행 시간: 40μs

자. 비지체크와 어드레스 (Read Busy Flag and Address)

LCD 내부의 동작 상태를 알아볼 수 있는 비지 플래그(busy flag)와 어드레스 카운터의 내용을 읽어볼 수 있다.

Busy Flag와 어드레스를 읽는 것은 LCD 컨트롤러가 이전에 받은 명령어에 의하여 지금 내부적으로 동작중인지를 알려주는 busy flag(BF)를 읽는다. BF=1이면 내부적으로 동작중인 것을 나타내고 BF=0이 될 때까지 다음 명령을 받을 수 없다는 것을 알려준다. 그래서 다음 명령어를 보내기 전에 반드시 busy flag(BF)를 체크해야 한다. BF(DB7)를 읽을 때 어드레스카운터(DB6~DB0)값도 읽혀진다. 이 어드레스 카운터는 CGRAM과 DDRAM 어드레스로 사용된다.

즉, BF가 1이면 대기해야 하며 0일 때 다음 동작을 실행할 수 있다.

RS	R/$\overline{W}$	D7	D6	D5	D4	D3	D2	D1	D0
0	1	BF	Address Counter						

-실행 시간: 40μs

차. 데이터 쓰기 (Write Data to CGRAM or DDRAM)

CGRAM 또는 DDRAM에 데이터를 쓸 때 2진수 8비트(DB7~DB0)데이터 형태로 쓴다. CGRAM 또는 DDRAM에 데이터를 쓰기 위해서 어드레스를 결정하고 결정된 어드레스에 데이터를 쓴다. 쓰기 동작 이후에 어드레스 카운터는 Entry Mode set의 I/D의 설정에 의해 1씩 증가하거나 감소한다.

RS	R/$\overline{W}$	D7	D6	D5	D4	D3	D2	D1	D0
1	0	Address Counter							

-실행 시간: 40μs

카. 데이터 읽기 (Read Data from CGRAM or DDRAM)

CGRAM 또는 DDRAM에서 8비트 데이터를 읽는다. 읽기 동작에 들어가기 이전에 반드시 DDRAM 또는 CGRAM 어드레스 설정 명령을 실행하여야 된다.

만약 어드레스 설정 명령이 읽기 동작 전에 실행되지 않으면 처음에 읽히는 데이터는 이상한 값으로 읽히게 되므로 처음 읽는 데이터는 버려야 한다. 그리고 두 번째 읽히는 데이터부터 진짜 데이터로 활용할 수 있다.

커서 쉬프트 명령에 의해서 커서를 쉬프트 시킨 후에는 어드레스 설정 명령이 "읽기" 명령 바로 전에 실행될 필요는 없다.

왜냐하면 커서 쉬프트 명령은 DDRAM 어드레스 설정 명령과 같기 때문이다.

읽기 명령이 실행된 후에 엔트리 모드(Entry Mode)에 따라서 어드레스가 +1 또는 -1이 된다.

RS	$R/\overline{W}$	D7	D6	D5	D4	D3	D2	D1	D0
1	1	Read Data							

-실행 시간: 40μs

타. CGROM 문자 코드와 5×7도트의 경우 CGRAM 작성, LCD 인스트럭션 설정방법

Higher 4 bits Lower 4 bits	0000	0010	0011	0100	0101	0110	0111	1010	1011	1100	1101	1110	1111
××××0000	CG RAM (1)		0	@	P	`	p		ー	タ	ミ	α	p
××××0001	(2)	!	1	A	Q	a	q	。	ア	チ	ム	ä	q
××××0010	(3)	"	2	B	R	b	r	「	イ	ツ	メ	β	θ
××××0011	(4)	#	3	C	S	c	s	」	ウ	テ	モ	ε	∞
××××0100	(5)	$	4	D	T	d	t	、	エ	ト	ヤ	μ	Ω
××××0101	(6)	%	5	E	U	e	u	・	オ	ナ	ユ	σ	ü
××××0110	(7)	&	6	F	V	f	v	ヲ	カ	ニ	ヨ	ρ	Σ
××××0111	(8)	'	7	G	W	g	w	ァ	キ	ヌ	ラ	g	π
××××1000	(1)	(	8	H	X	h	x	ィ	ク	ネ	リ	√	x̄
××××1001	(2)	)	9	I	Y	i	y	ゥ	ケ	ノ	ル	⁻¹	y
××××1010	(3)	*	:	J	Z	j	z	ェ	コ	ハ	レ	j	千
××××1011	(4)	+	;	K	[	k	{	ォ	サ	ヒ	ロ	ˣ	万
××××1100	(5)	,	<	L	¥	l	|	ャ	シ	フ	ワ	¢	円
××××1101	(6)	-	=	M	]	m	}	ュ	ス	ヘ	ン	£	÷
××××1110	(7)	.	>	N	^	n	→	ョ	セ	ホ	゛	ñ	
××××1111	(8)	/	?	O	_	o	←	ッ	ソ	マ	゜	ö	█

[그림 8.5] CGROM 문자 코드

Character Code (DDRAM data)								CGRAM Address						CGRAM Data								Pattern number
D7	D6	D5	D4	D3	D2	D1	D0	A5	A4	A3	A2	A1	A0	P7	P6	P5	P4	P3	P2	P1	P0	
0	0	0	0	x	0	0	0	0	0	0	0	0	0	x	x	x	0	1	1	1	0	Pattern 1
											0	0	1				1	0	0	0	1	
											0	1	0				1	0	0	0	1	
				⋮					⋮		0	1	1		⋮		1	1	1	1	1	
											1	0	0				1	0	0	0	1	
											1	0	1				1	0	0	0	1	
											1	1	0				1	0	0	0	1	
											1	1	1				0	0	0	0	0	
				⋮							⋮						⋮					⋮
0	0	0	0	x	1	1	1	0	0	0	0	0	0	x	x	x	1	0	0	0	1	Pattern 8
											0	0	1				1	0	0	0	1	
											0	1	0				1	0	0	0	1	
				⋮					⋮		0	1	1		⋮		1	1	1	1	1	
											1	0	0				1	0	0	0	1	
											1	0	1				1	0	0	0	1	
											1	1	0				1	0	0	0	1	
											1	1	1				0	0	0	0	0	

[그림 8.6] 5×7특수도트의 경우 CGRAM 작성

[그림 8.6]에서 특수한 문자를 만들 때 사용한 문자 코드는 다음과 같다.

```
unsinged char spc_font_A[8]={0x0E, 0x11, 0x11, 0x1F, 0x11, 0x11, 0x11, 0x00};
unsinged char spc_font_H[8]={0x11, 0x11, 0x11, 0x1F, 0x11, 0x11, 0x11, 0x00};
```

명령	명령			데이터								설명	실행
		RS	R/W	DB7	DB6	DB5	DB4	DB3	DB2	DB1	DB0		시간
명령 쓰기	화면지우기	0	0	0	0	0	0	0	0	0	1	화면지우기, 커서홈	1.52ms
	커서홈	0	0	0	0	0	0	0	0	1	-	커서 처음 위치로 이동	1.52ms
	엔트리 모드 셋	0	0	0	0	0	0	0	1	I/D	S	어드레스자동증가/감소(I/D) 표시 쉬프트(S)	37us
	표시 On/Off 제어	0	0	0	0	0	0	1	D	C	B	디스플레이(D), 커서(C), 깜박임(B) On/Off	37us
	표시, 커서 쉬프트	0	0	0	0	0	1	S/C	R/L	-	-	표시, 커서 이동	37us
	기능 셋	0	0	0	0	1	DL	N	F	-	-	인터페이스라인(DL), 라인수(N), 문자폰트(F)	37us
	CGRAM 어드레스	0	0	0	1	CGRAM 어드레스(ACG)						CGRAM 어드레스 설정	37us
	DDRAM 어드레스	0	0	1	DDRAM 어드레스(ADD)							DDRAM 어드레스 설정	37us
명령 읽기	비지체크, 어드레스	0	1	BF	어드레스 카운터(AC)							비지플래그 읽기 어드레스 카운터 읽기	0us
데이터 쓰기	데이터 쓰기	1	0	write data								CGRAM 또는 DDRAM에 데이터 쓰기	37us
데이터 읽기	데이터 읽기	1	1	read data								CGRAM 또는 DDRAM에서 데이터 읽기	37us

I/D=1 : 어드레스 자동증가	I/D=0 : 어드레스 자동감소	DDRAM : 표시 데이터 RAM
S=1 : 전체 쉬프트	S=0 : 쉬프트 하지 않음	CGRAM : 폰트 제작 RAM
S/C=1 : 표시 쉬프트	S/C=0 : 커서 이동	ACG : CGRAM 어드레스
R/L=1 : 오른쪽으로 쉬프트	R/L=0 : 왼쪽으로 쉬프트	ADD : DDRAM 어드레스
DL=1 : 8비트	DL=0 : 4비트	AC : 어드레스 카운터
N=1 : 2라인	N=0 : 1라인	(DDRAM, CGRAM 어드레스)
F=1 : 5x10 dots	F=0 : 5x8 dot	
BF=1 : 내부 동작중	BF=0 : 명령/데이터 받기 가능	

[그림 8.7] LCD 인스트럭션 설정

실험 8-1

LCD 위의 라인에는 "Welcome! Atmega1"을 표시하고 아래의 라인에는 " Hello NewWorld "라는 글씨를 표시하여 실험하였다.

```
#include <iom128.h>
#include <ina90.h>
#include "DebugAtmega128.h"

#define LCD_BACKLIGHT     PORTB_Bit4
#define LCD_RS            PORTG_Bit2
#define LCD_RW            PORTG_Bit1
#define LCD_EN            PORTG_Bit0

typedef unsigned char byte;
typedef unsigned int word;

void Lcd_init(void);
void Busy(void);
void Lcd_write(byte line, byte disp_data[]);

word Timer_cnt=0, T_test=100;

byte Lcd_ini[7] = {0x38, 0x38, 0x38, 0x08, 0x01, 0x06, 0x0c};
byte Disp_data1[16] = {"Welcome! Atmega1"};
byte Disp_data2[16] = {" Hello NewWorld "};
byte LCD_Disp=0;

void main(void)
{
    AtMg128DebugInit();
    DDRA=0xff;          //PORTA OUTPUT
    DDRB=0x10;          //LCD back light
    DDRG=0xff;          //PORTG OUTPUT
```

```
    Lcd_init();
    LCD_BACKLIGHT=1;        //Backligt ON PB4 active high

    //Timer 0, 1ms
    TCCR0=0x0D;
    OCR0=125-1;
    TIMSK=0x02;

    __enable_interrupt();   // enable interrupts

    while(1)
    {
        if(LCD_Disp)        //100 msec마다 1로 됨.
        {
            LCD_Disp=0;
            Lcd_write(1, Disp_data1);      //1번 라인에 Disp_data1 출력
            Lcd_write(2, Disp_data2);      //2번 라인에 Disp_data2 출력
        }
    }
}

void Lcd_init(void)
{
    byte i;
    for(i = 0; i < 7; i++)
    {
        Busy();
        LCD_EN=1;
        PORTA = Lcd_ini[i];
        LCD_EN=0;
    }
}
```

```
long int Busy_cnt=0;
void Busy(void)
{
      Busy_cnt=0;
      LCD_RS=0;              //instruction register selection
      LCD_RW=1;              //read mode
      LCD_EN=1;              //LCD enable High, busy check mode
      DDRA_Bit7=0;           //PORTA의 7번비트를 입력으로 설정
      while(1)
      {
            if(++Busy_cnt>=100000) break;
            if(PINA_Bit7==0)  break;
      }
      DDRA_Bit7=1;         //PORTA의 7번 비트를 출력으로 설정
      LCD_EN=0;            //LCD enable low
      LCD_RW=0;            //write mode
      LCD_RS=0;            //instruction register selection, DR access mode
}

void Lcd_write(byte line, byte disp_data[])
{     //line :1 => 첫번째 Line, 2: => 두번째 Line
      byte i;
      Busy();
      LCD_EN=1;
      if(line == 1)
            PORTA = 0x80;
      else
            PORTA = 0xc0;
      LCD_EN=0;
      for(i = 0; i <16; i++)
      {
            Busy();
            LCD_RW=0;            //write mode
            LCD_RS=1;            //data register selection
```

```
            LCD_EN=1;       //DR write & enable mode
            PORTA = disp_data[i];
            LCD_EN=0;      //LCD enable low
            LCD_RW=0;      //write mode
            LCD_RS=0;      //instruction register selection, DR access mode
      }
}

#pragma vector=TIMER0_COMP_vect
__interrupt void TIMER0_int(void)
{
    if(++Timer_cnt >= T_test)
    {
          Timer_cnt=0;
          LCD_Disp=1;
    }
}
```

실험 8-2

위 라인 "Welcome! Atmega1"과 아래 라인 " Hello NewWorld "를 타이머 카운터를 이용하여 1초마다 위아래로 교대로 표시하도록 실험하였다.

```
#include <iom128.h>
#include <ina90.h>
#include "DebugAtmega128.h"

typedef unsigned char     byte;
typedef unsigned int word;
#define LCD_BACK_LIGHT     PORTB_Bit4
#define LCD_EN             PORTG_Bit0
#define LCD_RW             PORTG_Bit1
#define LCD_RS             PORTG_Bit2

byte Lcd_ini[7] = {0x38, 0x38, 0x38, 0x08, 0x01, 0x06, 0x0c};
byte Disp_data1[16] = {"Welcome! Atmega1"};
byte Disp_data2[16] = {" Hello NewWorld "};
byte Shift = 0, Change=0;
word Time_cnt=0, Time_Rate=1000;

void Lcd_init(void);
void Busy(void);
void Lcd_write(byte line, byte disp_data[]);

void main(void)
{
     AtMg128DebugInit();
     DDRA = 0xff;
     DDRB = 0x10;
     DDRG = 0xff;
```

```
	Lcd_init();
	LCD_BACK_LIGHT = 1;

	TCCR0 = 0x0d;		//CTC, 128분주
	OCR0 = 125-1;		//16Mhz/128/125 =1000 (1ms)
	TIMSK = 0x02;		//timer0 비교매치 인터럽트 enable
	__enable_interrupt();
	while(1)
	{
		if(Shift)		//1000 msec마다 1로 됨.
		{
			Shift=0;
			Change++;

			if(Change & 0x01)
			{
				Lcd_write(1, Disp_data1);
				Lcd_write(2, Disp_data2);
			}
			else
			{
				Lcd_write(2, Disp_data1);
				Lcd_write(1, Disp_data2);
			}
		}
	}
}

void Lcd_init(void)
{
	byte i;
	for(i = 0; i < 7; i++)
	{
		Busy();
```

```
            LCD_EN=1;
            PORTA = Lcd_ini[i];
            LCD_EN=0;
      }
}

long int Busy_cnt=0;
void Busy(void)
{
      Busy_cnt=0;
      LCD_RS=0;             //instruction register selection
      LCD_RW=1;             //read mode
      LCD_EN=1;             //LCD enable High, busy check mode
      DDRA_Bit7=0;          //PORTA의 7번비트를 입력으로 설정
      while(1)
      {
            if(++Busy_cnt>=100000) break;
            if(PINA_Bit7==0)  break;
      }
      DDRA_Bit7=1;    //PORTA의 7번비트를 출력으로 설정
      LCD_EN=0;       //LCD enable low
      LCD_RW=0;       //write mode
      LCD_RS=0;       //instruction register selection, DR access mode
}

void Lcd_write(byte line, byte disp_data[])
{     //line :1 => 첫번째 Line, 2: => 두번째 Line
      byte i;
      Busy();
      LCD_EN=1;
      if(line == 1)
            PORTA = 0x80;
      else
            PORTA = 0xc0;
```

```
    LCD_EN=0;
    for(i = 0; i <16; i++)
    {
        Busy();
        LCD_RW=0;       //write mode
        LCD_RS=1;       //data register selection
        LCD_EN=1;       //DR write & enable mode
        PORTA = disp_data[i];
        LCD_EN=0;     //LCD enable low
        LCD_RW=0;     //write mode
        LCD_RS=0;     //instruction register selection, DR access mode
    }
}

//1ms interrupt
#pragma vector = TIMER0_COMP_vect
__interrupt void TIMER0_COMP(void)
{
    if(++Time_cnt >= Time_Rate) //1000ms
    {
        Time_cnt = 0;
        Shift = 1;
    }
}
```

실험 8-3

위 라인 "Welcome! Atmega1"과 아래 라인에 "Hello NewWorld"를 타이머 카운터를 이용하여 1초마다 왼쪽으로 이동(Left Shift) 시키도록 실험하였다.

```
#include <iom128.h>
#include <ina90.h>
#include "DebugAtmega128.h"

typedef unsigned char byte;
typedef unsigned int  word;

#define LCD_BACK_LIGHT     PORTB_Bit4
#define LCD_RS             PORTG_Bit2
#define LCD_RW             PORTG_Bit1
#define LCD_EN             PORTG_Bit0

byte Lcd_ini[7] = {0x38, 0x38, 0x38, 0x08, 0x01, 0x06, 0x0c};
byte Disp_data1[16] = {"Welcome! Atmega1"};
byte Disp_data2[16] = {" Hello NewWorld "};
byte Shift = 0;
word Time_cnt=0, Time_Rate=1000;

void Lcd_init(void);
void Busy(void);
void Lcd_write(byte line, byte disp_data[]);

void main(void)
{
      byte i, j, temp_data1, temp_data2;
      AtMg128DebugInit();
      DDRA = 0xff;
      DDRB = 0x10;
      DDRG = 0xff;
```

```
    Lcd_init();
    LCD_BACK_LIGHT = 1;      //Back light ON

    TCCR0 = 0x0d;       //CTC, 128분주
    OCR0 = 125-1;       //16Mhz/128/125 =1000 (1ms)
    TIMSK = 0x02;       //timer0 비교매치 인터럽트 enable
    __enable_interrupt();

    while(1)
    {
        if(Shift)           //1000 msec마다 1로 됨.
        {
            Shift=0;
            temp_data1 = Disp_data1[0];
            temp_data2 = Disp_data2[0];

            for(i=0; i<15; i++)
                Disp_data1[i] = Disp_data1[i+1];  //1번라인 좌쉬프트
            Disp_data1[i]=temp_data1;

            for(j=0; j<15; j++)
                Disp_data2[j] = Disp_data2[j+1];  //2번라인 좌쉬프트
            Disp_data2[j]=temp_data2;

            Lcd_write(1, Disp_data1);
            Lcd_write(2, Disp_data2);
        }
    }
}

void Lcd_init(void)
{
    byte i;
```

```
    for(i = 0; i < 7; i++)
    {
        Busy();
        LCD_EN=1;
        PORTA = Lcd_ini[i];
        LCD_EN=0;
    }
}

long int Busy_cnt=0;
void Busy(void)
{
    Busy_cnt=0;
    LCD_RS=0;           //instruction register selection
    LCD_RW=1;           //read mode
    LCD_EN=1;           //LCD enable High, busy check mode
    DDRA_Bit7=0;        //PORTA의 7번비트를 입력으로 설정
    while(1)
    {
        if(++Busy_cnt>=100000) break;
        if(PINA_Bit7==0)  break;
    }
    DDRA_Bit7=1;    //PORTA의 7번비트를 출력으로 설정
    LCD_EN=0;       //LCD enable low
    LCD_RW=0;       //write mode
    LCD_RS=0;       //instruction register selection, DR access mode
}

void Lcd_write(byte line, byte disp_data[])
{   //line :1 => 첫번째 Line, 2: => 두번째 Line
    byte i;
    Busy();
    LCD_EN=1;
    if(line == 1)
```

```
            PORTA = 0x80;
        else
            PORTA = 0xc0;
        LCD_EN=0;
        for(i = 0; i <16; i++)
        {
            Busy();
            LCD_RW=0;          //write mode
            LCD_RS=1;          //data register selection
            LCD_EN=1;          //DR write & enable mode
            PORTA = disp_data[i];
            LCD_EN=0;      //LCD enable low
            LCD_RW=0;      //write mode
            LCD_RS=0;      //instruction register selection, DR access mode
        }
}

//1ms interrupt
#pragma vector = TIMER0_COMP_vect
__interrupt void TIMER0_COMP(void)
{
        if(++Time_cnt >= Time_Rate) //1000ms
        {
                Time_cnt = 0;
            Shift = 1;
        }
}
```

실험 8-4

LCD 위의 라인에는 " Welcome! Atmegal "을 Left Shift 시키고, 아래 라인에는 타이머 0을 이용하여 디지털시계를 작성하여 실험하였다.

```
#include <iom128.h>
#include <ina90.h>
#include "DebugAtmega128.h"

typedef unsigned char byte;
typedef unsigned int  word;

#define LCD_BACK_LIGHT    PORTB_Bit4
#define LCD_RS            PORTG_Bit2
#define LCD_RW            PORTG_Bit1
#define LCD_EN            PORTG_Bit0

byte Lcd_ini[7] = {0x38, 0x38, 0x38, 0x08, 0x01, 0x06, 0x0c};
byte Disp_data1[16] = {"Welcome! Atmega1"};
byte Disp_data2[16] = {"Clock   M  :  :  "};
byte Shift = 0, Time_Flag = 0;
word Time_500cnt=0, Time_Rate1=500, Time_1000cnt=0,
     Time_Rate2=1000;
byte Sec=0, Sec_Flag=0, Min=0, Min_Flag=0, Hour=0, Hour_Flag=0;

void Lcd_init(void);
void Busy(void);
void Lcd_write(byte line, byte disp_data[]);
void Clock_Display(void);
```

```
void main(void)
{
        byte i, temp_data1;
        AtMg128DebugInit();
        DDRA = 0xff;
        DDRB = 0x10;
        DDRG = 0xff;

        Lcd_init();
        LCD_BACK_LIGHT = 1;         //Back light ON

        TCCR0 = 0x0d; //CTC, 128분주
        OCR0 = 125-1; //16Mhz/128/125 =1000 (1ms)
        TIMSK = 0x02; //timer0 비교매치 인터럽트 enable
        __enable_interrupt();
        while(1)
        {
                if(Shift)         //500 msec마다 1로 됨.
                {
                        Shift=0;
                        temp_data1 = Disp_data1[0];

                        for(i=0; i<15; i++)
                                Disp_data1[i] = Disp_data1[i+1];  //1번라인 좌쉬프트
                        Disp_data1[i]=temp_data1;
                }
                        Lcd_write(1, Disp_data1);
                        Clock_Display();
        }
}
```

```
void Clock_Display(void)
{
    if(Time_Flag)
    {
        Time_Flag=0;
        Sec++;
        if(Sec > 59)            // 59초가 넘으면,
        {
            Sec=0;              // 초단위 초기화
            Sec_Flag=1;         // 분단위 START
        }
        if(Sec_Flag)
        {
            Sec_Flag=0;     // 분단위 STOP
            Min++;          // 분단위 증가
        }
        if(Min > 59)        // 59분이 넘으면,
        {
            Min=0;          // 분단위 초기화
            Min_Flag=1;     // 시간단위 START
        }
        if(Min_Flag)
        {
            Min_Flag=0;     // 시간단위 STOP
            Hour++;         // 시간단위 증가
        }
        if(Hour > 11)       // 11시가 넘으면,
        {
            Hour=0;         // 시간단위 초기화
            Hour_Flag = ~Hour_Flag;     // AM, PM Switching
```

```
          }
          if(Hour_Flag)  Disp_data2[6] = 'P';
          else           Disp_data2[6] = 'A';

          Disp_data2[8] = Hour/10 + 0x30;      // ASCII CODE 변환
          Disp_data2[9] = Hour%10 + 0x30;
          Disp_data2[11] = Min/10 + 0x30;
          Disp_data2[12] = Min%10 + 0x30;
          Disp_data2[14] = Sec/10 + 0x30;
          Disp_data2[15] = Sec%10 + 0x30;
          Lcd_write(2, Disp_data2);
     }
}

void Lcd_init(void)
{
     byte i;
     for(i = 0; i < 7; i++)
     {
          Busy();
          LCD_EN=1;
          PORTA = Lcd_ini[i];
          LCD_EN=0;
     }
}

long int Busy_cnt=0;
void Busy(void)
{
     Busy_cnt=0;
```

```
    LCD_RS=0;           //instruction register selection
    LCD_RW=1;           //read mode
    LCD_EN=1;           //LCD enable High, busy check mode
    DDRA_Bit7=0;        //PORTA의 7번비트를 입력으로 설정
    while(1)
    {
        if(++Busy_cnt>=100000) break;
        if(PINA_Bit7==0)  break;
    }
    DDRA_Bit7=1;  //PORTA의 7번비트를 출력으로 설정
    LCD_EN=0;     //LCD enable low
    LCD_RW=0;     //write mode
    LCD_RS=0;     //instruction register selection, DR access mode
}

void Lcd_write(byte line, byte disp_data[])
{   //line :1 => 첫번째 Line, 2: => 두번째 Line
    byte i;
    Busy();
    LCD_EN=1;
    if(line == 1)
        PORTA = 0x80;
    else
        PORTA = 0xc0;
    LCD_EN=0;
    for(i = 0; i <16; i++)
    {
        Busy();
        LCD_RW=0;           //write mode
        LCD_RS=1;           //data register selection
```

```
        LCD_EN=1;      //DR write & enable mode
        PORTA = disp_data[i];
        LCD_EN=0;      //LCD enable low
        LCD_RW=0;      //write mode
        LCD_RS=0;      //instruction register selection, DR access mode
    }
}

#pragma vector = TIMER0_COMP_vect
__interrupt void TIMER0_COMP(void)
{
    if(++Time_500cnt >= Time_Rate1) //500ms
    {
        Time_500cnt = 0;
        Shift = 1;
    }

    if(++Time_1000cnt >= Time_Rate2)  //1000ms
    {
        Time_1000cnt = 0;
        Time_Flag = 1;
    }
}
```

실험 8-5

LCD에 위의 라인에는 " Welcome Atmega "와 아래 라인에는 " AMC_LAB, 8440! "을 만들어보고 1초가 지난 후에는 아래와 같은 특수 폰트를 디스플레이 하여 1초마다 반복되는 프로그램을 작성하여 **실험하였다.**

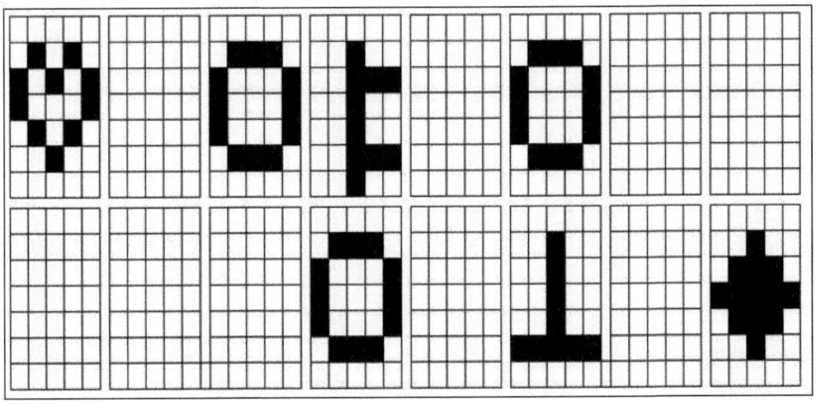

0X00	0X00	0X00	0X00	0X00
0X0A	0X0E	0X04	0X04	0X04
0X15	0X11	0X07	0X04	0X0E
0X11	0X11	0X04	0X04	0X1F
0X0A	0X11	0X04	0X04	0X0E
0X04	0X0E	0X07	0X1F	0X04
0X00	0X00	0X04	0X00	0X00
0X00	0X00	0X00	0X00	0X00
♡모양	0 모양	ㅑ 모양	ㅗ 모양	◆ 모양
0번	1번	2번	3번	4번

```
#include <iom128.h>
#include <ina90.h>
#include "DebugAtmega128.h"

#define LCD_BACK_LIGHT      PORTB_Bit4
#define LCD_RS              PORTG_Bit2
#define LCD_RW              PORTG_Bit1
```

```
#define LCD_EN      PORTG_Bit0

typedef unsigned char byte;
typedef unsigned int  word;

byte Lcd_ini[7] = {0x38, 0x38, 0x38, 0x08, 0x01, 0x06, 0x0C};
byte FONT_DATA[40] =
    {   0x00, 0x0A, 0x15, 0x11, 0x0A, 0x04, 0x00, 0x00,      // ♡ font
        0x00, 0x00, 0x0E, 0x11, 0x11, 0x0E, 0x00, 0x00,      // ㅇ font
        0x00, 0x04, 0x07, 0x04, 0x04, 0x07, 0x04, 0x00,      // ㅑ font
        0x04, 0x04, 0x1F, 0x00, 0x00, 0x00, 0x00, 0x00,      // ㅗ font
        0x00, 0x04, 0x0E, 0x1F, 0x0E, 0x04, 0x00, 0x00 };    // ◆ font

byte Disp_data1[16] = {" Welcome Atmega "};
byte Disp_data2[16] = {" AMC_LAB, 8440! "};
byte Disp_data3[16] = {0x20, 0x20, 0x20, 0x20, 0x00, 0x20, 0x01, 0x02,
                       0x20, 0x01, 0x20, 0x20, 0x20, 0x20, 0x20, 0x20};
byte Disp_data4[16] = {0x20, 0x20, 0x20, 0x20, 0x20, 0x20, 0x20, 0x01,
                       0x20, 0x03, 0x20, 0x04, 0x20, 0x20, 0x20, 0x20};
unsigned long int Time_cnt=0, Time_Rate=1000;
unsigned char LCD_Disp=0;

void Lcd_init(void);
void Busy(void);
void Lcd_write(byte line, byte disp_data[]);
void Make_font(void);
void Special_Font_display(void);

byte Kind=0;

void main(void)
{
     AtMg128DebugInit();
```

```
    DDRA = 0xff;
    DDRB = 0x10;
    DDRG = 0xff;

    TCCR0 = 0x0D;      //CTC, 128분주
    OCR0 = 125-1;      //16Mhz/128/125 = 1000(1ms)
    TIMSK = 0x02;      //Timer0 비교매치 인터럽트 enable

    __enable_interrupt();      //Enable interrupt

    LCD_BACK_LIGHT=1;
    Lcd_init();
    Make_font();
    Special_Font_display();

    while(1)
    {
        if(LCD_Disp)           //1000 msec마다 1로 됨.
        {
            LCD_Disp=0;
            if(Kind++ & 0x01)   //홀수
            {
                Lcd_write(1, Disp_data1); //1번 라인에 Disp_data1 출력
                Lcd_write(2, Disp_data2); //2번 라인에 Disp_data2 출력
            }
            else
            {
                Lcd_write(1, Disp_data3); //1번 라인에 Disp_data3 출력
                Lcd_write(2, Disp_data4); //2번 라인에 Disp_data4 출력
            }
        }
    }
}
```

```
void Lcd_init(void)
{
	byte i;
	for(i = 0; i < 7; i++)
	{
		Busy();
		LCD_EN=1;
		PORTA = Lcd_ini[i];
		LCD_EN=0;
	}
}

void Make_font(void)
{
	unsigned char i;

	Busy();
	LCD_EN=1;
	PORTA = 0x40;	//특수문자를 만들기 위한 CGRAM Address 설정
	LCD_EN=0;

	for(i=0;i<40;i++)
	{
		Busy();
		LCD_RS=1;
		LCD_RW=0;
		LCD_EN=1;		//Write Data enable
		PORTA = FONT_DATA[i];
		LCD_EN=0;
		LCD_RW=0;
		LCD_RS=0;		//Write Data disable
	}
}
```

```
void Special_Font_display(void)
{
      LCD_EN=1;
      PORTA = 0x01;              //Clear display
      LCD_EN=0;

      //♡ display
      LCD_EN=1;
      PORTA = 0x84;              //첫번째 Line의 5번째 칸에 표시자리를 설정
      LCD_EN=0;

      LCD_RS=1;
      LCD_RW=0;
      LCD_EN=1;                  //Write Data enable
      PORTA = 0x00;              //첫번째 Line의 5번째 칸에 ♡ font display
      LCD_EN=0;
      LCD_RW=0;
      LCD_RS=0;                  //Write Data disable

      //ㅇ display
      LCD_EN=1;
      PORTA = 0x86;              //첫번째 Line의 7번째 칸에 표시자리를 설정
      LCD_EN=0;

      LCD_RS=1;
      LCD_RW=0;
      LCD_EN=1;                  //Write Data enable
      PORTA = 0x01;              //첫번째 Line의 7번째 칸에 ㅇ font display
      LCD_EN=0;
      LCD_RW=0;
      LCD_RS=0;                  //Write Data disable

      //ㅑ display
      LCD_EN=1;
```

```
PORTA = 0x87;          //첫번째 Line의 8번째 칸에 표시자리를 설정
LCD_EN=0;

LCD_RS=1;
LCD_RW=0;
LCD_EN=1;              //Write Data enable
PORTA = 0x02;          //첫번째 Line의 8번째 칸에 ㅑ font display
LCD_EN=0;
LCD_RW=0;
LCD_RS=0;              //Write Data disable

//ㅇ display
LCD_EN=1;
PORTA = 0x89;          //첫번째 Line의 10번째 칸에 표시자리를 설정
LCD_EN=0;

LCD_RS=1;
LCD_RW=0;
LCD_EN=1;              //Write Data enable
PORTA = 0x01;          //첫번째 Line의 10번째 칸에 ㅇ font display
LCD_EN=0;
LCD_RW=0;
LCD_RS=0;              //Write Data disable

//ㅇ display
LCD_EN=1;
PORTA = 0xC7;          //두번째 Line의 8번째 칸에 표시자리를 설정
LCD_EN=0;

LCD_RS=1;
LCD_RW=0;
LCD_EN=1;              //Write Data enable
PORTA = 0x01;          //두번째 Line의 8번째 칸에 ㅇ font display
LCD_EN=0;
```

```
    LCD_RW=0;
    LCD_RS=0;                  //Write Data disable

    //ㅗ display
    LCD_EN=1;
    PORTA = 0xC9;              //두번째 Line의 10번째 칸에 표시자리를 설정
    LCD_EN=0;

    LCD_RS=1;
    LCD_RW=0;
    LCD_EN=1;                  //Write Data enable
    PORTA = 0x03;              //두번째 Line의 10번째 칸에 ㅗ font display
    LCD_EN=0;
    LCD_RW=0;
    LCD_RS=0;                  //Write Data disable

    //◆ display
    LCD_EN=1;
    PORTA = 0xCB;              //두번째 Line의 12번째 칸에 표시자리를 설정
    LCD_EN=0;

    LCD_RS=1;
    LCD_RW=0;
    LCD_EN=1;                  //Write Data enable
    PORTA = 0x04;              //두번째 Line의 12번째 칸에 ◆ font display
    LCD_EN=0;
    LCD_RW=0;
    LCD_RS=0;                  //Write Data disable
}

long int Busy_cnt=0;
void Busy(void)
{
    Busy_cnt=0;
```

```
        LCD_RS=0;            //instruction register selection
        LCD_RW=1;            //instruction read
        LCD_EN=1;            //LCD enable High, busy check mode
        DDRA_Bit7=0;         //PORTA의 7번비트를 입력으로 설정
        while(1)
        {
            if(++Busy_cnt>=100000) break;
            if(PINA_Bit7==0)  break;
        }
        DDRA_Bit7=1;   //PORTA의 7번비트를 출력으로 설정
        LCD_EN=0;      //LCD enable low
        LCD_RW=0;      //instruction write
        LCD_RS=0;      //instruction register selection, DR access mode
}

void Lcd_write(byte line, byte disp_data[])
{       //line :1 => 첫번째 Line, 2: => 두번째 Line
        byte i;
        Busy();
        LCD_EN=1;
        if(line == 1)
            PORTA = 0x80;
        else
            PORTA = 0xc0;
        LCD_EN=0;
        for(i = 0; i <16; i++)
        {
              Busy();
              LCD_RW=0;
              LCD_RS=1;
              LCD_EN=1;          //DR write & enable mode
              PORTA = disp_data[i];
              LCD_EN=0;
              LCD_RW=0;
```

```
            LCD_RS=0;       //DR write & disable mode
        }
}

#pragma vector = TIMER0_COMP_vect
__interrupt void TIMER0_COMP(void)
{
        if(++Time_cnt >= Time_Rate) //1000ms
        {
                Time_cnt = 0;
                LCD_Disp = 1;
        }
}
```

Hint :

0	1	2	3	4	5	6	7	8	9	10	11	12	13	14	15
	W	e	l	c	o	m	e		A	t	m	e	g	a	
	A	M	C	_	L	A	B	,		8	4	4	0	!	

0	1	2	3	4	5	6	7	8	9	10	11	12	13	14	15
				♡		ㅇ	ㅑ		ㅇ						
							ㅇ		ㅗ		◆				

과제 8-1

LCD 첫 번째 라인에 자신의 영문 이름을 표시하고 두 번째 라인에는 자신의 학번을 표시하는 프로그램을 설계하시오.

과제 8-2

LCD에 자신의 학번과 영문이름을 표시하고, 왼쪽으로 1칸씩 쉬프트 하는 프로그램을 작성하시오.

과제 8-3

특수 폰트를 이용하여 자신의 이름을 한글로 LCD에 표시해 보시오.

제 9 장 ATmega128A의 A/D 컨버터의 원리와 응용

9.1 ADC의 기본 개념

디지털 신호처리(digital signal processing)를 실시간으로 하려면 먼저 빠른 속도로 아날로그 신호를 디지털 값으로 변환(A/D : analog to digital conversion)하여야 한다. 또한 처리된 결과가 아날로그 신호로 출력되려면 반대로 디지털 데이터를 아날로그 변환(D/A : digital to analog conversion) 하여야 한다. 이와 같이 A/D변환이나 D/A변환은 매우 복잡한 회로를 필요로 한다. 또한, 요즘은 변환속도가 매우 빠르며, 분해능이 높은 A/D 및 D/A컨버터 소자가 개발되고 있다.

본 장에서는 ATmega128A에 사용된 A/D 변환의 기본적인 개념과 인터페이스 회로와 이에 사용되는 프로그램에 대하여 설명하기로 한다.

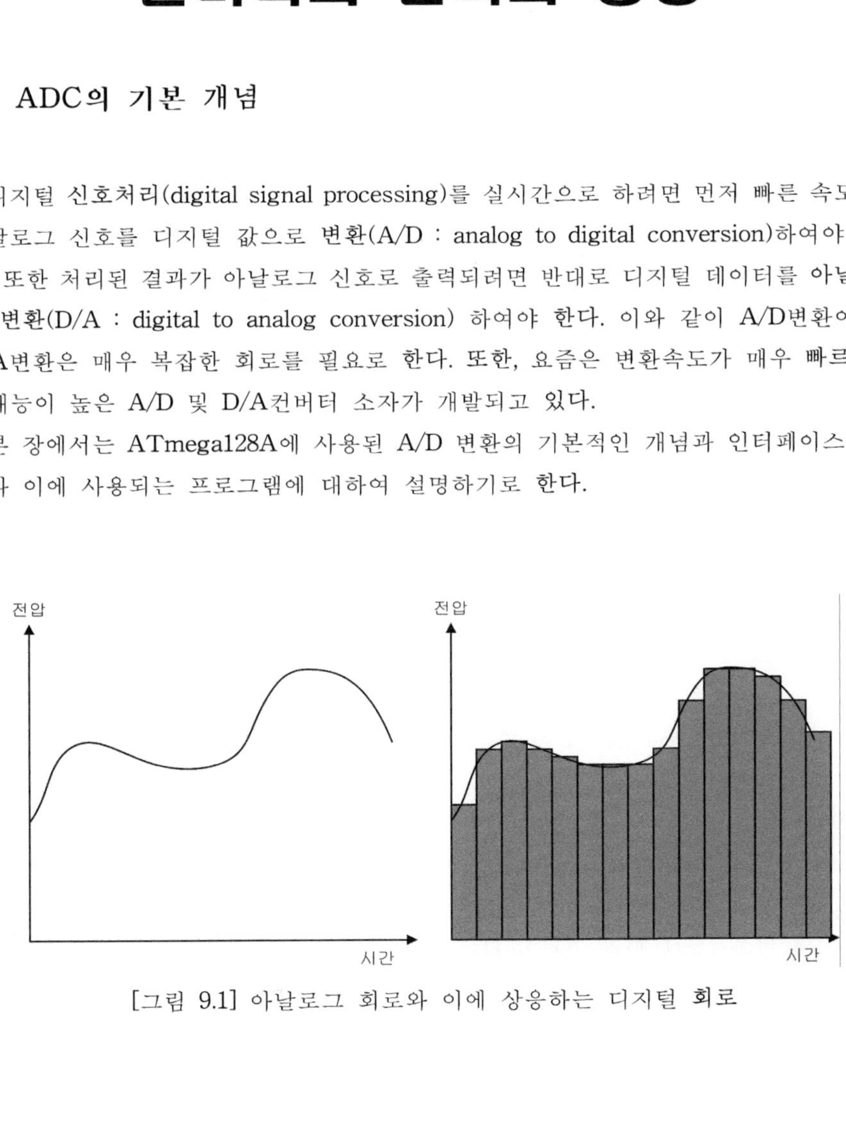

[그림 9.1] 아날로그 회로와 이에 상응하는 디지털 회로

전압, 전류, 온도, 습도, 압력, 유량, 속도, 가속도 등과 같은 아날로그 물리량을 측정하여, 컴퓨터로 제어 또는 분석하려면 디지털 값으로 변환하여 읽어 들여야 하는데 이러한 장치를 DAS(Data acquisition system)라고 하고, DAS는 센서, A/D 컨버터, 컴퓨터 등으로 구성된다. 센서는 측정하려는 물리량을 전압, 전류 또는 주파수와 같은 전기량으로 변환하는 소자이며, A/D 컨버터는 이를 컴퓨터가 읽을 수 있는 병렬 또는 직렬 데이터로 변환하여 주는 장치이다. 대부분의 경우에는 센서와 A/D 컨버터 사이에 잡음을 제거하고 필요한 신호만을 증폭하기 위한 필터나 신호를 적절한 크기로 바꾸기 위한 증폭회로가 사용된다.

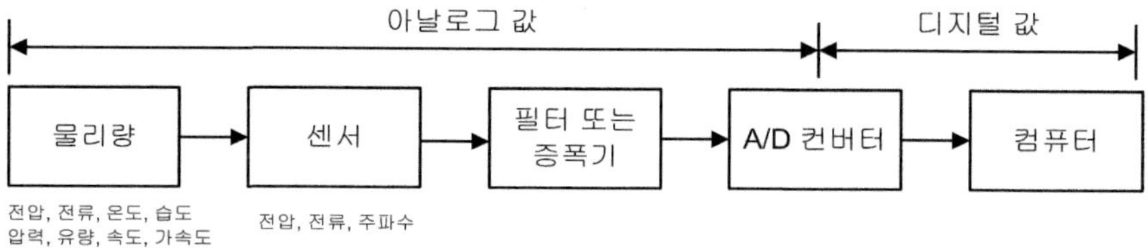

[그림 9.2] Data Acquisition System의 기본구성

A/D컨버터를 이용한 데이터 수집 시스템(DAS) 설계 및 사용은 센서와 필터/증폭회로에서 아날로그 신호가 올바르게 처리되어 A/D컨버터에 공급되는 것이 중요하다. 따라서 이를 위해서는 다음과 같은 사항에 유의하여야 한다.

▶ 변환시간(Conversion time) 또는 샘플링 속도(Sampling rate)

한번 A/D변환을 수행하는데 필요한 시간을 변환시간(conversion time)이라고 하며 A/D변환을 수행하기 위한 아날로그 값을 1초당 입력받은 회수를 샘플링 속도(sampling rate)라고 한다. 샘플링 속도는 주파수 단위(Hz)로 나타내며, 샘플링 속도가 100Hz라는 것은 초당 100개의 아날로그 값을 입력받아 변환한다는 의미이다. A/D 변환기가 변환시간에 따라 가격이 크게 달라지므로 응용 목적에 적절한 변환시간을 갖는 모델을 선정하는 것은 매우 중요하다. 예를 들어 디지털로 음성이나 영상신호를 처리하는 시스템에서는 고속형이 사용되어야 하지만, 온도나 수위측정에 사용되는 것은 변환시간이 긴 저속형 모델을 사용하여도 무방하다.

▶ 분해능(Resolution)

A/D 변환기에서 분해능(resolution)이란 디지털 출력을 한 등급만큼 변화시키기 위한 아날로그 입력의 최소변화를 말한다. 이것은 A/D변환기가 표현할 수 있는 최소 아날로그 값을 나타내는데, n-bit A/D변환기의 경우 디지털 출력 데이터 범위는 0~(2n-1)이 되며, 이때 분해능은 Full scale을 2n으로 나눈 값이 된다.

예를 들어 0~10V의 Full scale을 갖는 전압을 4-bit의 A/D변환기를 이용하여 A/D 변환할 경우 분해능은 $10/2^4$ [V] = 0.625 [V]로 표시할 수 있다. 따라서 A/D변환기의 비트 수가 커질수록 정밀도는 향상된다.

▶ Sample/Hold 또는 Track/Hold

A/D 변환기가 아날로그 신호를 디지털 데이터로 변환하는 동안에 입력전압이 변동하면 변환된 디지털 출력 값이 정확하지 않을 수 있다. 이를 방지하기 위하여 A/D 컨버터의 입력 단에 S/H(sample/hold) 또는 T/H(track/hold) 회로를 사용한다.

특히, 축차 비교형(successive approximation) A/D 변환기는 변환기간 중에 아날로그 입력전압이 일정하게 유지되어야 하므로, 샘플/홀드 기능이 꼭 필요하다. A/D 변환기에는 이러한 샘플/홀드 회로를 내장하고 있는 모델도 있고, 외부에 별도로 연결해 주어야 하는 모델도 있다. 그러나 이러한 샘플링 동작 때문에 전체 변환시간이 길어지며, 멀티 채널형 A/D 변환기의 경우에는 일반적으로 아날로그 멀티플렉서(analog multiplexer)가 사용되므로 이것의 동작 및 안정시간으로 인하여 전체적인 변환시간은 훨씬 증가한다.

샘플/홀드(Sample/Hold) 회로는 아날로그 스위치, 콘덴서, 버퍼 등으로 구성된다. 스위치는 샘플링 시간동안 닫혀 있어서 커패시터 양단의 전압이 입력전압과 동일하게 되도록 충전되고, 이후에는 스위치가 열려서 일정한 전압이 유지되면서 이 전압이 버퍼를 통하여 비교기로 입력되어 A/D변환이 수행된다.

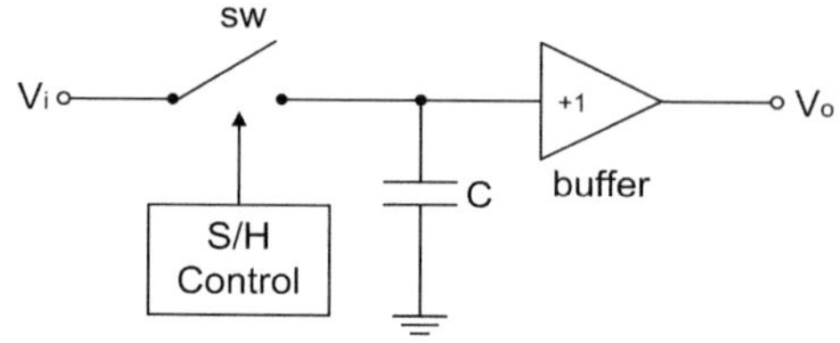

[그림 9.3] 샘플/홀드 회로

9.2 ADC의 종류

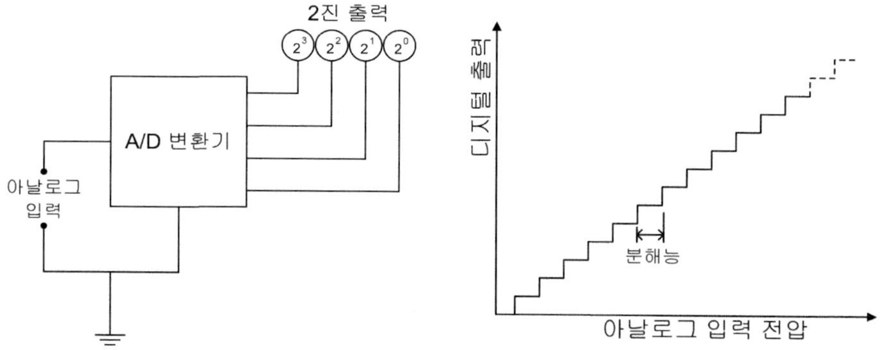

[그림 9.4] ADC변환기의 기본 개념

아날로그 디지털 변환기(A/D 컨버터)는 센서와 같은 소자에서 들어오는 아날로그 값을 디지털 값으로 변경하는 기능을 가지고 있으며, 실제 제어기를 구성할 때 없어서는 안 될 소자이다.

ADC는 아날로그 신호를 디지털 신호로 변환시키는 디바이스이며, 기본 개념은 [그림 9.4]와 같다. 아날로그 신호를 디지털 신호로 변환시키는 ADC의 종류에는 아래와 같은 종류가 있다.

▶ 계수 비교형 ADC

계수비교형 A/D 변환기는 내부에서 D/A변환기로 발생시킨 전압이 아날로그 입력전압보다 커질 때까지 비교하는 방식으로, D/A 변환기의 출력을 만들기 위한 계수기를 사용하며, 이 계수기는 변환을 시작할 때 초기화(reset)되고 각 클럭 주기(cycle)마다 1씩 증가되는 구조를 갖는다. 비교기는 D/A 변환기의 출력이 아날로그 입력전압을 초과하는 순간 계수기의 동작을 정지키시며, 이 마지막의 계수 값이 디지털로 변환된 출력 값이 된다.

이 방식의 장단점은 아래와 같다.

- 회로가 비교적 간단하다.
- 변환시간이 길고 입력신호의 크기(amplitude)에 따라서 변환시간이 달라짐 : 즉, n-bit변환기의 경우 입력신호가 Full scale 이면 변환시간이 가장 길어져서 2n 클럭 주기가 필요하게 된다.

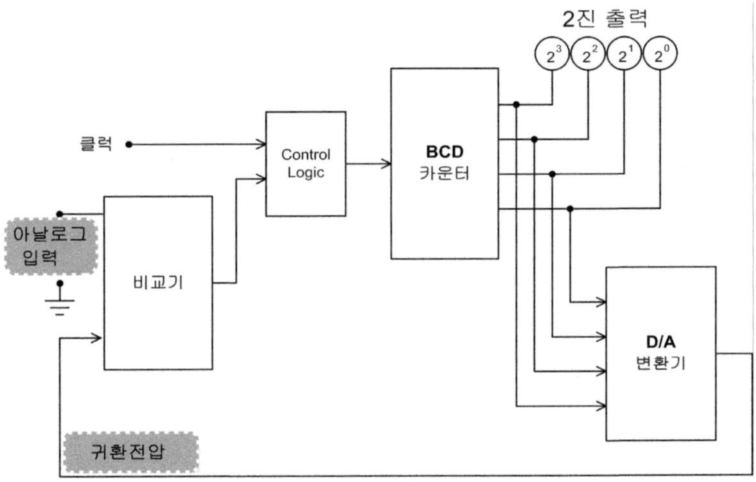

[그림 9.5] 계수 비교형 ADC

▶ 축차 근사형 ADC

축차 비교형 또는 축차 근사형 A/D 변환기(successive approximation ADC)는 계수형과 유사해 보이나 계수기 대신에 SAR(successive approximation register)를 사용하여 이를 순차적으로 증가시키는 것이 아니라 최상위 비트(MSB)부터 순서대로 최하위 비트(LSB)로 수정하여 가는 방법으로 DAC의 출력을 훨씬 빨리 아날로그 입력전압에 근사 시킨다. [그림 9.6] (b)와 같이 100→110→111→110의 과정으로 최종적인 디지털 변환 출력 110을 얻는다.

따라서 변환시간이 빠르고 회로도 간단하여 현재 저가형이면서 분해능이 높은 범용 A/D 변환기에 가장 널리 사용되고 있다. 그러나 변환 중에 아날로그 입력 전압이 일정하게 유지되어야 하므로 샘플/홀드 회로가 반드시 필요하다.

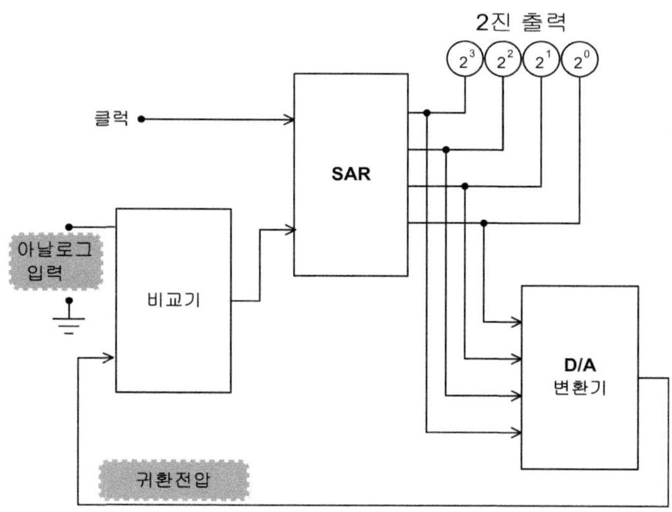

[그림 9.6] (a) 축차 근사형 ADC

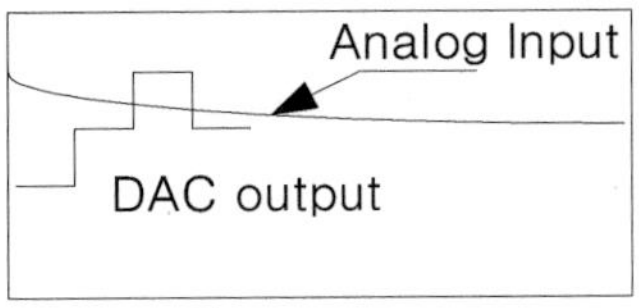

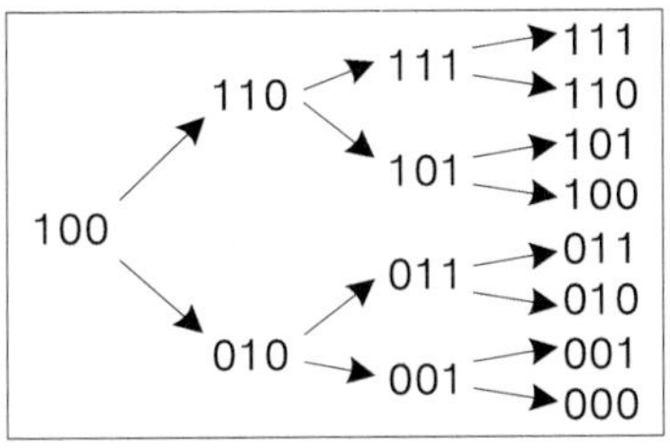

[그림 9.6] (b) 축차 근사형 ADC

▶ 이중 적분형 ADC

이중 적분형 A/D 컨버터(dual-slope integrating ADC)는 일정한 시간 t_1동안 아날로그 입력신호 Vin을 적분하고 나서 계수기를 초기화(reset)한 후에 다시 기준전압 Vref를 적분기의 출력이 0이 될 때까지 적분하여 그 시간 t_2를 측정한다. 그러면 앞의 적분시간 동안의 충전 전하량과 뒤의 적분시간 동안의 방전 전하량은 같아야 하므로

$$t_1 \text{ Vin} = t_2 \text{ Vref}$$

이 되고, 이로부터 입력전압은 다음과 같이 계산된다.

$$\text{Vin} = \frac{t_2}{t_1}\text{Vref}$$

이것은 t_1동안 아날로그 입력신호를 적분하므로 입력신호의 잡음에 대하여도 안정된 변환 특성을 가지나, 두 번의 적분시간 때문에 변환시간이 늦어지는 것이 단점이다. 따라서 이 방식은 디지털 멀티미터(DMM, Digital Multi-Meter)나 디지털 온도계와 같이 매우 저속으로 동작하는 시스템에 많이 사용된다.

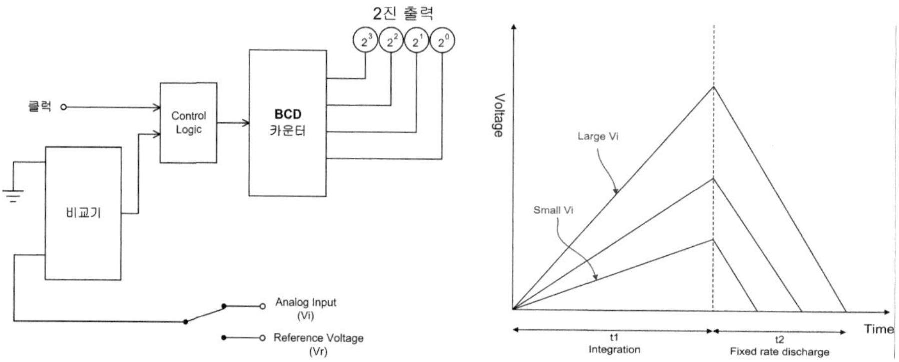

[그림 9.7] 이중 적분형 A/D 변환기

▶ 병렬 비교형 ADC

병렬 비교형 ADC(parallel ADC) 또는 플래시형 ADC(flash ADC)는 아날로그 입력 신호를 여러 개의 사다리형태의 저항배치로 기준전압을 배분한 값과 각각의 비교기로 비교하는 방식을 사용하므로 한 단계로 비교가 완료되어 매우 빠른 변환시간을 갖는다. 그러나 높은 분해능을 갖게 하려면 정밀저항 회로와 비교시의 수가 많아져 회로가 복잡해지고 가격이 비싸지는 것이 단점이다.

이 방식은 가격이 높더라도 매우 빠른 처리속도가 요구되는 영상신호처리, 디지털 메모리 오실로스코프, 레이더 분야에 사용된다.

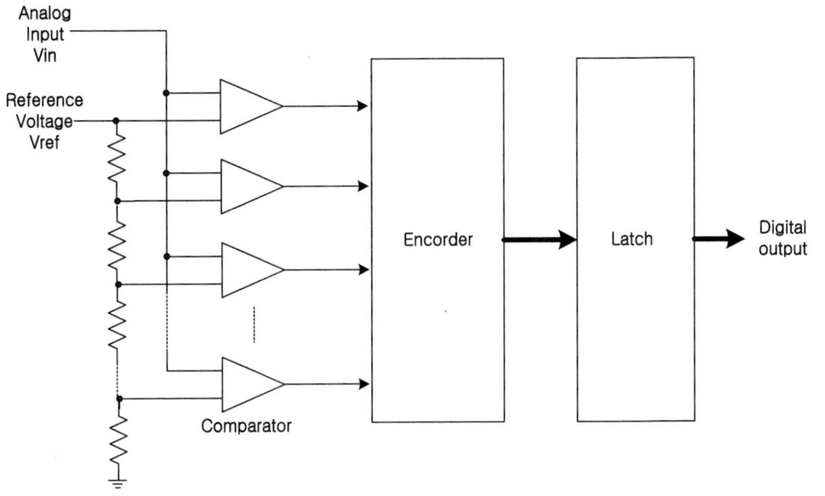

[그림 9.8] 병렬비교형 A/D 변환기

[표 9.1] 주요 ADC의 특성 비교

	이중적분형	추적비교형	축차비교형	병렬비교형
변환시간	가장 늦다	늦다	빠르다	가장 빠르다
분 해 능	중간	낮다	높다	가장 낮다
회로구성	간단	가장 간단	복잡	가장 복잡
가 격	중간	가장 낮다	높다	가장 높다

▶ A/D 변환 오차

- 양자화 오차(Quantization error)

- 1비트의 디지털 값의 변화를 일으키는 아날로그 값의 한계
- 항상 ±0.5LSB로서 일정하며 A/D 컨버터가 가지는 불가피한 오차

- 대처방안 : 분해능 높은 A/D 사용

▪ 오프셋 오차(Offset error)

- 이상적인 디지털 값에서 일정한 양만큼 벗어나는 오차
- 대처방안 : 일정치를 빼거나 더함으로써 S/W적으로 보정

▪ 이득 오차(Gain error)

- 이상적인 값에서 일정한 비율만큼 벗어나는 것인데, 이는 디지털 값이 최대치인 경우의 아날로그 입력과 최대 아날로그 입력인 VREF의 차이로 표현
- 대처방안 : 디지털 값에서 일정치를 곱하거나 나눔으로써 S/W적으로 쉽게 보정

▪ 비선형 오차(INL ; integral non-linearity error)

- 오프셋 오차나 이득 오차를 보상한 후에 디지털 값이 이상적인 값에서 가장 크게 벗어남
- 대처방안 : A/D 컨버터의 사용자가 보정하기 어려움

▪ 차동 비선형 오차(DNL ; differential non-linearity error)

- 1비트의 변화를 발생하는 아날로그 값이 이상적인 경우에서 가장 크게 벗어나는 양

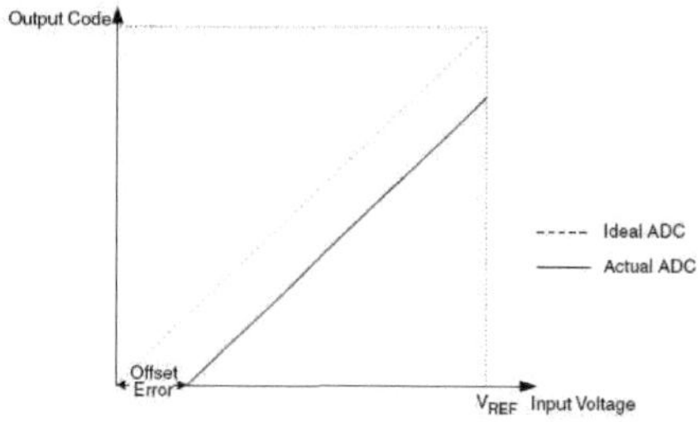

(a) Offset Error

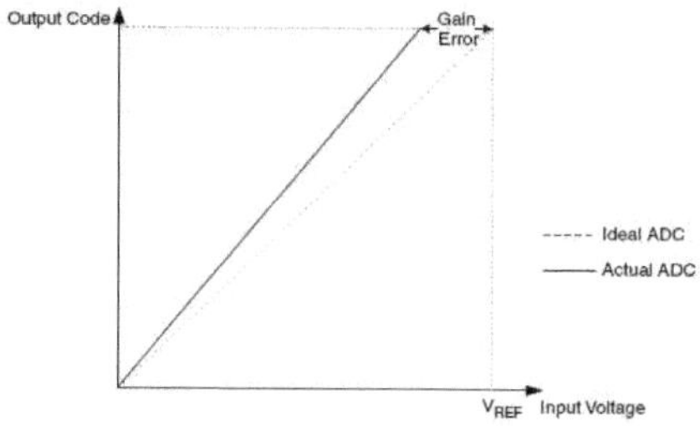

(b) Gain Error

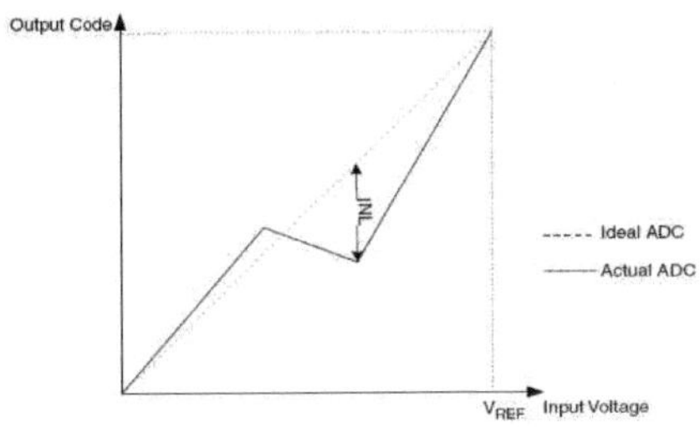

(c) INL Error

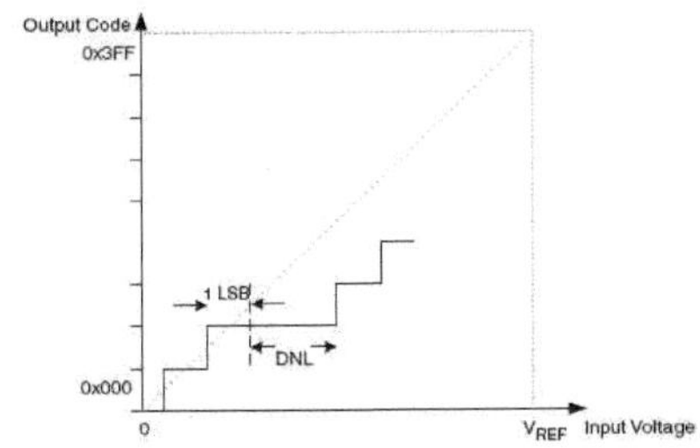

(d) DNL Error

[그림 9.9] AD 변환오차

9.3 ATmega128A의 ADC

▶ ADC 특성

- 8채널 10비트 분해능의 축차비교형(successive approximation) A/D 컨버터 (ADC0～ADC7)
- 포트F와 동일한 단자를 사용
- 변환시간(13us～260us - 50KHz～200KHz)
- A/D 컨버터는 한 개이며 채널을 바꿔가며 아날로그 신호를 입력 받음(내부의 멀티플렉서 사용)
- A/D컨버터의 앞단에는 샘플/홀드 회로를 가지고, A/D변환이 수행되는 동안에는 아날로그 전압을 일정하게 유지
- 각 채널은 8개의 단극성(single ended) 아날로그 입력으로 사용될 수도 있고, 1개의 지정된 핀을 기준으로 하는 7개의 차동(differential) 입력으로 사용될 수도 있다.

- 2가지의 차동입력에 대해서는 입력된 아날로그 신호를 MCU내부에서 10배 또는 200배 증폭하여 A/D 변환할 수도 있다.

- ADC 정확도 성능 향상을 위한 독립 전원 구성
  - AVCC : Analog Supply Voltage
  - AGND : Analog Ground(반드시 GND와 연결)
  - AREF : Analog Reference Voltage

- 입력 전압의 범위
  - 일반 모드 입력전압의 범위(0V～Vref)
  - 차동입력 모드 입력전압의 범위(-Vref ～ Vref)

- 기준전압(Vref)의 범위
  - 전원전압 VCC를 초과할 수 없다.
  - VREF=VGND～VCC
  - 내부기준전압 2.56V

▶ ADC 구성 블록도

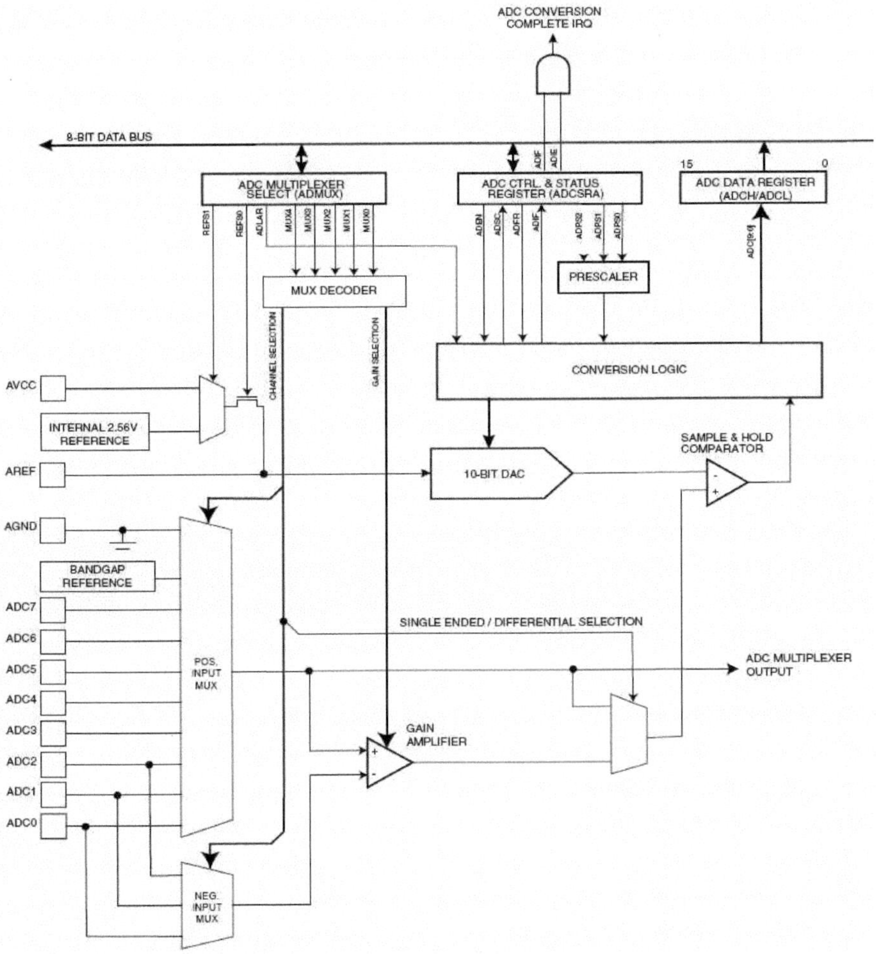

[그림 9.10] A/D 블록 다이어그램

[그림 9.10]의 왼쪽을 보면 아날로그 입력단자로 8개의 채널이 있으며 8채널 멀티플

렉스 아날로그 스위치(multiplex analog swtch)는 ADC Multiplexer의 MUX DECODER에 의해 채널이 선택된 하나의 채널을 선택하여 8-비트 CONVERSION LOGIC 블록으로 전달되어 Successive approximation 방식에 의해 10-비트 디지털 값이 선택된다. 이 디지털 값은 ADC DATA REGISTER에 저장되어 출력단자를 통해 출력된다.

▶ ADC 제어

A/D 컨버터를 제어하기 위해서는 ADC 관련 레지스터(ADMUX, ADCSR, ADCH/L)의 사용법을 알아야 하며, 관련 레지스터로는 아날로그 디지털 멀티플렉서 선택 레지스터(ADMUX)와 아날로그 디지털 컨버터 제어 상태 레지스터(ADCSR)가 있고, ADC의 변환결과를 저장하는 아날로그 디지털 데이터 레지스터(ADCH/L)이 있다. ADMUX는 A/D 신호를 입력받을 채널을 0에서 7까지 선택한다. 그리고, 변환 채널이 선택되면 ADCSR을 설정하여 컨버전 프리스케일러 설정, 컨버터 완료 인터럽트를 설정한다. 모든 설정이 끝나면 전역 인터럽트 플래그를 'SET'하여 인터럽트를 활성화한다. 아날로그 디지털 변환 완료 인터럽트 처리 루틴을 구성한 후, ADCSR의 6번 비트를 SET시켜 A/D 변환을 시작하게 한다.

- ADMUX : 아날로그 입력 채널 선택, 기준전압 소스 선택, 변환결과 저장 형식을 지정하는 기능을 수행

- ADCSR : A/D 컨버터의 동작 설정 및 동작 상태를 표시

- ADCH/L : ADC의 변환결과를 저장

- A/D 컨버터 멀티플렉서 선택 레지스터(ADMUX) :
  - A/D 컨버터의 아날로그 입력 채널을 선택
  - A/D 컨버터의 기준 전압 소스를 선택하거나 변환결과 레지스터의 데이터 저장 형식을 지정

Bit	7	6	5	4	3	2	1	0	
	REFS1	REFS0	ADLAR	MUX4	MUX3	MUX2	MUX1	MUX0	ADMUX
Read/Write	R/W	R/W	R/W	R/W	R/W	R/W	R/W	R/W	
Initial Value	0	0	0	0	0	0	0	0	

- REFS1 ~ 0 (Reference Selection Bit) : A/D 컨버터에서 사용하는 기준전압 선택

[표 9.2] A/D 컨버터에서 사용하는 기준전압(Vref)

REFS1	REFS0	기준전압
0	0	AREF 단자로 입력된 전압을 사용
0	1	AVCC 단자로 입력된 전압을 사용
1	0	예약
1	1	내부의 기준전압 2.56V 사용

- ADLAR (ADC Left Adjust Result) : 변환 결과가 ADC 데이터 레지스터에 저장될 때 좌측으로 끝을 맞추어 저장된다.
- MUX4 ~ 0 (Analog Channel and Gain Selection Bit) : 아날로그 입력 채널 선택 단일 전압 입력

MUX4..0	Single Ended Input	Positive Differential Input	Negative Differential Input	Gain
00000	ADC0	N/A		
00001	ADC1			
00010	ADC2			
00011	ADC3			
00100	ADC4			
00101	ADC5			
00110	ADC6			
00111	ADC7			
01000		ADC0	ADC0	10x
01001		ADC1	ADC0	10x

MUX4..0	Single Ended Input	Positive Differential Input	Negative Differential Input	Gain
01010		ADC0	ADC0	200x
01011		ADC1	ADC0	200x
01100		ADC2	ADC2	10x
01101		ADC3	ADC2	10x
01110		ADC2	ADC2	200x
01111		ADC3	ADC2	200x
10000		ADC0	ADC1	1x
10001		ADC1	ADC1	1x
10010	N/A	ADC2	ADC1	1x
10011		ADC3	ADC1	1x
10100		ADC4	ADC1	1x
10101		ADC5	ADC1	1x
10110		ADC6	ADC1	1x
10111		ADC7	ADC1	1x
11000		ADC0	ADC2	1x
11001		ADC1	ADC2	1x
11010		ADC2	ADC2	1x
11011		ADC3	ADC2	1x
11100		ADC4	ADC2	1x
11101		ADC5	ADC2	1x
11110	1.23V (V_{BG})	N/A		
11111	0V (GND)			

- A/D 컨버터 제어 및 상태 레지스터(ADCSR) :
  - A/D 컨버터의 동작을 설정하거나 동작 상태를 표시하는 기능

Bit	7	6	5	4	3	2	1	0	
	ADEN	ADSC	ADFR	ADIF	ADIE	ADPS2	ADPS1	ADPS0	ADCSRA
Read/Write	R/W	R/W	R/W	R/W	R/W	R/W	R/W	R/W	
Initial Value	0	0	0	0	0	0	0	0	

- ADEN (ADC Enable) : A/D 컨버터 작동유무 지정, '1'일 때 동작
- ADSC (ADC Start Conversion) : 1로 설정 시 A/D 컨버터 변환을 시작하고 변환이 완료되면 0으로 클리어 된다.

- ADFR (ADC Free Running Select) : 프리런닝 모드 설정, ADFR이 1이면 (ADSC = 1 로 설정 하여 한번 변환이 된 후에) 자동 반복적으로 변환동작을 수행한다.
- ADIF (ADC Interrupt Flag) : A/D 변환이 완료되어 A/D 컨버터 데이터 레지스터 값이 갱신되고 나면 이것이 1로 SET되면서 변환완료 인터럽트를 요청
- ADIE (ADC Interrupt Enable) : A/D 변환완료 인터럽트를 개별적으로 허용
- ADPS2~0(ADC Prescaler Select Bit) : A/D 컨버터의 변환시간 설정을 위한 Prescaler설정

[표 9.3] ADC Prescaler 설정 표

분주비	ADPS2	ADPS1	ADPS0
2	0	0	0
2	0	0	1
4	0	1	0
8	0	1	1
16	1	0	0
32	1	0	1
64	1	1	0
128	1	1	1

- A/D 컨버터 데이터 레지스터 (ADCH, ADCL):
  - A/D converter의 변환 결과를 저장
  - 단극성 입력: 10비트 양의정수 (0~1023)
  - 차동 입력: 10비트 2의 보수 (-512 ~ 511)
  - 하위바이트(ADCL) 먼저 읽고, 상위바이트(ADCH) 나중에 읽음

- ADMUX 레지스터의 ADLAR = 0인 경우

Bit	15	14	13	12	11	10	9	8	
	–	–	–	–	–	–	ADC9	ADC8	ADCH
	ADC7	ADC6	ADC5	ADC4	ADC3	ADC2	ADC1	ADC0	ADCL
	7	6	5	4	3	2	1	0	
Read/Write	R	R	R	R	R	R	R	R	
	R	R	R	R	R	R	R	R	
Initial Value	0	0	0	0	0	0	0	0	
	0	0	0	0	0	0	0	0	

- ADMUX 레지스터의 ADLAR = 1인 경우

Bit	15	14	13	12	11	10	9	8	
	ADC9	ADC8	ADC7	ADC6	ADC5	ADC4	ADC3	ADC2	ADCH
	ADC1	ADC0	–	–	–	–	–	–	ADCL
	7	6	5	4	3	2	1	0	
Read/Write	R	R	R	R	R	R	R	R	
	R	R	R	R	R	R	R	R	
Initial Value	0	0	0	0	0	0	0	0	
	0	0	0	0	0	0	0	0	

- A/D 컨버전 설정 순서
  - ADMUX로 A/D 신호를 입력받을 채널을 0에서 7까지 선택
  - ADCSR로 컨버전 프리스케일러 설정, 컨버전 완료 인터럽트를 설정
  - 전역 인터럽트 플래그를 'SET'하여 인터럽트 활성화
  - 아날로그 디지털 변환 완료 인터럽트 처리 루틴을 구성한 후 ADCSR의 6번 비트를 셋하여A/D 변환을 시작
  - 변환 완료 플래그를 주기적으로 점검하거나 아날로그 디지털 컨버전 완료 인터럽트를 이용하여 A/D컨버전 이후의 데이터 처리 루틴을 구성
  - 반드시 ADCL(하위 데이터)를 먼저 읽어서 저장한 다음에 ADCH(상위 데이터)를 저장

- ADC 변환결과
  - 단극성 입력

    V_i : 멀티플렉서로 선택된 단극성 아날로그 입력전압

    V_REF: 선택된 기준전압

    10비트 양의정수: 0(0x0000)~1023(0x03FF)

    0x0000: V_i = V_GND

    0x03FF: V_i = V_REF - 1 LSB

$$ADC = \frac{V\_i \cdot 1024}{V_{REF}}$$

  - 차동 입력

    V_POS/V_NAG : 멀티블렉서로 선택된 차동 아날로그 입력의 양극성/음극성 단자 전압

    GAIN: 아날로그 전압의 이득 (1, 20, 200)

    10비트 2의 보수법: -512(0x0200) ~ 511(0x01FF)

    GAIN 1인 경우, 0x0000: V_i = V_GND(0)

    0x01FF: V_i = V_REF - 1 LSB

    0x0200: V_i = -V_REF

$$ADC = \frac{(V_{POS} - V_{NAG}) \cdot GAIN \cdot 512}{V_{REF}}$$

- 잡음 제거 방법
  - 아날로그 입력은 최소한으로 짧게 하고 잡음의 영향이 없도록 회로를 구성한다.
  - 아날로그 전원단자 AVCC(아날로그 전원)에 VCC(디지털 전원)를 인가 할 때는 LC필터를 거쳐 안정화 시킨다.

- 아날로그 회로의 모든 접지는 AGND(아날로그 접지)에 접지하여 한 포인트에서만 GND(디지털 접지)와 접속한다.
- ADC 동작 중에는 병렬 I/O포트의 논리 상태를 스위칭하지 않는다.
- 잡음에 민감한 아날로그 소자의 ADC의 경우에는 ADC 노이즈 제거모드(Noise Reduction mode)를 사용한다.
- 잡음이 심하여 결과 값의 변동이 심하면 디지털 필터를 사용하거나 평균치를 구하여 사용한다.

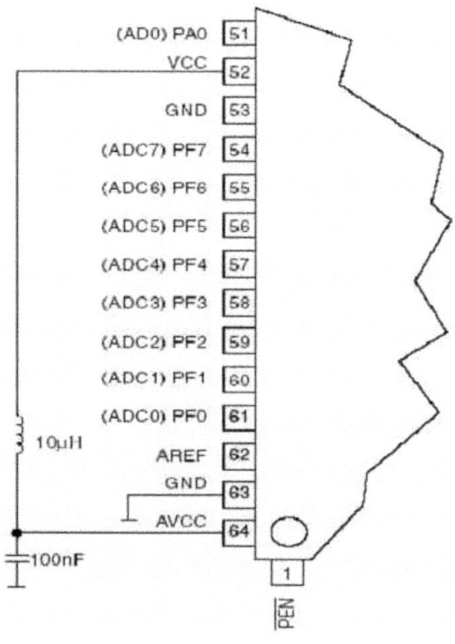

[그림 9.11] AVCC의 LC필터를 통한 VCC인가 방법

▶ 외부전압을 ADC변환을 통해 표현

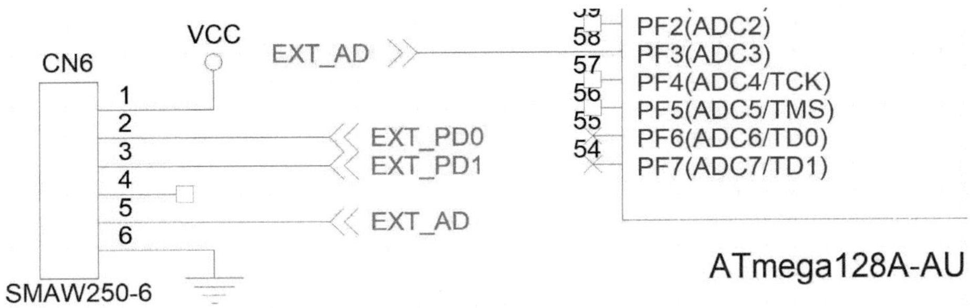

[그림 9.12] PF3(ADC3)번 입력 회로

- 외부전압을 입력하는 곳은 CN6의 5번(+)과 6번(-)으로 외부전압을 **입력한다.**
- CN6의 3번에 입력된 전압이 ADC-IN0을 통해 ATmega128A에 입력되어서 ADC를 통해 표현된 값을 LED와 모니터링을 통해 표시하고자 **한다.**
- AD변환 값을 이용하여 실제 전압 값 구하는 식을 알아보면 입력전압 값은 0 ~ +5V이고 10비트로 AD변환을 하여 0부터 1023까지 변환 된다.
  그러므로 x축이 0일 때 y축은 0V이고 x축이 1023일 때 y축은 +5V이다.
  식은 다음과 같다.

$$Actual = Adresult \times \frac{5.0}{1023.0}$$

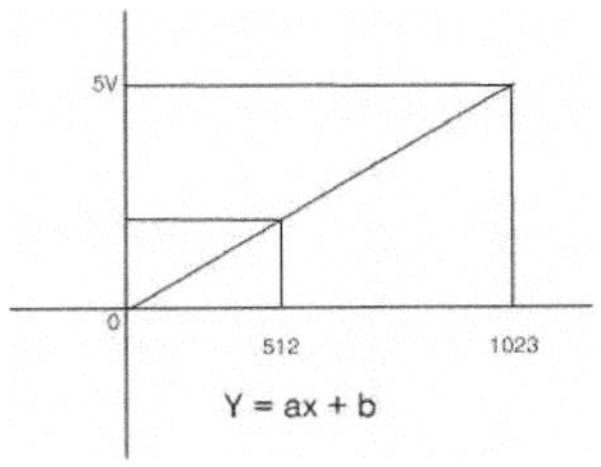

실험 9-1

ADC3번 채널에서는 외부 전압이 입력된다. 아래의 예제는 ADC의 3번 채널에 0V에서 +5V의 전압이 입력되었을 때 A/D변환 후의 전압을 7-Segment와 모니터링으로 확인 할 수 있는 프로그램이다.

```
#include <iom128.h>
#include <ina90.h>
#include "DebugAtmega128.h"

#define SEG_CLK PORTG_Bit3  //PG3
#define SEG_S0  PORTE_Bit3  //PE3 : Active High
#define SEG_S1  PORTE_Bit5  //PE5 : Active High
#define SEG_S2  PORTE_Bit6  //PE6 : Active High
#define SEG_S3  PORTE_Bit7  //PE7 : Active High

typedef unsigned char byte;
float Actual=1.0;
byte Ad_ok=0, pos=1, Seg_1V=0, Seg_100mV=0, Seg_10mV=0, Seg_1mV=0;
byte Seg_num[10] = {0x3F, 0x06, 0x5B, 0x4F, 0x66, 0x6D, 0x7D,
                    0x07, 0x7F, 0x6F};
byte Dot=0x80, Value_100mV=0, Value_1mV=0, T3m_Sec=0, T3m_Flag=0;
unsigned int Ad_result=0;

void Voltage_To_Seg(void);
void Seg_Display(void);

void main(void)
{
      AtMg128DebugInit();

      DDRA = 0xff;
```

```
    DDRE = 0xf8;
    DDRG = 0xff;

    TCCR0 = 0x0D;       //CTC, 128분주
    OCR0 = 125-1;       //16Mhz/128/125 = 1000 (1ms)
    TIMSK = 0x02;       //Timer0 비교매치 인터럽트 enable

    ADMUX = 0x43;       //ADC3번 입력채널 선택
    ADCSR = 0xcf;       //ADC 모듈 enable, AD변환 시작
                        // ADC interrupt enable, 분주비:128

    __enable_interrupt();

    while(1)
    {
        if(Ad_ok)
        {
            Ad_ok = 0;          //5.0V, 2^10 - 1 = 1023
            Actual = ((float)Ad_result) * 5.0 / 1023.0;
        }
        Voltage_To_Seg();
        Seg_Display();
    }
}

void Voltage_To_Seg(void)
{
    Value_100mV = Actual*10;        //float변수를 byte형으로 변환
    Value_1mV = (byte)(((float)Ad_result)*5.0*100.0/1023.0) % 100;

    Seg_1V = Value_100mV / 10;
    Seg_100mV = Value_100mV % 10;
```

```
        Seg_10mV = Value_1mV / 10;
        Seg_1mV = Value_1mV % 10;
}

void Seg_Display(void)
{
        if(T3m_Flag)
        {
                T3m_Flag=0;
                switch(pos)
                {
                        case 0x01 :
                                PORTA = Seg_num[Seg_1V] + Dot;
                                SEG_S1 = SEG_S2 = SEG_S3 = 0;
                                SEG_S0 = 1;
                                break;

                        case 0x02:
                                PORTA = Seg_num[Seg_100mV];
                                SEG_S0 = SEG_S2 = SEG_S3 = 0;
                                SEG_S1 = 1;
                                break;

                        case 0x04:
                                PORTA = Seg_num[Seg_10mV];
                                SEG_S0 = SEG_S1 = SEG_S3 = 0;
                                SEG_S2 = 1;
                                break;

                        case 0x08:
                                PORTA = Seg_num[Seg_1mV];
                                SEG_S0 = SEG_S1 = SEG_S2 = 0;
```

```
                    SEG_S3 = 1;
                    break;
                default : break;
            }

            if(pos == 0x80)
                pos = 0x08;
            else if(pos == 0x08)
                pos = 0x01;
            else
                pos <<= 1;
        }
}

#pragma vector = TIMER0_COMP_vect
__interrupt void TIMER0_COMP(void)
{
    SEG_CLK=0;

    if(++T3m_Sec >= 3)
    {
        T3m_Sec=0;
        T3m_Flag=1;
        SEG_CLK=1;
    }
}
```

```
#pragma vector = ADC_vect
__interrupt void ADC_conversion_done(void)
{
        Ad_result = ADC;          //10bit 값
        Ad_ok=1;
        ADCSR |= 0x40; //AD변환 시작
}
```

※ 실험 9-1의 예제로 프로그램을 수행하여 모니터링 할 때 A/D 변환 후의 값이 일정하지 않고 불안정하게 값이 계속 바뀌는 것을 관찰할 수 있다. 따라서 아래와 같이 소스를 추가하여 평균값을 Ad_result에 넣어주면 값이 비교적 일정하다.

```
#pragma vector ADC_vect
__interrupt void ADC_conversion_done(void)
{
        Ad_sum += ADC;
        if(++Ad_cnt>=1024)
        {
                Ad_cnt = 0;
                Ad_result = Ad_sum>>10;        //(1024 = 2^10)
                Ad_sum = 0;
                Ad_ok=1;
        }
        ADCSR |= 0x40;
}
```

실험 9-2

ADC3번 채널에서는 외부 전압이 **입력된다.** 아래의 예제는 ADC의 3번 채널에 0V에서 +5V의 전압이 입력되었을 때 A/D변환 후의 전압을 평균값으로 처리하여 LED와 모니터링으로 확인할 수 있는 **프로그램이다.**

```
#include <iom128.h>
#include <ina90.h>
#include "DebugAtmega128.h"

typedef unsigned char byte;
float Actual=1.0;
byte Ad_ok=0, Led=0;
unsigned int Ad_cnt=0, Ad_result=0;
unsigned long int Ad_sum=0;

void main(void)
{
    AtMg128DebugInit();

    DDRC = 0xff;
    ADMUX = 0x43;    //ADC3번 입력채널 선택
    ADCSR = 0xcf;    //ADC 모듈 enable, AD변환 시작
                     // ADC interrupt enable, 분주비:128

    __enable_interrupt();

    while(1)
    {
        if(Ad_ok)
        {
            Ad_ok = 0;
```

```
                    Actual = ((float)Ad_result) * 5.0/1023.0;
                    Led = ~Ad_result >> 2;    //상위 8bit를 LED로 출력
                    PORTC = Led;
            }
        }
}

#pragma vector = ADC_vect
__interrupt void ADC_conversion_done(void)
{
        Ad_sum += ADC;
        if(++Ad_cnt>=1024)
            {
                Ad_cnt=0;
                Ad_result = Ad_sum>>10;         //(1024 = 2^10)
                Ad_sum = 0;
                Ad_ok=1;
            }
        ADCSR |= 0x40; //AD변환 시작
}
```

※ ATmega128A를 위의 예제대로 다운로드하여 실행하면 약간의 오차가 생길 수 있다. 예를 들어 정확히 5.0000V를 입력해주었는데 A/D 변환 후의 값이 4.9876V가 나오는 경우이다.

이 같은 경우 변수를 추가해주어 Actual의 값에 변화를 준다. 이를 캘리브레이션(Calibration(교정))이라 하며 모니터링을 통하여 변수 값을 구할 수 있다. 간단히 위의 4.9876V가 나오는 경우로 설명하자면 5.0000V를 4.9876V로 나눈 값(약 1.002486165691)을 Actual의 값에 곱해주면 보다 5.0000V에 근접하게 되는 것이다.

▶ 모니터링을 통한 캘리브레이션

1. 디지털 멀티미터 혹은 오실로스코프 등 전압을 계측할 수 있는 장비로 입력되는 전압을 측정한다. (예)디지털 멀티미터로 EXT_AD와 GND사이 2.680V 측정

2. AMCEmul에서 Actual(변수 이름)의 변수형을 float형으로 바꾸어주고 관측한다. (예)AMCEmul로 Acutual 값 모니터링 결과 2.714622V

3. 실제 측정값과 모니터링에서 얻은 결과를 연산한다.
(예)2.680 / 2.714622 = 0.9872461064560738

4. Actual(변수 이름)에 위의 연산 값을 곱해준다. 이 때 변수하나를 생성해주어서 값을 대입해주는 것이 좋다.
(예)float Scale = 0.9872461064560738;
Actual = ((float)Ad_result)*5.0/1023.0*Scale;)

5. 위의 1부터 4까지를 실제 측정값과 모니터링에서 얻은 결과가 같아질 때까지 반복한다. 0.1% 미만의 오차는 도선 및 여타 다른 환경에서 생성되는 오차이므로 +/-연산을 한다.
(예)Actual = ((float)Ad_result)*5.0/1023.0*Scale-0.002)

※ 캘리브레이션 실습

위의 단계를 순서대로 수행하여 실험 9-2의 프로그램을 작성하시오.

▶ 가변저항에 의한 전압변화를 ADC변환을 통해 표현

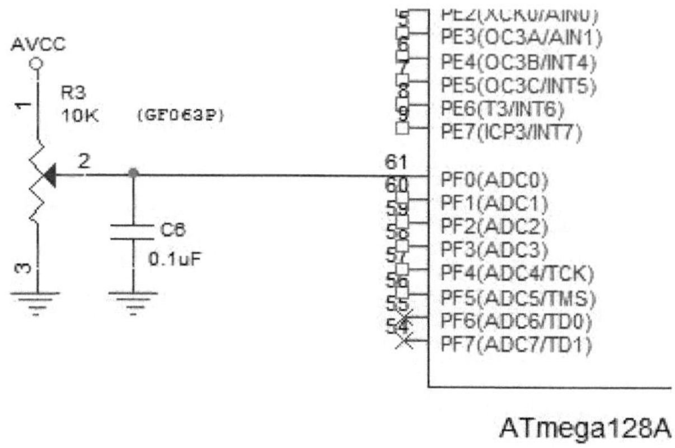

[그림 9.13] PF0(ADC0)번 입력 회로

- 가변저항을 통해 변하는 전압 값이 ADC-0의 입력으로 ATmega128A에 입력되어서 ADC를 통해 표현된 값을 LED와 모니터링을 통해 표시하고자 한다.

- AD변환값을 이용하여 실제 전압 값 구하는 식을 알아보면 입력전압 값은 0~+5V이고 10비트로 AD변환을 하기 때문에 0부터 1023까지 변환 된다. 그러므로 x축이 0일 때 y축은 0V이고 x축이 1023일 때 y축은 +5V이다. 식은 다음과 같다.

$$Actual = ADresult \times \frac{5.0}{1023.0}$$

실험 9-3

ADC0번 채널에서는 AVCC의 전압이 가변저항으로 조절되어 입력된다. 아래는 ADC의 0번 채널에서 A/D변환 후의 전압을 평균값으로 처리하여 LCD와 모니터링으로 확인할 수 있는 프로그램이다.

```
#include <iom128.h>
#include <ina90.h>
#include "DebugAtmega128.h"

typedef unsigned char byte;
#define LCD_BACKLIGHT      PORTB_Bit4
#define LCD_RS             PORTG_Bit2
#define LCD_RW             PORTG_Bit1
#define LCD_EN             PORTG_Bit0

byte Lcd_ini[7] = {0x38, 0x38, 0x38, 0x08, 0x01, 0x06, 0x0c};
byte Disp_data1[16] = {"Analog / Digital"};
byte Disp_data2[16] = {"After ADC 0.000V"};

float Actual=1.0;
float Scale=1.01751575046092013105;
byte Ad_ok=0, BF_Flag=0, Value_100mV=0, Value_1mV=0;
unsigned int Ad_cnt=0, Ad_result=0, BF_Ad_result=0;
unsigned long int Ad_sum=0;

void Lcd_init(void);
void Busy(void);
void Lcd_write(byte line, byte disp_data[]);
void ADC_Display(void);

void main(void)
```

```
{
        AtMg128DebugInit();

        DDRB=0x10;
        DDRG=0xff;
        DDRA=0xff;

        Lcd_init();
        LCD_BACKLIGHT=1;        //Backligt ON  PB4  active high

        ADMUX = 0x40;    //ADC0번 입력채널 선택
        ADCSR = 0xcf;    //ADC 모듈 enable, AD변환 시작
                         // ADC interrupt enable, 분주비:128

        __enable_interrupt();

        while(1)
        {
                if(Ad_ok)
                {
                        Ad_ok=0;
                        Actual = (((float)Ad_result) * 5.0/1023.0)*Scale;
                }
                Lcd_write(1, Disp_data1);
                ADC_Display();
        }
}

void ADC_Display(void)
{
        Value_100mV = Actual*10;
```

```
        Value_1mV = (byte)(((float)Ad_result)*5.0*100.0/1023.0*Scale)%100;

        Disp_data2[10] = Value_100mV/10 + 0x30;      //ASCII CODE 변환
        Disp_data2[12] = Value_100mV%10 + 0x30;

        Disp_data2[13] = Value_1mV/10 + 0x30;
        Disp_data2[14] = Value_1mV%10 + 0x30;

        Lcd_write(2, Disp_data2);
    }

    void Lcd_init(void)
    {
        byte i;
        for(i = 0; i < 7; i++)
        {
                Busy();
                LCD_EN=1;
                PORTA = Lcd_ini[i];
                LCD_EN=0;
        }
    }

long int Busy_cnt=0;
void Busy(void)
{
        Busy_cnt=0;
        LCD_RS=0;               //instruction register selection
        LCD_RW=1;               //read mode
        LCD_EN=1;               //LCD enable High, busy check mode
        DDRA_Bit7=0;            //PORTA의 7번비트를 입력으로 설정
```

```
        while(1)
        {
                if(++Busy_cnt>=100000)
                      break;
                if(PINA_Bit7==0)
                      break;
        }
        DDRA_Bit7=1;    //PORTA의 7번비트를 출력으로 설정
        LCD_EN=0;       //LCD enable low
        LCD_RW=0;       //write mode
        LCD_RS=0;       //instruction register selection, DR access mode
}

void Lcd_write(byte line, byte disp_data[])
{       //line :1 => 첫번째 Line, 2: => 두번째 Line
        byte i;
        Busy();
        LCD_EN=1;
        if(line == 1)
                PORTA = 0x80;
        else
                PORTA = 0xc0;
        LCD_EN=0;
        for(i = 0; i <16; i++)
        {
                Busy();
                LCD_RW=0;           //write mode
                LCD_RS=1;           //data register selection
                LCD_EN=1;           //DR write & enable mode
                PORTA = disp_data[i];
                LCD_EN=0;           //LCD enable low
```

```
                LCD_RW=0;       //write mode
                LCD_RS=0;       //instruction register, DR access mode
        }
}

   #pragma vector = ADC_vect
   __interrupt void ADC_conversion_done(void)
   {
        Ad_sum += ADC;
        if(++Ad_cnt>=1024)
        {
                Ad_cnt=0;
                Ad_result = Ad_sum>>10;       // 1/1024;
                Ad_sum = 0;
                Ad_ok=1;
        }

        if(BF_Ad_result != Ad_result)
        {
                BF_Ad_result = Ad_result;
                BF_Flag=1;
        }
        ADCSR |= 0x40; //AD변환 시작
   }
```

▶ 조도 센서에 의한 전압변화를 ADC변환을 통해 표현

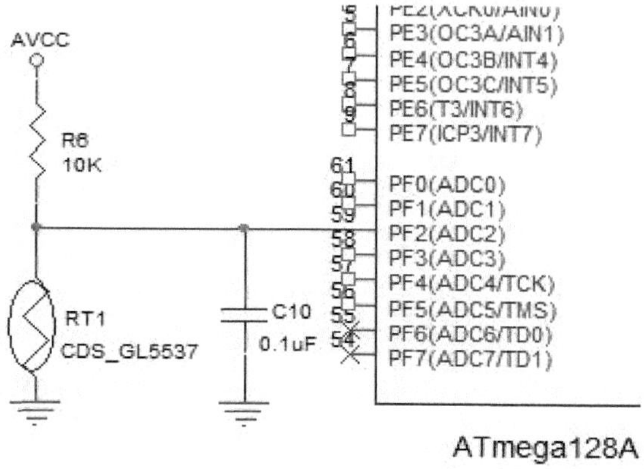

[그림 9.14] PF2(ADC2)번 입력 회로

- 가변저항을 통해 변하는 전압 값이 ADC-0의 입력으로 ATmega128A에 입력되어서 ADC를 통해 표현된 값을 LED와 모니터링을 통해 표시하고자 한다.

- AD변환값을 이용하여 실제 전압 값 구하는 식을 알아보면 입력전압 값은 0~+5V이고 10비트로 AD변환을 하기 때문에 0부터 1023까지 변환 된다. 그러므로 x축이 0일 때 y축은 0V이고 x축이 1023일 때 y축은 +5V이다. 식은 다음과 같다.

$$Actual = ADresult \times \frac{5.0}{1023.0}$$

실험 9-4

ADC2번 채널에서는 AVCC의 전압이 조도 가변저항으로 조절되어 입력된다. 아래는 ADC의 2번 채널에서 A/D변환 후의 전압을 평균값으로 처리하여 LED와 모니터링으로 확인할 수 있는 프로그램이다.

```
#include <iom128.h>
#include <ina90.h>
#include "DebugAtmega128.h"

typedef unsigned char byte;
float Actual=1.0;
byte Ad_ok=0, Value;
byte Led[8] = {0x80, 0xc0, 0xe0, 0xf0, 0xf8, 0xfc, 0xfe, 0xff};
unsigned int Ad_cnt=0, Ad_result=0;
unsigned long int Ad_sum=0;

void main(void)
{
    AtMg128DebugInit();

    DDRC = 0xff;
    ADMUX = 0x42;      //ADC2번 입력채널 선택
    ADCSR = 0xcf;      //ADC 모듈 enable, AD변환 시작
                       // ADC interrupt enable, 분주비:128

    __enable_interrupt();

    while(1)
```

```
        {
                if(Ad_ok)
                {
                        Ad_ok = 0;
                        Actual = ((float)Ad_result) * 5.0/1023.0;
                        Value = (unsigned char)(Ad_result / 128);
                        //Ad_result를 Value값에 대입

                        PORTC = Led[Value];
                }
        }
}

#pragma vector = ADC_vect
__interrupt void ADC_conversion_done(void)
{
        Ad_sum += ADC;
        if(++Ad_cnt>=1024)
        {
                Ad_cnt=0;
                Ad_result = Ad_sum>>10; //1024;
                Ad_sum = 0;
                Ad_ok=1;
        }
        ADCSR |= 0x40; //AD변환 시작
}
```

9.4 온도센서

온도 센서는 가전제품에 있어서 에어컨, 건조기, 냉장고, 전자레인지 등에 사용되고 있으며, 또한 자동차 엔진 제품에 있어서 수온, 습도의 측정에 쓰이고 있고, 화학공장의 용액이나 기체의 온도를 검지하는 데에도 사용되고 있다. 온도를 측정하는 원리는 금속선이나 반도체의 저항 값이 온도에 따라 변화하는 성질을 이용하고, 또는 종류가 다른 금속선의 결합 접점을 가열하면 기전력을 발생하는 현상이 벌어지는데 이러한 성질을 이용하여 저항이나 기전력을 측정하여 온도를 구한다.

==> 온도 ≒ 저항
==> 온도 ≒ 기전력

▶온도센서의 종류

온도센서는 크게 접촉식과 비접촉식으로 분류한다. 접촉식은 측정대상물과의 접촉을 통해 온도를 측정하는 방식으로 (백금)저항온도센서, 서미스터, 열전대, 바이메탈 등 대부분의 센서가 이에 해당하고 비접촉식에는 방사온도계, 광고온도계가 있다.

가. 백금저항 온도센서

온도에 따라 백금의 저항치가 변하는 원리를 이용한 것으로 현존하는 온도 센서 중 가장 정확도가 높아 -260~630℃ 영역에서는 표준온도센서로 사용된다. 대부분 절연물질이 충전된 보호관에 넣어 사용하며 정밀한 측정이 요구되는 염색, 화학공업이나 프로세서 제어용으로 많이 사용하고 있으나 가격이 다소 비싼 것이 흠이다.

백금저항 온도 센서는 저항 대 온도 출력을 나타내며 수동적 기구이므로 가동하는데 1mA 정도만 필요하며, 알파 상수(온도 선형계수 - 온도센서의 성능을 구별하기 위해 특정 온도구간에서의 평균 기울기 : 백금의 경우는0~100℃ 사이의 평균 기울기 값으로 정의)는 0.00385 Ohm/℃이고, 0℃에서의 저항 값은 100 Ohm이다. 알파상수를 수식으로 표현하면 다음과 같다.

$$\alpha = (R_{100} - R_0)/R_0 \times T_{100}$$

여기서, R_{100}은 100℃ 저항, R_0은 0℃ 저항

일반적으로 DIN(독일 국가 규격) 이나 IEC(국제 표준 규격)에서는 α가 0.00385 Ohm/℃인 Pt 100Ω 센서를 사용하고, JIS(일본 공업 규격)에서는 화학적으로 좀 더 순도 있는 α가 0.00392 Ohms/℃를 사용한다.

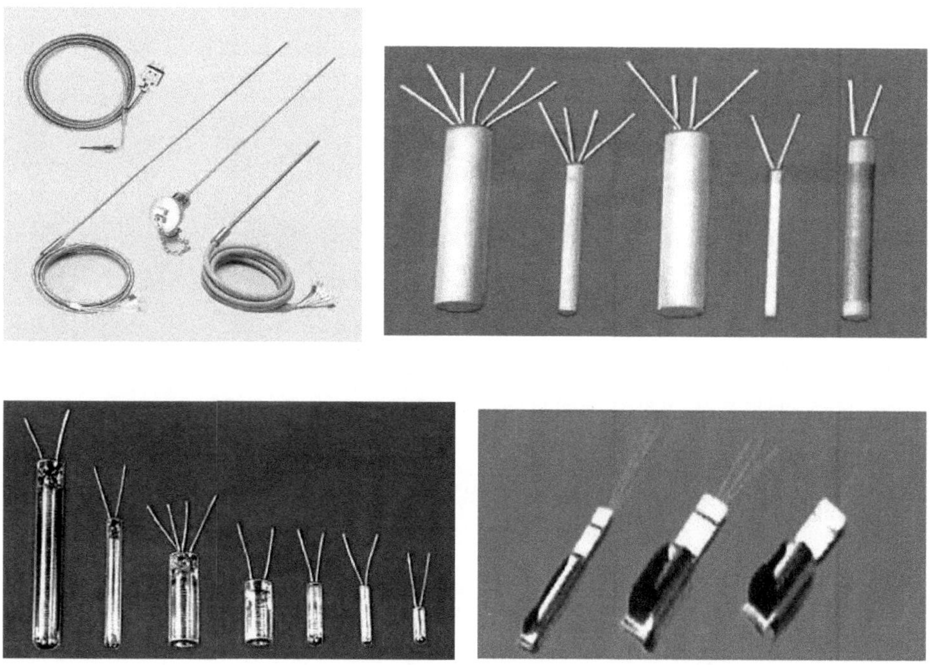

[그림 9.15] 백금 저항 온도 센서의 종류

나. 서미스터(Thermistor)

열에 민감한 저항체 (Thermally Sensitive Resistor)라는 것이며, 금속 산화물을 녹는점 이하로 가열하여 산화물이 서로 밀착하며 고결하면서 만들어지고, 온도에 따라 저항치가 변하는 특성을 이용한 것으로 부특성(NTC - Negative Temperature Coefficient) 서미스터, 정특성(PTC - Positive Temperature Coefficient) 서미스터로 나누어진다. 또한 CTR(Critical Temperature Resistor)로서 음(-)의 온도계수를 가지고 있지만 일반적인 NTC와 달리 특정한 온도에서 저항 값이 급변하는 써미스터도 있다.

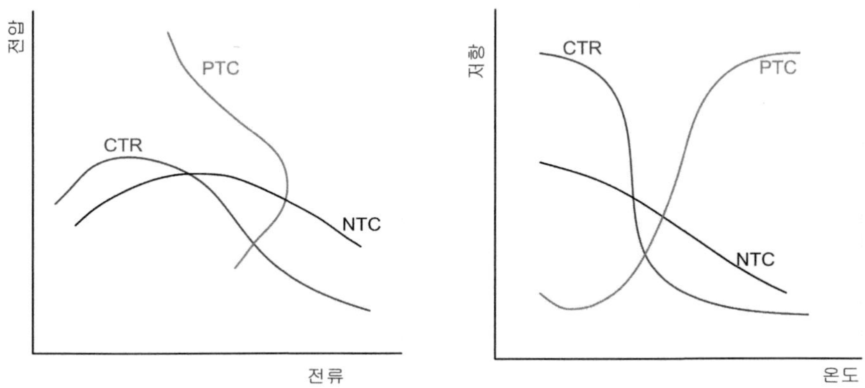

[그림 9.16] 서미스터의 특성 곡선

현재 온도센서로 가장 많이, 그리고 널리 사용되고 있으며 값이 싸고 소형이지만 직선성, 감도, 기준 온도 등이 문제가 된다. NTC 서미스터(온도가 증가함에 따라 저항 값이 급격히 감소)는 주로 온도감지, 온도보상, 액위/ 풍속/ 진공검출, 돌입전류방지, 지연 소자 등으로 사용되고 있으며, PTC 서미스터(온도가 증가함에 따라 저항 값이 급격히 증가)는 모터기동, 자기소거, 정온발열, 과전류보호용으로 사용된다. 최근에는 기술개발의 진보로 극저온, 저온, 고온용의 서미스터들이 개발되어 사용 중에 있으며 응용범위도 폭넓게 확대되고 있다.

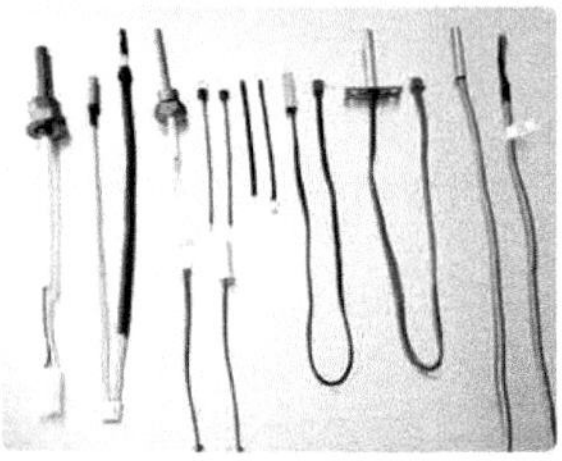

(a) 온도 센서용

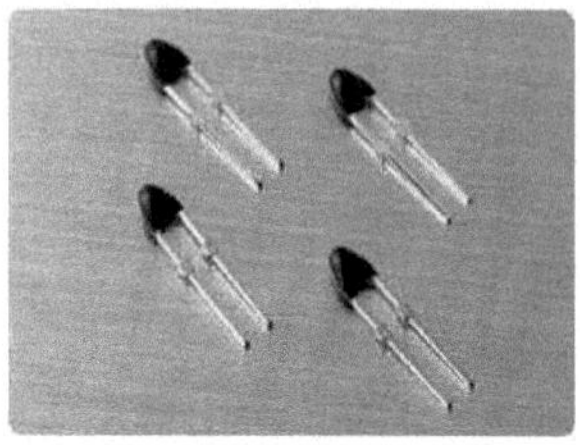

(b) 온도 감지용 서미스터

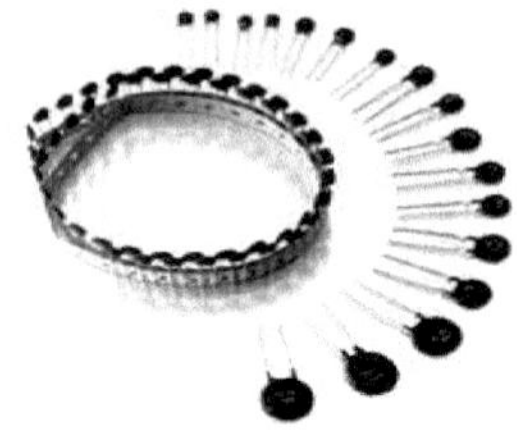

(c) 돌입전류 제한 서미스터

[그림 9.17] 서미스터의 종류

다. 열전대 (Thermocouple)

두 종류 금속선의 접합점 양단에서 발생하는 기전력변화를 이용한 것으로 철강, 발전소, 중화학등 공업용으로 많이 사용되고 있으나 대체로 백금저항 온도센서나 복사 온도계에 비해 정확도가 떨어진다.

그러나 열전대는 630～1064.43℃까지 표준온도측정기로 사용토록 규정되어 있으며, 열전대의 백금선과 로듐선에 보호관을 씌워 산화되지 않도록 하여 사용하며, 아주 고온에서 주로 사용된다. 또한 열전대의 출력신호가 아주 미약하여 항상 증폭기를 필요로 하며, 전기적 외란에 민감한 단점을 가지고 있으며, 일반적으로 사용되는 열전대는 다음과 같이 구분하고 [그림 9.17]은 한국히터의 열전대 온도 센서의 종류를 보여주고 있다.

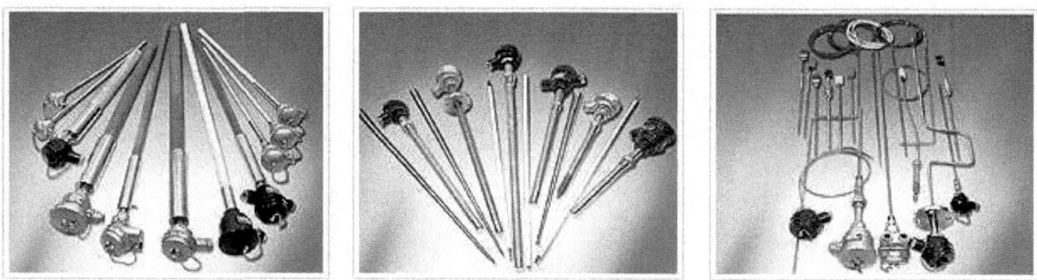

[그림 9.18] 열전대 온도센서의 종류

[표 9.4] 열전대의 종류와 특징

열전대의 종류 및 기호	구성 재료		특징	단점
	+	−		
B	로듐30% 나머지 백금	로듐60% 나머지 백금	1. 1700℃까지의 고온 측정이 가능하다. 2. R에 비해 안정성이 양호하다. 3. R에 비해 환원성 분위기 중에서의 열화가 적다.	1. R에 비해 딱딱하고 가공이 어렵다. 2. 고가
R	로듐13% 나머지 백금	백금	1. 정밀도가 높고 분산이나 열화도 적다. 2. 내약품성, 내산화성이 양호하다. 3. 표준형으로서 사용이 가능하다. 4. 1000℃ 이상의 고온측정이 가능하다. 5. 전기저항이 약하다.	1. 강도가 좋지 않다. 2. 기전력특성의 직선성이 좋지 않다. 3. 환원성 분위기에 약하다. 4. 0℃ 이하의 저온측정이 불가능하다. 5. 고가
S	로듐10% 나머지 백금	백금		
K(CA)	크롬10% 나머지 니켈 (크로멜)	알루미늄, 망간, 규소 등 소량	1. 열기전력특성의 직선성이 좋다. 2. 1000℃이하에서의 내산화성 양호 3 비금속 열전쌍의 안전성 양호	1. 환원성 분위기에 약하다. 2. 귀금속 열전쌍과 비교해서 경시변화 3. 비금속 열전쌍으로서는 고가 4. 전기저항이 높다.
E(CRC)	크롬 10% 나머지 니켈 (크로멜)	니켈45% 나머지 동 (콘스탄탄)	1. 강도가 현용 열전쌍 중에서 최고 2. J와 비교해서 내식내열성 양호 3. K와 비교해서 가격이 저렴하다. 4. 양각비자성	1. 환원성 분위기에 약하다. 2. 전기저항이 높다.
J(IC)	철	니켈45% 나머지 동 (콘스탄탄)	1. 환원성 분위기에서 사용이 가능하다. 2. K보다 20%정도 강도가 높다. 3. K. E와 비교해서 가격이 저렴하다.	1. 특성에 편차가 심하다. 2. 철이 녹슬기 쉽다.
T(CC)	동	니켈45% 나머지 동 (콘스탄탄)	1. 가격이 저렴하고 입수가 용이하다. 2. 극저온에서 측정이 가능하다. 3. 세선가공이 용이하다.	1. 최고 사용온도가 높다. 2. 동이 산화하기 쉽다. 3. 전기저항이 +, −에서 크게 다르다.

라. IC 온도센서

서미스터나 열전대의 단점인 직선성, 감도, 기준 온도 등을 보완한 것이 IC형 온도 센서이다. 이에 대한 크기 및 핀 구성은 [그림 9.18]과 같다.

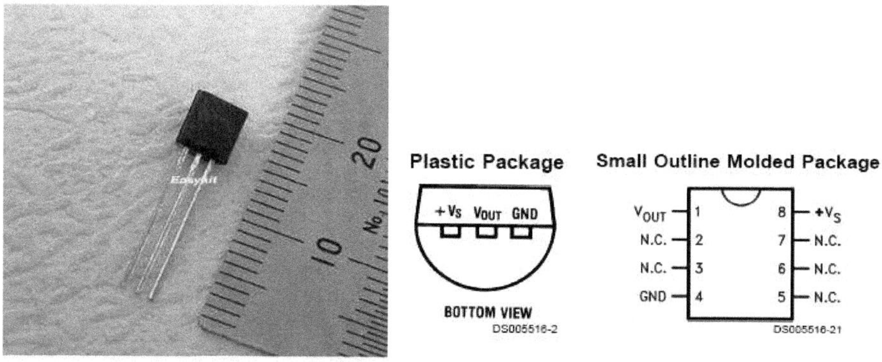

[그림 9.19] IC형 온도센서의 크기와 핀 구성

마. 기타

바이메탈, 감온페라이트, 유리온도계, 수정온도계, NQR 온도계등 많은 종류가 있으나 정밀도가 떨어지고 응용범위가 제한되어 있다. 다만, 수정온도계는 매우 고감도이므로 아직은 특수용도로 많이 사용되고 있다.

▶온도 센서의 응용

가. 전자 체온기

서미스터를 이용한 전자 체온계는 측정 시에 3(V)의 전압을 가해 전류의 온도에 의한 변화를 읽고 1분 동안에 측정된다.

나. 거짓말 탐지기

식은땀에 의한 저항의 변화뿐만 아니라 땀 이외의 체내 반응을 조사하는 것도 조합시켜 거짓말을 발견하는 방법이 취해지고 있다. 거짓말을 하면 호흡이 빨라지고 거칠어지거나, 숨의 내쉼과 들이마심의 간격이 변화하거나 하는 것을 서미스터를 사용하여 검지한다.

다. 연료잔량경보

자동차의 가솔린이 10ℓ 밖에 남아 있지 않으면 10ℓ 액면 각각의 위치에 서미스터를 고정해 두면 가솔린이 10ℓ 이상일 때는 서미스터가 냉각되어 있으나 10ℓ 이하로 되면 서미스터가 공기 중에 노출하게 되어 온도가 올라가서 전류가 많이 흘러 경고등이 켜진다.

[그림 9.20] 온도센서의 응용

▶ LM35DZ

가. 특 징

- 직접적으로 섭씨온도 측정
- 선형적 +10mV/℃스케일 요소
- 상온(25℃)에서 0.5℃ 정밀도 보증
- -55℃～+150℃ 범위 온도 측정

- 웨어퍼층 조정으로 인한 저비용
- 4~30V에서 작동
- 전류 드레인이 60μA 보다 적음
- 공기 중에 낮은 열(0.08℃) 발생
- 단지 ±1/4℃의 전형적인 비선형성
- 1mA에 대한 낮은 임피던스 출력 0.1Ω 부하

나. 전기적 특성

Parameter	Conditions	LM35			LM35C, LM35D			Units (Max.)
		Typical	Tested Limit (Note 4)	Design Limit (Note 5)	Typical	Tested Limit (Note 4)	Design Limit (Note 5)	
Accuracy, LM35, LM35C (Note 7)	T_A=+25°C	±0.4	±1.0		±0.4	±1.0		°C
	T_A=−10°C	±0.5			±0.5		±1.5	°C
	$T_A=T_{MAX}$	±0.8	±1.5		±0.8		±1.5	°C
	$T_A=T_{MIN}$	±0.8		±1.5	±0.8		±2.0	°C
Accuracy, LM35D (Note 7)	T_A=+25°C				±0.6	±1.5		°C
	$T_A=T_{MAX}$				±0.9		±2.0	°C
	$T_A=T_{MIN}$				±0.9		±2.0	°C
Nonlinearity (Note 8)	$T_{MIN}\le T_A\le T_{MAX}$	**±0.3**		**±0.5**	**±0.2**		**±0.5**	°C
Sensor Gain (Average Slope)	$T_{MIN}\le T_A\le T_{MAX}$	**+10.0**	**+9.8, +10.2**		**+10.0**		**+9.8, +10.2**	mV/°C
Load Regulation (Note 3) $0\le I_L\le 1$ mA	T_A=+25°C	±0.4	±2.0		±0.4	±2.0		mV/mA
	$T_{MIN}\le T_A\le T_{MAX}$	**±0.5**		**±5.0**	**±0.5**		**±5.0**	mV/mA
Line Regulation (Note 3)	T_A=+25°C	±0.01	±0.1		±0.01	±0.1		mV/V
	$4V\le V_S\le 30V$	**±0.02**		**±0.2**	**±0.02**		**±0.2**	mV/V
Quiescent Current (Note 9)	V_S=+5V, +25°C	56	80		56	80		µA
	V_S=+5V	**105**		**158**	**91**		**138**	µA
	V_S=+30V, +25°C	56.2	82		56.2	82		µA
	V_S=+30V	**105.5**		**161**	**91.5**		**141**	µA
Change of Quiescent Current (Note 3)	$4V\le V_S\le 30V$, +25°C	0.2	2.0		0.2	2.0		µA
	$4V\le V_S\le 30V$	**0.5**		**3.0**	**0.5**		**3.0**	µA
Temperature Coefficient of Quiescent Current		**+0.39**		**+0.7**	**+0.39**		**+0.7**	µA/°C
Minimum Temperature for Rated Accuracy	In circuit of *Figure 1*, I_L=0	+1.5		+2.0	+1.5		+2.0	°C
Long Term Stability	$T_J=T_{MAX}$, for 1000 hours	±0.08			±0.08			°C

다. 주요 특성 그래프

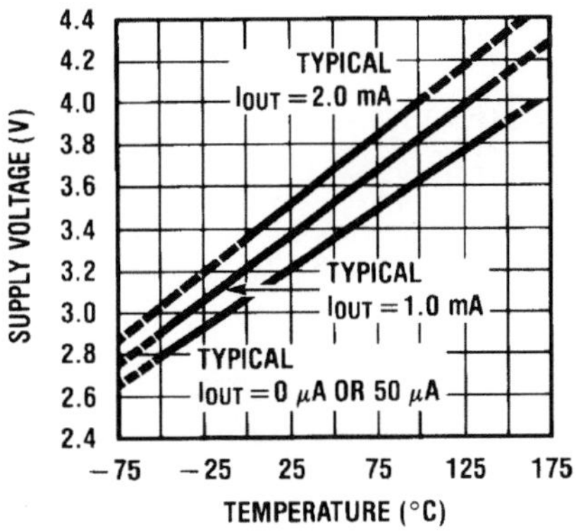

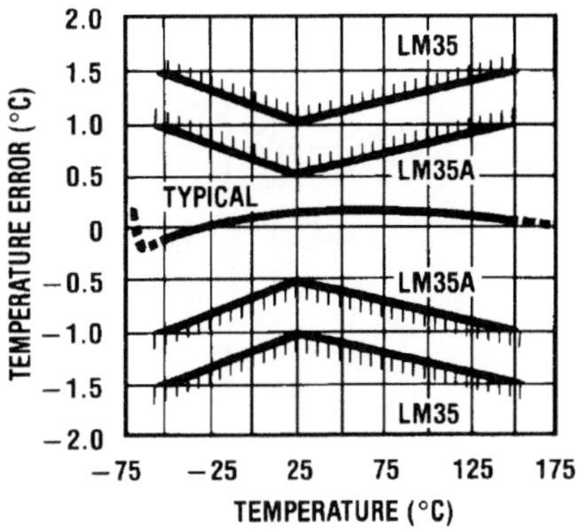

⇨ 첫 번째 그래프에선 온도에 따른 공급 전압이 선형임을 알 수 있고, 두 번째 그래프에선 전형적으로 온도 에러가 ±0.5℃임을 알 수 있다.

▶ 온도센서에 의한 온도변화를 ADC변환을 통해 표현

- [그림 9.20]과 같이 온도센서(LM35D)를 통해 ADC_IN5로 들어오는 신호를 AD 컨버터를 통해서 읽어서 보드에 연결된 LED출력으로 나타내는 실험을 하고자 한다.

(ADC 변환이 완료된 후, 인터럽트를 사용하여 온도 값을 측정한다. 그리고 LED0~3은 Port B의 3~6bit에 연결되어 있고, LED 4~7은 Port D의 4~7 bit에 연결되어 있다.)

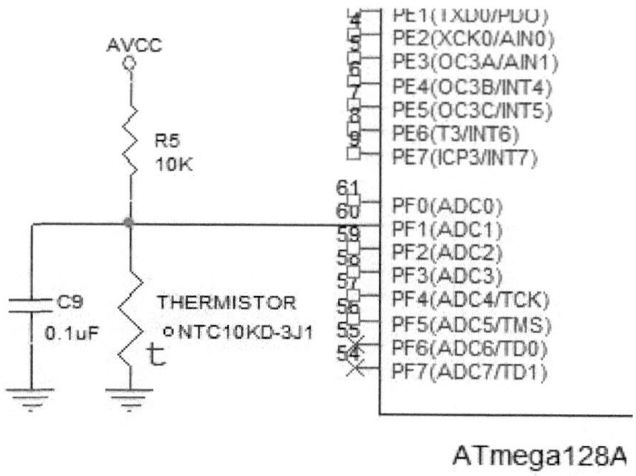

[그림 9.21] PF1(ADC1)번 입력 회로

- AD변환 값을 이용하여 실제 온도 값 구하는 식을 알아보자. 1℃당 0.1v의 출력 전압 값이 변하므로 2℃~50℃의 변화를 표현할 수 있는 온도센서는 0.2V~+5V의 전압이 변하는 것을 이용하여 식을 구할 수 있다.
  AD변환 값은 10비트로 AD변환을 하기 때문에 0부터 1023까지 변환 된다. 그러므로 x축이 0일 때 y축은 0℃ 이고, x축이 1023일 때 y축은 +50℃이다. 이에 대한 직선의 방정식은 다음과 같다.

$$Actual = ADresult \times \frac{50.0}{1023.0}$$

실험 9-5

ADC1번 채널에서는 AVCC의 전압이 온도 가변저항으로 조절되어 **입력된다.** 아래는 ADC의 1번 채널에서 A/D변환 후의 전압을 평균값으로 처리하여 LCD와 모니터링으로 확인할 수 있는 **프로그램이다.**

```
#include <iom128.h>
#include <ina90.h>
#include "DebugAtmega128.h"

typedef unsigned char byte;
#define LCD_BACKLIGHT      PORTB_Bit4
#define LCD_RS       PORTG_Bit2
#define LCD_RW       PORTG_Bit1
#define LCD_EN       PORTG_Bit0

byte Lcd_ini[7] = {0x38, 0x38, 0x38, 0x08, 0x01, 0x06, 0x0c};
byte Disp_data1[16] = {"Analog / Digital"};
byte Disp_data2[16] = {"After ADC 0.000V"};

float Actual=1.0;
float Scale=1.0;
byte Ad_ok=0, BF_Flag=0, Value_100mV=0, Value_1mV=0;
unsigned int Ad_cnt=0, Ad_result=0, BF_Ad_result=0;
unsigned long int Ad_sum=0;

void Lcd_init(void);
void Busy(void);
void Lcd_write(byte line, byte disp_data[]);
void ADC_Display(void);

void main(void)
```

```
{
        AtMg128DebugInit();

        DDRB=0x10;
        DDRG=0xff;
        DDRA=0xff;

        Lcd_init();
        LCD_BACKLIGHT=1;

        ADMUX = 0x41;       //ADC1번 입력채널 선택
        ADCSR = 0xcf;       //ADC 모듈 enable, AD변환 시작
                            // ADC interrupt enable, 분주비:128

        __enable_interrupt();

        while(1)
        {
                if(Ad_ok)
                {
                        Ad_ok=0;
                        Actual = (((float)Ad_result) * 50.0/1023.0)*Scale;
                }
                Lcd_write(1, Disp_data1);
                ADC_Display();
        }
}

void ADC_Display(void)
{
        Value_100mV = Actual*10;
```

```
        Value_1mV = (byte)(((float)Ad_result)*50.0*100.0/1023.0*Scale)%100;

        Disp_data2[10] = Value_100mV/10 + 0x30;         //ASCII CODE 변환
        Disp_data2[12] = Value_100mV%10 + 0x30;

        Disp_data2[13] = Value_1mV/10 + 0x30;
        Disp_data2[14] = Value_1mV%10 + 0x30;

        Lcd_write(2, Disp_data2);
}

void Lcd_init(void)
{
        byte i;
        for(i = 0; i < 7; i++)
        {
                Busy();
                LCD_EN=1;
                PORTA = Lcd_ini[i];
                LCD_EN=0;
        }
}

long int Busy_cnt=0;
void Busy(void)
{
        Busy_cnt=0;
        LCD_RS=0;                   //instruction register selection
        LCD_RW=1;                   //read mode
        LCD_EN=1;                   //LCD enable High, busy check mode
        DDRA_Bit7=0;                //PORTA의 7번 비트를 입력으로 설정
```

```
        while(1)
        {
                if(++Busy_cnt>=100000)
                        break;
                if(PINA_Bit7==0)
                        break;
        }
        DDRA_Bit7=1;      //PORTA의 7번비트를 출력으로 설정
        LCD_EN=0;         //LCD enable low
        LCD_RW=0;         //write mode
        LCD_RS=0;         //instruction register selection, DR access mode
}

void Lcd_write(byte line, byte disp_data[])
{       //line :1 => 첫번째 Line, 2: => 두번째 Line
        byte i;
        Busy();
        LCD_EN=1;
        if(line == 1)
                PORTA = 0x80;
        else
                PORTA = 0xc0;
        LCD_EN=0;
        for(i = 0; i <16; i++)
        {
                Busy();
                LCD_RW=0;               //write mode
                LCD_RS=1;               //data register selection
                LCD_EN=1;               //DR write & enable mode
                PORTA = disp_data[i];
                LCD_EN=0;               //LCD enable low
```

```
            LCD_RW=0;       //write mode
            LCD_RS=0;       //instruction register, DR access mode
        }
}

#pragma vector = ADC_vect
__interrupt void ADC_conversion_done(void)
{
        Ad_sum += ADC;
        if(++Ad_cnt>=1024)
        {
                Ad_cnt=0;
                Ad_result = Ad_sum>>10; //1024;
                Ad_sum = 0;
                Ad_ok=1;
        }
        if(BF_Ad_result != Ad_result)
        {
                BF_Ad_result = Ad_result;
                BF_Flag=1;
        }
        ADCSR |= 0x40;      //AD변환 시작
}
```

학습정리

- 디지털 신호처리를 실시간으로 하려면 먼저 빠른 속도로 아날로그 신호를 디지털 값으로 변환(A/D : analog to digital conversion)하여야 하며, 이때 사용되는 디바이스를 ADC(Analog to digital converter)라고 한다. 또한 처리된 결과가 아날로그 신호로 출력되려면 반대로 디지털 데이터를 아날로그 변환(D/A : digital to analog conversion) 하여야 하며, 이때 사용되는 디바이스를 DAC(Digital to analog converter)라고 한다.

- ADC의 종류에는 계수 비교형 ADC, 축차 근사형 ADC, 이중 적분형 ADC, 병렬 비교형 ADC가 있다.

- Analog to Digital 변환 오차에는 양자화 오차(Quantization error), 오프셋 오차(Offset error), 이득 오차(Gain error), 비선형 오차(INL ; integral non-linearity error), 차동 비선형 오차(DNL ; differential non-linearity error)가 있다.

- ATmega128A ADC는 8채널 10비트 분해능의 축차비교형, 13us~260us의 변환시간을 가지며, 8개의 단극성(single ended) 아날로그 입력으로 사용될 수도 있고, 1개의 지정된 핀을 기준으로 하는 7개의 차동(differential) 입력으로 사용할 수 있다.

- ATmega128A A/D 컨버터를 제어하기 위해서는 ADC 관련 레지스터(ADMUX, ADCSR, ADCH/L)의 사용법을 알아야 하며, 관련 레지스터로는 아날로그 디지털 멀티플렉서 선택 레지스터(ADMUX)와 아날로그 디지털 컨버터 제어 상태 레지스터(ADCSR)가 있고, ADC의 변환결과를 저장하는 아날로그 디지털 데이터레지스터(ADCH/L)가 있다.

과제 9-1

가변저항과 외부 전압에 의한 전압변화를 각각 A/D 변환하여 LCD의 첫째 줄에는 가변저항을 통한 A/D변환, 둘째 줄에는 외부 전압에 의한 A/D변환을 나타내는 프로그램을 작성하시오.

과제 9-2

외부 전압을 A/D변환하여 7-Seg에 소수 셋째 자리까지 나타내는 프로그램을 작성하시오.

제 10 장 외부 인터럽트

10.1 인터럽트(Interrupt)

인터럽트(Interrupt)란 사전적 의미로 보면 어떤 일에 끼어들기를 말할 때 사용한다. 즉 새로운 프로그램을 수행하기 위해 기존의 프로그램을 일시중지 시키고 중단을 요청한 프로그램을 수행한 후에 기존의 프로그램을 수행하는 것을 인터럽트라고 말한다.

마이크로프로세서를 제조하는 회사마다 인터럽트를 말할 때 다른 말로 정의하는 경우가 있는데 주로 '예외처리'라는 말로 사용된다.

인터럽트 서비스 루틴은 요청한 인터럽트가 처리해야 할 프로그램을 말한다. 인터럽트 서비스 루틴을 수행하여 필요한 작업이 종료되면 인터럽트가 발생하였던 지점으로 되돌아와 인터럽트 발생 이전에 처리하던 프로그램을 정상적으로 실행하게 된다.

인터럽트의 발생은 AVR의 내부 동작에 의해 발생 할 수도 있고 외부의 전기적 신호에 의해서 발생할 수도 있다.

(1) 인터럽트의 종류

인터럽트의 종류는 마이크로프로세서에 따라 다르고, 또한 이를 보는 관점에 따라 여러 가지 방법으로 분류할 수 있으나 일반적으로 내부 인터럽트와 외부 인터럽트가 있다.

- 내부 인터럽트

내부 인터럽트는 정의되지 않은 명령의 실행, 영(zero)으로 나눗셈을 시도하는 것과 같은 나눗셈 에러, 보호된 메모리 영역에의 접근 등의 원인에 의해 마이크로프로세서에서 내부적으로 발생되는 인터럽트이다.

- 외부 인터럽트

외부 인터럽트는 타이머에서의 지정된 시간 경과, 입력 장치에서의 서비스 요구, 출력 장치의 작업 종료, DMA 동작의 종료, 멀티 프로세서간의 통신 요구 등 마이크로프로세서와 독립되어 있는 외부장치에 의해 발생되는 순수한 의미에서의 인터럽트이다. 일반적으로 외부에 인터럽트 핀이 있어서 이 핀의 상승에지나 하강에지 또는 Low 레벨에 의해 인터럽트를 발생하는 것을 외부 인터럽트라고 말한다.

(2) 인터럽트의 우선순위 제어

인터럽트는 CPU가 아닌 주변장치의 필요에 의하여 CPU와 비동기적으로 또는 부정기적으로 발생되는 것이 일반적이므로 우연히 2개 이상의 주변장치가 동시에 신호를 보내 인터럽트를 요청하는 경우가 존재할 수 있다. 이러한 경우에 CPU는 이들 인터럽트를 한꺼번에 처리할 수가 없으므로 한번에 1개만의 인터럽트를 선택하여 처리하게 되는데 어떤 인터럽트를 먼저 수행할지를 결정하는 것을 인터럽트 우선순위(priority)라고 한다. 우선순위가 높은 인터럽트가 처리되는 동안에 낮은 순위의 인터럽트는 대기되며, 이것은 높은 순위의 인터럽트 처리가 끝난 후에 다시 순위에 따라 차례로 처리된다.

(3) 인터럽트의 벡터 어드레스

인터럽트들은 각각 프로그램 메모리 공간 안에 있는 분리된 프로그램 벡터를 가지고 있다. 인터럽트 벡터들의 목록 [표 10.1]에 나타내었다. 괄호( ) 안의 어드레스가 낮으면 낮을수록 우선순위는 높아진다.

[표 10.1] 인터럽트 벡터 정의

#define	RESET_vect	(0x00)
#define	INT0_vect	(0x04)
#define	INT1_vect	(0x08)
#define	INT2_vect	(0x0C)
#define	INT3_vect	(0x10)
#define	INT4_vect	(0x14)
#define	INT5_vect	(0x18)
#define	INT6_vect	(0x1C)
#define	INT7_vect	(0x20)
#define	TIMER2_COMP_vect	(0x24)
#define	TIMER2_OVF_vect	(0x28)
#define	TIMER1_COMPA_vect	(0x2C)
#define	TIMER1_COMPB_vect	(0x30)
#define	TIMER1_OVF_vect	(0x34)
#define	TIMER0_COMP_vect	(0x38)
#define	TIMER0_OVF_vect	(0x3C)
#define	SPI_STC_vect	(0x40)
#define	USART0_RXC_vect	(0x44)
#define	USART0_UDRE_vect	(0x48)
#define	USART0_TXC_vect	(0x4C)
#define	ADC_vect	(0x50)
#define	EE_RDY_vect	(0x54)
#define	ANA_COMP_vect	(0x58)
#define	TIMER1_COMPC_vect	(0x5C)
#define	TIMER3_CAPT_vect	(0x60)
#define	TIMER3_COMPA_vect	(0x64)
#define	TIMER3_COMPB_vect	(0x68)
#define	TIMER3_COMPC_vect	(0x6C)
#define	TIMER3_OVF_vect	(0x70)
#define	USART1_RXC_vect	(0x74)
#define	USART1_UDRE_vect	(0x78)
#define	USART1_TXC_vect	(0x7C)
#define	TWI_vect	(0x80)
#define	SPM_RDY_vect	(0x84)
#define	SPM_RDY_vect	(0x88)

(4) 외부 인터럽트

ATmega128A에서 외부 인터럽트라고 하면 8개의 외부핀 INT7~0을 통해 입력되는 신호에 의하여 발생하는 인터럽트를 가리킨다. [그림 10.1]에 ATmega128A의 외부 인터럽트 핀을 나타내었다.

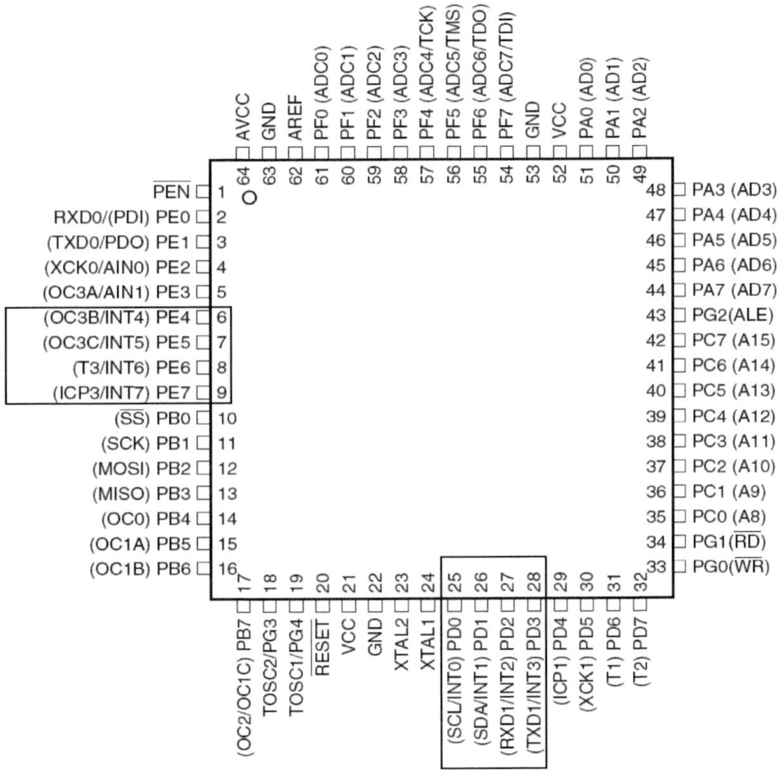

[그림 10.1] 외부 인터럽트 핀

각각의 외부 인터럽트는 L(low)의 논리레벨(low level), 하강 에지(falling edge), 상승 에지(rising edge)에 의하여 트리거(trigger)될 수 있는데, 이러한 인터럽트 트리거 방법은 외부 인터럽트 제어 레지스터 EICRA(INT3~0) 및 EICRB(INT7~4)로 설정한다. 만약 인터럽트가 허용되고 레벨 트리거 방식으로 설정되어 있다면 해당 핀에 L상태가 입력되는 동안 인터럽트가 발생된다. 모든 레벨 트리거 인터럽트와 INT3~0이 하강 또는 상승 에지 트리거 방식으로 설정된 경우에는 인터럽트가 클럭 신호에 관계없이 비동기적으로 검출되므로 이것들은 슬립모드를 해제하는 수단으로 사용할 수 있다.

그러나 INT7~4가 에지 트리거 방식으로 설정되면 이는 I/O 클럭을 필요로 하므로 이것들은 I/O 클럭이 차단되는 아이들 모드 이외의 슬립모드에서는 슬립모드를 해제하는 수단으로 사용할 수 없다. 에지 트리거로 사용하는 인터럽트 신호의 펄스 폭은 최소 t_{INT} = 50ns 이상이어야 한다.

레벨 트리거로 사용되는 인터럽트가 파워다운 모드의 해제 수단으로 사용되는 경우에는 좀더 긴 인터럽트 신호가 요구되는데, 이것은 MCU가 잡음에 대하여 덜 민감하게 해주는 효과가 있다. 레벨 트리거 인터럽트 신호는 워치독 오실레이터에 의하여 2번 샘플링 되는데 L레벨이면 이는 슬립모드를 해제한다.

그러나 만약 이와 같이 슬립모드가 해제되고 나서 기동시간이 경과하기 전에 이 인터럽트 신호가 사라지면 슬립모드의 해제는 이루어지지만 인터럽트는 발생되지 않는다. 슬립모드를 해제하고 인터럽트도 발생되려면 충분히 긴 시간동안 인터럽트 신호가 L상태로 입력되어야 한다.

외부 인터럽트 제어 레지스터 EICRA(External Interrupt Control Register A)는 INT3~0 핀으로 입력되는 신호에 의하여 인터럽트가 트리거 되는 방법을 설정한다. 이는 [그림 10.2]와 [표 10.2]에 나타낸 것과 같이 레벨 트리거 방식 또는 에지 트리거 방식으로 설정할 수 있다.

7	6	5	4	3	2	1	0	
ISC31	ISC30	ISC21	ISC20	ISC11	ISC10	ISC01	ISC00	EICRA
R/W	R/W	R/W	R/W	R/W	R/W	R/W	R/W	
0	0	0	0	0	0	0	0	
INT3		INT2		INT1		INT0		

[그림 10.2] 외부 인터럽트 제어 레지스터 EICRA

[표 10.2] 외부 인터럽트 INT3~0의 트리거 방식 설정

ISCn1	ISCn0	인터럽트 트리거 방식
0	0	INTn 핀의 L레벨 신호(low level) 입력이 인터럽트를 트리거 한다.
0	1	사용하지 않음(reserved)
1	0	INTn 핀의 하강 에지(falling edge)가 인터럽트를 비동기적으로 트리거 한다.
1	1	INTn 핀의 상승 에지(rising edge)가 인터럽트를 비동기적으로 트리거 한다.

외부 인터럽트 제어 레지스터 EICRB(External Interrupt Control Register B)는 INT7~4 핀으로 입력되는 신호에 의하여 인터럽트가 트리거 되는 방법을 설정한다. 이는 [그림 10.3]과 [표 10.3]에 나타낸 것과 같이 트리거 방식 또는 에지 트리거 방식으로 설정할 수 있다.

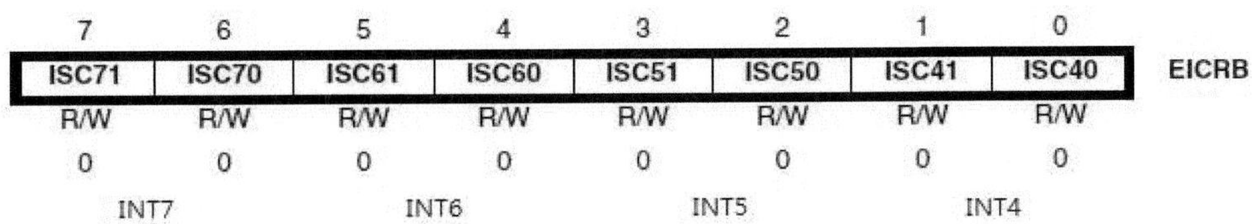

[그림 10.3] 외부 인터럽트 제어 레지스터 EICRB

[표 10.3] 외부 인터럽트 INT7~4의 트리거 방식 설정

ISCn1	ISCn0	인터럽트 트리거 방식
0	0	INTn 핀의 L레벨 신호(low level) 입력이 인터럽트를 트리거 한다.
0	1	INTn 핀의 하강 에지 또는 상승 에지가 인터럽트를 트리거 한다.
1	0	INTn 핀의 하강 에지(falling edge)가 인터럽트를 트리거 한다.
1	1	INTn 핀의 상승 에지(rising edge)가 인터럽트를 트리거 한다.

외부 인터럽트 마스크 레지스터 EIMSK(External Interrupt Mask Register)는 인터럽트 INT7~0을 개별적으로 허용하는데 사용된다. 1로 설정하면 인터럽트 허용,

0으로 설정하면 인터럽트 금지가 된다. 이렇게 개별적으로 허용된 인터럽트는 다시 SREG 레지스터의 글로벌 인터럽트 허용 비트 I가 1로 되어야만 실제로 허용상태가 된다.

외부 인터럽트 플래그 레지스터 EIFR(External Interrupt Flag Register)는 INT7~0핀에 인터럽트 신호가 입력되어 해당 인터럽트가 트리거 되었음을 표시하는데 사용된다. 이 비트들은 인터럽트 처리가 시작되고 마이크로컨트롤러(micro-controller)가 인터럽트 벡터를 인출하여 인터럽트 서비스 루틴으로 점프하게 되면 다시 0으로 클리어 되며, 이를 강제로 0으로 클리어하려면 해당 비트에 1을 라이트(write)해야 한다.

	7	6	5	4	3	2	1	0
EIMSK	INT7	INT6	INT5	INT4	INT3	INT2	INT1	IINT0
	R/W	R/W	R/W	R/W	R/W	R/W	R/W	R/W
	0	0	0	0	0	0	0	0

[그림 10.4] 외부 인터럽트 마스크 레지스터 EIMSK

	7	6	5	4	3	2	1	0
EIFR	INTF7	INTF6	INTF5	INTF4	INTF3	INTF2	INTF1	IINTF0
	R/W	R/W	R/W	R/W	R/W	R/W	R/W	R/W
	0	0	0	0	0	0	0	0

[그림 10.5] 외부 인터럽트 플래그 레지스터 EIFR

[그림 10.4]에서 비트 0의 INT0 비트가 세트("1")이면 외부 인터럽트 INT0이 인에이블 되고 만약 리셋("0")이면 외부 인터럽트 INT0이 디스에이블 된다.

예로서, 외부 인터럽트 INT0과 INT1 2개중 INT0만을 이용할 경우 EIMSK=0x01로 설정하면 된다.

INT1 비트가 세트("1")이면 외부 인터럽트 INT1이 인에이블 되고 만약 리셋("0")이면 외부 인터럽트 INT1이 디스에이블 된다. 예로서, 외부 인터럽트 INT0과 INT1 2개중 INT1만을 이용할 경우 EIMSK=0x02로 설정하면 된다.

10.2 외부인터럽트를 이용한 일반적인 프로그램 형태

* 인터럽트0(INT0)에 대한 인터럽트 함수 호출방법은 다음과 같다.

```
#pragma vector=INT0_vect                    // 고정(수정 불가능)
__interrupt void INT0_interrupt(void)       // 가변(수정 가능)
{
        ......................
}
```

이때 INT0_interrupt(void) 함수이름은 설계자가 자유롭게 정의하여 사용한다.

// 예} __interrupt void ABC(void)

* 인터럽트1(INT1)에 대한 인터럽트 함수 호출방법은 다음과 같다.

```
#pragma vector=INT1_vect
__interrupt void INT1_interrupt(void)
{
        ......................
}
```

-설정해야 할 레지스터

```
EIMSK =0x01; //INT0 개별 인터럽트 인에이블
EICRA =0x03; //INT0 상승 에지
EIFR  =0x01; //INTF0 클리어 ('1'을 쓰면 Flag가 지워짐)

EIMSK =0x01; //INT0 개별 인터럽트 인에이블
EICRA =0x02; //INT0 하강 에지
EIFR  =0x01; //INTF0 클리어 ('1'을 쓰면 Flag가 지워짐)

EIMSK =0x03; //INT0, INT1 개별 인터럽트 인에이블
EICRA =0x0A; //INT0, INT1  하강 에지
EIFR  =0x03; //INTF0, INTF1 클리어 ('1'을 쓰면 Flag가 지워짐)
```

10.3 외부 인터럽트에 대한 응용 프로그램

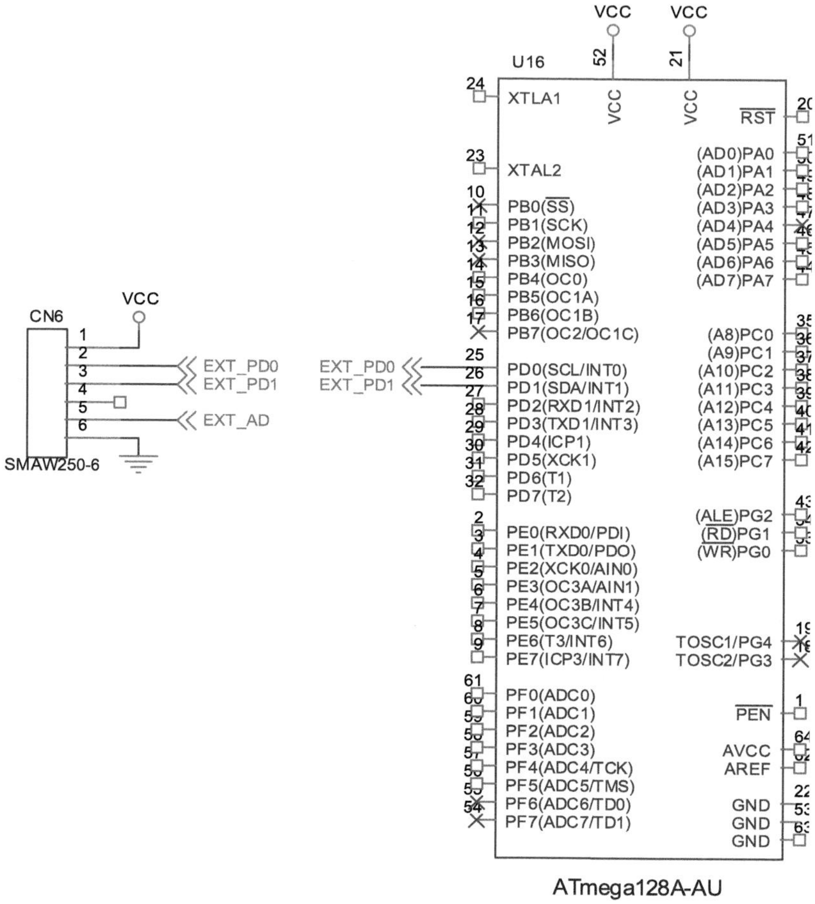

[그림 10.6] AVR ATmega128A의 외부 인터럽트 회로

실험 10-1

다음 예제는 파형 떨림(chattering) 방지를 위해 스위치를 이용한 인터럽트의 실험 예제이다. INT0(PD0) 핀에 PD1핀을 연결한 후에 SW1을 눌러 PD1을 ON/OFF 시키면 (즉, INT0의 인터럽트를 발생하도록 설정한 후) 인터럽트가 발생하여 포트 C에 연결된 LED를 하나씩 이동하는 프로그램을 실험하였다.

```
#include <iom128.h>              //INT0 상승 에지
#include <ina90.h>
#include "DebugAtmega128.h"
unsigned char data=0;
void main(void)
{
    AtMg128DebugInit();

    DDRD= 0xfe;     //PORTD0(INT0)입력, PORTD1(INT1) 출력
    DDRC= 0xff;
    DDRF= 0xef;     //PORTF4(SW0)

    EIMSK =0x01;    //INT0 개별 인터럽트 인에이블
    EICRA =0x03;    //INT0 상승 에지(PINF, PORTD를 모니터링하여 확인)
    EIFR  =0x01;    //INTF0 클리어

    __enable_interrupt();

    while(1)
    {
        if(PINF & 0x10)
            PORTD_Bit1=1;
        else
            PORTD_Bit1=0;;
        PORTC = data;
    }
}

#pragma vector=INT0_vect
__interrupt void INT0_interrupt(void)
{
      data++;
}
```

실험 10-2

다음 예제는 INT1(PD1) 핀에 PD0핀을 연결한 후에 SW1을 눌러 PD0을 ON/OFF 시키면 (즉, INT1의 인터럽트를 발생하도록 설정한 후) 인터럽트가 발생하여 포트 C에 연결된 LED를 하나씩 이동하는 프로그램을 실험하였다.

```
#include <iom128.h>                //INT1 하강 에지
#include <ina90.h>
#include "DebugAtmega128.h"
unsigned char data=0;
void main(void)
{
    AtMg128DebugInit();

    DDRD= 0xfd;     //PORTD0(INT0) 출력, PORTD1(INT1) 입력
    DDRC= 0xff;
    DDRF= 0xef;     //PORTF4(SW0)

    EIMSK =0x02;    //INT1 개별 인터럽트 인에이블
    EICRA =0x08;    //INT1 하강 에지(PINF, PORTD를 모니터링하여 확인)
    EIFR  =0x02;    //INTF1 클리어

    __enable_interrupt();

    while(1)
    {
        if(PINF & 0x10)
            PORTD_Bit0=1;
        else
            PORTD_Bit0=0;
        PORTC = data;
    }
}

#pragma vector=INT1_vect
__interrupt void INT1_interrupt(void)
{
      data++;
}
```

실험 10-3

다음 예제는 INT0(PD0) 핀에 외부 스위치를 연결하고 스위치를 눌러 PD0을 ON/OFF 시키면 (즉, INT0의 인터럽트를 발생하도록 설정한 후) 인터럽트가 발생하여 포트 C에 연결된 LED를 하나씩 이동하는 프로그램을 실험하였다.

```
#include <iom128.h>                    //INT0 하강 에지
#include <ina90.h>
#include "DebugAtmega128.h"
unsigned char data=0;
void main(void)
{
    AtMg128DebugInit();

    DDRD= 0xfe;     //PORTD0(INT0)
    DDRC= 0xff;

    EIMSK =0x01;    //INT0 개별 인터럽트 인에이블
    EICRA =0x02;    //INT0 하강 에지
    EIFR  =0x01;    //INTF0 클리어

    __enable_interrupt();

    while(1)
    {
        PORTC = data;
    }
}

#pragma vector=INT0_vect
__interrupt void INT0_interrupt(void)
{
      data++;
}
```

TIP - 외부 스위치를 연결했을 때 입력파형에서 떨림이 발생하면 [그림10.7]과 같이 스위치의 양단에 커패시터를 연결하도록 한다.

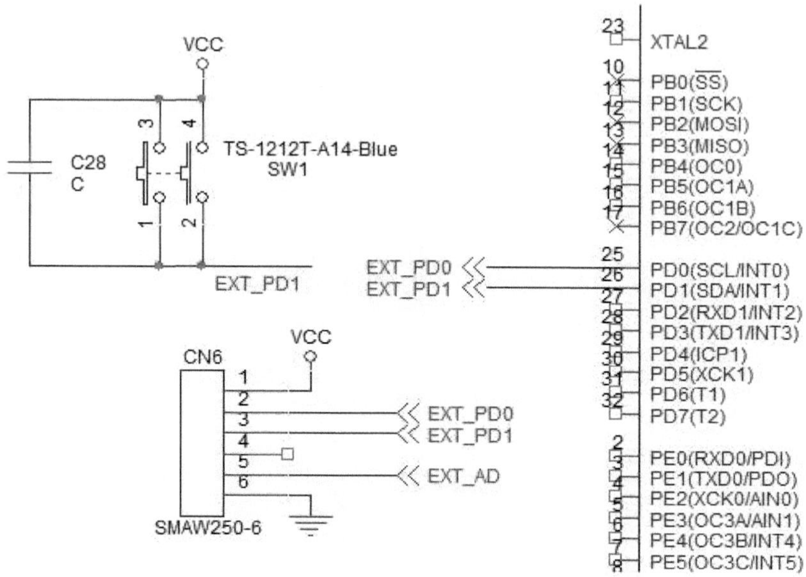

[그림 10.7] 외부 스위치를 이용한 인터럽트

학습정리

- 외부 인터럽트 제어 레지스터 EICRA(External Interrupt Control Register A)는 INT3~0 핀으로 입력되는 신호에 의하여 인터럽트가 트리거되는 방법을 설정한다. 외부 인터럽트 마스크 레지스터 EIMSK(External Interrupt Mask Register)는 인터럽트 INT7~0을 개별적으로 허용하는데 사용된다. 1로 설정하면 인터럽트 허용, 0으로 설정하면 인터럽트 금지가 된다.

- 외부 인터럽트 플래그 레지스터 EIFR(External Interrupt Flag Register)는 INT7~0 핀에 인터럽트 신호가 입력되어 해당 인터럽트가 트리거 되었음을 표시하는데 사용된다.

- #pragma vector=INT0_vect
  __interrupt void INT0_interrupt(void)
  위의 소스는 인터럽트0을 설정하는데 쓰이며 밑줄이 있는 부분은 작성자가 마음대로 바꿀 수 있지만 그 외에는 형식에 맞춰서 써야한다.

문제 10-1

외부의 입력을 받아 INT0 인터럽트를 상승에지에서, INT1인터럽트를 하강에지에서 동작시키는 프로그램을 작성하시오.

문제 10-2

아래의 소스는 INT0(PD0) 핀에 스위치를 연결한 후에 스위치를 누르면 즉, 상승 에지에서 인터럽트를 발생하도록 설정한 후, 인터럽트가 발생하면 포트 C에 연결된 LED를 하나씩 이동하는 동작 소스이다. 잘못된 부분을 고치시오.

```
#include <iom128.h>
#include <ina90.h>
#include "DebugAtmega128.h"
unsigned char data=0;
void main(void)
{
    AtMg128DebugInit();
    DDRC= 0xff;
    EIMSK =0x02;
    EICRA =0x02;
    EIFR  =0x01;
    __enable_interrupt();
    while(1)
    {
        PORTC = data;
    }
}
#pragma vector=INT0_vect
__interrupt void INT0_interrupt(void)
{
      data++;
}
```

정답: EIMSK = 0x01; EICRA = 0x03;

제 11 장 ATmega128A를 이용한 직렬 통신과 응용

11.1 직렬통신(Serial communication)의 기본 개념

마이크로프로세서는 주변장치를 통해서 외부와 정보를 교환할 수 있으며 일반적으로 정보를 외부와 교환하는 방법으로는 크게 병렬통신과 직렬통신 2가지로 나눌 수가 있다.

일반적으로 컴퓨터내의 장치와 정보교환을 할 때는 통상적으로 고속의 통신 속도를 필요로 하여 한꺼번에 많은 정보를 처리할 수 있는 병렬통신 방식을 주로 쓴다.

이는 대량의 정보를 빠른 시간에 한꺼번에 처리함으로써 컴퓨터의 성능을 향상시킬 수가 있기 때문인데 이러한 방법의 대표적인 것이 마이크로프로세서 자체의 정보 처리량을 증가시키는 것이며 이것은 데이터 비트 수로써 나타난다.

80286은 16bit의 외부 데이터 bit, 80386, 80486은 32bit의 외부 데이터 bit, 비록 내부에서는 32bit로 동작하지만 64bit의 외부 데이터 bit를 갖는 펜티엄 계열을 보아도 알 수 있다.

또한, HDD, FDD, VIDEO Card, CD ROM 등이 대표적인 병렬통신 방식을 사용하는 장치이다. 하지만 모든 경우에 병렬통신 방식을 사용할 수는 없다.

그 이유는 통신거리의 제한성, 구현상의 기술적인 어려움과 비용이 너무 비싸다는데 있다. 또한, 어플리케이션 자체가 고속의 통신 속도를 필요로 하지 않을 경우도 많다. 이러한 이유로 컴퓨터가 외부와 통신을 할 때는 직렬통신 방식을 많이 사용한다.

직렬통신 방식이란 데이터 비트(bit)를 1개의 비트 단위로 외부로 송수신하는 방식으로써 구현하기가 쉽고, 멀리 갈 수가 있고, 기존의 통신선로(전화선 등)를 쉽게 활용할 수가 있어 비용의 절감이 크다는 장점이 있다.

직렬통신의 대표적인 것으로 모뎀, LAN, RS232C 및 RS485 등이 있다. 하지만 크게 직렬통신을 구분하면 비동기식 방식과 동기식 방식 2가지로 나누어진다.

많은 사람이 비동기식 통신방식을 RS232C로 알고 있는데 실질적으로 RS232C라는 것은 비동기식 통신 컨트롤러에서 나오는 디지털신호를 외부와 인터페이스 시키는 전기적인 신호 방식의 하나일 뿐이다.

비동기식 통신 컨트롤러를 일반적으로 UART(Universal Asynchronous Receiver/Transmitter)라 부른다. UART에서 나오는 신호는 보통 TTL신호 레벨을 갖기 때문에 노이즈(Noise)에 약하고 통신거리에 제약이 있다. 이러한 TTL신호를 입력받아 노이즈에 강하고 멀리 갈 수 있게 해주는 인터페이스 IC를 LINE DRIVER 및 RECEIVER라 부르며 이중 대표적인 것이 RS232C, RS422 및 RS485 등이 있다.

이들 인터페이스 방식의 특성을 [표 11.1]에 나타내었다.

[표 11.1] 인터페이스 방식의 특성표

사 양	RS232C	RS422	RS485
동작 모드	Single=Ended	Differential	Differential
최대 Driver/Receiver수	1 Driver 1 Receiver	1 Driver 10 Receivers	32 Drivers 32 Receivers
최대 통신거리	약 15m	약 1.2Km	약 1.2Km
최고 통신속도	20Kb/s	10Mb/s	10Mb/s
지원 전송방식	Full Duplex	Full Duplex	Half Duplex
최대 출력전압	±25V	-0.25V to +6V	-7V to +12V
최대 입력전압	±15V	-7V to +7V	-7V to +12V

[표 11.1]에서 알 수 있듯이 RS232C 통신방식은 RS422와 RS485에 비해서 통신 속도가 느리고 통신거리가 짧은 단점이 있으나 동작모드에서 알 수 있듯이 하나

의 신호전송에 하나의 전송선로가 필요하기 때문에 비용절감의 장점이 있다.

그러나 RS422인 경우 하나의 신호전송에 2개의 전송선로가 필요하다. 현재의 RS422 또는 RS485칩의 경우 위의 표에 나와 있는 Driver와 Receiver의 수보다도 훨씬 많이 지원하고 있으며 RS485인 경우 최대 256의 노드를 갖는 칩도 있다.

기본적인 시리얼 통신 장비의 블록 다이어그램을 보면 PC 등에서 나오는 병렬 신호를 직렬 신호로 바꿔주는 UART가 존재하게 된다. 여기서 나오는 직렬 신호는 TTL 레벨 값을 갖기 때문에 노이즈에 약하고 통신거리에 제약을 받게 된다. 이를 극복하기 위해 [그림 11.1]과 같이 각각의 통신 방식에 따른 Driver IC를 사용한다.

각각의 통신 방식은 고유의 특성이 있으며 통신환경에 맞게 선택하여 적용하게 된다.

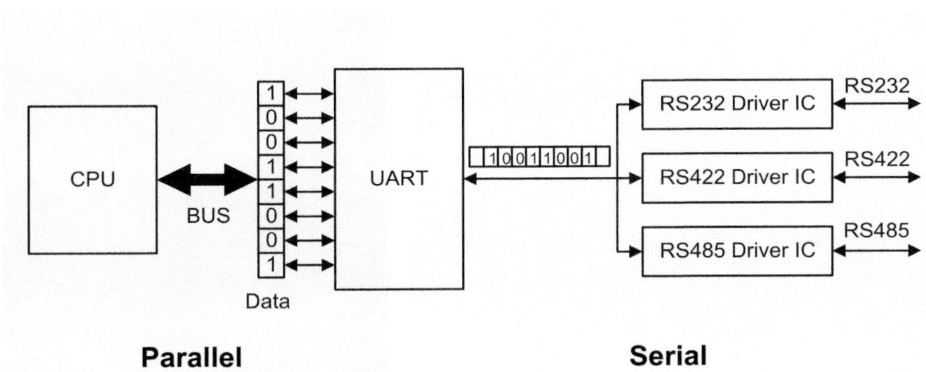

[그림 11.1] 시리얼 통신의 기본 블록 다이어그램

11.1.2 RS232C

RS232C는 직렬 통신방식을 규정하는 권고안으로서, 1969년 미국의 EIA (Electronic Industries Association)에 의해 규정되어 졌으며, “Recommend Standard number 232”의 약어이고, “C”는 표준 규격의 최신판을 나타내는 버전(version)이다.

거의 대부분의 PC의 시리얼 포트는 RS232C의 DSUB 9핀이 표준이다. [그림 11.2]는 RS232C 신호 레벨을 나타낸 것으로 3V 이상의 신호를 논리적으로 0을 나타내며, -3V이하의 전기적 신호가 들어오면 논리적으로 1을 나타내게 된다. 이를 이용하여 디지털적으로 직렬 데이터를 전송 할 수 있다.

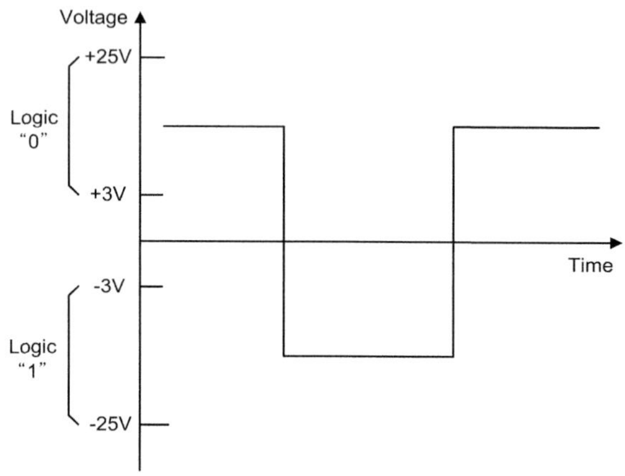

[그림 11.2] RS232C의 신호레벨

RS232C 규약의 내용은 데이터 단말기(DTE: Data Terminal Equipment)와 데이터 통신기(DCE: Data Communication Equipment)사이의 인터페이스에 대한 전기적인 인수, 컨트롤 핸드 쉐이킹, 전송속도, 신호 대기시간, 임피던스 인수 등을 정의하였으나 전송되는 데이터의 포맷과 내용은 지정하지 않으며, DTE간의 인터페이스에 대한 내용도 포함하지 않는다.

RS232C 통신에서 가장 중요한 점은 기준이 필요하다는 것이다. 위에서 말한 3V, -3V등은 기준 값으로 부터 얼마만큼의 에너지를 갖느냐를 나타내는데, 만약 통신하는 두 장비의 기준점이 다르다면 정상적인 통신을 할 수 없다는 말이 된다. 양단에 기준점을 맞춰주는 작업이 GND를 연결 하는 것인데 RS232C 통신은 최소한 3가닥(TXD, RXD, GND)이 연결되어야 정상적인 송수신 작업이 이루어질 수 있다.

그리고 컨넥터의 사양, RS232C 신호선과 케이블 연결 결선도에 대한 내용은 [그림 11.3]과 같다.

(1) 컨넥터(Corrector) 사양

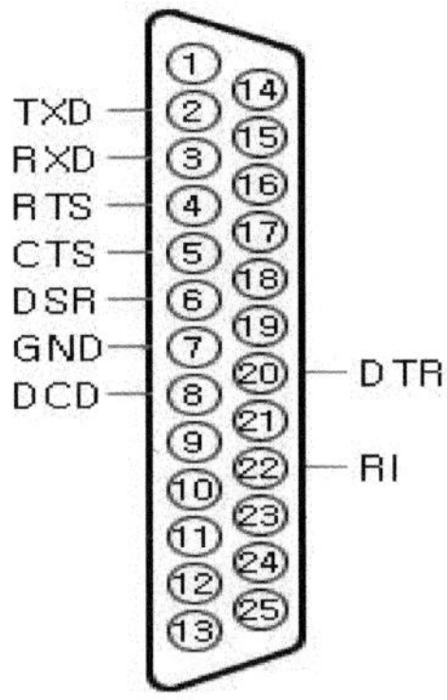

DB-25 RS232C 컨넥터

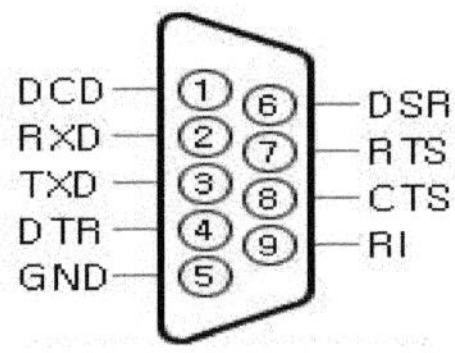

DB-9 RS232C 컨넥터

[그림 11.3] RS232C 컨넥터 사양

(가) 신호선에 대한 설명

- TXD : Transmit Data

:비동기식 직렬통신 장치가 외부 장치로 정보를 보낼 때 직렬통신 데이터가 나오는 신호선이다.

- RXD : Receive Data

:외부 장치에서 들어오는 직렬통신 데이터를 입력받는 신호선이다.

- RTS : Ready To Send

:컴퓨터와 같은 DTE장치가 모뎀 또는 프린터와 같은 DCE장치에게 데이터를 받을 준비가 됐음을 나타내는 신호선이다.

- CTS : Clear To Send

:모뎀 또는 프린터와 같은 DCE장치가 컴퓨터와 같은 DTE장치에게 데

이터를 받을 준비가 됐음을 나타내는 신호선이다.

- DTR : Data Terminal Ready

:컴퓨터 또는 터미널이 모뎀에게 자신이 송수신 가능한 상태임을 알리는 신호선이며 일반적으로 컴퓨터 등이 전원 인가 후 통신 포트를 초기화한 후 이 신호를 출력시킨다.

- DSR : Data Set Ready

:모뎀이 컴퓨터 또는 터미널에게 자신이 송수신 가능한 상태임을 알려주는 신호선이며 일반적으로 모뎀에 전원 인가 후 모뎀이 자신의 상태를 파악한 후 이상이 없을 때 이 신호를 출력시킨다.

- DCD - Data Carrier Detect

:모뎀이 상대편 모뎀과 전화선 등을 통해서 접속이 완료되었을 때 상대편 모뎀이 캐리어신호를 보내오며 이 신호를 검출하였음을 컴퓨터 또는 터미널에 알려주는 신호선이다.

- RI : Ring Indicator

:상대편 모뎀이 통신을 하기 위해서 먼저 전화를 걸어오면 전화벨이 울리게 된다. 이때 이 신호를 모뎀이 인식하여 컴퓨터 또는 터미널에 알려주는 신호선이며 일반적으로 컴퓨터가 이 신호를 받게 되면 전화벨 신호에 응답하는 프로그램을 인터럽트 등을 통해서 호출하게 된다.

(2) **결선도**

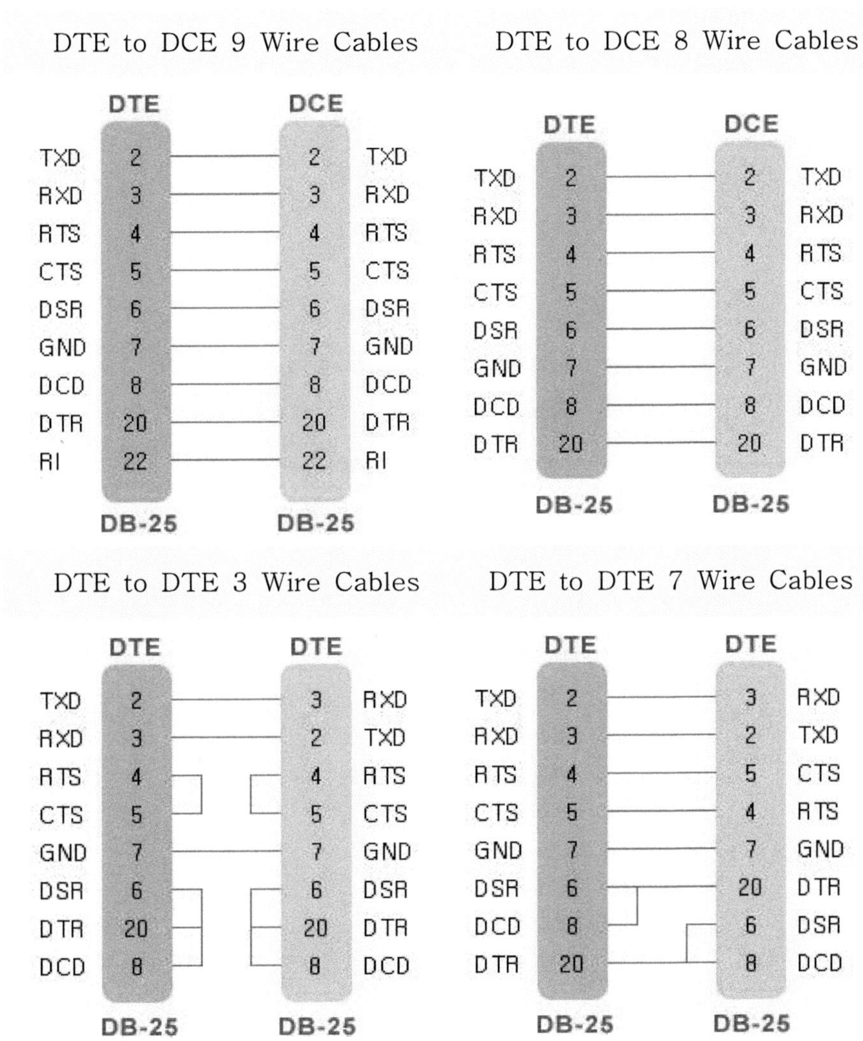
DTE to DCE 9 Wire Cables
DTE
DCE
TXD 2 2 TXD
RXD 3 3 RXD
RTS 4 4 RTS
CTS 5 5 CTS
DSR 6 6 DSR
GND 7 7 GND
DCD 8 8 DCD
DTR 20 20 DTR
RI 22 22 RI
DB-25
DB-25
DTE to DCE 8 Wire Cables
DTE
DCE
TXD 2 2 TXD
RXD 3 3 RXD
RTS 4 4 RTS
CTS 5 5 CTS
DSR 6 6 DSR
GND 7 7 GND
DCD 8 8 DCD
DTR 20 20 DTR
DB-25
DB-25
DTE to DTE 3 Wire Cables
DTE
DTE
TXD 2 3 RXD
RXD 3 2 TXD
RTS 4 4 RTS
CTS 5 5 CTS
GND 7 7 GND
DSR 6 6 DSR
DTR 20 20 DTR
DCD 8 8 DCD
DB-25
DB-25
DTE to DTE 7 Wire Cables
DTE
DTE
TXD 2 3 RXD
RXD 3 2 TXD
RTS 4 5 CTS
CTS 5 4 RTS
GND 7 7 GND
DSR 6 20 DTR
DCD 8 6 DSR
DTR 20 8 DCD
DB-25
DB-25

11.1.3 RS422

기본적으로 RS422는 차동모드(differential mode)로 송수신하게 된다.

차동(Differential)이라는 것은 말뜻 그대로 두 선의 전위 차이를 이용하여 데이터를 보내는 것을 말한다. 즉 두 라인의 전위차가 0.2V이상이 되면 논리적으로 1을, -0.2V이하가 되면 논리적으로 0을 의미하게 된다.

RS422 통신방식에서 가장 중요한 점은 Differential mode로 데이터를 전송한다는 것이다. 이점 때문에 RS232C 통신에 비해 거리 확장이 가능하며 노이즈에 강하다. 또한, GND선 연결 없이도 통신이 가능할 수 있다.

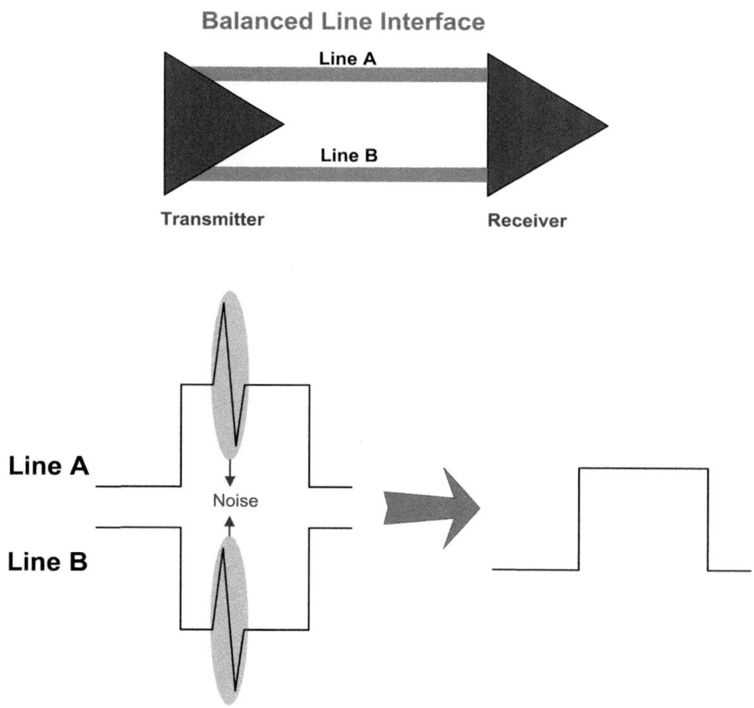

[그림 11.4] RS422의 기본 개념

예를 들어, [그림 11.4]와 같이 통신선로 중간에 노이즈가 발생한다면 Line A, Line B에 동시에 영향을 주게 된다. 하지만 받는 입장(Receiver)에서 보았을 때 두 선이 동시에 영향을 받았다는 것은 보낼 때의 전위차는 유지된다. 그러므로 수신측에서는 Line에서 노이즈가 발생하더라도 동일한 전위 차이를 수신하므로 아무런 문제 없이 데이터 수신이 가능하다.

(1) 컨넥터(Corrector) 사양

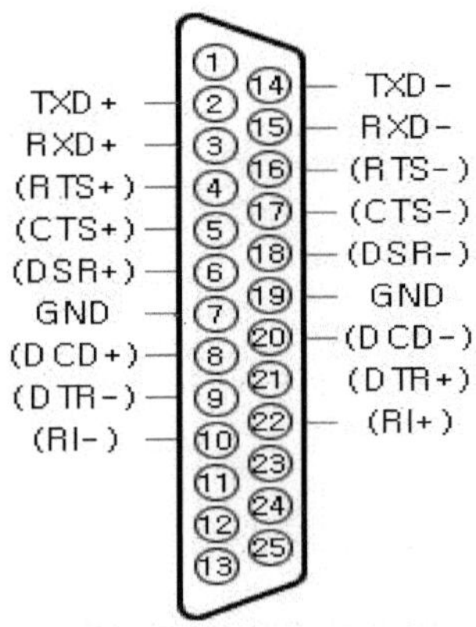

DB-25 RS422 컨넥터

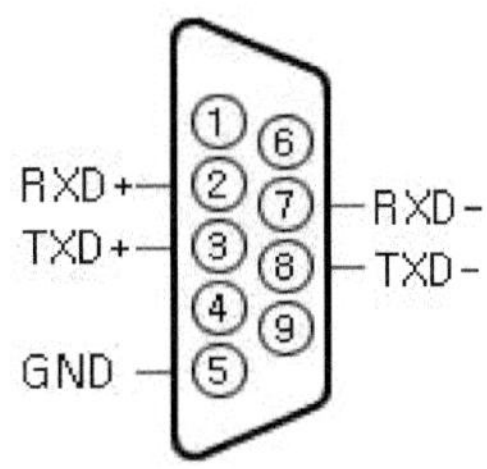

DB-9 RS422 컨넥터

[그림 11.5] RS422 컨넥터 사양

일반적으로 사용되는 신호선은 TXD+, TXD-, RXD+ 및 RXD- 이고 나머지 신호선은 거의 사용되지 않는다.

(2) **신호선에 대한 설명**

신호선에 대한 설명은 RS232와 큰 차이가 없고 다만 물리적으로 하나의 신호선에 두 개의 라인이 필요한데 그들의 표현은 신호선 이름 뒤에 '+'와 '-'로써 구분표기 한다. 즉, 예를 들면 RS232의 TXD 신호선이 RS422에서는 TXD+와 TXD-로 나누어 질 뿐이다.

(3) 결선도

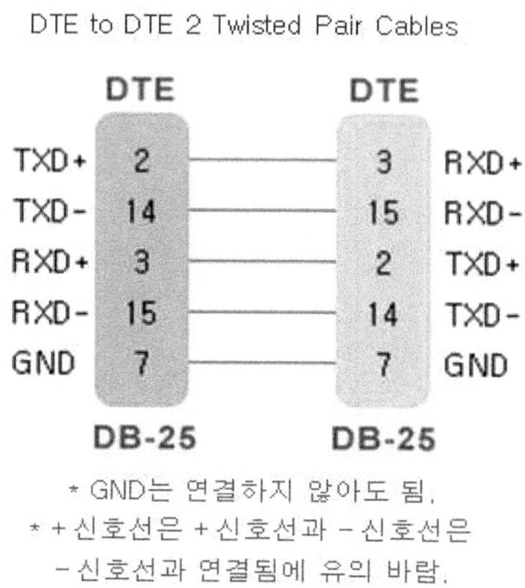

[그림 11.6] RS422 결선도

11.1.4 RS422 Multi Drop

RS232C방식에 비해 RS422와 RS485 통신의 큰 차이점은 통신거리 및 노이즈에 강하다는 것이다. 이에 부가적으로 RS422 및 RS485 통신 방식은 멀티드롭이라는 기능을 지원하는데 이것은 한 번에 여러 대의 장비와 동시 통신이 가능하게 만들어 주는 것이다. RS422와 RS485 각각에서 지원하는 멀티드롭은 약간의 차이를 갖게 되는데 먼저 RS422를 알아보면 RS422 방식은 1대의 마스터와 여러 대의 슬레이브로 구성된다는 것이다.

마스터에서는 일종의 브로드캐스트(broadcast) 방식으로 데이터를 전송하며 모든 슬레이브는 마스터에서 보내지는 데이터를 수신하게 된다.

방법에 차이는 있겠지만 대부분의 경우 마스터에서 보내져 오는 데이터는 슬레이브의 ID를 담게 되어있다. 각각의 슬레이브는 수신된 데이터의 ID의 값을 보고 이에 따라 응답을 하게 된다. 슬레이브에서 가장 주의 깊게 보아야 할 것은 공통 TXD 라인을 이룬다는 것이다. 모든 슬레이브의 TXD라인은 마스터의 RXD라인으로 묶이게 되는데 이는 곳 슬레이브가 동시에 데이터를 보내고자 할 경우 충돌을 일으키게 된다는 것을 의미한다. 즉 슬레이브에서 마스터로 데이터를 보내고자 할 경우 반드시 한대만 통신을 해야 한다는 것이다.

(※ 주의사항 : 슬레이브 간에 통신 안됨)

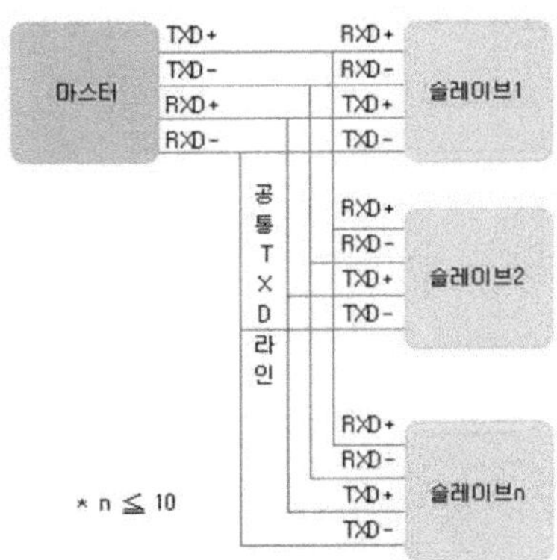

[그림 11.7] RS422 Multi-drop 결선도

11.1.5 RS485

RS485 통신은 전기적 특성에 있어서 RS422 통신 방식과 같다. RS485 역시 +선과 -선 두 가닥의 전위차(differential)를 사용하여 데이터를 전송하게 된다. 다만 RS485와 RS422 통신 방식의 가장 큰 차이는 RS422통신은 전이중 방식을 사용하여 통신 시 필요한 회선이 4가닥이지만 이와는 달리 RS485 통신은 반 이중 방식의 통신이기 때문에 2가닥의 회선만을 이용하게 된다. RS485는 "TRXD+", "TRXD-"라는 각각의 회선에서 모두 송신과 수신을 수행 한다는 것이다.

(1) **컨넥터 사양**

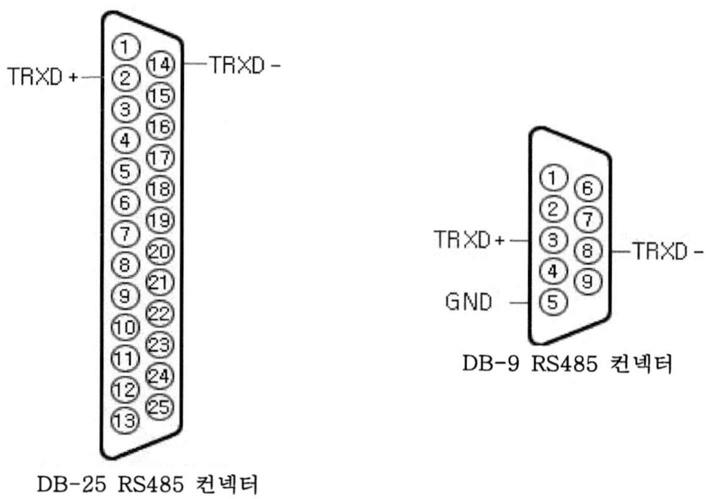

[그림 11.8] RS485 컨넥터 사양

신호선에 할당된 핀번호는 설계자가 결정하여 사용하게 된다.

(2) **신호선에 대한 설명**

신호선에 대한 설명은 RS232C와 큰 차이가 없고 다만 물리적으로 하나의 신호선에 두 개의 라인이 필요한데 그들의 표현은 신호선명 뒤에 + 와 - 로써 구분하여 표기한다. 하지만 UART의 TXD, RXD신호선이 멀티포인트 버스에 의하여 공동으로 사용하게 된다. 즉 하나의 마스터는 멀티포인트 버스를 출력이면 출력, 입력이면 입력으로 구분하여 사용할 수밖에 없다.

(3) **결선도**

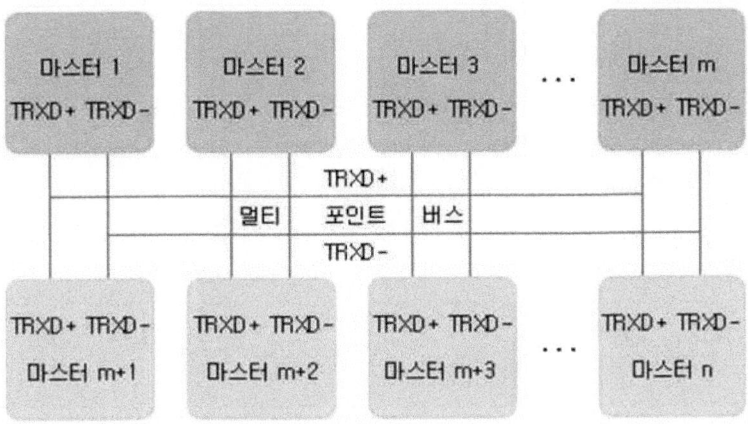

[그림 11.9] RS485 Multi-drop 결선도

11.1.6 Multi-Drop(RS485)

RS485의 가장 큰 특징은 N : N 통신이 가능하며 최대 32개의 노드 연결이 가능하다는 것이다. RS422의 경우 1대의 마스터와 N대의 슬레이브(10대 이하) 구조로 구어야 하지만 RS485의 경우 어떠한 장비도 마스터가 될 수 있으며 또한, 슬레이브도 될 수 있다.

하나의 장비에서 보내지는 데이터는 모든 장비에서 수신하게 되며 수신 데이터를 판별하여 자신의 동작을 결정하게 된다. RS485 역시 RS422와 마찬가지로 항상 선로에 접근(Master)하는 것은 1대의 장비만 가능하며 만약 1대 이상 선로에 접근 시 데이터 충돌이 발생하여 정상 통신을 할 수 없다.

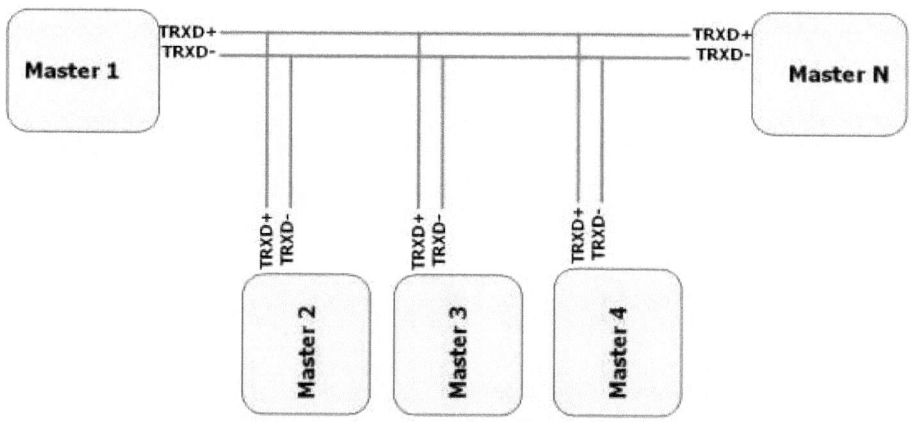

11.2 ATmega128A의 USART

기기간의 통신이나 컴퓨터와 기기와의 통신에서 시리얼 방식의 통신을 이용하게 되면 적은 수의 선으로 장거리 통신이 가능하게 되며, ATmega128A에는 동기 및 비동기 전송모드에서 전이중 통신이 가능한 2개의 USART(Universal Synchronous and Asynchronous Receiver and Transmitter)를 가지며, 아래와 같은 특징을 가진다.

- 동기모드 : Master(내부 클럭), Slave(외부 클럭 : XCKn)
- 비동기모드 : 내부 클럭 사용
- 전이중 통신
- 멀티프로세서 통신
- 높은 정밀도의 보레이트 발생기(Baud rate generator) 내장
- 전송데이터 5~9비트 설정
- 스톱비트 1~2 설정
- 패리티비트 설정(사용, 미사용, 짝수패리티, 홀수패리티 선택)
- 에러검출기능 (패리티에러, 오버런에러, 프레임에러)
- 노이즈필터링(3번 샘플링 동작)
- 3개의 인터럽트 소스 :
  송신 완료, 송신 데이터 레지스터 빔(empty), 수신 완료

11.2.1 USART 인터럽트

① 수신완료 인터럽트

- 데이터가 수신되어 수신시프트 레지스터에서 수신버퍼(UDRn) 레지스터로 전달될 때 인터럽트가 걸린다.
- 이때에는 수신버퍼(UDRn)에 아직 읽지 않은 데이터가 존재하는 상태

② 송신완료 인터럽트

- 송신 시프트 레지스터에 있는 송신데이터가 모두 전송되어 비어있고 송

신버퍼(UDRn) 도 비어있을 때 인터럽트가 발생된다.
- 송신버퍼에(UDRn) 아직 새로운 송신데이터가 라이트 되지 않은 상태

③ 송신데이터 준비완료 인터럽트
- 송신 시프트 레지스터로 UDRn값이 전송되어 송신버퍼(UDRn)가 비어있을 때 인터럽트가 발생한다.
- 송신 버퍼가 비어있어서 새로운 송신 데이터를 받을 준비가 된 상태

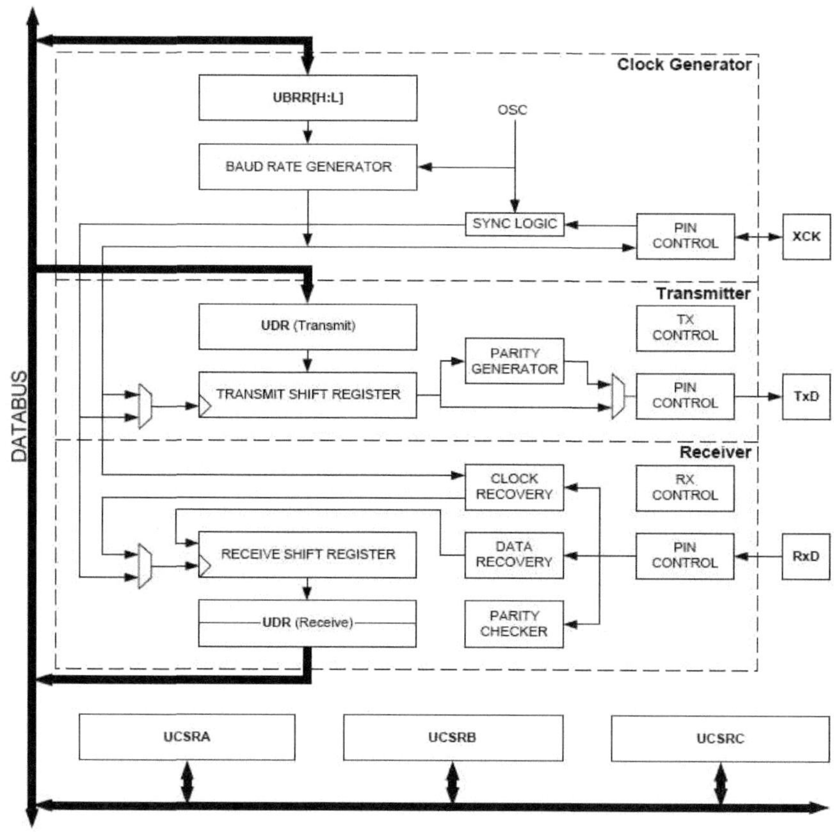

[그림 11.10] USART 구성 블록도

11.2.2 USART 구성

① 클럭 발생부 : 보레이트 발생기, 외부클럭입력 회로
- 비동기 일반모드 : 내부클럭으로 보레이트 발생
- 비동기 2배속모드 : 내부클럭으로 2배의 보레이트 발생
- 동기 마스터 모드
- 동기 슬레이브 모드

② 송신부 : 송신버퍼, 송신 시프트 레지스터, 패리티발생기

③ 수신부 : 수신버퍼, 수신 시프트 레지스터, 패리티검사기

11.2.3 전송 데이터 형식

ATmega128A의 USART는 전송데이터의 포맷을 여러 형태로 설정할 수 있도록 되어 있으며, 다음과 같은 값들로 구성된다.

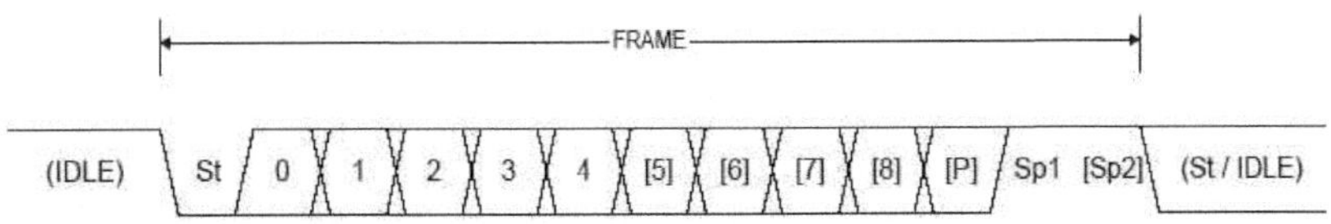

St	Start bit, always low.
(n)	Data bits (0 to 8).
P	Parity bit. Can be odd or even.
Sp	Stop bit, always high.
IDLE	No transfers on the communication line (RxD or TxD). An IDLE line must be high.

[그림 11.11] 시리얼 통신 데이터 포맷

- Start bit : 1
- Data bit : 5, 6, 7, 8 또는 9
- Parity bit : No, Even 또는 Odd
- Stop bit : 1 또는 2

11.2.4 비동기모드에서의 1비트 샘플링

- 수신데이터의 정확한 검출을 위하여 1비트(Bit n)의 샘플링이 이루어진다.
- 검출하기 위해서 1비트당 16배 주파수(2배속모드 : 8배주파수)를 이용한다.
- 16배 주파수중 중앙부(8,9,10)에 3번 샘플링하여 2번 이상인 값으로 함. 만약 8, 9, 10번째에 샘플링한 데이터의 값이 1, 1, 0이면, 1로 처리한다.

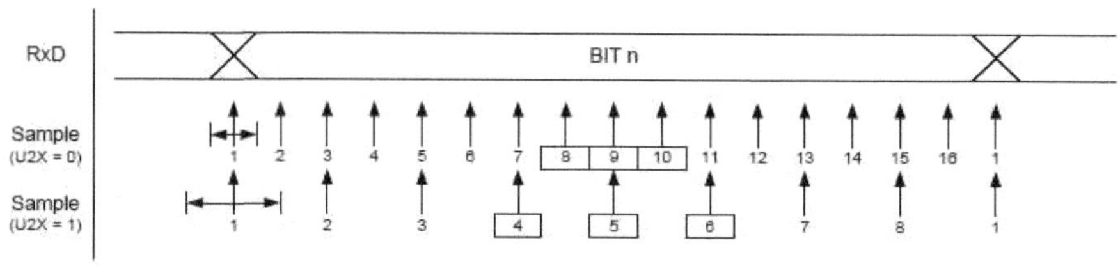

[그림 11.12] 수신 데이터의 샘플링

11.2.5 USART 관련 레지스터

USART 0과 1을 제어하기 위해서는 USART 0 / 1 관련 레지스터(UDRn, UCSRnA, UCSRnB, UCSRnC, UBRRnH, UBRRn)의 사용법을 알아야 한다.

① UDRn(Usart 0 I/O Data Register)

Bit	7	6	5	4	3	2	1	0	
	RXBn[7:0]								UDRn (Read)
	TXBn[7:0]								UDRn (Write)
Read/Write	R/W	R/W	R/W	R/W	R/W	R/W	R/W	R/W	
Initial Value	0	0	0	0	0	0	0	0	

- UDRn 레지스터는 송/수신되는 데이터 값을 저장하는 버퍼역할을 하게 된다.
- UDRn은 TXBn(송신버퍼) / RXBn(수신버퍼) 레지스터로 구성되어 있는데

이는 I/O 같은 주소에 공유된 형태로 구성되어 있으며 송/수신 이라는 다른 일을 하게 구성되어 있다.

- 송신할 때는 TXBn의 데이터를 전송한다.
- 수신할 때는 RXBn에 수신된 데이터를 저장하게 된다.

② UCSRnA (USART Control and Status Register A)

Bit	7	6	5	4	3	2	1	0	
	RXCn	TXCn	UDREn	FEn	DORn	UPEn	U2Xn	MPCMn	UCSRnA
Read/Write	R	R/W	R	R	R	R	R/W	R/W	
Initial Value	0	0	1	0	0	0	0	0	

- 이 레지스터는 USART의 송수신 동작을 제어하거나 상태를 저장하는 레지스터이다.
- Bit 7 - RXCn(USART Receive Complete)USART 수신 완료 플래그 비트
  - 1 : UDRn의 수신버퍼에 아직 안 읽은 데이터가 존재하는 상태
  - 0 : UDRn의 수신버퍼를 읽어서 비어있는 상태
- Bit 6 -: TXCn(USART Transmit Complete)
  - 1 : 송신 시프트 레지스터에 있는 송신데이터가 모두 전송되고 UDRn의 송신버퍼에 새로운 송신데이터가 라이트되지 않은 상태
- Bit 5 - UDREn(USART Data Register Empty)
  - 1 : 송신 버퍼가 비어있어서 새로운 송신 데이터를 받을 준비가 된 상태
- Bit 4 - FEn(USART Frame Error)
  - 1 : 수신할 때 프레임 에러가 발생한 상태

※ **프레임에러** - 수신문자의 첫 번째 스톱 비트가 0으로 검출되는 것

- Bit 3 - DORn(USART Data Overrun Error)
  - 1 : 수신할 때 오버런 에러가 발생한 상태

※ **오버런에러** - 수신버퍼에 현재 읽지 않은 데이터가 들어있는 상태에서 수신 시프트 레지스터에 새로운 데이터가 수신 완료되고 다시 그 다음 수신 데이터인 3번째 데이터의 스타트 비트가 검출된 것

- Bit 2 - UPEn(USART Parity Error)
  - 1 : 수신할 때 패리티 에러가 발생한 상태

※ **패리티에러** - 정보의 전달 과정에서 오류가 생겼는지를 검사하기 위해 원래의 정보에 덧붙이는 비트를 패리티비트라 하며 데이터비트와 패리티비트를 계산하여 짝수, 홀수를 판별하여 에러인지 아닌지 구분한다.

- Bit 1 - U2Xn(Double the USART Transmission Speed)
  - 1 : 비동기 모드에서만 유효한 것으로서 클럭의 분주비를 16에서 8로 절반만큼 낮추어 전송속도를 2배 높이는 기능을 수행한다.
- Bit 0 - MPCMn(USART Multi-Processor Communication Mode)
  - 1 : 멀티프로세서 통신모드로 설정한다.

③ UCSRnB (USART Control and Status Register B)

	1	1	0	1	1	0	0	0
Bit	7	6	5	4	3	2	1	0
	RXCIEm	TXCIEm	UDRIEm	RXENm	TXENm	UCSZm2	RXB8m	TXB8m
Access	R/W	R/W	R/W	R/W	R/W	R/W	R	R/W
Reset	0	0	0	0	0	0	0	0

n = 0, 1

- Bit 7 - RXCIEn(USART RX Complete Interrupt Enable)
  - 1 : 수신완료 인터럽트 활성화
- Bit 6 - TXCIEn(USART TX Complete Interrupt Enable)
  - 1 : 송신완료 인터럽트 활성화
- Bit 5 - UDRIEn(USART Data Register Empty Interrupt Enable)
  - 1 : 송신 데이터 레지스터 준비완료 인터럽트 활성화
- Bit 4 - RXENn(USART Receiver Enable)

- 1 : 수신부 동작 활성화

- Bit 3 - TXENn(USART Transmitter Enable)
  - 1 : 송신부 동작 활성화
- Bit 2 - UCSZn2(USART Character Size)
  - UCSRnC의 UCSZn1~0 비트와 함께 전송 문자의 데이터 비트수를 설정한다.
- Bit 1 - RXB8n(USART Receive Data Bit 8)
  - 전송 데이터수가 9로 설정된 경우 수신된 9번째 데이터를 저장하게 된다.
- Bit 0 - TXB8n(USART Transmit Data Bit 8)
  - 전송 데이터수가 9로 설정된 경우 송신될 9번째 데이터를 저장하게 된다.

④ UCSRnC (USART Control and Status Register C)

Bit	7	6	5	4	3	2	1	0	
	–	UMSELn	UPMn1	UPMn0	USBSn	UCSZn1	UCSZn0	UCPOLn	UCSRnC
Read/Write	R/W	R/W	R/W	R/W	R/W	R/W	R/W	R/W	
Initial Value	0	0	0	0	0	1	1	0	

- Bit 6 - UMSELn(USART Mode Select)
  - 1 : 동기전송모드
  - 0 : 비동기전송모드
- Bit 5, 4 - UPMn1, UPMn0 (USART Parity Mode)
  - 패리트 모드 설정에 대한 비트

UPMn1	UPMn0	Parity Mode
0	0	Disabled
0	1	(Reserved)
1	0	Enabled, Even Parity
1	1	Enabled, Odd Parity

- Bit 3 - USBSn(USART Stop Bit Select)
  - 1 : 스톱비트 2개로 설정
  - 0 : 스톱비트 1개로 설정

- Bit 2, 1 - UCSZn1, UCSZn0 (USART Character Size)
  - UCSRnB의 UCSZn2 비트와 함께 전송 문자의 데이터 비트 수를 설정한다.

UCSZn2	UCSZn1	UCSZn0	Character Size
0	0	0	5-bit
0	0	1	6-bit
0	1	0	7-bit
0	1	1	8-bit
1	0	0	Reserved
1	0	1	Reserved
1	1	0	Reserved
1	1	1	9-bit

- Bit 0 - UCPOLn(USART Clock Polarity)
  - 이 비트는 동기 전송 모드의 슬레이브 동작에서만 사용된다.
  - 1 : 송신데이터는 XCKn 클럭의 하강에지에서 새로운 값이 출력, 수신데이터는 XCKn 클럭의 상승에지에서 검출된다.
  - UCPOLn = 0 : 송신데이터는 XCKn 클럭의 상승에지에서 새로운 값이 출력 수신데이터는 XCKn 클럭의 하강에지에서 검출된다.

⑤ UBBRnH/L (USART Baud Rate Register)

Bit	15	14	13	12	11	10	9	8	
	–	–	–	–	UBRRn[11:8]				UBRRnH
	UBRRn[7:0]								UBRRnL
	7	6	5	4	3	2	1	0	
Read/Write	R	R	R	R	R/W	R/W	R/W	R/W	
	R/W	R/W	R/W	R/W	R/W	R/W	R/W	R/W	
Initial Value	0	0	0	0	0	0	0	0	
	0	0	0	0	0	0	0	0	

- USART의 송/수신 속도를 설정한다.
- 원하는 통신속도 맞추기 위하여 UBBR설정시 [그림 11.13]을 참고하시오.
- 주의) UBBRnH 설정 후 UBBRnL를 나중에 라이트(write) 해야 한다.

Baud Rate (bps)	f_{osc} = 16.0000 MHz			
	U2X = 0		U2X = 1	
	UBRR	Error	UBRR	Error
2400	416	-0.1%	832	0.0%
4800	207	0.2%	416	-0.1%
9600	103	0.2%	207	0.2%
14.4k	68	0.6%	138	-0.1%
19.2k	51	0.2%	103	0.2%
28.8k	34	-0.8%	68	0.6%
38.4k	25	0.2%	51	0.2%
57.6k	16	2.1%	34	-0.8%
76.8k	12	0.2%	25	0.2%
115.2k	8	-3.5%	16	2.1%
230.4k	3	8.5%	8	-3.5%
250k	3	0.0%	7	0.0%
0.5M	1	0.0%	3	0.0%
1M	0	0.0%	1	0.0%
Max [1]	1 Mbps		2 Mbps	

[그림 11.13] 외부 오실레이터에 의한 보레이트 설정

```
//통신속도 계산 방식(일반모드)
BAUD = fosc / 16 * (UBRR+1)

//관련 용어 정의
BAUD = Baud Rate (Bit Per Second, BPS)
Fosc = System Oscillator Clock frequency
UBRR = UBRR의 값 (0~4095)

//예제 (16MHz, 57600bps 속도의 UBRR구하기)
UBRR = ( fosc / 16 * UBRR ) - 1
     = (16000000 / 16 * 57600 ) -1
     = 17.36111 - 1
     = 16.36111
     ≒ 16
```

11.3 ATmega128A을 이용한 직렬(Serial) 통신 실습

실험 11-1

ComMaster나 PC의 하이퍼터미널을 사용하여 키보드에서 키를 눌렀을 때 해당 키 값을 수신하여 PC로 재전송 하며 송신되는 해당 키의 ASCII 값을 LED에 표시하는 프로그램을 **송신**, 수신 인터럽트를 **사용하여** 작성하여 실험하였다. (전송속도는 9600bps, 통신방법은 Asynchronous Mode, 8bit as the data length, Parity bit 미사용, Stop Bit는 1 Stop Bit)

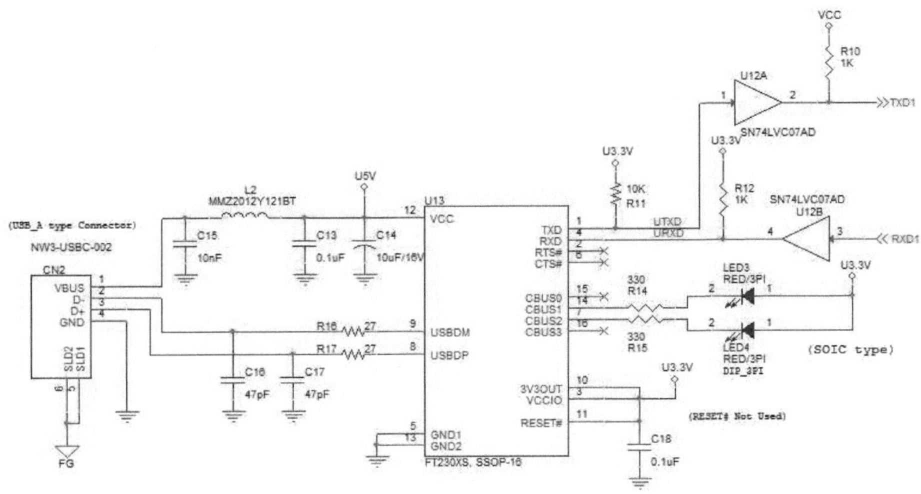

[그림 11.14] FT230XS를 이용한 RS232C의 접속

```
#include <iom128.h>
#include <ina90.h>
#include "DebugAtmega128.h"

typedef unsigned char byte;
```

```
typedef unsigned int  word;

int Rx_Data=0x00, Tx_Data=0x00;
word Test_Tx=0, Test_Rx=0;
word T10ms_Cnt=0;
int Test=0;

void rs232_init(void);

void main(void)
{
      AtMg128DebugInit();
      rs232_init();      //RS232C Initial

      DDRD = 0xfb;
      DDRC = 0xff;

      TCCR0 = 0x0d;     //CTC, 128분주
      OCR0 = 125-1;     //16Mhz/128/125 = 1000(1ms)
      TIMSK = 0x02;    //timer0 비교매치 인터럽트 enable

      __enable_interrupt();

      while(1)
      {
      }
}

void rs232_init(void)
{
      UCSR1A = 0x02;   //asynchronous mode, double baudrate
```

```
    UCSR1B = 0xD8;   //rx/tx interrupt enable, 8bit data, rx/tx enable
    UCSR1C = 0x06;   //asynchronous, no parity, stop bit = 1bit

    /*  BAUD = 16MHz/(8*(UBRR+1))
        UBRR = 16MHz/8*BOUD-1         */

    /*  BOUD = 9600
        16MHz/8*9600-1 = 207          */

    UBRR1H = 207 >> 8;
    UBRR1L = 207 & 0xff;
}

//송신 인터럽트
#pragma vector = USART1_TXC_vect
__interrupt void USART1TxIsr()
{
    Test_Tx++;
}

//수신 인터럽트
#pragma vector = USART1_RXC_vect
__interrupt void Usart1RxIsr()
{
      //수신 버퍼 값을 RX_Data에 저장
      Rx_Data = UDR1;

      //Rx_Data를 Tx_Data에 저장
      Tx_Data = Rx_Data;

      //송신 버퍼에 Tx_Data 값을 저장
```

```
        UDR1 = Tx_Data;

        Test_Rx++;
}

#pragma vector = TIMER0_COMP_vect
__interrupt void TIMER0_COMP(void)
{
        if(++T10ms_Cnt >= 10)          //10ms Interrupt
        {
                Test++;
                T10ms_Cnt=0;

                PORTC = ~Rx_Data;  //수신받은 Data를 Led에 출력
        }
}
```

실험 11-2

송신 인터럽트를 이용하여 SW1을 눌렀을 때에는 'A'를 송신하며, SW2를 눌렀을 때에는 'B'를 SW3을 누르면 'C'를 SW4를 누르면 'D'를 PC로 송신하며, 송신되는 문자를 LED에 표시하는 프로그램을 작성하여 실험하였다. (전송속도는 9600bps, 통신방법은 Asynchronous Mode, 8bit as the data length, Parity bit 미사용, Stop Bit는 1 Stop Bit)

```
#include <iom128.h>
#include <ina90.h>
#include "DebugAtmega128.h"

#define SW1          0x10
#define SW2          0x20
#define SW3          0x40
#define SW4          0x80

#define PI           0x02
#define BUZZER_ON PORTB_Bit5

typedef unsigned char byte;
typedef unsigned int  word;

int T5ms_Cnt=0, T10ms_Cnt=0;

byte Led;
byte Buzzer=0, Buzzer_cnt=0, BF_key=0, BFBF_key=0;
byte Key_Check=0, Key_Value=0;

int Test=0;
```

```
void rs232_init(void);
void Key_Scan(void);
void main(void)
{
        AtMg128DebugInit();
        rs232_init();

        DDRC=0xff;
        DDRB=0x20;
        DDRD=0xfb;
        DDRF=0x0f;

        TCCR0 = 0x0d;   //CTC, 128분주
        OCR0 = 125-1;   //16Mhz/128/125 = 1000(1ms)
        TIMSK = 0x02;   //timer0 비교매치 인터럽트 enable

        __enable_interrupt();

        while(1)
        {
            switch(Key_Value)
            {
                case SW1 : UDR1 = 'A';          //SW1
                           Led=0x01;
                           Buzzer=PI;
                           Key_Value=0;
                           break;
                case SW2 : UDR1 = 'B';          //SW2
                           Led=0x02;
                           Buzzer=PI;
                           Key_Value=0;
```

```
                    break;
          case SW3 : UDR1 = 'C';        //SW3
                    Led=0x04;
                    Buzzer=PI;
                    Key_Value=0;
                    break;
          case SW4 : UDR1 = 'D';        //SW4
                    Led=0x08;
                    Buzzer=PI;
                    Key_Value=0;
                    break;
          default : break;
      }
    }
}

void rs232_init(void)
{
    UCSR1A = 0x02; //asynchronous mode, double baudrate
    UCSR1B = 0x48; //tx interrupt enable, 8bit data, rx/tx enable
    UCSR1C = 0x06; //asynchronous, no parity, stop bit = 1bit

    /*  BAUD = 16MHz/(8*(UBRR+1))
        UBRR = 16MHz/8*BOUD-1       */

    /*  BOUD = 9600
        16MHz/8*9600-1 = 207        */

    UBRR1H = 207 >> 8;
    UBRR1L = 207 & 0x00ff;
}
```

```
#pragma vector = TIMER0_COMP_vect
__interrupt void TIMER0_COMP(void)
{
        if(++T10ms_Cnt >= 10)       //10ms Interrupt
        {
                Test++;
                T10ms_Cnt=0;

                PORTC=Led;
        }

        if(++T5ms_Cnt > 5)          //5ms Interrupt
        {
                T5ms_Cnt=0;

                Key_Scan();
        }

        if(++Buzzer_cnt >=5)//5*10msec Buzzer driving
      {
            Buzzer_cnt=0;

            if(Buzzer & 0x01)
            {
                    BUZZER_ON=1;   //Buzzer ON
            }
            else
            {
                    BUZZER_ON=0;  //Buzzer OFF
            }
            Buzzer = Buzzer>>1;
```

```
        }
}

void Key_Scan(void)
{
        if(PINF == BF_key)  //Key debounce check
        {
                if(BF_key != BFBF_key)  //New key input?
                {
                        //SW1~4 : 0x10, 0x20, 0x40, 0x80
                        Key_Value = (PINF & 0xF0) ^ 0xF0;

                }
        }

        BFBF_key = BF_key;   //이전과거 <= 과거
        BF_key = PINF;       //과거 <= 현재
}
```

실험 11-3

송신 인터럽트를 이용하여, SW1을 눌렀을 때에는 “A~G”를 송신하며, SW2를 누르면 "0~9"를, SW3을 누르면 “자신의 영문 이름”을 그리고 SW4를 누르면 “자신의 ID”를 각각 전송하며, 이 때 누른 스위치의 ASCII 값을 LED로 표시하는 프로그램을 작성하여 실험하였다. (전송속도 9600bps, 통신방법은 Asynchronous Mode, 8bit as the data length, Parity bit 미사용, Stop Bit는 1 Stop Bit)

```
#include <iom128.h>
#include <ina90.h>
#include "DebugAtmega128.h"

#define SW1    0x10
#define SW2    0x20
#define SW3    0x40
#define SW4    0x80

#define PI         0x02
#define BUZZER_ON    PORTB_Bit5

typedef unsigned char byte;
typedef unsigned int  word;

int Tx_Data[20], Tx_Cnt, Tx_Index;
int T5ms_Cnt=0, T10ms_Cnt=0;

byte Alphabet[] = "ABCDEFG";
byte Number[] = "0123456789";
byte Name[] = "AMC_LAB";
byte ID[] = "2018_0130";

byte BF_key=0, BFBF_key=0, Led=0, Key_Value=0;
```

```
byte Buzzer=0, Buzzer_cnt=0;

int Test=0, Test_Tx=0;

void rs232_init(void);
void rs232_tx(void);
void Key_Scan(void);
void Tx_Data_Make(byte *Out_data);

void main(void)
{
        AtMg128DebugInit();
        rs232_init();

        DDRB=0xf8;
        DDRC=0xff;
        DDRD=0xfb;
        DDRE=0xf9;
        DDRF=0x0f;

        TCCR0 = 0x0d;    //CTC, 128분주
        OCR0 = 125-1;    //16Mhz/128/125 = 1000(1ms)
        TIMSK = 0x02;    //timer0 비교매치 인터럽트 enable

        __enable_interrupt();

        while(1)
        {
            switch(Key_Value)
            {
                case SW1 : Tx_Data_Make(Alphabet);        //SW1
                           Led=0x01;
                           Buzzer=PI;
```

```
                              Key_Value=0;
                              break;

                  case SW2 : Tx_Data_Make(Number);          //SW2
                              Led=0x02;
                              Buzzer=PI;
                              Key_Value=0;
                              break;

                  case SW3 : Tx_Data_Make(Name);          //SW3
                              Led=0x04;
                              Buzzer=PI;
                              Key_Value=0;
                              break;

                  case SW4 : Tx_Data_Make(ID);          //SW4
                              Led=0x08;
                              Buzzer=PI;
                              Key_Value=0;
                              break;

                  default : break;
              }
         }
}

void Tx_Data_Make(byte *Out_data)
{
    byte i=0;

    while(*Out_data)
    {
        Tx_Data[i++] = *(byte *)(Out_data++);
```

```
    }

    Tx_Cnt = i;
    Tx_Index = 0;
    UDR1 = Tx_Data[0];
}

void rs232_init(void)
{
        UCSR1A = 0x02; //asynchronous mode, double baudrate
        UCSR1B = 0x48; //tx interrupt enable, 8bit data, rx/tx enable
        UCSR1C = 0x06; //asynchronous, no parity, stop bit = 1bit

        /*  BAUD = 16MHz/(8*(UBRR+1))
            UBRR = 16MHz/8*BOUD-1        */

        /*  BOUD = 9600
            16MHz/8*9600-1 = 207        */

        UBRR1H = 207 >> 8;
        UBRR1L = 207 & 0x00ff;
}

#pragma vector = USART1_TXC_vect
__interrupt void USART1TxIsr()
{
    Test_Tx++;
    if(--Tx_Cnt)
        UDR1 = Tx_Data[++Tx_Index];
}

#pragma vector = TIMER0_COMP_vect
__interrupt void TIMER0_COMP(void)
```

```
{
        if(++T10ms_Cnt >= 10)              //10ms Interrupt
        {
                Test++;
                T10ms_Cnt=0;

                PORTC=Led;
        }

        if(++T5ms_Cnt > 5)                 //5ms Interrupt
        {
                T5ms_Cnt=0;

                Key_Scan();
        }

        if(++Buzzer_cnt >=5)    //5*10msec Buzzer driving
           {
            Buzzer_cnt=0;
            if(Buzzer & 0x01)
            {
               BUZZER_ON=1;            //Buzzer ON
            }
            else
            {
                BUZZER_ON=0;           //Buzzer OFF
            }
            Buzzer = Buzzer>>1;
        }
}

void Key_Scan(void)
{
```

```
        if(PINF == BF_key)      //Key debounce check
        {
                if(BF_key != BFBF_key) //New key input?
                {
                        //SW1~4 : 0x10,0x20,0x40,0x80
                    Key_Value = (PINF & 0xF0) ^ 0xF0;

                }
        }

        BFBF_key = BF_key;      //이전과거 <= 과거
        BF_key = PINF;          //과거 <= 현재
}
```

※ ComMaster 사용방법

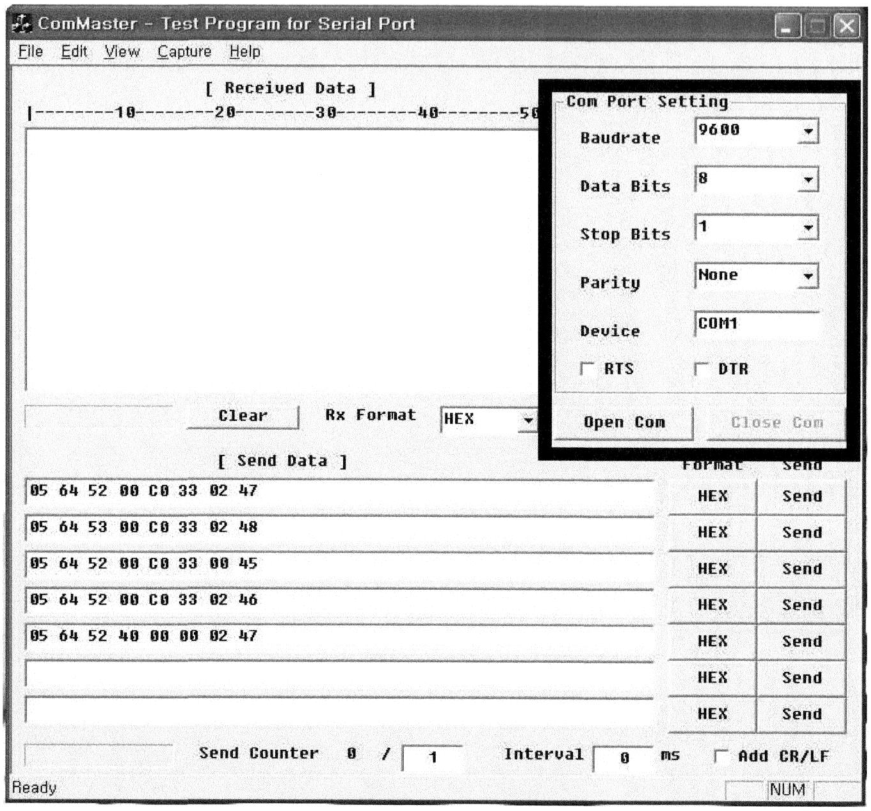

1) Baudrate 9600 선택
2) Data Bits 8 bit 선택
3) Stop Bits 1 bit 선택
4) Parity None 선택
5) 장치 관리자의 포트(COM & LPT) 속성에서 포트 위치를 찾아 COM설정
6) Open Com 선택

※ 하이퍼터미널 사용방법

1. 시작 → 모든 프로그램 → 보조프로그램 → 통신 → 하이퍼터미널 실행

2. 연결설명에 아래와 같이 'ATmega128 Test'라고 입력.

3. 연결대상에서 연결에 사용할 모뎀을 선택.

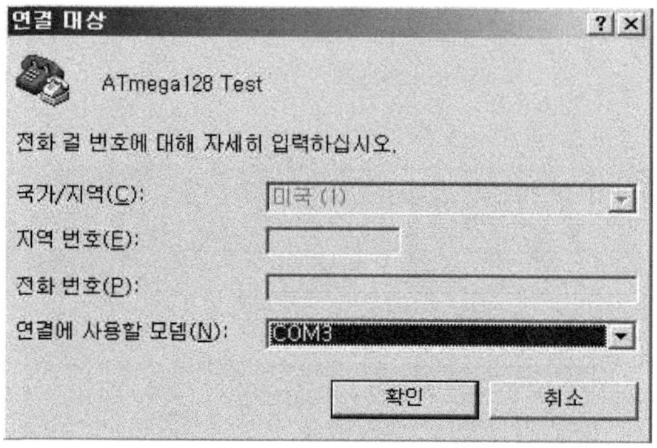

4. 포트를 아래와 같이 설정한 후 적용을 누르고 확인을 누른다.

1) 비트/초 9600 선택 2) 데이터비트 8 bit 선택 3) 패리티 없음 선택 4) 정지 비트 1 bit 선택 5) 흐름제어 없음 선택

과제 11-1

SW1을 누를 때마다 1→2→3→ · · · →9→1→2 · · · 의 동작패턴을 전송하는 프로그램을 작성하시오. 이때 숫자에 해당하는 ASCII 값이 LED에 출력되도록 하시오. 비동기 통신의 전송속도는 19200 BPS로 설정하여 데이터를 전송하시오.

과제 11-2

PC에서 키보드를 치면 해당하는 글자가 LCD에 디스플레이 되도록 하는 프로그램을 작성하시오. 이때 LED에도 키보드의 값에 해당하는 ASCII 값이 출력되도록 작성하시오.

과제 11-3

Digital Clock을 1초마다 다음과 같은 형태로 PC의 모니터에 출력하는 프로그램을 작성하시오. 이때 비동기 통신의 전송속도는 19200 BPS로 설정하여 데이터를 전송하시오. 예) Current time : PM 04 : 23 : 45

제 12 장 직렬 통신과 프로토콜

지금은 사물인터넷(IoT) 또는 멀티미디어 시대라고 말들 한다. 이러한 멀티미디어 시대에서는 통신이 필수적인 요소이다. 사람과 사람이 대화할 때도 언어가 있고 대화하는 방법도 다양하기 때문에 어느 정도 표준을 가지고 대화를 한다.

즉, 다양한 기기나 컴퓨터 사이에도 표준을 가지고 데이터를 주고받는다. 여러 종류의 기기를 접속하여 네트워크를 구축하기 위해서는 다양한 기기사이의 통신을 위한 일정한 규약이 필요하다. 이 규약을 프로토콜(Protocol)이라 한다.

만약 프로토콜이 없다면 마치 한국말로 말하는 것을 일본 사람이 이해하지 못하는 것처럼 통신장비가 연결되어 있어도 서로 통신할 수 없게 된다. 각 기기들은 같은 프로토콜을 사용함으로써 통신을 할 수 있게 되는 것이다. 네트워크상의 모든 기기는 상호간에 접속하기 위해서 그 네트워크상에서 사용되는 프로토콜이 명확해야 한다. 이를 위해 국제적인 표준이 존재한다. 프로토콜이란 한마디로 말해서 데이터 구성 등 논리적인 것과 신호 레벨 등 물리적인 것에 따라 그 이미지가 상당히 달라지므로 프로토콜이 알기 쉽게 계층화 되어있다.

간단히 말해서 프로토콜이란 서로 대화하기 위해 규칙을 정하는 것으로써 전송속도나 데이터의 길이 정지비트(Stop bit)의 길이 등을 서로 약속하고 이 약속된 규칙에 의해 통신하는 것을 말한다.

즉, 미리 정해진 규칙에 따라 통신을 해야만 정확한 정보를 주고받을 수 있다. 본 장에서는 널리 사용되는 있는 대표적인 프로토콜을 공개함으로써 실제 데이터 통신이 어떻게 이루어지고 있는지를 실험을 통해 알아보기로 한다.

실험 12-1

RS232C 시리얼 통신을 하고자 한다. 이때 사용하는 통신프로토콜을 다음과 같은 조건으로 작성하여 실험한다. (Asynchronous통신, 통신속도 9600 BPS, Data bit 8bit, Parity bit 없음, Stop bit 1bit)

시리얼(RS232C) 통신을 위한 프로토콜은 아래와 같은 방법으로 통신하며 Master는 PC가 되고 Slave는 MPU(ATmega128A)가 된다.

▶ Data Read

요청 Protocol : PC → MPU(ATmega128A)

ENQ	Command	Address	EOT
05	'R'	2 byte	04

응답 Protocol : PC ← MPU(ATmega128A)

- 정상 Data를 수신했을 경우

ACK	Data	EOT
06	Address에 있는 '3'개의 Data (하위 바이트부터 3 byte 전송)	04

- Error Command, Address, 혹은 잘못된 EOT를 수신했을 경우

NAK	EOT
15	04

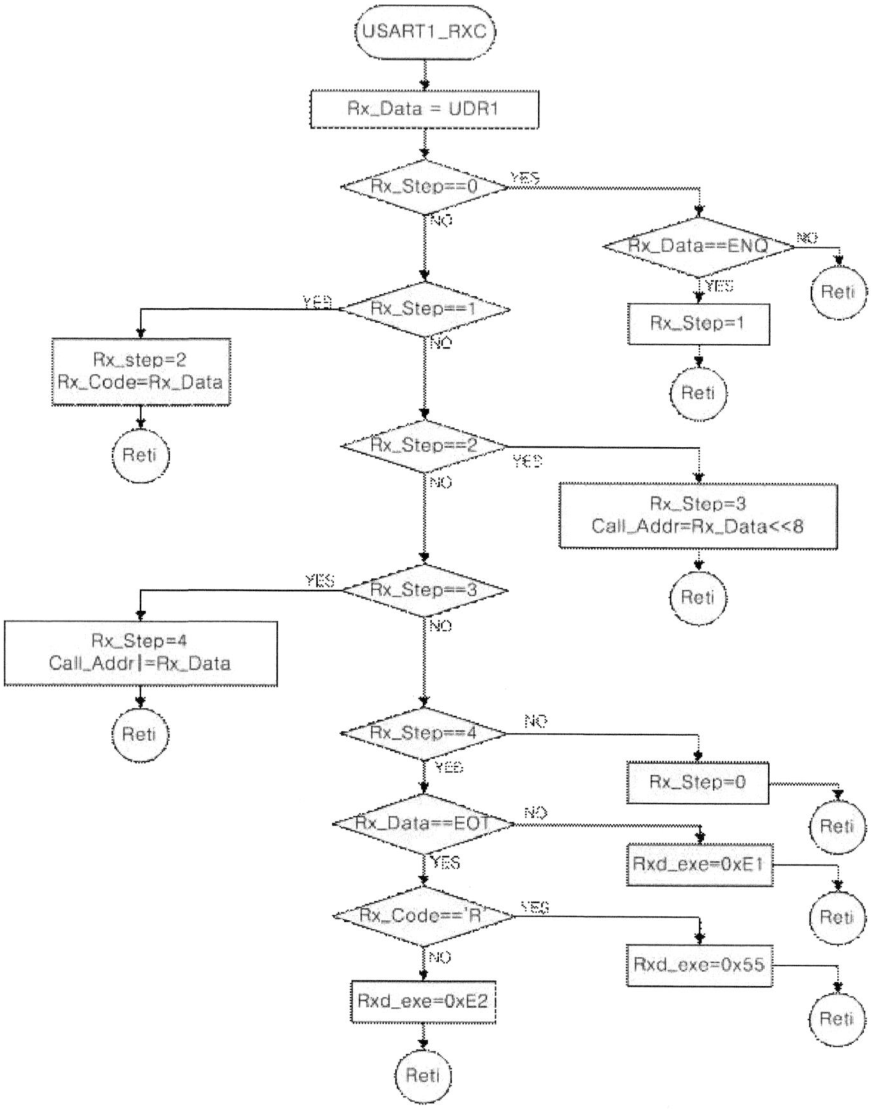

[그림 12.1] BCC가 없는 시리얼 인터럽트에 대한 흐름도

```
#include <iom128.h>
#include <ina90.h>
#include "DebugAtmega128.h"

#define   ENQ  0x05
#define   EOT  0x04
#define   ACK  0x06
#define   NAK  0x15

typedef unsigned char byte;
typedef unsigned int word;

byte Rx_Step=0, Rx_Code=0, Rxd_exe=0, Rx_Data=0x00;
byte Tx_Buffer[8], Tx_Cnt, Tx_Index, Test_Ack=0, Test_Nak=0;
unsigned int Call_Addr=0x000000;
unsigned long Test_Addr;

void rs232_init(void);
void Tx_Packet(byte tx_kind);

void main(void)
{
        Test_Addr=0x012345;
        AtMg128DebugInit();
        rs232_init();

        DDRB = 0xf8;
        DDRD = 0xf0;
        TCCR0 = 0x0d;          //CTC, 128분주
        OCR0 = 125-1;          //16Mhz/128/125 = 1000(1ms)
        TIMSK = 0x02;          //timer0 비교매치 인터럽트 enable

        __enable_interrupt();

        while(1)
        {
            if(Rxd_exe & 0xF0)          //수신 완료 상태
            {
```

```
                        Tx_Packet(Rxd_exe);
                        Rxd_exe=0;
                }
        }
}
void rs232_init(void)
{
        UCSR1A = 0x02;   //asynchronous mode, double baudrate
        UCSR1B = 0xD8;   //tx,rx interrupt enable, 8bit data, rx/tx enable
        UCSR1C = 0x06;   //asynchronous, no parity, stop bit = 1bit

        // BOUD = 9600
        // 16MHz/8*9600-1 = 207

        UBRR1H = 207 >> 8;
        UBRR1L = 207 & 0x00ff;
}
void Tx_Packet(byte tx_kind)
{
     byte OK_NG;
     OK_NG = tx_kind & 0xF0;
     if(OK_NG == 0x50)                    //정상 상태
     {
          Tx_Buffer[0]= ACK;
          Tx_Buffer[1] = *(byte *)(Call_Addr);
          Tx_Buffer[2] = *(byte *)(Call_Addr + 1);
          Tx_Buffer[3] = *(byte *)(Call_Addr + 2);
          Tx_Buffer[4] = EOT;
          Tx_Cnt = 4;
     }
     else if(OK_NG == 0xE0)               //Error 상태
     {
          Tx_Buffer[0] = NAK;
          Tx_Buffer[1] = EOT;
          Tx_Cnt=1;
     }
     Tx_Index=1;
     UDR1 = Tx_Buffer[0];
```

```
}
//송신 인터럽트
#pragma vector = USART1_TXC_vect
__interrupt void USART1TxIsr()
{
    if(Tx_Cnt--)
        UDR1 = Tx_Buffer[Tx_Index++];
}
//수신 인터럽트
#pragma vector = USART1_RXC_vect
__interrupt void USART1RxIsr()
{
    Rx_Data = UDR1;
    switch(Rx_Step)
    {
        case 0 :  //Header#1
                  if(Rx_Data==ENQ)
                  Rx_Step=1;
                  break;
        case 1 :  Rx_Step=2;
                  Rx_Code = Rx_Data;
                  break;
        case 2 :  Rx_Step=3;
                  Call_Addr = (word)Rx_Data << 8;
                  break;
        case 3 :  Rx_Step=4;
                  Call_Addr |= (word)Rx_Data;
                  break;
        case 4 :  if(Rx_Data != EOT)
                        Rxd_exe = 0xE1;
                 else if(Rx_Code == 'R')
                       Rxd_exe = 0x55;
                 else
                       Rxd_exe = 0xE2;
        default :  Rx_Step=0;
                   break;
    }
}
```

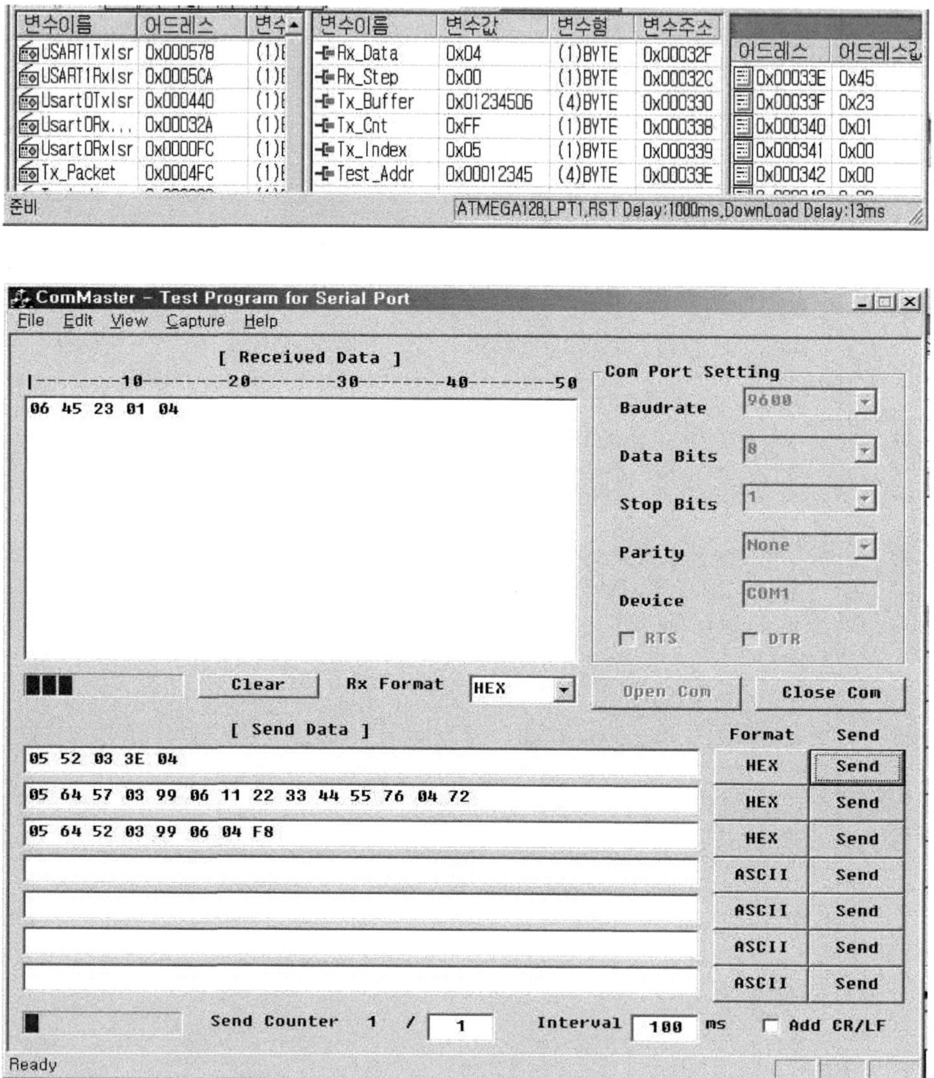

[그림 12.2] 프로토콜에 의한 통신 모니터링 화면

실험 12-2

시리얼(RS232C) 통신 인터페이스를 사용하여 아래와 같은 프로토콜 통신을 다음과 같은 조건으로 데이터를 읽고 쓰는 것을 작성하여 실험한다. (Asynchronous통신, 통신속도 9600BPS, Data bit 8bit, Parity bit 없음, Stop bit 1bit)

프로토콜은 아래와 같은 방법으로 통신하며 Master는 PC가 Slave는 AVR이 된다.

▶ Data Read

요청 Protocol : PC → MPU

Header#1	Header#2	Command	Address	Length	EOT	BCC
05	64	'R'	2Byte	Data길이	04	Command~ Length 합

응답 Protocol : PC ← MPU

· 정상 Data를 수신했을 경우

ACK	Command	Data	EOT	BCC
06	'R'	'Length'개의 Data	04	Command ~ EOT 합

· 잘못된 EOT, 혹은 잘못된 BCC를 수신했을 경우

NAK	Error	EOT	BCC
15	Error Code	04	Error Code ~ EOT의 합

▶ Data Write

요청 Protocol : PC → MPU

Header# 1	Header# 2	Command	Address	Length	Data	EOT	BCC
05	64	'W'	2Byte	'n'개의 Data수	'Length' 개의 Data	04	Command ~ EOT 합

응답 Protocol : PC ← MPU

· 정상 Data를 수신했을 경우

ACK	Command	Data	EOT	BCC
06	'R'	'Length'개의 Data	04	Command ~ EOT 합

· 잘못된 EOT, 혹은 잘못된 BCC를 수신했을 경우

NAK	Error	EOT	BCC
15	Error Code	04	Error Code ~ EOT의 합

▶ Error Code

Error Code	설명
E1	EOT Error
E2	BCC Error

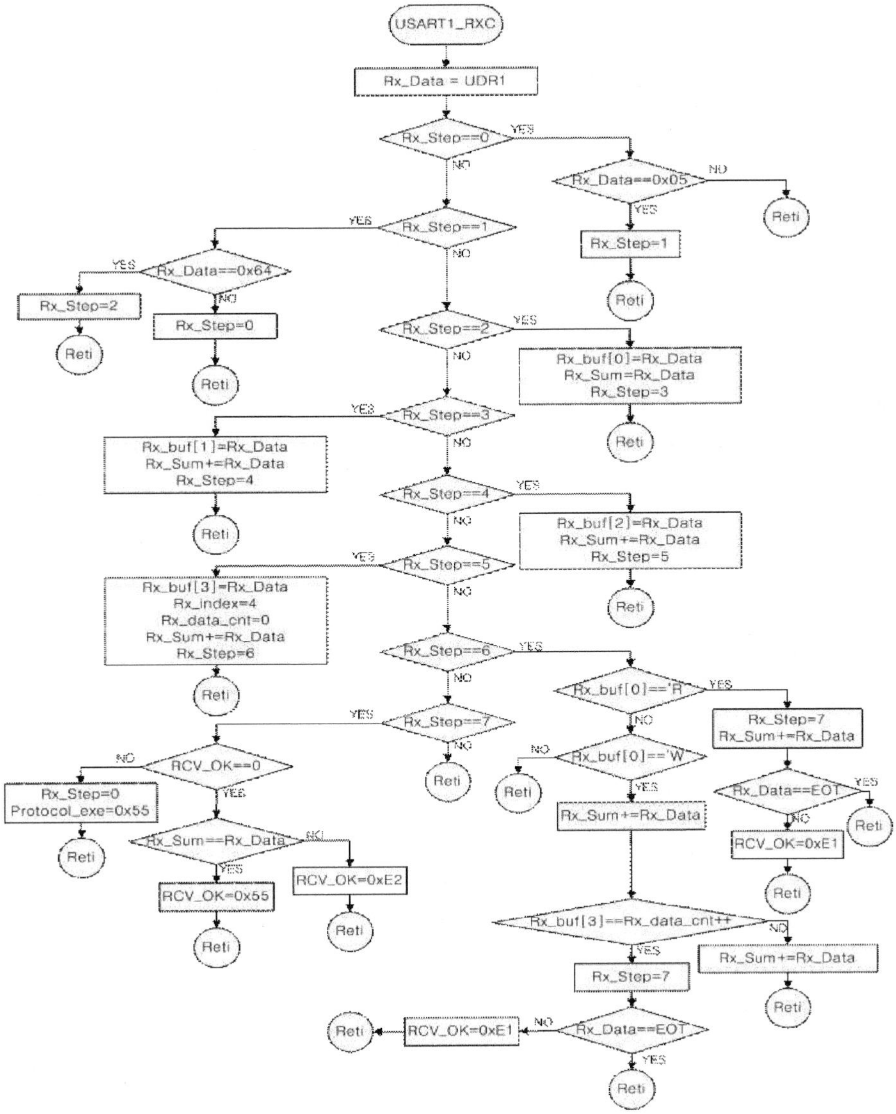

[그림 12.3] BCC가 있는 시리얼 인터럽트에 대한 흐름도

```
#include <iom128.h>
#include <ina90.h>
#include "DebugAtmega128.h"

#define   EOT  0x04
#define   ACK  0x06
#define   NAK  0x15

typedef unsigned char byte;
typedef unsigned int word;

word WR_Addr=0, RD_Addr=0x00000000;
byte Rx_Step=0, RCV_OK=0, Protocol_exe=0, Rx_number=0, Rx_Sum=0;
byte Rx_Data=0, Rx_data_cnt=0, Rx_index=0, Rx_buf[100], Test[100];
byte Tx_Buffer[100], Tx_Cnt=0, Tx_Index=0, Tx_Sum=0;

void rs232_init(void);
void Send(byte kind, byte data);

void main(void)
{
        int i;
        AtMg128DebugInit();
        rs232_init();

        for(i=0; i<100; i++);

        DDRB = 0xf8;
        DDRD = 0xf0;

        TCCR0 = 0x0d;          //CTC, 128분주
        OCR0 = 125-1;          //16Mhz/128/125 = 1000(1ms)
        TIMSK = 0x02;          //timer0 비교매치 인터럽트 enable

        __enable_interrupt();

        while(1)
        {
```

```
if(Protocol_exe)
{
        Protocol_exe=0;
        if(RCV_OK==0x55)
        {
                if(Rx_buf[0] == 'W')
                {
                        WR_Addr = (word)Rx_buf[1];
                        WR_Addr = (WR_Addr << 8) | (word)Rx_buf[2];

                        for(i=0; i<Rx_buf[3]; i++)
                        {
                                *(byte *)WR_Addr++ = Rx_buf[i+4];
                        }
                        Send(ACK, RCV_OK);    //Send ACK Code
                }
                else if(Rx_buf[0] == 'R')
                {
                        Tx_Buffer[0] = ACK;
                        Tx_Buffer[1] = 'R';
                        Tx_Sum = 'R';
                        RD_Addr = (word)Rx_buf[1];
                        RD_Addr = (RD_Addr << 8) | (word)Rx_buf[2];
                        Rx_number = Rx_buf[3];
                        for(i=0; i<Rx_number; i++)
                        {
                                Tx_Buffer[i+2] = *(byte *)RD_Addr++;
                                Tx_Sum += Tx_Buffer[i+2];
                        }
                        Tx_Buffer[i+2] = EOT;
                        Tx_Sum += EOT;
                        Tx_Buffer[i+3] = Tx_Sum;

                        //ACK 'R' Datan EOT BCC('R'~EOT)
                        Tx_Cnt = Rx_number + 3;
                        Tx_Index = 1;
                        UDR1 = Tx_Buffer[0];
                }
```

```
                        }       //if(RCV_OK==0x50) end
                        else if((RCV_OK & 0xF0) == 0xE0)
                        {       //Error case => Send NAK code
                                Send(NAK, RCV_OK);
                        }
                        RCV_OK = 0;
                }       //if(Protocol_exe) end
        }       //while(1) end
}       //main() end

void Send(byte kind, byte data)
{
        Tx_Buffer[0] = kind;
        Tx_Buffer[1] = data;
        Tx_Buffer[2] = EOT;
        Tx_Buffer[3] = Tx_Buffer[1] + Tx_Buffer[2];
        Tx_Cnt = 3;
        Tx_Index = 1;
        UDR1 = Tx_Buffer[0];
}

void rs232_init(void)
{
        UCSR1A = 0x02;  //asynchronous mode, double baudrate
        UCSR1B = 0xD8;  //tx, rx interrupt enable, 8bit data, rx/tx enable
        UCSR1C = 0x06;  //asynchronous, no parity, stop bit = 1bit

        // BOUD = 9600
        // 16MHz/8*9600-1 = 207

        UBRR1H = 207 >> 8;
        UBRR1L = 207 & 0x00ff;
}

//송신 인터럽트
#pragma vector = USART1_TXC_vect
__interrupt void USART1TxIsr()
{
```

```
    if(Tx_Cnt--)
        UDR1 = Tx_Buffer[Tx_Index++];
}

//수신 인터럽트
#pragma vector = USART1_RXC_vect
__interrupt void USART1RxIsr()
{
        Rx_Data = UDR1;
        switch(Rx_Step)
        {
                case 0 : //Header#1
                        if(Rx_Data==0x05)
                        Rx_Step=1;
                        break;

                case 1 : //Header#2
                        if(Rx_Data == 0x64)
                                Rx_Step=2;
                        else
                                Rx_Step=0;
                        break;

                case 2 : //Command
                        Rx_buf[0] = Rx_Data;
                        Rx_Sum = Rx_Data;
                        Rx_Step = 3;
                        break;

                case 3 : //Address_High
                        Rx_buf[1] = Rx_Data;
                        Rx_Sum += Rx_Data;
                        Rx_Step = 4;
                        break;

                case 4 : //Address_Low
                        Rx_buf[2] = Rx_Data;
                        Rx_Sum += Rx_Data;
```

```
                Rx_Step=5;
                break;

        case 5 :  //Length
                Rx_buf[3] = Rx_Data;
                Rx_index = 4;
                Rx_data_cnt = 0;
                Rx_Sum += Rx_Data;
                Rx_Step = 6;
                break;

        case 6 :
                if(Rx_buf[0] == 'R')
                {
                        Rx_Step = 7;     //BCC Check mode
                        Rx_Sum += Rx_Data;
                        if(Rx_Data != EOT)
                        {
                                RCV_OK = 0xE1;
                                //Not EOT Meet ERROR CODE
                        }
                }
                else if(Rx_buf[0] == 'W')
                {
                        Rx_Sum += Rx_Data;
                        if(Rx_buf[3] == Rx_data_cnt++)
                        {
                                Rx_Step = 7;  //BCC Check mode
                                //Not EOT Meet ERROR CODE
                                if(Rx_Data != EOT)
                                        RCV_OK = 0xE1;
                        }
                        else
                        {
                                Rx_buf[Rx_index++] = Rx_Data;
                        }
                }
                break;
```

```
                case 7 :
                        if(RCV_OK == 0)         //이전에 Error가 없었는가?
                        {
                                if(Rx_Sum == Rx_Data)
                                {
                                        RCV_OK = 0x55;
                                        //정상 데이터 수신
                                }
                                else
                                        RCV_OK=0xE2; //BCC Error
                        }
                        Rx_Step = 0;
                        Protocol_exe = 0x55;    //Protocol 분석지령
                        break;
        }
}
```

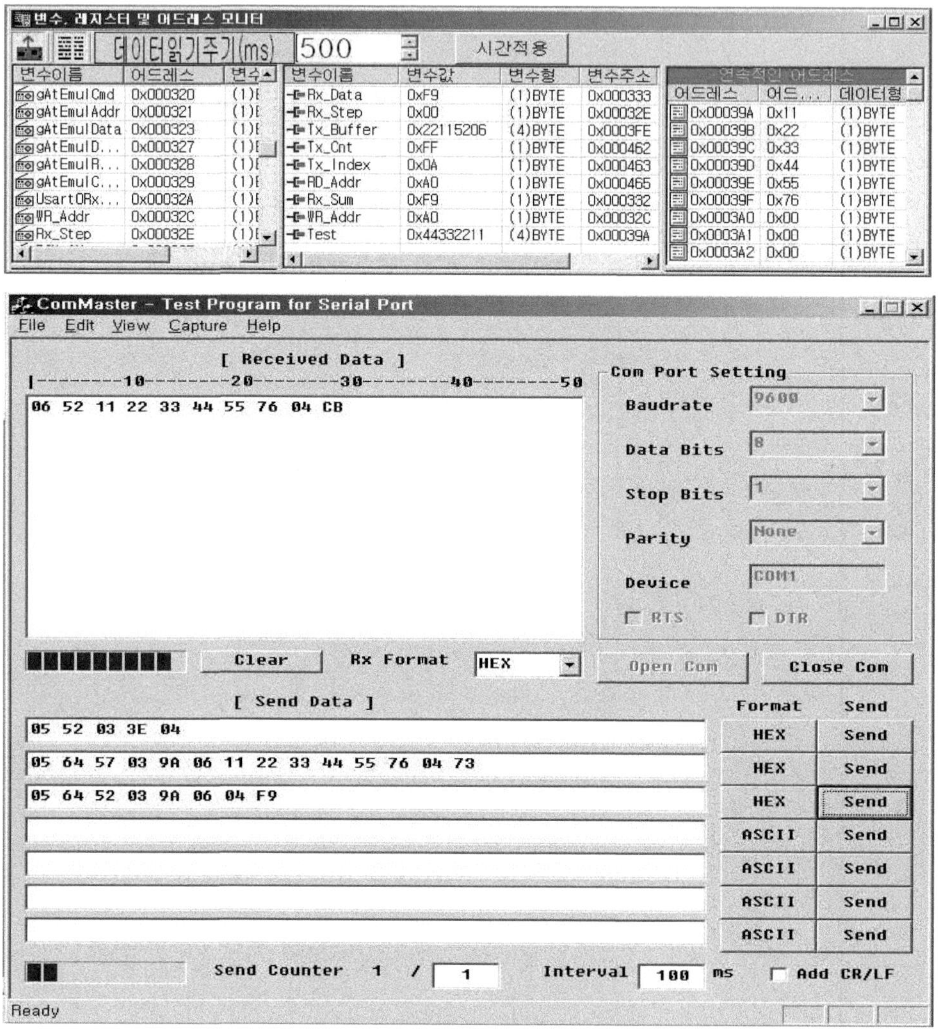

[그림 12.4] Read Command일 때 통신 모니터링 화면

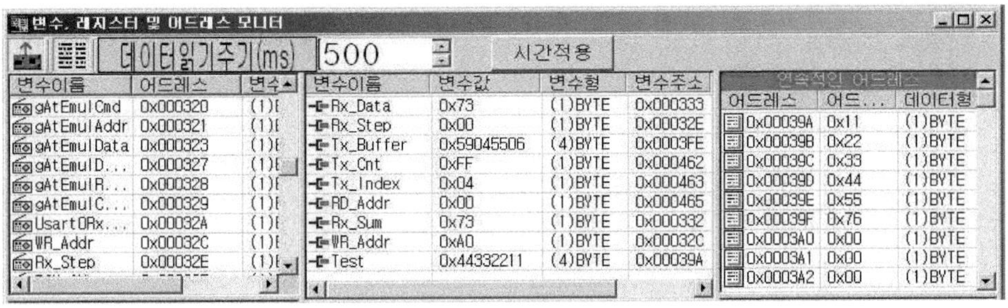

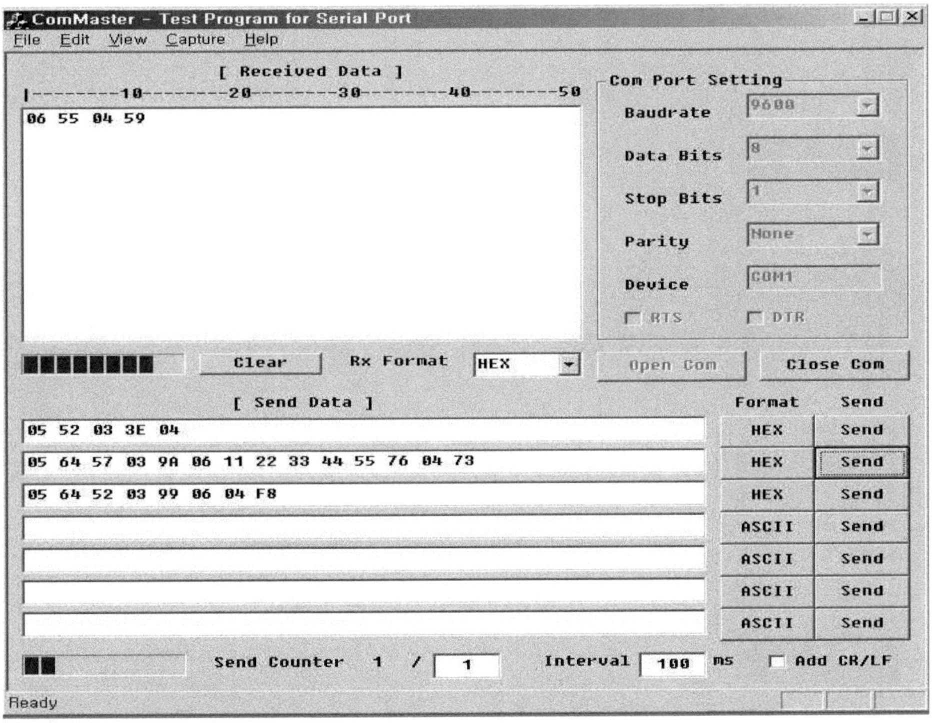

[그림 12.5] Write Command일 때 통신 모니터링 화면

과제 12-1

예제 12-1과 같은 통신 인터페이스로 프로토콜 통신을 하는 프로그램을 사용하여, 한 프레임을 송신 받을 때 마다 LED를 1씩 증가시키며, 수신된 데이터의 Hexa값을 LCD에 표시하는 프로그램을 작성하시오.

과제 12-2

예제 12-1과 같은 통신 인터페이스로 프로토콜 통신을 하는 프로그램을 사용하여, 한 프레임을 송신 받을 때 마다 LED를 1씩 감소시키며, 수신된 데이터의 Hexa값을 LED에 표시하는 프로그램을 작성하시오.

과제 12-3

예제 12-2와 같은 통신 인터페이스로 프로토콜 통신을 하는 프로그램을 사용하여, 한 프레임을 송신 받을 때 마다 LED를 1씩 감소시키며, Command가 'W'일 때 해당된 데이터의 Hexa값을 LED에 표시하는 프로그램을 작성하시오.

제 13 장 PWM을 이용한 모터제어와 응용

13.1 모터의 기본구조

13.1.1 DC 모터의 구조

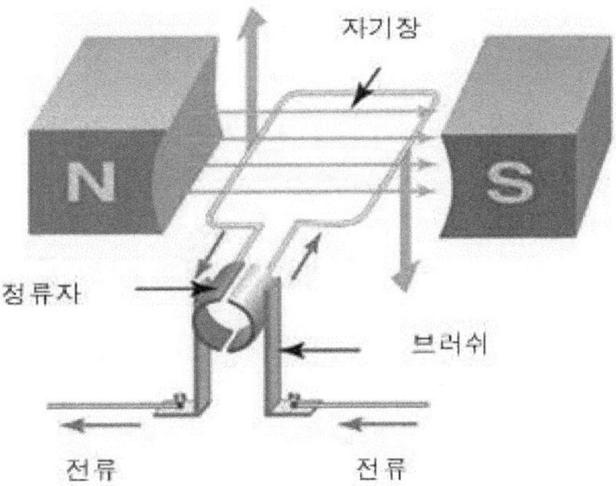

[그림 13.1] DC 모터의 구조

DC 모터는 [그림 13.1]과 같이 자석, 정류자, 브러쉬 3가지로 이루어져 있다. 브러쉬가 없는 대신 트랜지스터로 구동하는 DC 모터도 있으며 동작원리는 같다. 브러쉬에 전류가 흐르면 정류자에 있는 도선에 전류가 흐르게 되고 도선은 양옆의 자석에 의해 자기장의 영향을 받는다.

플레밍의 왼손법칙에 의하여 도선에 힘이 가해지고 도선과 연결된 정류자는 180° 회전하게 되어 반대쪽 브러쉬와 닿는다. 도선에는 전류가 반대로 흐르게 되며 자석에 의한 자기장에 영향을 받아 다시 180°회전을 한다. 이것이 반복되면 모터가 회전하게 된다.

13.1.2 AC 모터의 구조

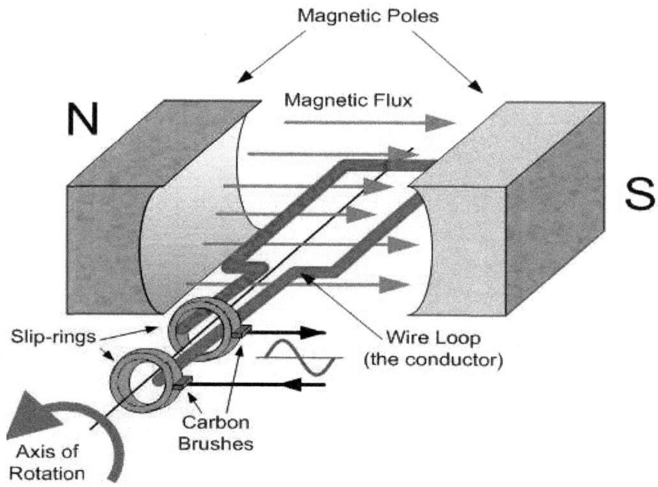

[그림 13.2] AC 모터의 구조

[그림 13.2]는 AC 모터의 구조를 나타낸 것이다. AC 모터는 DC 모터와는 달리 정류자가 필요 없다. 도선에 전류가 흐르고 양옆의 자기장에 영향을 받아 180°회전하는 것은 같지만 정류자에 의해서 전류의 방향이 바뀌는 것이 아닌 교류 신호가 전류의 방향을 바꾸는 것이 다르다.

13.2 PWM(Pulse Width Modulation)

타이머의 동작모드에는 일반 모드, CTC 모드, 고속 PWM 모드, 위상교정 PWM 모드, 위상교정 및 주파수교정 PWM모드가 있다. 그 중에서 모터제어를 하기 위해서 PWM 모드를 사용할 것이다. PWM 모드는 일반 모드와 CTC 모드와는 달리 한 주기에 인터럽트가 두 번 발생하여 주기적인 펄스 파형을 만들 수 있다는 장점이 있다.

13.2.1 고속 PWM 모드

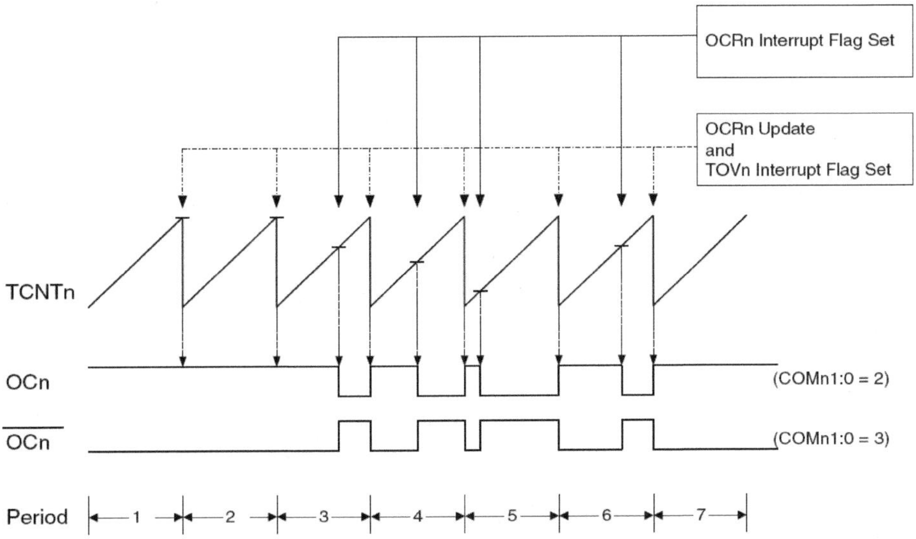

[그림 13.3] 고속 PWM 모드

고속 PWM 모드(Fast PWM Mode)는 WGMn1:n0 =11로 설정하는데 높은 주파수의 PWM 출력 파형을 발생하는데 유용하다. 이 동작모드에서는 타이머/카운터 레지스터 TCNTn가 항상 0x00~Top의 범위에서 증가하는 방향으로만 반복적으로 수행한다. TCNTn와 OCRn의 값이 일치할 경우 OCn핀으로 데이터가 출력되고 Top 값이 될 경우 다시 OCn 핀으로 데이터가 출력된다. 그래서 0x00~Top의 한 주기 동안에 OCn핀으로 2번의 데이터가 출력된다.

COMn1:n0=10으로 설정되면 TCNTn와 OCRn의 값이 일치할 경우 OCn 출력신호가 0으로 클리어 되고 Top이 될 때 OCn 출력신호가 1로 셋 된다.

COMn1:n0=11로 설정되면 TCNTn과 OCRn의 값이 일치할 경우 OCn 출력신호가 1로 셋 되고 Top이 될 때 OCn 출력신호가 0으로 클리어 된다.

13.2.2 위상교정 PWM 모드

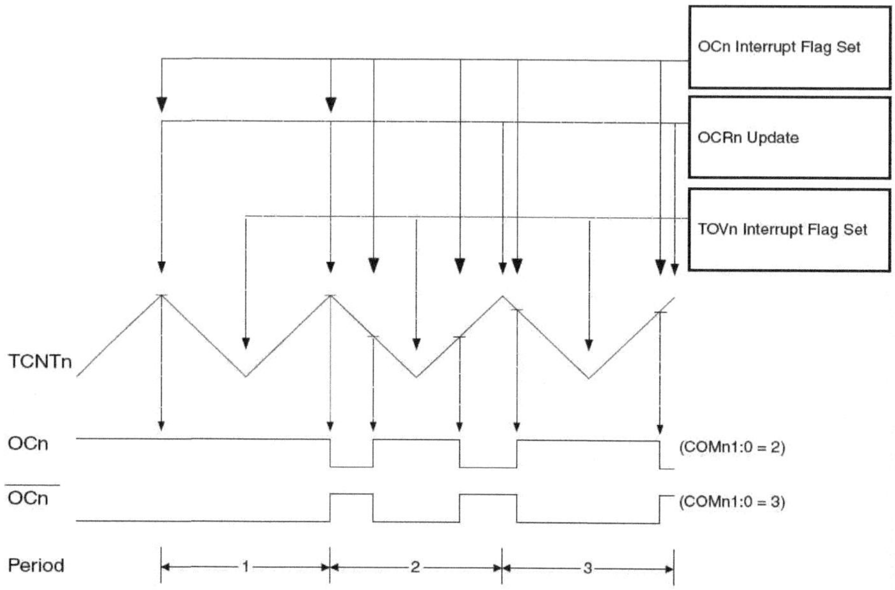

[그림 13.4] 위상교정 PWM 모드

위상교정 PWM 모드(Phase Correct PWM Mode)는 WGMn1:n0 = 01로 설정하는데 높은 분해능의 PWM 출력 파형을 발생하는데 유용하다. 이 동작모드에서는 타이머/카운터 레지스터 TCNTn는 상향 카운터로서 0x00~Top의 범위에서 증가하였다가 다시 하향 카운터로서 Top~0x00으로 감소하는 동작을 반복적으로 수행한다. 이 동작과정에서 TCNTn와 OCRn의 값이 일치하면 상향 카운터로 동작할 경우와 하향 카운터로 동작할 경우에 각각 OCn 핀을 통하여 신호를 출력한다.

COMn1:n0=10일 경우에 상향카운터로 동작중일 때는 TCNTn와 OCRn가 일치하면 OCn이 0으로 출력되고 하향 카운터로 동작중일 때는 1로 출력된다. COMn1:n0=11일 경우에 상향카운터로 동작중일 때는 TCNTn와 OCRn가 일치하면 OCn이 1로 출력되고 하향 카운터로 동작중일 때는 0으로 출력된다.

13.2.3 위상 및 주파수 교정 PWM 모드

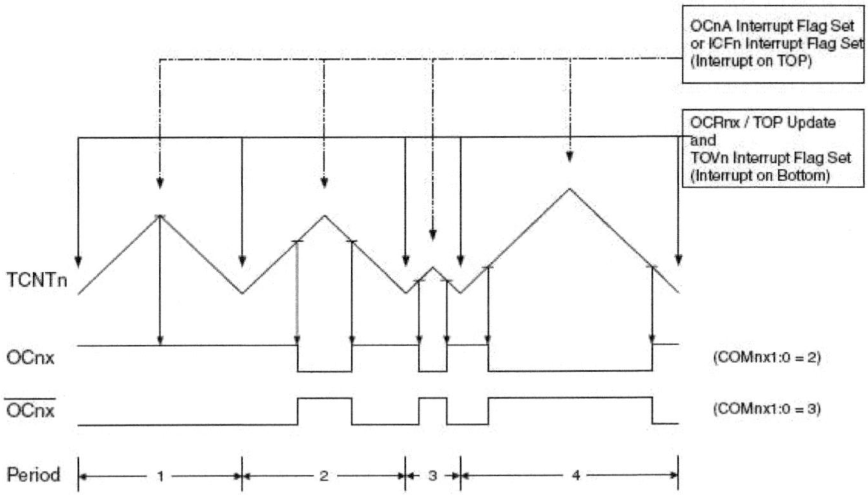

[그림 13.5] 위상 및 주파수 교정 PWM 모드

위상 및 주파수 교정 PWM모드(Phase and Frequency Correct PWM Mode)는 WGMn3~0 = 8, 9로 설정하며 높은 분해능의 PWM 출력파형을 발생하는데 이용한다. 이 동작 모드에서는 타이머/카운터 레지스터 TCNTn의 계수동작이 상향 카운터로서 0x0000~TOP의 범위에서 증가하였다가 다시 하향 카운터로서 TOP~0x0000으로 감소하는 동작을 반복적으로 수행한다. 이때 TNCTn의 값은 항상 출력비교 레지스터 OCRnx의 값과 비교되어 상향 카운터로 동작할 때 그것이 일치하면 OCnx 출력 신호가 0으로 클리어 되고 하향 카운터로 동작할 때 OCnx 출력 신호가 1로 셋 된다.

위상 및 주파수 교정 PWM 모드가 위상교정 PWM 모드와 다른점은 TIP의 값을 ICRn과 OCRnA의 2가지만 지정할 수 있다는 점과 이것을 새로운 값으로 갱신할 때 TNCTn의 값이 TOP의 값과 같아지는 순간에 갱신되는 것이 아니라 TCNTn이 0x0000으로 되는 순간에 갱신된다는 점이다. 이렇게 함으로써 TNCTn의 동작 주기를 0x0000에서 그 다음의 0x0000으로 볼 때 PWM 파형이 완벽한 대칭 동작을 하게 된다. 그러나 위상교정 PWM 모드에서 TIP값이 변하는 주기에서는 과도적으로 비대칭의 PWM 파형을 출력한다. 결과적으로 위상 및 주파수 교정 PWM 모드는 시스템의 동작중에 TOP값을 수시로 변화시킴으로써 주파수가 가변되는 PWM의 경우에 사용하면 위상교정 PWM 모드에 비하여 유리하다는 것이다.

COMnx1:0 = 10으로 설정되면 OCnx 단자는 상향 카운터 일 때는 0이 출력되고 하향 카운터 일 때는 1로 출력되지만 COMnx1:0 = 11로 설정하면 상향 카운터 일 때는 1이 출력되고 하향 카운터 일 때는 0으로 출력된다. [그림 13.5]에 위상 및 주파수 교정 PWM 모드에 대한 동작을 나타냈다.

13.2.4 타이머/카운터1, 3의 레지스터

(1) TCCR1A, TCCR3A 레지스터

TCCR1A, TCCR3A(Timer/Counter1 or 3 Control Register A) 레지스터는 [그림 13.5], [그림 13.6]에 나타내었고, 타이머/카운터 1, 3의 동작모드를 설정하고 출력비교 단자의 파형 발생에 관한 동작을 지정하는 등의 기능을 수행한다.

7	6	5	4	3	2	1	0	
COM1A1	COM1A0	COM1B1	COM1B0	COM1C1	COM1C0	WGM11	WGM10	TCCR1A
R/W	R/W	R/W	R/W	R/W	R/W	R/W	R/W	
0	0	0	0	0	0	0	0	

[그림 13.6] 타이머/카운터1 제어 레지스터 TCCR1A

7	6	5	4	3	2	1	0	
COM3A1	COM3A0	COM3B1	COM3B0	COM3C1	COM3C0	WGM31	WGM30	TCCR3A
R/W	R/W	R/W	R/W	R/W	R/W	R/W	R/W	
0	0	0	0	0	0	0	0	

[그림 13.7] 타이머/카운터3 제어 레지스터 TCCR3A

BIT 1, 0(WGMn1, WGMn0)는 각각 TCCR1B, TCCR3B의 WGMn3, WGMn2와 결합하여 타이머/카운터 1, 3의 동작모드를 결정한다.

BIT7, 6(COMnA1, COMnA0)과 BIT5, 4 (COMnB1, COMnB0) 그리고 BIT3, 2 (COMnC1, COMnC0)는 각각 OCnA, OCnB, OCnC 핀의 동작을 설정한다.

(2) TCCR1B, TCCR3B 레지스터

TCCR1B, TCCR3B(Timer/Counter1 or 3 Control Register B) 레지스터는 [그림 13.7], [그림 13.8]에 나타내었고, 타이머/카운터1, 3의 입력 캡쳐에 관련된 기능을 설정하거나 프리스케일러의 분주비를 설정하는 기능과 TCCR1A, TCCR3A와 같이 동작모드를 결정하는 기능을 한다.

	7	6	5	4	3	2	1	0
TCCR1B	ICNC1	ICES1	–	WGM13	WGM12	CS12	CS11	CS10
	R/W	R/W	R	R/W	R/W	R/W	R/W	R/W
	0	0	0	0	0	0	0	0

[그림 13.8] 타이머/카운터1 제어 레지스터 TCCR1B

	7	6	5	4	3	2	1	0
TCCR3B	ICNC3	ICES3	–	WGM33	WGM32	CS32	CS31	CS30
	R/W	R/W	R	R/W	R/W	R/W	R/W	R/W
	0	0	0	0	0	0	0	0

[그림 13.9] 타이머/카운터3 제어 레지스터 TCCR3B

BIT 7의 ICNC1, ICNC3(Input Capture Noise Canceler 1 or 3)은 입력 캡처 각각 단자IC1, IC3로 입력되는 캡처신호를 위한 노이즈 제거회로가 작동하도록 설정한다. 이를 1로 설정하면 노이즈 제거회로가 작동하여 신호가 필터링 되며 입력캡쳐 신호가 시스템 클럭의 4주기만큼 지연되어 동작하게 된다.

BIT 6의 ICES1, ICES3(Input Capture Edge Select1 or 3)은 입력캡처 단자 IC1, IC3로 입력되는 신호의 에지를 선택한다. 1로 설정하면 캡처신호가 상승에지일 때 캡쳐가 수행되고 0으로 설정하면 캡처신호가 하강에지일 때 캡처가 수행된다. 캡처신호가 입력되면 현재의 TCNT1, TCNT3값이 ICR1, ICR3에 저장되며 입력캡처 인터럽트가 요청된다.

BIT 4, 3은 WGMn3, WGMn1으로 TCCRnA와 결합하여 모드를 결정한다.

BIT 2~0의 CSn2~CSn0은 클럭 소스 또는 프리스케일러의 분주비를 [표 13.1]와 같이 선택한다.

[표 13.1] CSn2~0 비트에 의한 클럭의 분주비 선택

CSn2	CSn1	CSn0	클럭 소스의 기능
0	0	0	클럭 입력을 차단(타이머 동작하지 않음)
0	0	1	clk / 1
0	1	0	clk / 8
0	1	1	clk / 64
1	0	0	clk / 256
1	0	1	clk / 1024
1	1	0	Tn 핀에서 입력되는 외부클럭(하강에지에서동작)
1	1	1	Tn 핀에서 입력되는 외부클럭(상승에지에서동작)

[표 13.2] 타이머/카운터 1, 3의 동작모드

모드	WGMn3	WGMn2	WGMn1	WGMn0	동작모드	TOP	OCRnX 레지스터의 업데이트 시점	TOVn 플래그의 셋트 시점
0	0	0	0	0	Normal	0xFFFF	Immediate	MAX
1	0	0	0	1	PWM, Phase Correct, 8-BIT	0x00FF	TOP	BOTTOM
2	0	0	1	0	PWM, Phase Correct, 9-BIT	0x01FF	TOP	BOTTOM
3	0	0	1	1	PWM, Phase Correct, 10-BIT	0x03FF	TOP	BOTTOM
4	0	1	0	0	CTC	OCRnA	Immediate	MAX
5	0	1	0	1	Fast PWM, 8-BIT	0x00FF	BOTTOM	TOP
6	0	1	1	0	Fast PWM, 9-BIT	0x01FF	BOTTOM	TOP
7	0	1	1	1	Fast PWM, 10-BIT	0x03FF	BOTTOM	TOP
8	1	0	0	0	PWM, Phase and Frequency Correct	ICRn	BOTTOM	BOTTOM
9	1	0	0	1	PWM, Phase and Frequency Correct	OCRnA	TOP	BOTTOM
10	1	0	1	0	PWM, Phase Correct	ICRn	TOP	BOTTOM
11	1	0	1	1	PWM, Phase Correct	OCRnA	Immediate	MAX
12	1	1	0	0	CTC	ICRn		
13	1	1	0	1	(Reserved)	-	-	-
14	1	1	1	0	Fast PWM	ICRn	BOTTOM	TOP
15	1	1	1	1	Fast PWM	OCRnA	BOTTOM	TOP

13. 2. 5 PWM을 이용한 DC 모터 제어 예제

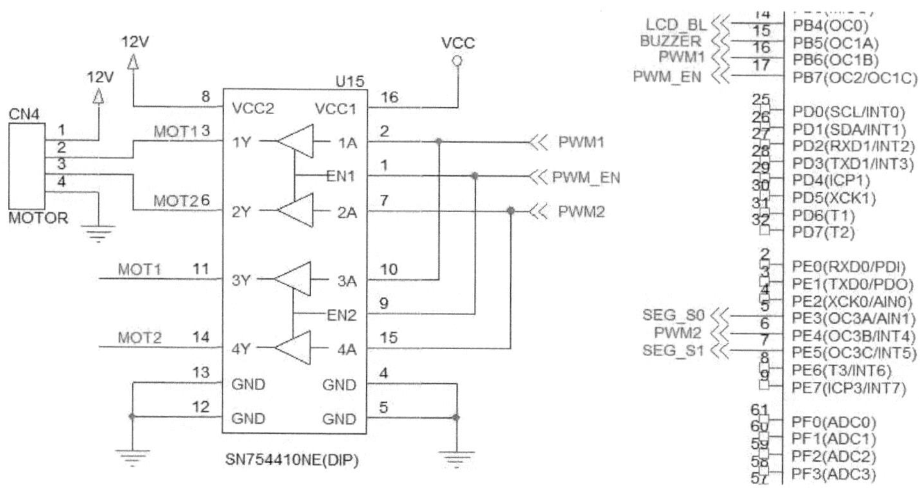

[그림 13.10] ATmega128A PWM 회로

본 트레이닝 키트는 Timer 1B, Timer 3B의 PWM 출력을 U14를 거쳐 CN4로 출력하도록 설계되었다. VCC2에 전원을 공급한 후 PWM_EN을 입력하면 1A~4A의 신호를 VCC2만큼 1Y~4Y로 출력하여 CN4의 외부 핀으로 전달된다.

```
//설정해야 할 레지스터
//Timer 1B Fast PWM mode set              //TCNT1B
TCCR1A = 0x23;          // OCR1B에서 0으로 set, OCR1A에서 1로 set
//TCCR1A = 0x33;        // OCR1B에서 1로 set, OCR1A에서 0으로 set
TCCR1B = 0x19;          // WGM13, 12(1 1), 프리스케일러 분주비 1

//Timer 3B Fast PWM mode set              //TCNT3B
TCCR3A = 0x23;          // OCR3B에서 0으로 set, OCR3A에서 1로 set
//TCCR3A = 0x33;        // OCR3B에서 1로 set, OCR3A에서 0으로 set
TCCR3B = 0x19;          // WGM33, 32(1 1), 프리스케일러 분주비 1
```

```
//Timer 1B Phase and Frequency Correct PWM mode set
                        // TCNT1B가 OCR1B와 일치하면 카운터
TCCR1A = 0x21;          // 상향이면 0으로 set, 하향이면 1로 set
//TCCR1A = 0x31;        // 상향이면 1으로 set, 하향이면 0로 set
TCCR1B = 0x11;          // WGM13, 12(1 0), 프리스케일러 분주비 1

//Timer 3B Phase and Frequency Correct PWM mode set
                        // TCNT3B가 OCR3B와 일치하면 카운터
TCCR3A = 0x21;          // 상향이면 0으로 set, 하향이면 1로 set
//TCCR3A = 0x31;        // 상향이면 1으로 set, 하향이면 0로 set
TCCR3B = 0x11;          // WGM33, 32(1 0), 프리스케일러 분주비 1

//공통적으로 설정해야할 레지스터 (미설정시 duty 100%)
OCR1A(or OCR3A) = (16MHz / Frequency) - 1;
OCR1B(or OCR3B) = Duty_input*(16MHz/Frequency/100) - 1;
                        //0 ≤ OCRnB ≤OCRnA
```

실험 13-1

타이머 1B의 Fast PWM 모드를 사용하여 10KHz의 주파수와 60%의 듀티비를 가지는 펄스파형을 출력하는 프로그램을 작성하여 실험하였다.
(Compare match(0), TOP(1))

```
#include <iom128.h>
#include <ina90.h>
#include "DebugAtmega128.h"

typedef unsigned char byte;
typedef unsigned int word;

word Duty_input=60;        // Duty percent

void main(void)
{
    AtMg128DebugInit();

    DDRB=0xC0;          //PB7(PWM_EN), PB6(PWM1)

    TCCR1A=0x23;        //Fast PWM mode -compare match(0), TOP(1)
    TCCR1B=0x19;        // No prescaling, Fast PWM mode
    OCR1A=1599;         //(16MHz / 10KHz)-1 = 1599
    OCR1B=799;          //(16MHz / 10KHz * 50%)-1 = 799

    __enable_interrupt();

    while(1)
    {
        PORTB_Bit7=1;              //PWM_EN
        OCR1B = (Duty_input*16)-1;     // 16MHz / 10KHz / 100 = 16

        if(OCR1B>1599)         //OCR1A초과시 Max값
            OCR1B=1599;
        else if(OCR1B<=0)      //0이하일 때 0
            OCR1B=0;
    }
}
```

실험 13-2

타이머 1B의 Fast PWM 모드를 사용하여 10KHz의 주파수를 가지고, 스위치를 이용하여 듀티비를 제어하는 프로그램을 작성하여 실험하였다.
(Compare match(0), TOP(1))

```
#include <iom128.h>
#include <ina90.h>
#include "DebugAtmega128.h"

typedef unsigned char byte;
typedef unsigned int word;

#define SW1      0x10
#define SW2      0x20
#define SW3      0x40
#define SW4      0x80
#define PI       0x02
#define BUZZER_ON    PORTB_Bit5

byte Key_Value=0, Buzzer=0, Buzzer_cnt=0, T10m_cnt=0;
int Duty_input=60;       // Duty percent

void main(void)
{
    AtMg128DebugInit();

    DDRB=0xE0;       //PB7(PWM_EN), PB6(PWM1), PB5(Buzzer)

    TCCR0=0x0D;
    OCR0=125-1;
    TIMSK=0x02;

    TCCR1A=0x23;        //Fast PWM mode -compare match(0), TOP(1)
    TCCR1B=0x19;        // No prescaling, Fast PWM mode
    OCR1A=1600-1;       //(16MHz / 10KHz)-1 = 1599
    OCR1B=800-1;        //(16MHz / 10KHz * 50%)-1 = 799

    __enable_interrupt();
```

```
	while(1)
	{
		PORTB_Bit7=1;		//PWM_EN

		switch(Key_Value)
		{
			case SW1 :
					Buzzer=PI;
					if(Duty_input+10<=100)
						Duty_input+=10;
					Key_Value=0;
					break;
			case SW2 :
					Buzzer=PI;
					if(Duty_input+1<=100)
						Duty_input+=1;
					Key_Value=0;
					break;
			case SW3 :
					Buzzer=PI;
					if(Duty_input-10>=0)
						Duty_input-=10;
					Key_Value=0;
					break;
			case SW4 :
					Buzzer=PI;
					if(Duty_input-1>=0)
						Duty_input-=1;
					Key_Value=0;
					break;
			default :
					break;
		}
		OCR1B = (Duty_input*16)-1;	// 16MHz / 10KHz / 100 = 16

		if(OCR1B>1599)		//OCR1A초과시 Max값
			OCR1B=1599;
		else if(OCR1B<=0)	//0이하일 때 0
			OCR1B=0;
	}
}
```

```
#pragma vector = TIMER0_COMP_vect
__interrupt void TIMER0_int(void)
{
    static char BF_key =0, BFBF_key=0;

    if(++T10m_cnt>=10)
    {
        T10m_cnt=0;
        //key control
          if(PINF == BF_key) //Key debounce check
          {
              if(BF_key != BFBF_key) //New key input?
              {
                      //SW1~4 : 0x10, 0x20, 0x40, 0x80
                      Key_Value = (PINF & 0xF0) ^ 0xF0;

              }
      }

      BFBF_key = BF_key;      //이전과거 <= 과거
      BF_key = PINF;          //과거 <= 현재

      if(++Buzzer_cnt >=5)    //5*10msec Buzzer driving
      {
              Buzzer_cnt=0;
              if(Buzzer & 0x01)
              {
                      BUZZER_ON=1;
              }
              else
              {
                      BUZZER_ON=0;
              }
              Buzzer = Buzzer>>1;
      }
    }
}
```

실험 13-3

타이머 3B의 위상 및 주파수 교정 모드를 사용하여 10KHz의 주파수를 가지고, 듀티비를 모니터링 할 수 있는 프로그램을 작성하여 실험하였다.
(Up Count Compare match(0), Down Count Compare match(1))

```
#include <iom128.h>
#include <ina90.h>
#include "DebugAtmega128.h"

int Duty_input=50;        // Duty percent

void main(void)
{
    AtMg128DebugInit();

    DDRB=0x80;        //PB7(PWM_EN)
    DDRE=0x10;        //PE4(PWM2)

    TCCR3A=0x21;        //Up Count Compare match(0)
                        //Down Count Compare match(1)
    TCCR3B=0x11;        //No prescaling
                        //Phase and Frequency Correct PWM mode
    OCR3A=800-1;        //(16MHz / 10KHz / 2)-1 = 799
    OCR3B=400-1;        //(16MHz / 10KHz / 2 * 50%)-1 = 399

    __enable_interrupt();

    while(1)
    {
        PORTB_Bit7=1;             //PWM_EN
        OCR3B = (Duty_input*8)-1;       // 16MHz / 10KHz / 2 / 100 = 8

        if(OCR3B>799)         //OCR3A초과시 Max값
            OCR3B=799;
        else if(OCR3B<=0)     //0이하일 때 0
            OCR3B=0;
    }
}
```

실험 13-4

타이머 3B의 위상 및 주파수 교정 모드를 사용하여 10KHz의 주파수를 가지며, 듀티비를 스위치로 제어하고 7-Segment에 나타내어 표시하는 프로그램을 작성하여 실험하였다.
(Up Count Compare match(0), Down Count Compare match(1))

```
#include <iom128.h>
#include <ina90.h>
#include "DebugAtmega128.h"

typedef unsigned char byte;
typedef unsigned int word;

#define SEG_CLK PORTG_Bit3  //PG3
#define SEG_S0  PORTE_Bit3  //PE3 : Active High
#define SEG_S1  PORTE_Bit5  //PE5 : Active High
#define SEG_S2  PORTE_Bit6  //PE6 : Active High
#define SEG_S3  PORTE_Bit7  //PE7 : Active High

#define SW1         0x10
#define SW2         0x20
#define SW3         0x40
#define SW4         0x80
#define PI          0x02
#define BUZZER_ON   PORTB_Bit5

void SEG_Selection(char sel);

byte Key_Value=0, Buzzer=0, Buzzer_cnt=0, T10m_cnt=0, T3ms_cnt;
byte Seg_position=1, Seg_View1=0, Seg_View2=0, Seg_View3=0;
byte SEG_Data[10]={0x3F, 0x06, 0x5B, 0x4F, 0x66, 0x6D, 0x7D,
                   0x07, 0x7F, 0x6F};
int Duty_input=50;      // Duty percent

void main(void)
{
    AtMg128DebugInit();

    DDRA=0xFF;        //SEG_Data
```

```
DDRB=0xA0;        //PB7(PWM_EN), PB5(Buzzer)
DDRE=0xF8;        //7-Seg_S0~S3, PWM2
DDRG=0x08;        //PG3(SEG_CLK)

TCCR0=0x0D;
OCR0=125-1;
TIMSK=0x02;

TCCR3A=0x21;        //Up Count Compare match(0),
                    //Down Count Compare match(1)
TCCR3B=0x11;        //No prescaling,
                    // Phase and Frequency Correct PWM mode
OCR3A=800-1;        //(16MHz / 10KHz / 2)-1 = 799
OCR3B=400-1;        //(16MHz / 10KHz / 2 * 50%)-1 = 399

__enable_interrupt();

while(1)
{
    PORTB_Bit7=1;         //PWM_EN

    Seg_View3 = Duty_input / 100;
    Seg_View2 = (Duty_input % 100) / 10;
    Seg_View1 = (Duty_input % 100) % 10;

    SEG_CLK = 0;     //Seg_CLK LOW

    SEG_Selection(Seg_position);

    SEG_CLK = 1;     //Seg_CLK HIGH

    switch(Key_Value)
    {
        case SW1 :
                Buzzer=PI;
                if(Duty_input+ 10<=100)
                    Duty_input+ =10;
                Key_Value=0;
                break;
```

```
            case SW2 :
                    Buzzer=PI;
                    if(Duty_input+ 1<=100)
                        Duty_input+ =1;
                    Key_Value=0;
                    break;

            case SW3 :
                    Buzzer=PI;
                    if(Duty_input-10>=0)
                        Duty_input-=10;
                    Key_Value=0;
                    break;

            case SW4 :
                    Buzzer=PI;
                    if(Duty_input-1>=0)
                        Duty_input-=1;
                    Key_Value=0;

            default :
                    break;
        }
        OCR3B = (Duty_input*8)-1;    // 16MHz / 10KHz / 2 / 100 = 8

        if(OCR3B>799)        //OCR3A초과시 Max값
            OCR3B=799;
        else if(OCR3B<=0)    //0이하일 때 0
            OCR3B=0;
    }
}

void SEG_Selection(char sel)
{
    switch(sel)
    {
        case 1:
            SEG_S0 = SEG_S2 = SEG_S3 =0; //Seg 0, 2, 3 OFF
            SEG_S1 = 1;
            PORTA = SEG_Data[Seg_View3];
            break;
```

```
        case 2:
            SEG_S0 = SEG_S1 = SEG_S3 =0; //Seg 0, 1, 3 OFF
            SEG_S2 = 1;
            PORTA = SEG_Data[Seg_View2];
            break;

        case 3:
            SEG_S0 = SEG_S1 = SEG_S2 =0; //Seg 0, 1, 2 OFF
            SEG_S3 = 1;
            PORTA = SEG_Data[Seg_View1];

        default:
            break;
    }
}

#pragma vector = TIMER0_COMP_vect
__interrupt void TIMER0_int(void)
{
    static char BF_key =0, BFBF_key=0;

    if(++T3ms_cnt >= 3)    //Seg_position
    {
        T3ms_cnt=0;
        if(++Seg_position>3)
            Seg_position=1;
    }

    if(++T10m_cnt>=10)
    {
         T10m_cnt=0;
         //key control
         if(PINF == BF_key)    //Key debounce check
         {
                  if(BF_key != BFBF_key)      //New key input?
                  {
                       //SW1~4 : 0x10, 0x20, 0x40, 0x80
                       Key_Value = (PINF & 0xF0) ^ 0xF0;

                  }
```

```
        }

        BFBF_key = BF_key;          //이전과거 <= 과거
        BF_key = PINF;              //과거 <= 현재

        if(++Buzzer_cnt >=5)        //5*10msec Buzzer driving
        {
            Buzzer_cnt=0;
            if(Buzzer & 0x01)
            {
                    BUZZER_ON=1;
            }
            else
            {
                    BUZZER_ON=0;
            }
            Buzzer = Buzzer>>1;
        }
    }
}
```

과제 13-1

타이머 1B의 Fast PWM 모드를 사용하여 10KHz의 주파수를 가지고, 스위치를 이용하여 듀티비를 제어하며, LCD에 듀티비를 표시하는 프로그램을 설계하시오.

과제 13-2

타이머 1B와 3B의 위상 및 주파수 교정 모드를 사용하여 하나의 파형이 20KHz의 주파수와 99%의 듀티비를 가지는 프로그램을 설계하시오.

부록 1.1 MPU(ATmega128A) 회로도

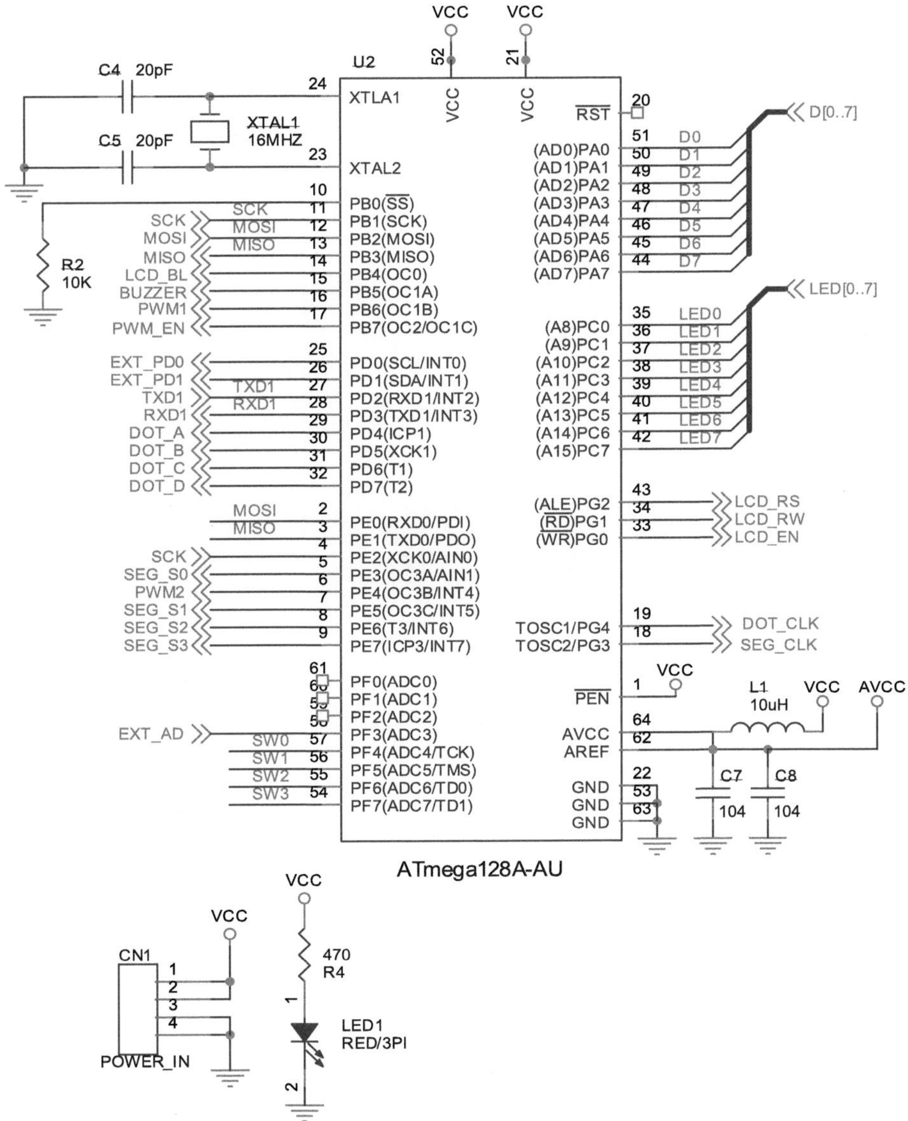

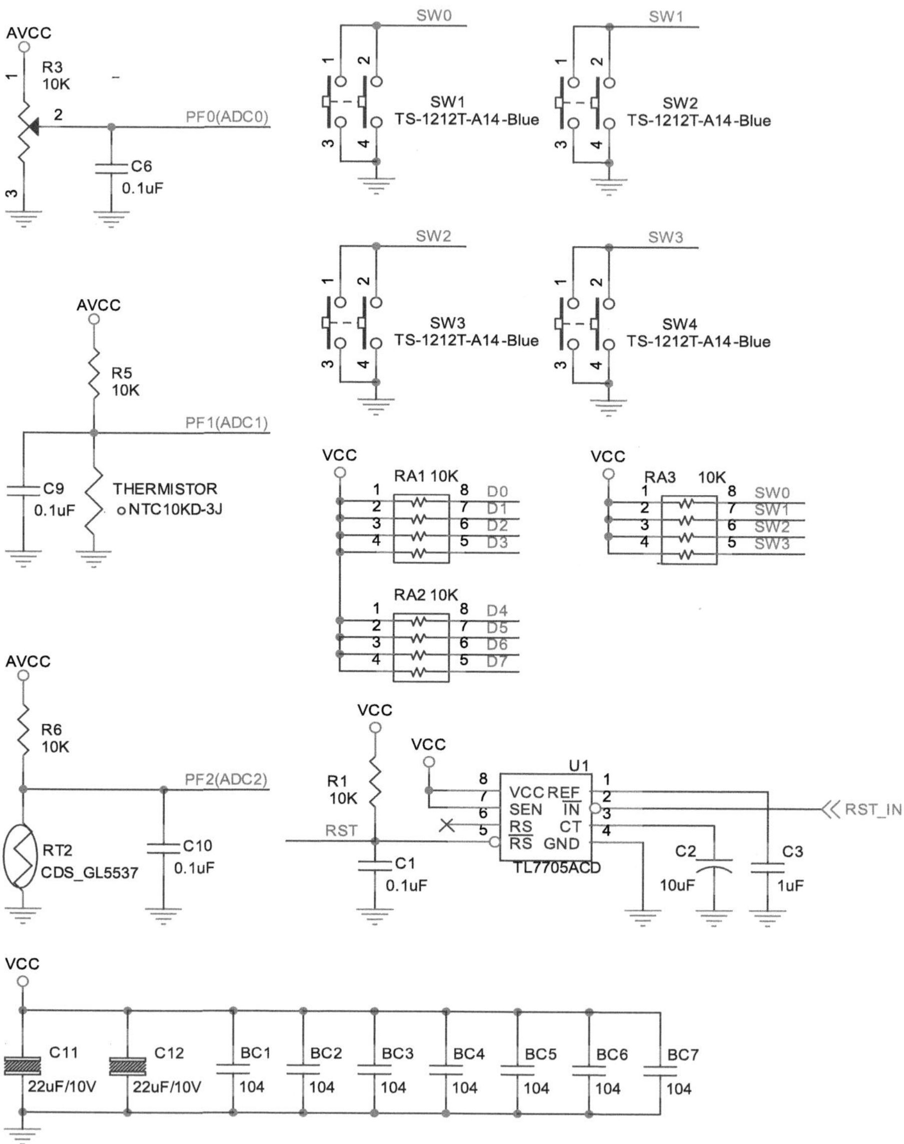
AVCC
R3
10K
PF0(ADC0)
C6
0.1uF
SW0
SW1
SW1
TS-1212T-A14-Blue
SW2
TS-1212T-A14-Blue
SW2
SW3
SW3
TS-1212T-A14-Blue
SW4
TS-1212T-A14-Blue
AVCC
R5
10K
PF1(ADC1)
C9
0.1uF
THERMISTOR
NTC10KD-3J
VCC
RA1 10K
D0
D1
D2
D3
RA2 10K
D4
D5
D6
D7
VCC
RA3 10K
SW0
SW1
SW2
SW3
AVCC
R6
10K
PF2(ADC2)
RT2
CDS_GL5537
C10
0.1uF
VCC
R1
10K
RST
C1
0.1uF
VCC
U1
VCC
REF
SEN
IN
RS
CT
RS
GND
TL7705ACD
RST_IN
C2
10uF
C3
1uF
VCC
C11
22uF/10V
C12
22uF/10V
BC1
104
BC2
104
BC3
104
BC4
104
BC5
104
BC6
104
BC7
104

부록 1.2 MMI(Man-Machine Interface) 회로도

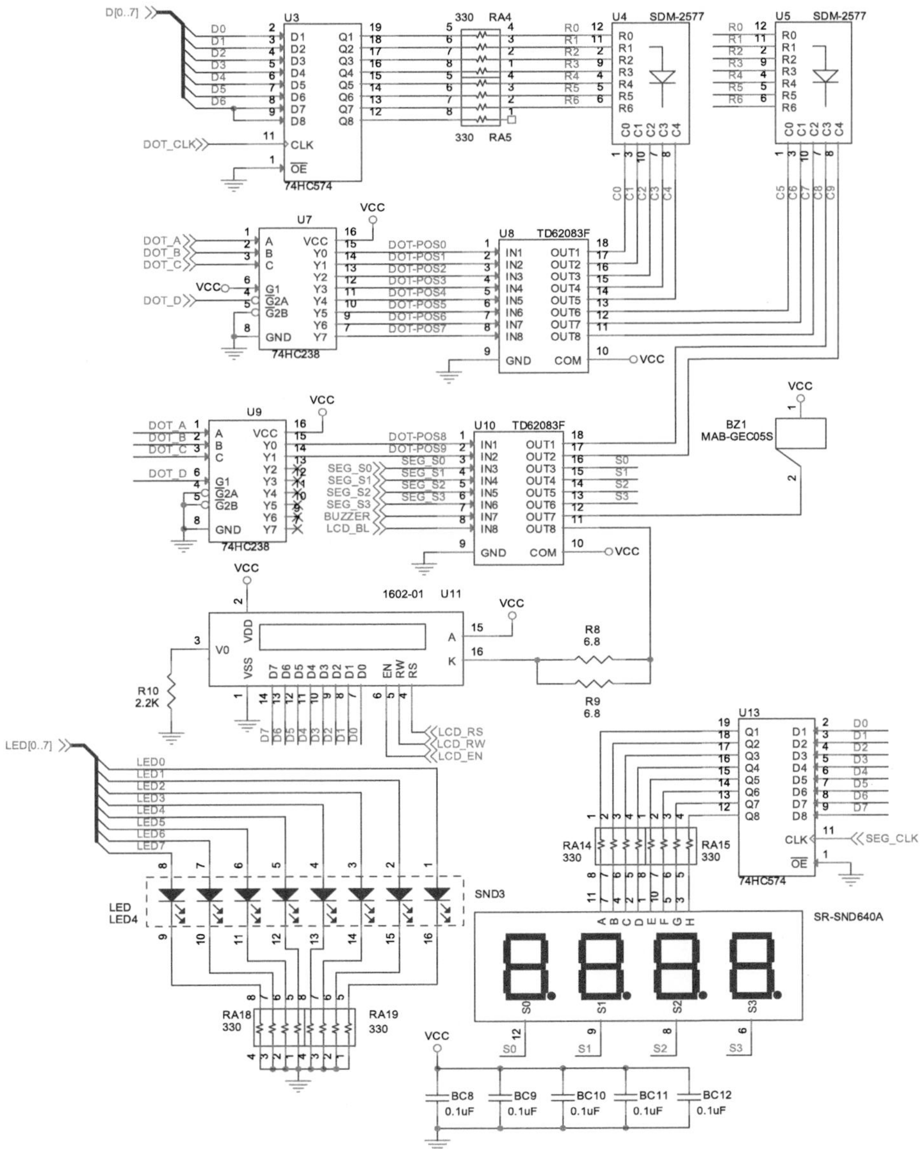

부록 1.3 USB 통신 및 PWM 회로도

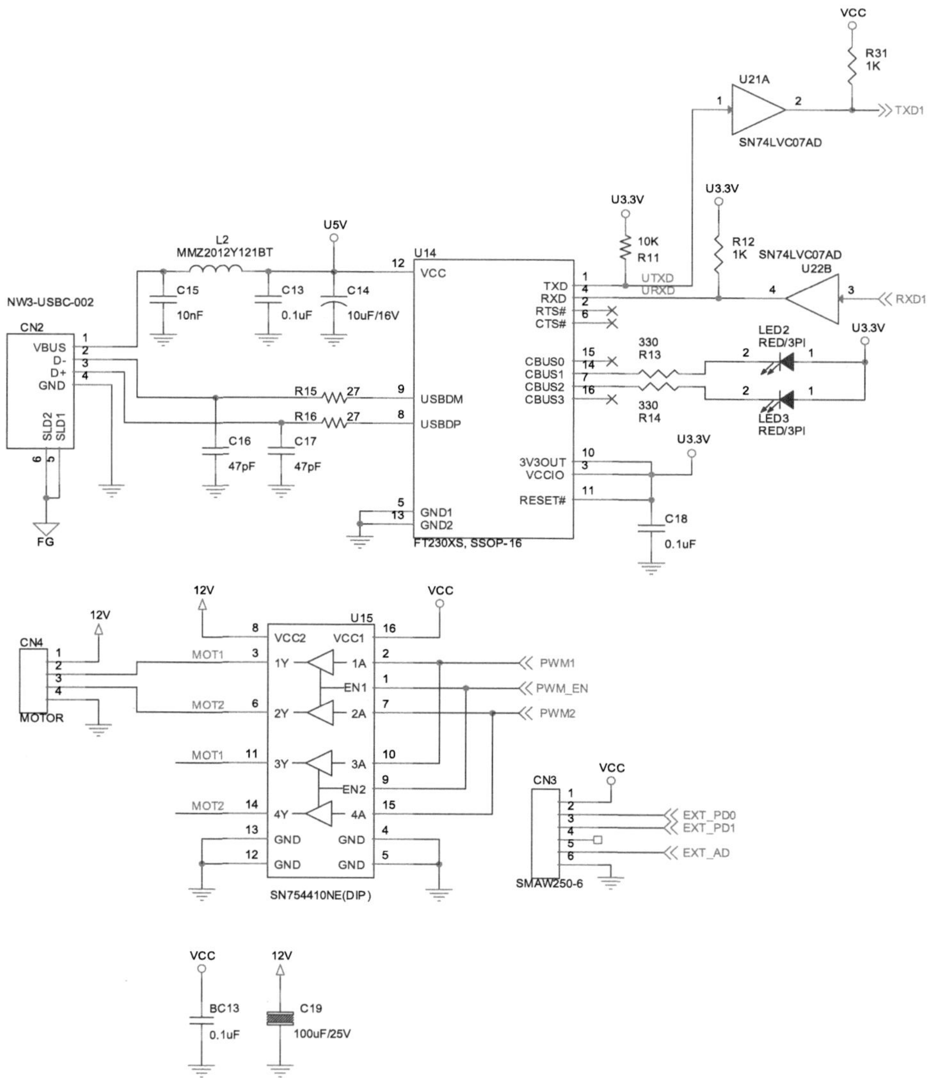

부록 2.1 TL7705ACD

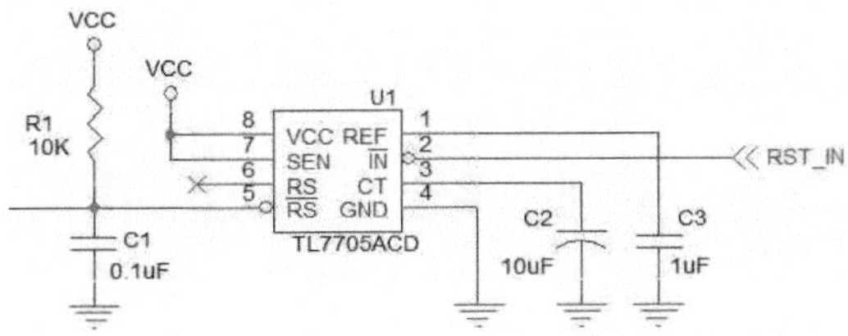

Top View

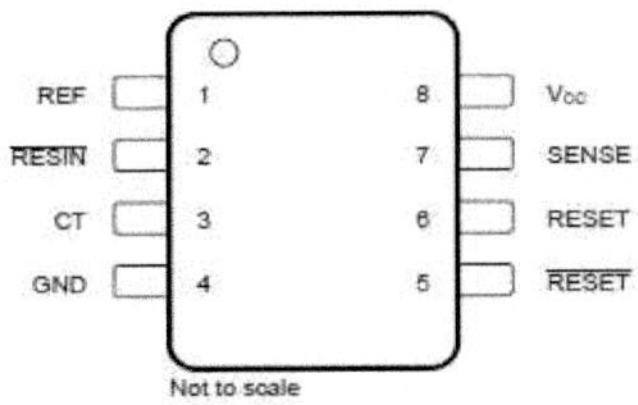

Pin Functions

PIN		TYPE	DESCRIPTION
NAME	NO.		
CT	3	I/O	External timing-capacitor pin
GND	4	—	Device ground
REF	1	O	Voltage reference output
RESET	6	O	Supervisor reset signal output
$\overline{\text{RESET}}$	5	O	Supervisor reset signal output (inverted)
$\overline{\text{RESIN}}$	2	I	Reset input
SENSE	7	I	Sense input
V_{CC}	8	—	Power Supply

over operating free-air temperature range (unless otherwise noted) (1)

			MIN	MAX	UNIT
V_{CC}	Supply voltage(2)			20	V
V_I	Input voltage, $\overline{\text{RESIN}}$		–0.3	20	V
V_I	Input voltage range SENSE	TL7702A(3)	–0.3	6	V
		TL7705A	–0.3	20	V
		TL7709A	–0.3	20	V
		TL7712A, TL7715A	–0.3	20	V
I_{OH}	High-level output current, I_{OH}, RESET			–30	mA
I_{OL}	Low-level output current, I_{OL}, $\overline{\text{RESET}}$			30	mA
T_J	Operating virtual junction temperature			150	°C
T_{stg}	Storage temperature		–65	150	°C

(1) Stresses beyond those listed under *Absolute Maximum Ratings* may cause permanent damage to the device. These are stress ratings only, which do not imply functional operation of the device at these or any other conditions beyond those indicated under *Recommended Operating Conditions*. Exposure to absolute-maximum-rated conditions for extended periods may affect device reliability.
(2) For proper operation of the TL7702A, the voltage applied to the SENSE terminal should not exceed V_{CC} – 1 V or 6 V, whichever is less
(3) All voltage values are with respect to GND.

부록 2.2 74HC574D

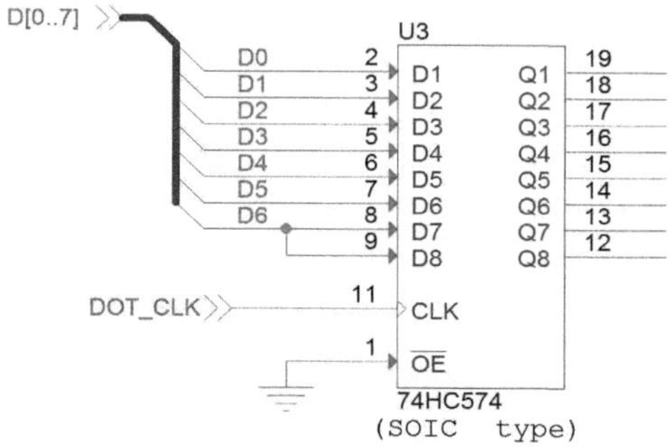

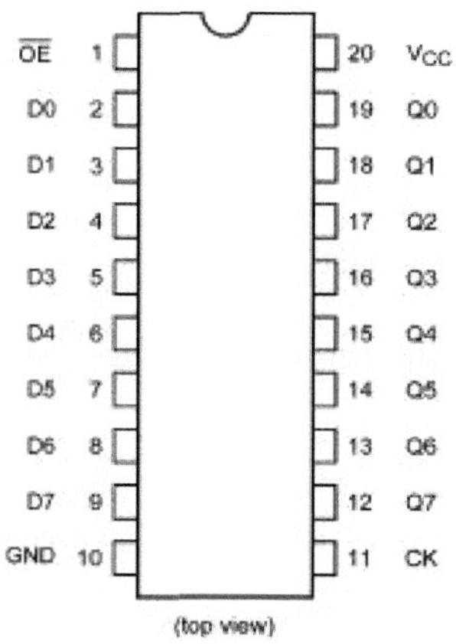

Truth Table

Inputs			Output
$\overline{OE}$	CK	D	
H	X	X	Z
L	↓	X	Qn
L	↑	L	L
L	↑	H	H

X: Don't care
Z: High impedance
Qn: No change

Operating Ranges (Note)

Characteristics	Symbol	Test Condition	Rating	Unit
Supply voltage	V_{CC}		2.0 to 6.0	V
Input voltage	V_{IN}		0 to V_{CC}	V
Output voltage	V_{OUT}		0 to V_{CC}	V
Operating temperature	T_{opr}		-40 to 85	°C
Input rise and fall times	t_r, t_f	V_{CC} = 2.0 V	0 to 1000	ns
		V_{CC} = 4.5 V	0 to 500	
		V_{CC} = 6.0 V	0 to 400	

Note: The operating ranges must be maintained to ensure the normal operation of the device.
Unused inputs must be tied to either V_{CC} or GND.

부록 2.3 74HC238D

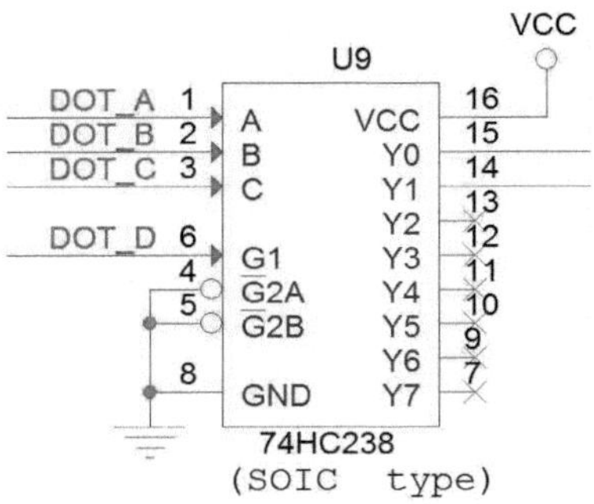

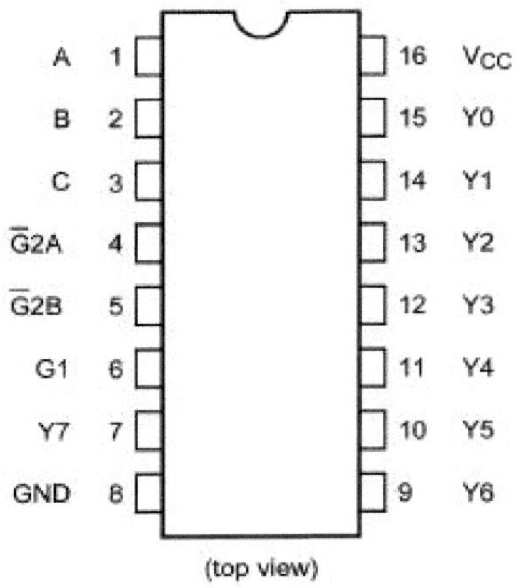

Truth Table

Inputs						Outputs								Selected Output
Enable			Select			Y0	Y1	Y2	Y3	Y4	Y5	Y6	Y7	
G1	$\overline{G2A}$	$\overline{G2B}$	C	B	A									
L	X	X	X	X	X	L	L	L	L	L	L	L	L	None
X	H	X	X	X	X	L	L	L	L	L	L	L	L	None
X	X	H	X	X	X	L	L	L	L	L	L	L	L	None
H	L	L	L	L	L	H	L	L	L	L	L	L	L	Y0
H	L	L	L	L	H	L	H	L	L	L	L	L	L	Y1
H	L	L	L	H	L	L	L	H	L	L	L	L	L	Y2
H	L	L	L	H	H	L	L	L	H	L	L	L	L	Y3
H	L	L	H	L	L	L	L	L	L	H	L	L	L	Y4
H	L	L	H	L	H	L	L	L	L	L	H	L	L	Y5
H	L	L	H	H	L	L	L	L	L	L	L	H	L	Y6
H	L	L	H	H	H	L	L	L	L	L	L	L	H	Y7

X: Don't care

Logic Diagram

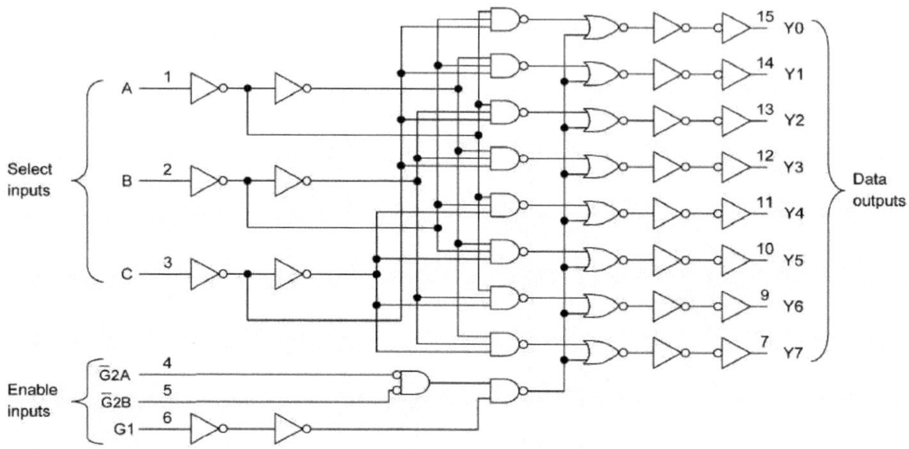

Operating Ranges (Note)

Characteristics	Symbol	Test Condition	Rating	Unit
Supply voltage	V_{CC}	—	2.0 to 6.0	V
Input voltage	V_{IN}	—	0 to V_{CC}	V
Output voltage	V_{OUT}	—	0 to V_{CC}	V
Operating temperature	T_{opr}	—	-40 to 125	℃
Input rise and fall times	t_r, t_f	—	0 to 50	μs

Note: The operating ranges are required to ensure the normal operation of the device. Unused inputs must be tied to either V_{CC} or GND.

부록 2.4 TD62083F

(SOP type)

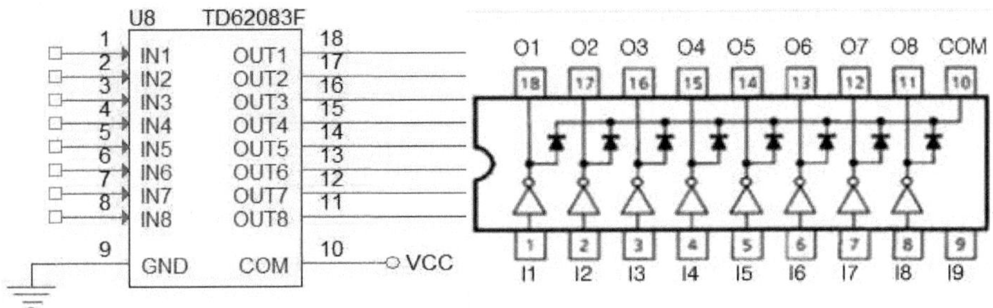

Operating Ranges(Ta = -40 to 85°C)

Characteristics		Symbol	Test Condition	Min	Max	Unit
Output sustaining voltage		V_{CE}	–	0	50	V
Output Current	APG	I_{OUT}	t_{pw}=25ms, Duty=10%, 8회로	0	347	mA/ch
			t_{pw}=25ms, Duty=50%, 8회로	0	123	
	AFG		t_{pw}=25ms, Duty=10%, 8회로	0	268	
			t_{pw}=25ms, Duty=50%, 8회로	0	90	
Input voltage		V_{IN}	–	0	30	V
Input voltage (Output on)	TD62083APG/AFG	V_{IN}(ON)	–	2.5	30	V
	TD62084APG/AFG		–	8	30	
Input voltage (Output off)	TD62083APG/AFG	V_{IN}(OFF)	–	0	0.5	V
	TD62084APG/AFG		–	0	1.0	
Clamp diode reverse voltage		V_R	–	–	50	V
Clamp diode forward current		I_F	–	–	400	mA
Power dissipation	APG	P_D	–	–	0.52	W
	AFG		–	–	0.4	

부록 2.6 FT230XS, SSOP-16

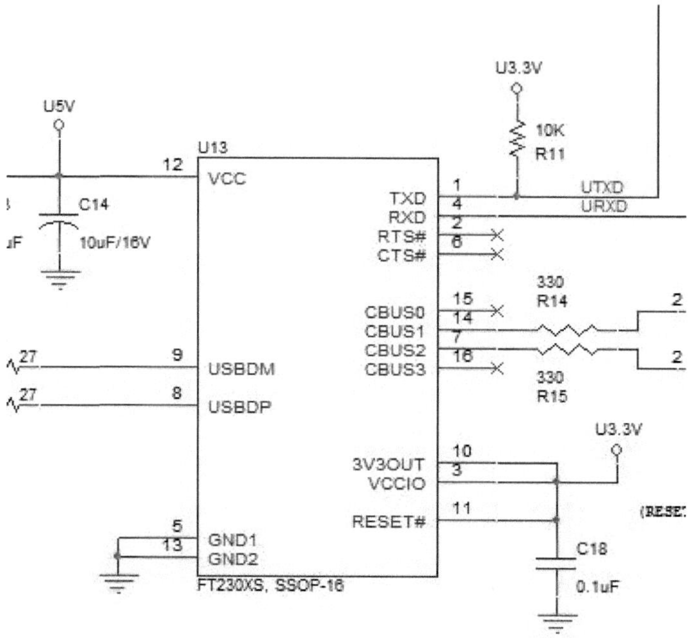

DC Characteristics (Ambient Temperature = -40°C to +85°C)

Parameter	Description	Minimum	Typical	Maximum	Units	Conditions
VCC	VCC Operating Supply Voltage	2.97	5	5.5	V	Normal Operation
VCC2	VCCIO Operating Supply Voltage	1.62	---	3.63	V	
Icc1	Operating Supply Current	6.5	8	8.3	mA	Normal Operation
Icc2	Operating Supply Current		125		μA	USB Suspend
3V3	3.3v regulator output	2.97	3.3	3.63	V	VCC must be greater than 3V3 otherwise 3V3OUT is an input which must be driven with 3.3V

Operating Voltage and Current

Pin No.	Name	Type	Description
12	** VCC	POWER Input	5 V (or 3V3) supply to IC
3	VCCIO	POWER Input	1V8 - 3V3 supply for the IO cells
10	** 3V3OUT	POWER Output	3V3 output at 50mA. May be used to power VCCIO. When VCC is 3V3; pin 10 is an input pin and should be connected to pin 12.
5, 13	GND	POWER Input	0V Ground input.

Power and Ground

Pin No.	Name	Type	Description
9	USBDM	INPUT	USB Data Signal Minus.
8	USBDP	INPUT	USB Data Signal Plus.
11	RESET#	INPUT	Reset input (active low).

Common Function pins

Pin No.	Name	Type	Description
1	TXD	Output	Transmit Asynchronous Data Output.
4	RXD	Input	Receiving Asynchronous Data Input.
2	RTS#	Output	Request to Send Control Output / Handshake Signal.
6	CTS#	Input	Clear To Send Control Input / Handshake Signal.
15	CBUS0	I/O	Configurable CBUS I/O Pin. Function of this pin is configured in the device MTP memory. The default configuration is TXDEN. See CBUS Signal Options, Table 3.7.
14	CBUS1	I/O	Configurable CBUS I/O Pin. Function of this pin is configured in the device MTP memory. The default configuration is RXLED#. See CBUS Signal Options, Table 3.7.
7	CBUS2	I/O	Configurable CBUS I/O Pin. Function of this pin is configured in the device MTP memory. The default configuration is TXLED#. See CBUS Signal Options, Table 3.7.
16	CBUS3	I/O	Configurable CBUS I/O Pin. Function of this pin is configured in the device MTP memory. The default configuration is SLEEP#. See CBUS Signal Options, Table 3.7.

UART Interface and CBUS Group (see note 1)

부록 2.7 SN754410NE(DIP)

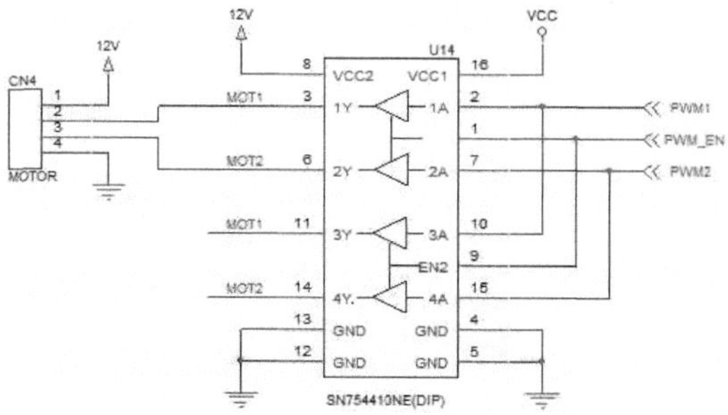

NE PACKAGE
(TOP VIEW)

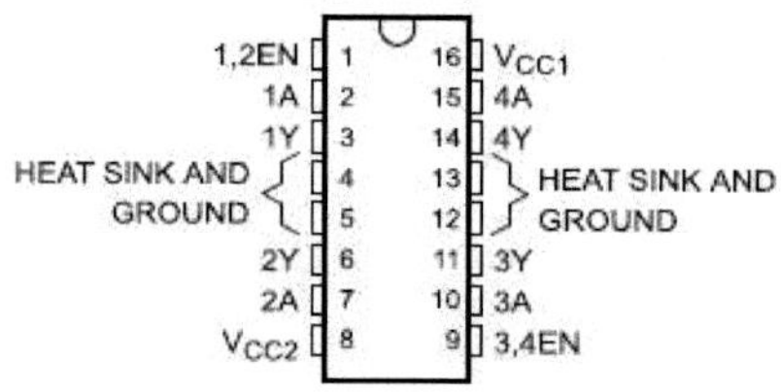

Pin Functions

PIN		TYPE	DESCRIPTION
NAME	NO.		
1,2EN	1	I	Enable driver channels 1 and 2 (active high input)
<1:4>A	2, 7, 10, 15	I	Driver inputs, non-inverting
<1:4>Y	3, 6, 11, 14	O	Driver outputs
GROUND	4, 5, 12, 13	—	Device ground and heat sink pin. Connect to circuit board ground plane with multiple solid vias
V_{CC2}	8	—	Power VCC for drivers 4.5V to 36V
3,4EN	9	I	Enable driver channels 3 and 4 (active high input)
V_{CC1}	16	—	5V supply for internal logic translation

Recommended Operating Conditions

over operating free-air temperature range (unless otherwise noted)

		MIN	MAX	UNIT
V_{CC1}	Logic supply voltage	4.5	5.5	V
V_{CC2}	Output supply voltage	4.5	36	V
V_{IH}	High-level input voltage	2	5.5	V
V_{IL}	Low-level input voltage	−0.3[(1)]	0.8	V
T_J	Operating virtual junction temperature	−40	125	°C
T_A	Operating free-air temperature	−40	85	°C

(1) The algebraic convention, in which the least positive (most negative) limit is designated as minimum, is used in this data sheet for logic voltage levels.

찾아보기

| 저자 약력 |

● 양오(梁吾)

한양대학교 전기공학과 공학박사
LG 산전 연구소 책임 연구원 (1985. 1 ~ 1997. 8)
IDEC Working Group 참여 교수
현재 청주대학교 공과대학 반도체공학과 교수
E-mail Address : ohyang@cju.ac.kr

저자 약력

양오(梁吾)

- 한양대학교 전기공학과 공학박사
- LG 산전 연구소 책임 연구원 (1985.1~1997.8)
- IDEC Working Group 참여 교수
- 현재 청주대학교 공과대학 융합전자공학부 반도체공학전공 교수 (1997.9~)

IOT 구현을 위한 마이크로프로세스 AVR Atmega128A

2020년 2월 24일 1판 인쇄
2020년 3월 2일 1판 발행

지은이 • 양 오
발행자 • 이영애
발행처 • 공감북스
주 소 • 02011 서울시 중랑구 중랑천로 256
전 화 • 02-971-9683
팩 스 • 02-972-9683
등 록 • 제 25100-2015-18호
등록일 • 2015년 7월 15일
e-mail • sympathybook@naver.com

ISBN 979-11-86898-52-9 (93560)
정 가 28,000원